"...jeder Mensch ist

Ausdruckstanz
in Deutschland zwischen
1900 und 1945

Hedwig Müller / Patricia Stöckemann

Anabas-Verlag, Gießen

Impressum

"...jeder Mensch ist ein Tänzer."
Ausdruckstanz in Deutschland zwischen 1900 und 1945
Begleitbuch zur Ausstellung
"Weltenfriede – Jugendglück"
Vom Ausdruckstanz zum Olympischen Festspiel

Eine Ausstellung der Akademie der Künste, Berlin,
in Zusammenarbeit mit
dem Deutschen Tanzarchiv Köln,
der Theaterwissenschaftlichen Sammlung,
Universität zu Köln, und der
Mary Wigman-Gesellschaft, Köln

2. Mai - 13. Juni 1993
Mit einem Begleitprogramm aus Aufführungen, Symposien und Vorträgen

Gefördert von der Berlin 2000 Olympia GmbH und der Senatsverwaltung für Kulturelle Angelegenheiten als Teil der Veranstaltungsreihe "Tanz auf dem Olymp" im Rahmen des Kulturprogramms zur Bewerbung Berlins um die Olympischen Spiele 2000

Ausstellung
"Weltenfriede – Jugendglück"
Vom Ausdruckstanz zum Olympischen Festspiel
2. Mai - 13. Juni 1993

Konzeption: Hedwig Müller
Patricia Stöckemann
Manfred Blößer
Dirk Scheper
Gestaltung: Manfred Blößer
Vibeke Andersen
Akademie der Künste, Berlin, Hanseatenweg 10,
1000 Berlin 21

Buch
Gestaltung, Umschlag:
GROSSE Designer und Partner, Darmstadt
Illustration der Kapitelseiten:
Tania Paulhardt
Umschlagfoto: Vera Skoronel, 1928,
Deutsches Tanzarchiv Köln
Lithos: Axel Eiling, Kaufungen, und
Wetzlardruck GmbH
Druck: J. A. Koch, Marburg/Lahn

1. Auflage Mai 1993
 ISBN 3-87038-250-3

Die Deutsche Bibliothek – CIP-Einheitsaufnahme:
"...jeder Mensch ist ein Tänzer."
: Ausdruckstanz in Deutschland zwischen 1900 und 1945 ;
[Begleitbuch zur Ausstellung "Weltenfriede – Jugendglück,
vom Ausdruckstanz zum Olympischen Festspiel" ; eine
Ausstellung der Akademie der Künste, Berlin,
2. Mai bis 13. Juni 1993, mit einem Begleitprogramm aus
Aufführungen, Symposien und Vorträgen] /
Hedwig Müller und Patricia Stöckemann.
[In Zusammenarbeit mit dem Deutschen Tanzarchiv Köln ...]
– 1.Aufl. – Giessen : Anabas-Verl., 1993
ISBN 3-87038-250-3
NE: Müller, Hedwig; Stöckemann, Patricia; Ausstellung
Weltenfriede – Jugendglück, vom Ausdruckstanz
zum Olympischen Festspiel <1993, Berlin; Dresden> ;
Akademie der Künste <Berlin West>

Inhalt

Vorwort

"... jeder Mensch ist ein Tänzer.": Rudolf von Labans 1920 veröffentlichte Feststellung ist eine umstrittene Behauptung – für sich genommen, aber auch in Bezug auf die tiefgreifenden Veränderungen in der Zeit ihrer Formulierung. Als Ausdruck eines sich in Deutschland mit dem jungen Jahrhundert emanzipierenden Körperbewußtseins spiegelt Labans Philosophie die durch den Ausdruckstanz sowohl propagierte als in seinen Spitzen auch erreichte individuelle Freiheit geistiger Grenzenlosigkeit in den Grenzen körperlicher Bedingtheit und künstlerischen Vermögens.

Labans Vision war es, mit dem Tanz und durch den Tanz das Unvereinbare zu vereinigen und den sogenannten "Volkskörper" aus Individuen zu konstituieren, die philosophisch-religiös denkbare Utopie mit den Mitteln tänzerisch-kultisch aufgefaßter Körperaktionen als Gemeinschaftserlebnis zu realisieren. Die Ideologen des aufkommenden Nationalsozialismus verstanden ihn, bogen seine Absichten jedoch um. Aus Labans Volk der freien Tänzer wurde Hitlers Volk von Marschierern im Gleichschritt. Diejenigen, die nicht mitmarschiert sind, stellen die kleine Zahl meist tragisch vereinzelter Individuen dar. Der eigenständige deutsche Ausdruckstanz ging mit dem Dritten Reich zugrunde, für dessen propagandistische Ziele er sich 1936 bei den Berliner Olympischen Spielen vor der Weltöffentlichkeit hatte korrumpieren lassen.

Die Dokumentation des Ausdruckstanzes in Deutschland zwischen 1900 und 1945, jener so hoffnungsvoll begonnenen, fruchtbaren und dann auch an sich selbst gescheiterten Epoche des Tanzes, ist zusammengestellt und kommentiert in einer Zeit erneuter großer Umwälzungen und Infragestellungen angestammter Werte – einer Zeit aber auch, die täglich aufs neue unter Beweis stellt, daß aus der Geschichte fast nichts gelernt wird und wie schwer Vergangenheit zu bewältigen ist. Dennoch oder gerade deshalb: man muß um der Bewältigung der Gegenwart willen so viel wie möglich darüber erfahren. Am Ende des für den menschlichen Körper so perspektivenreich begonnenen 20. Jahrhunderts wissen wir, daß nicht jeder Mensch ein Tänzer ist. Nicht jeder kann oder darf es sein, nicht jeder sollte es sein. Tanz heute – es scheint sich dahin zu entwickeln – prosperiert als eine Art Esperanto der Künste aufgrund seiner körpersprachlichen Ausdrucksform, die internationale Verständlichkeit ermöglicht. Über den Betrieb kommt gelegentlich die Kunst zu kurz, aber im ganzen geht es voran.

In dieser Situation will unser Buch informieren, aber auch Mahnung sein. Es gibt – erstmals – einen Gesamtüberblick als Anregung zu weiterer Detailerforschung der Geschichte des Ausdruckstanzes in der ersten Jahrhunderthälfte. Die Dokumentation erscheint im Zusammenhang mit der Ausstellung "Weltenfriede – Jugendglück. Vom Ausdruckstanz zum Olympischen Festspiel" im Mai/Juni 1993 in der Berliner Akademie der Künste und anschließend in Dresden. Sie knüpft an die vielfältigen Bemühungen der Akademie sowohl um den zeitgenössischen modernen Tanz als auch um Aspekte der modernen und dabei besonders der deutschen Tanzgeschichte an, dargestellt in Ausstellungen, Kolloquien und Rekonstruktionen.

Im Namen des Veranstalters danke ich den Tanzhistorikerinnen Hedwig Müller (Köln) und Patricia Stöckemann (Hamburg), ihrer Mitarbeiterin Barbara Malásek (Köln) sowie den Ausstellungsgestaltern Manfred Blößer und Vibeke Andersen (Mannheim) für ihre unerschütterliche Partnerschaft bei der Durchsetzung unseres gemeinsamen Vorhabens. Zusammen danken wir Günter Kämpf und dem Anabas-Verlag (Gießen) für den kurz entschlossenen enthusiastischen Einsatz für das Buch, und wir danken Gisela Grosse und Holger Giebeler (Darmstadt) für dessen Herstellung.

Der Werdegang der Ausstellung seit den ersten durch Manfred Blößer 1989 ausgelösten Überlegungen spiegelt die gegenwärtigen Schwierigkeiten unspektakulärer kultureller Geschichtsaufarbeitung. Wir haben diese Ausstellung machen wollen, unbedingt, und wir haben uns auch durch die bis 1992 währende Ungeklärtheit der Finanzierung nicht von unserem Vorhaben abbringen lassen. Übernommen hat sie schließlich die Akademie der Künste, wofür die 21. Auflage ihrer seit 1973 ununterbrochenen internationalen Gastspielreihe "Pantomime – Musik – Tanz – Theater" um ein Jahr verschoben werden mußte. Gefördert ist das Gesamtprojekt inhaltlich durch das Deutsche Tanzarchiv Köln, die Theaterwissenschaftliche Sammlung, Universität zu Köln, und die Mary Wigman-Gesellschaft, Köln – materiell von der Berlin 2000 Olympia GmbH und der Senatsverwaltung für kulturelle Angelegenheiten im Rahmen des Kulturprogramms der Bewerbung Berlins um die Durchführung der Olympischen Sommerspiele 2000. Dank ihnen und allen Leih- und Lizenzgebern, Handwerkern, Technikern sowie den vielen anderen Förderern unserer Unternehmung.

Dirk Scheper
Akademie der Künste, Berlin

Ausdruckstanz (Anfänge bis 1933)

Oben: Hertha Feist als "Wandervogel" um 1916.
Die Tänzerin gehörte zu den bekannten Schülerinnen von Rudolf von Laban und gründete in den 20er Jahren eine eigene Tanzschule in Berlin, wo sie Labans Bewegungslehre unterrichtete und mit ihrer Tanzgruppe Aufführungen gab. Foto, DTK
Unten: Übung nach dem System der amerikanischen Ärztin Bess Mensendieck, die 1906 mit ihrem Buch "Die Körperkultur des Weibes" die Gymnastik in Deutschland populär machte. Foto, DTK

Aufbruch

Die schnelle Industrialisierung und die neuen Technologien hatten die Arbeitsplatzbedingungen im ausgehenden 19. Jahrhundert so grundlegend verändert, daß alte soziale Gefüge zerbrachen und sich immer mehr Menschen gezwungen sahen, in die Industriezentren der Städte abzuwandern und dort ihren Lebensunterhalt zu verdienen. Verunsicherung und Identifikationsverlust waren Resultat dieses wirtschaftlichen und gesellschaftlichen Umwälzungsprozesses in dessen Verlauf die wilhelminische Ordnung ins Wanken geriet. Es machte sich zunehmend Kritik an den erstarrten bürgerlichen Konventionen breit und eine Sehnsucht nach neuen Lebensinhalten und Identifikationsbildern entstand, die sich in vielfältigen alternativen Bestrebungen und dem Entwurf neuer Lebenskonzepte in der Zeit des Fin de siècle bis zum Ersten Weltkrieg Ausdruck verschaffte. Die Jugend begehrte gegen die sinnentleerten Werte des Obrigkeitsstaates mit seinen kodifizierten Benimmregeln, seiner einengenden und körperfeindlichen Kleiderordnung auf und brach aus den sozialen Zwängen und beengten Wohnverhältnissen aus. Mit Rucksack und Gitarre zogen 1896 die ersten Jugendlichen, die sich "Wandervögel" nannten, aus "grauer Städte Mauern" ins Freie, legten die steifen Gehröcke und weißen Stehkragen samt Halsbinden ab, tauschten sie gegen Bundhosen mit Wollstrümpfen, weite Hemden und geknotete Halstücher ein und steckten anstelle eines Regenschirmes die Pellerine ins Gepäck. In wenigen Jahren traten tausende von jungen Menschen dem 1901 gegründeten Verein "Der Wandervogel" und anderen Jugendbünden aller politischen Richtungen bei. Das gesellige Erlebnis beim Wandern, beim Lagerfeuer unter freiem Himmel, beim Volkstanz befriedigte das erwachte Bedürfnis nach Selbstbestimmung, Freiheit und Körperlichkeit.

Der Zerfall überkommener Werte stand nicht zuletzt mit dem Zerfall eines Wirklichkeitsbegriffs in Zusammenhang, dessen kausal-mechanistisches Weltbild durch physikalische Erkenntnisse ad absurdum geführt wurde. Mit Max Plancks Quantentheorie und Albert Einsteins Relativitätstheorie hatte die tradierte raum-zeitliche Zuordnung ihre Gültigkeit verloren. Die atomare Mikrowelt ließ sich in Teile und wieder in Teile zerlegen, die begrifflich kaum noch zu fassen waren. Mathematisch versuchte Max Planck zu begründen, daß sich eine Masse umso ungenauer beschreiben läßt, je mehr man sich ihr nähert. Der Maler Wassily Kandinsky erspürte die radikale Veränderung: "Ein wissenschaftliches Ereignis räumte eins der wichtigsten Hindernisse aus diesem Weg. Das war die Teilung des Atoms. Das Zerfallen des Atoms war in meiner

Seele dem Zerfall der ganzen Welt gleich. Plötzlich fielen die dicksten Mauern. Alles wurde unsicher, wackelig, weich."[1] Eine Orientierung an der bislang unangezweifelten Objektivität der Dinge war hinfällig geworden. Der Blick kehrte sich nach innen auf das eigene Selbst und das Individuum wurde zum Maßstab allen Seins, der persönliche Ausdruck zur ästhetischen Richtschnur künstlerischen Schaffens. Für Kandinsky stand fest: "Der Weg, auf welchem wir uns heute schon befinden und welcher das größte Glück unserer Zeit ist, ist der Weg, auf welchem wir uns des Äußeren entledigen werden, um statt dieser Hauptbasis eine ihr entgegengesetzte zu stellen: Die Hauptbasis der inneren Notwendigkeit ... [Des Künstlers] offenes Auge soll auf sein inneres Leben gerichtet werden, und sein Ohr soll dem Mund der inneren Notwendigkeit stets zugewendet sein."[2] Beobachtung und Erforschung des Seelenlebens waren auch auf wissenschaftlichem Gebiet ins Blickfeld der Untersuchung gerückt. Sigmund Freud hatte psychoanalytische Methoden entwickelt und seine Psychoanalyse begründet, 1900 erschien seine "Traumdeutung". Im selben Jahr starb Friedrich Nietzsche, bei dem man Freuds Einsichten in psychologische Wahrheiten bereits vorweggenommen fand und der durch seine Kritik an der Zivilisation den Boden vorbereitet hatte, auf dem die Jugendbewegung ihren Protest entfalten konnte. In seinen Polemiken gegen die "Scheinkultur", vornehmlich der Deutschen, gegen ihr kulturloses Bildungswesen, ihren nationalen Fortschrittsdünkel, ihre Verlogenheit, die unter dem Mantel der Tugendhaftigkeit und christlichen Morallehre daherkommt, durchschaute er mit psychologischem Scharfblick die Ungereimtheiten und Doppelzüngigkeiten der Gesellschaft. In seiner Betrachtung "Vom Nutzen und Nachteil der Historie" äußerte er unmißverständlich: "Sie werden vielleicht urteilen, daß diese Bildung nur ein Wissen um die Bildung, und dazu ein recht falsches und oberflächliches Wissen gewesen sei. Falsch und oberflächlich nämlich, weil man den Widerspruch von Leben und Wissen ertrug, weil man das Charakteristische an der Bildung wahrer Kulturvölker gar nicht sah: daß die Kultur nur aus dem Leben emporwachsen und herausblühen kann; während sie bei den Deutschen wie eine papierne Blume aufgesteckt oder wie eine Überzuckerung übergossen wird und deshalb immer lügnerisch und unfruchtbar bleiben muß ... ihr Ziel ... ist gar nicht der freie Gebildete, sondern der Gelehrte, der wissenschaftliche Mensch, und zwar der möglichst früh nutzbare wissenschaftliche Mensch, der sich abseits vom Leben stellt [...]"[3] Nietzsches antirationalistische Weltsicht, die sich gegen eine Überbetonung des Intellekts aussprach,

Die Freikörperkultur spiegelte ab der Jahrhundertwende die Sehnsucht des modernen Menschen nach dem ungebundenen Ausdruck des Körpers in der Natur wider.
Fotos: G. Riebicke, CLDA

wurde von vielen alternativen Strömungen der Jahrhundertwende als neue Religionslehre bzw. Religionsersatz aufgenommen, als Argumentationshilfe für eine antibürgerliche Lebensauffassung genutzt und als der Aufruf "Zurück zur Natur" gedeutet. Seine Idealisierung des Tänzermenschen – "Ich würde nur an einen Gott glauben, der zu tanzen verstünde ..."[4] – lieferte auch dem neu erwachten Körper- und Bewegungsverständnis den nötigen Rückhalt und trug zum Selbstbewußtsein der entstehenden modernen Tanzkunst bei. Daß die Körperkulturbewegung und die damit einhergehende Ausdruckstanzbewegung eine so breite Laienbasis mobilisieren konnte, ist letztlich nur auf dem Hintergrund dieser natur- und körperorientierten, anti-intellektuellen Aufbruchstimmung möglich gewesen. Die Besinnung auf den Körper kam einer "leiblichen Wiedergeburt" gleich, die sich in so vielfältigen Strömungen wie der Nacktkultur, dem Mensendieck-Turnen, der Lohelandgymnastik ausdrückte, sich bei den Licht- und Sonnenanbetern in der Nachfolge von Fidus äußerte oder sich in den entstehenden, nach verschiedenen Methoden arbeitenden Bewegungssystemen artikulierte. "... alle Teile des menschlichen Leibes wieder funktions- und ausdrucksfähig zu machen, den Körper aus der Verkrampfung, Verkrüppelung und Verkümmerung zu befreien", war die Motivation für diesen Aus- und Aufbruch, wie John Schikowski schrieb. [5]

Übungen zum 5/4-Takt nach der Methode Jaques-Dalcroze und das Festspielhaus der Bildungsanstalt Emile Jaques-Dalcroze in Hellerau. Abb., P

Hellerau

Das Schlagwort der Zeit hieß Rhythmus. Man entdeckte ihn als lebensbestimmendes Prinzip, als Grundlage allen Seins, fühlte sich aber durch die zivilisationsbedingte Entfremdung von der Natur von ihm abgeschnitten. In der körperlich-rhythmischen Bewegung, im Tanz und in der Gymnastik, glaubte man, durch eine Art mystische Versenkung in den eigenen Körperrhythmus, den kosmischen Rhythmus erfahren und so die verloren gegangene Einheit von Mensch und Natur wieder herstellen zu können. Einer der ersten, der den Rhythmus als Basis einer Bewegungs-Methode nutzte, war der Schweizer Musiklehrer Emile Jaques-Dalcroze. Ausgehend vom Rhythmus der Musik, wollte er den zivilisationsgeschädigten Menschen wieder zur Ausgeglichenheit von Körper, Seele und Geist und zu einer Harmonie mit sich und der Umwelt verhelfen. Seit 1892 lehrte Jaques-Dalcroze Harmonie und Solfège als Professor am Genfer Konservatorium und sein pädagogisches Bestreben, Schülern nicht nur Theorie und Technik zu vermitteln, sondern sie im ganzheitlichen Sinne zu bilden und für ein tieferes Empfinden der Musik empfänglich zu machen,

führte zu der von ihm begründeten "Rhythmischen Gymnastik". Bis dahin konzentrierte sich die Musikerziehung auf die Ausbildung einzelner, vornehmlich technischer Fähigkeiten, ohne die Persönlichkeit des jungen Schülers mitzuberücksichtigen.

Anhand der Beobachtung stellte Jaques-Dalcroze die Beziehung von körperlichem und musikalischem Rhythmus fest und erfand eine Reihe von Übungen, die den musikalischen Ablauf direkt in Bewegung übersetzten und das rhythmische Empfinden schulten. So wurde der Wert einer Viertelnote mit einem Schritt gleichgesetzt, d.h. die Füße nahmen das Metrum auf, während die Arme den Takt dazu schlugen. Sein System wurde über die Jahre durch die Entdeckung weiterer Korrelationen immer differenzierter: die Tonhöhe fand eine Entsprechung in der Lage und Richtung des bewegten Körpers im Raum, die Tonstärke in der Bewegungsdynamik usw. bis ein regelrechtes Bewegungsalphabet entstand. Mit Hilfe dieses Systems konnten ganze Musikstücke und Orchesterwerke visualisiert werden, wobei einzelne Stimmen der Partitur von verschiedenen Personengruppen übernommen und in Bewegung transponiert und formale Abläufe durch ein der Musik analoges Formspiel in der Führung der Personengruppen sichtbar gemacht wurden. Bis in die Muskulatur der Ausführenden hinein sollte sich die Korrespondenz von musikalischer und körperlicher Aktion abzeichnen: "Jede rhythmisch-musikalische Bewegung muß im Körper des Spielenden eine entsprechende Muskelbewegung finden; jede seelische Stimmung, die sich in Klang ausdrückt, muß auf der Bühne eine ihr angemessene Haltung auslösen. Jede orchestrale Schattierung, jedes crescendo, diminuendo, stringendo oder rallentando muß vom Darsteller miterlebt und nötigenfalls ausgedrückt werden. Ich sage: nötigenfalls. Denn wie der Text des dramatischen Dichters nicht für jedes einzelne Wort eine ihm angepaßte Gebärde fordert, so erheischt auch nicht jeder einzelne musikalische Rhythmus eine besondere Verkörperung."[6]

Auf dem Kongreß für Musikunterricht in Solothurn 1905 stellte Jaques-Dalcroze seine neue Methode erstmals der Öffentlichkeit vor und vier Jahre später, 1909, lud ihn die Hochschule für Musik in Berlin ein, an drei Abenden seine inzwischen erweiterten Erkenntnisse einem künstlerisch interessierten Publikum zu demonstrieren. Der Erfolg war enorm, denn die "Rhythmische Gymnastik" kam sowohl künstlerisch als auch pädagogisch einem allgemeinen Verlangen nach körperlichem Ausdruck entgegen. Im Berliner Publikum saß auch Dr. Wolf Dohrn, der Mitbegründer des Deutschen Werkbundes und der Gartenstadt Hellerau bei Dresden, die 1909 auf Initiative von Karl Schmidt, einem engagierten Vertreter der Lebensreformbewegung für die Arbeiter seiner "Dresdner Werkstätten für Handwerkskunst" nach den Reformideen der Zeit entstanden war. Im Stil englischer Gartenstädte konzipiert, umfaßte die von den Architekten Riemerschmid, Tessenow und Muthesius nach ökonomischen und sozialen Gesichtspunkten entworfene Siedlung die Produktionsstätten mit umliegenden Wohnanlagen. Das Werkschaffen von Handwerkern, Künstlern und Industriellen sollte wieder sinnvoll zusammengefügt werden. Auf Veranlassung und mit der finanziellen Unterstützung von Wolf Dohrn, der sich für die "Rhythmische Gymnastik" begeisterte und in ihr eine zukunftsorientierte, den Menschen formende und bildende Methode erkannte, kam es am 22. April 1911 zur Grundsteinlegung der Hellerauer Bildungsanstalt, die unter einem Dach Schul- und Festspielhaus vereinte und der

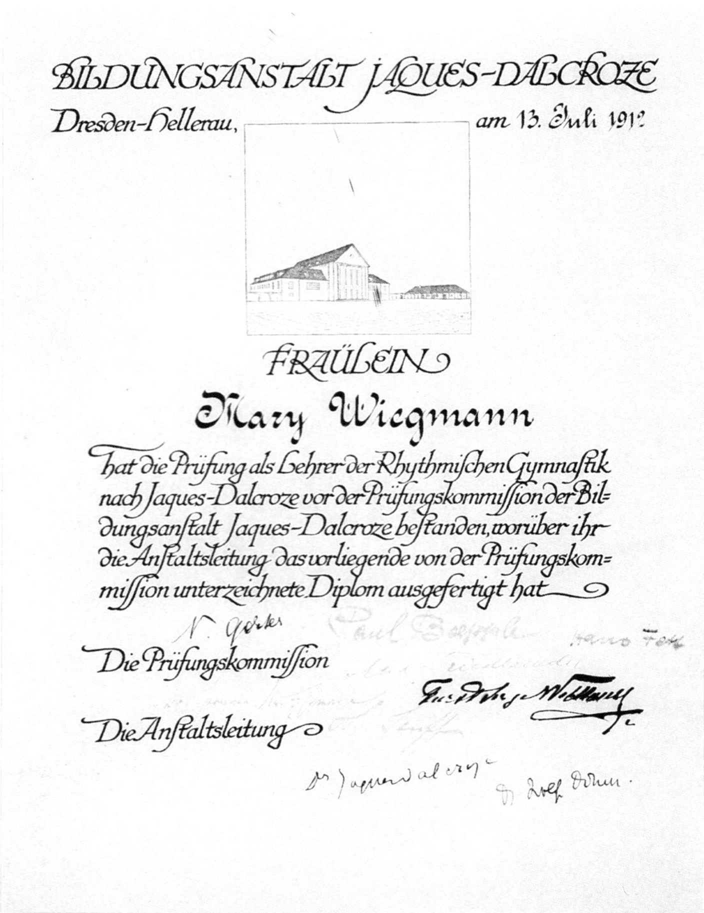

BILDUNGSANSTALT JAQUES-DALCROZE

Dresden-Hellerau, am 13. Juli 1912

FRÄULEIN

Mary Wiegmann

hat die Prüfung als Lehrer der Rhythmischen Gymnastik nach Jaques-Dalcroze vor der Prüfungskommission der Bildungsanstalt Jaques-Dalcroze bestanden, worüber ihr die Anstaltsleitung das vorliegende von der Prüfungskommission unterzeichnete Diplom ausgefertigt hat

Die Prüfungskommission

Die Anstaltsleitung

Diplomurkunde von Mary Wiegmann, die sich später als Tänzerin Mary Wigman nannte, für ihre Prüfung zur Lehrerin der Rhythmischen Gymnastik nach Jaques-Dalcroze, Hellerau 1912. DTK

Pflege und Verbreitung der Ideen von Jaques-Dalcroze dienen sollte. Der neoklassizistische, symmetrisch angelegte Bau mit hohen lichten Räumen entstand nach Plänen des Architekten Heinrich Tessenow. Im Oktober 1910 nahm Jaques-Dalcroze seinen Unterricht bereits mit 45 seiner Genfer Schülerinnen und Schüler im Alten Ständehaus in Dresden auf bis eineinhalb Jahre später die Bildungsanstalt fertiggestellt war. Unter der schnell anwachsenden Schülergruppe, die bald 500 Kursteilnehmer umfaßte, waren viele aus anderen Nationen. Pädagogische, soziale und künstlerische Aufgaben zu verbinden, war das übergeordnete Ziel. Jaques-Dalcroze schrieb: “Indessen handelt es sich in Hellerau um die Schöpfung eines organischen Lebens, der Harmonie, dank einer speziellen Erziehung des Landes und seiner Bewohner; handelt es sich um die Schöpfung einer moralischen und ästhetischen Architektur durch den Rhythmus, die identisch ist mit jener ihrer Häuser. Ich will den Rhythmus auf die Höhe einer sozialen Institution heben und einen neuen Stil vorbereiten, der eine natürliche Ausbreitung erfährt und so ein wirkliches Zeugnis der Seele aller Bewohner wird. ... Es ist eine physische und moralische Hygiene, die die Basis sein soll der neuen Gesellschaft [...]”[7]

Höhepunkt und internationaler Anziehungspunkt wurden die jährlich stattfindenden öffentlichen Schulfeste. Stand im Juli 1912 neben Übungen der angewandten Rhythmik der 2. Akt von Glucks “Orpheus” und Dalcrozes Kantate “Echo und Narziß” auf dem Programm, so gelangte im Sommer 1913 die gesamte Gluck-Oper zur Aufführung. Durch die Zusammenarbeit von Jaques-Dalcroze und dem Theaterreformer Adolphe Appia sowie dem Maler Alexander von Salzmann, der die sensationelle Lichtanlage im großen Festsaal entwarf, wurden diese Inszenierungen zu international beachteten Ereignissen und zu Marksteinen in der Theatergeschichte. Die geistige Elite Europas, unter anderen Diaghilew, Nijinsky, Pawlowa, Rachmaninoff, G.B. Shaw, Paul Claudel, Max Reinhardt, Hugo von Hofmannsthal, Rudolf von Laban, drängte nach Hellerau, um die theaterarchitektonischen und inszenatorischen Neuerungen zu sehen. Das Festspielhaus, Mittelpunkt der Bildungsanstalt, besaß einen einheitlichen, durch keine Rampe geteilten Theaterraum, so daß sich Zuschauer und Akteure als eine Gemeinschaft erleben konnten. Strukturiert wurde der Bühnenraum nicht mehr durch traditionelle Bühnenbilder und Kulissen, sondern durch bewegliche Quader, die sich wie Baukastenteile unterschiedlich anordnen ließen und z.B. in Form von Treppen zusammengesetzt, den Weg des Orpheus in die Unterwelt symbolisierten. Die ansteigenden Zuschauerreihen befanden sich auf der gegenüberliegenden Seite des Aktionsraumes. Das durch weiße, transparente Stoffbahnen von den Wänden und der Decke gefilterte Licht ließ sich atmosphärisch der Dynamik der Musik anpassen. Unter Vermeidung aller dekorativen Mittel und jedes naturalistischen Bühneneffekts gelangen Dalcroze und Appia szenische Wirkungen, die auf dem Ineinandergreifen von Bewegung, Raum und Licht beruhten. Das gesamte dramatische Geschehen, von der Bewegung der Solisten bis hin zur Bewegung der Massenszenen wurde dem System Dalcroze entsprechend aus dem Impuls der Musik entworfen. Hellerau war mit seinem pädagogischen und künstlerischen Neuansatz einmalig, sollte aber nur drei Jahre in dieser Form existieren. Im August 1914 brach der Erste Weltkrieg aus und Dalcroze, der zu der Zeit gerade in Genf weilte, kehrte nicht mehr nach Deutschland zurück.

Aus der Hellerauer Schule gingen bedeutende Vertreter moderner Tanzkunst hervor, wie z.B. Mary Wigman, Hanya Holm und Rudolf Bode oder Myriam Ramberg, die sich später Marie Rambert nannte und Mitbegründerin des modernen englischen Balletts wurde. Als begabte Rhythmikerin stand sie Nijinsky bereits 1913 bei der rhythmischen und choreographischen Erarbeitung von Strawinskys "Le Sacre du printemps" tatkräftig zur Seite. Zwar wandten sich viele der Absolventinnen gegen die Methode Dalcroze, weil sie nicht vom Körper, sondern vom musikalischen Notenwert ausging und zu wenig Spielraum für individuelle künstlerische Gestaltung ließ, dennoch war Hellerau die erste Ausbildungsstätte einer neuen Bewegungskunst und gab dem modernen Tanz wie auch dem Theater entscheidende Impulse.

Dalcrozes Methode, die, nachdem er die Zerstörung der Kathedrale von Reims durch die Deutschen in einem Aufruf verurteilt hatte, als undeutsch bezeichnet wurde, lebte weiter. 1914 kam es, wie schon in anderen Städten, in Berlin zur Einrichtung einer Zweiganstalt Hellerau. Ein Jahr später wurde in Hellerau selbst ein "Verein für rhythmisch-musikalische Erziehung, Hellerau" gegründet und die Rechte der Bildungsanstalt an die "Neue Schule für angewandten Rhythmus" übertragen. Die Leitung übernahm Christine Baer-Frissell, eine Deutsch-Amerikanerin, die das Institut 1918 unter dem Namen "Neue Schule Hellerau" weiterführte und es nach ihrer Übersiedlung 1925 nach Laxenburg bei Wien in Hellerau-Laxenburg umtaufte. Wie Ernst Ferand-Freund, einer der Gründer und Leiter von Hellerau-Laxenburg, kamen auch Christine Baer-Frissell und die Co-Direktorin Valeria Kratina aus der Schule von Jaques-Dalcroze, der aber alle drei aus

Rhythmisch-plastische Übung der Schülerinnen von Emile Jaques-Dalcroze in Hellerau, um 1912. Abb., P

seiner Schülerschaft ausgeschlossen hatte, weil sie seiner Überzeugung nach die musikalischen Prinzipien nicht mehr konsequent vertraten. Inhaltlich hatte sich der Schwerpunkt des Lehrbetriebs unter der neuen Direktion auf die körperliche Bewegung verlagert, Impulse von Bode und Laban wurden aufgegriffen und rhythmisch-musikalische Erziehung, Körperbildung und Tanz als gleichberechtigte Fächer angesehen. Die aus Prag stammende Mensendieck-Schülerin Jarmila Kröschlova lehrte eine der Anatomie des Körpers entsprechende Gymnastik und Baer-Frissell versuchte die Systeme von Dalcroze, Mensendieck, Bode und Laban sinnvoll zu verbinden, während Ferand-Freund für die musikalische Ausbildung zuständig war. Zu den Vertreterinnen, die den Laxenburger Tanzstil prägten, gehörten Rosalia Chladek und Valeria Kratina. Letztere leitete die neu formierte Tanzgruppe Hellerau-Laxenburg bis 1930 und führte mit dem Ensemble erfolgreiche Tourneen durch. Von 1930 bis zur Schließung des Instituts 1938 nach dem Anschluß Österreichs an Deutschland übernahm Rosalia Chladek die Leitung des Ensembles und der gymnastischen Ausbildung und begann ihr eigenes bis heute praktiziertes Bewegungssystem zu entwickeln.[8]

Monte Verità

Auf dem Monte Verità im schweizerischen Ascona am Lago Maggiore versammelten sich zu Beginn des Jahrhunderts viele derjenigen, die sich zur Gegenkultur rechneten und neue Lebenskonzepte entfernt von jedem bürgerlichen Anstrich erprobten: Anarchisten wie Michail Bakunin und Erich Mühsam, die Maler Alexej Jawlensky und Paul Klee, die Schriftsteller Rainer Maria Rilke, Hermann Hesse, Else Lasker-Schüler, James Joyce oder der Dadaist Hugo Ball, Psychoanalytiker, Ärzte, Naturheilkundler, Bohemiens. Man schwörte auf Naturheilkost, Vegetarismus, Luft- und Sonnenbäder, setzte auf eine autarke Wirtschaftsform durch eigene Landwirtschaft und begeisterte sich für okkultistische Lehren, von denen vor allem die Theosophie der Helena Petrovna Blavatsky den geistigen Bedürfnissen vieler Reformgestimmter entgegenkam. Auch Rudolf Steiner, ehemaliges Mitglied der Theosophischen Gesellschaft und Begründer der Anthroposophie, konnte mit seiner Weltanschauung zahlreiche Anhänger gewinnen. Die von ihm 1912 erfundene Eurythmie, eine die Sprache und die Musik körperlich erfassende Bewegungskunst, die viele Parallelen zur "Rhythmischen Gymnastik" von Dalcroze aufweist, wurde von seinen Adepten geübt und weiterentwickelt. Als Berg der Wahrheit zog der Monte Verità auch die Pioniere des neuen künstlerischen Tanzes an. Bereits 1909 verbrachte Jaques-Dalcroze eine dreimonatige Kur in Ascona und 1913 erholte sich Isadora Duncan nach dem Tod ihrer beiden Kinder am Lago Maggiore. Aber erst als Rudolf von Laban ab 1913 eine Dependance seiner Münchner Tanzschule während der Sommermonate auf dem Monte Verità einrichtete, hielt auch der Tanz hier Einzug. Die Zweigstelle gehörte zur "Schule der Kunst", die die Initiatoren der Lebensreformsiedlung Ida Hofmann und Henri Oedenkoven zur Verwirklichung einer umfassenden menschlichen Lebensreform gegründet hatten. Erklärtes Ziel der künstlerischen Bestrebungen war, Schüler in "alle Äußerungen des menschlichen Genius" einzuführen.[9] Auf dem Ankündigungsblatt propagierte man: "Die Schule der Kunst wird nach den neuartigen Erziehungs- und Unterrichtsprinzipien geleitet, die R. Laban de Varalja seit Jahren in seinen Unterrichtskursen im Sinne einer lebenskräftigen Regeneration der Künste verfolgt. [...] Auf allen Gebieten der Tätigkeit und des Ausdrucks sucht er, in Mitarbeiterschaft mit seinen Meistern und Kollegen, die neuen Formen eines einfachen und harmonischen Lebens zu finden [...] – Die Einsicht und der Geschmack für lebensvolles, künstlerisches Schaffen wird geweckt und dadurch der Schüler davor bewahrt, die Zahl der wert- und nutzlosen Kunstprodukte zu vermehren, welche das traurige Ergebnis einseitig spezialisierender Kunsterziehung sind. – Die Übungen und Arbeiten werden – soviel als möglich im Freien – auf dem Terrain und in den Werkstätten der individualistischen Cooperative von Monte Verità abgehalten. Die Schule soll die Mitglieder dieser Vereinigung in ein künstlerisches Leben einführen."[10] Der aus Ungarn stammende Rudolf Laban de Varalja, der sich später einfach Rudolf von Laban nannte, sollte Begründer und wegweisender Theoretiker des deutschen modernen Tanzes werden. In Ascona begann er, seine Vorstellungen von einer aus dem natürlichen Impuls und Bedürfnis des Menschen gewachsene, originäre (Bewegungs-) Kunst zu formen. Sein Ziel, das sich über die Jahre immer klarer herauskristallisierte, war, den Menschen in seiner Ganzheit künstlerisch zu bilden. Für 50 Franken im Monat bot seine Schule Kurse in "Bewegungskunst", "Wortkunst", "Tonkunst" und "Formkunst" an. Zu seinem Schülerkreis zählten die in Hellerau bereits diplomierte Mary Wigman, Suzanne Perrottet und später Gertrud Leistikow sowie eine Reihe Hamburger Tänzerinnen darunter Laura Österreich, Gertrud und Ursula Falke und Käthe Wulff. Laban selbst unterrichtete "Körperübungen" und "Tanz", leitete die "musikalischen Übungen", lehrte das Fach "Begleitinstrumente" sowie "Rede und Vortrag". Unterstützt wurde er dabei von seinen Assistenten

Ein Schüler Rudolf von Labans auf dem Monte Verità, um 1913. Foto, DTK

Oben: Tänzergruppe aus Labans "Schule für Kunst" auf dem Monte Verità bei Ascona am Lago Maggiore, um 1913. Foto, DTK
Unten: Mary Wigman (vorne mit Kleid) als Labanschülerin am Strand des Lago Maggiore. Abb., P

Suzanne Perrottet und Karl Weise. Nur die Bereiche Baukunst, Gartenkunst, Weberei, Schusterei, Schneiderei, Wirtschafts- und Kochkunst, Malen und Bilden, also Fächer, die zur "Formkunst" zählten, vermittelten seine Frau Maja Lederer und Karl Weise sowie Ida Hofmann und Henri Oedenkoven. Tanz wurde von Laban und seinen Mitstreitern als integraler Bestandteil des Lebens betrachtet und in den täglichen Lebensablauf einbezogen. Vegetarische Kost und naturgemäße Lebensweise gehörten genauso zum Konzept wie die täglichen von 8 bis 10 und von 4 bis 1/2 6 Uhr meist im Freien abgehaltenen Arbeits- und Übungskurse. Den Unterricht in den einzelnen Kunstbereichen prägte ein stark experimenteller Charakter, der von der Suche nach neuen, dem Menschen gemäßen, natürlichen Ausdrucksformen geprägt war. Suzanne Perrottet schrieb rückblickend: "... man hat experimentiert und wußte noch nicht so genau, wo das alles hinführen wird. Aber der Laban war voller Ideen und sehr sicher über die Richtung. Er wollte nicht nur eine Bewegungsschule, er wollte etwas, das alles umfaßte. Er wollte für jeden, daß er seine sämtlichen Ausdrucksmöglichkeiten entwickeln lernt, und er sollte sie auch ausleben [...] Bei der Bewegung war das sehr interessant, alles ohne Musik, höchstens mit einem Tamburin begleitet, damit es zusammenhält. Die erste Grundübung war noch ohne Sprung, man war noch am Platz und hat sich geschüttelt, jedes Glied für sich, die Hand, den Ellenbogen, den Oberarm, den Fuß, die Zehen – richtig schütteln und dann eine Anspannung mit Kraft ganz plötzlich. [...] Beim Ton hatte er auch ganz eigene, neue Ideen .... Er hat uns einen Ton singen lassen, einen Mittelton, wie er sagte, das ist der Ton, der von jedem selbst gelebt wird. Und dann einen hohen Ton und einen tiefen Ton, nicht miteinander verbunden. Also waren wir wie die Vögel im Walde, jeder hat für sich neben dem anderen gesungen. [...] Und dann hat Laban auch Stunden gegeben in der Wortkunst. Man mußte ein Wort sagen, das einem gerade einfiel – wie später die Dadaisten es auch gemacht haben ... ein Wort ruft das andere und beginnt zu erzählen. Dann mußte man zu jedem Wort, das er uns sagte, einen Satz bilden, dann hat er das Wort als Thema gegeben zu einem Diskurs."[11] Aus der Improvisation und der unerschöpflichen Experimentierlust entstanden auch Labans erste Tanzdramen, die er für den Monte Verità schuf: "Istars Höllenfahrt" nach einer altbabylonischen Erzählung, "Der Trommelstock tanzt", durch altmexikanische Tempelsprüche angeregt und sein 1917 geschaffenes dreiteiliges Reigenwerk "Sang an die Sonne" nach der Dichtung Otto Borngraebers, das sich über 24 Stunden erstreckte und den Charakter einer kultischen Feier besaß. "Die sinkende Sonne", "Die Dämonen der Nacht, "Die siegende Sonne" hießen die einzelnen durch pantomimisches Spiel, Fackelreigen und weihevolle Tanzhymnen dargestellten Abschnitte dieser chorischen Freilichtaufführung. Labans formuliertes Ziel, die zivilisationsgeschädigte, moderne kapitalistische Gesellschaft durch einen alle soziale Schichten überwindenden Tanz zu erneuern, der im kultischen Tanzfest einer echten Gemeinschaft freier Tänzer gipfelt, fand sich in dem mystisch-magischen Reigenwerk umgesetzt. Im Schulprospekt erklärte er: "Auf allen Gebieten triumphiert die Technik, die Zweckform, und nur der menschliche Organismus selbst bleibt hinter der Entwicklung seiner Werkzeuge zurück. [...] Muskeln, Nerven, Gehirn sind die drei Zentren, wo sich Wollen, Fühlen und Wissen manifestiert. Die großen rhythmischen Gesetze, die uns im sinnlichen Fühlen, Bewegen und Denken klar entgegentreten, regieren alle diese Gebiete. Die bewußte Anschauung dieser Vorgänge befähigt JEDEN, in kürzerer oder längerer Zeit den Rhythmus seines Lebens zu erkennen, zu stärken und zu beherrschen [...] Unser Denkapparat, unser Empfindungsapparat und unser Muskelsystem können in hervorragender und sinnreicher Weise durch TANZ-TON-WORT kontrolliert und vollentwickelt werden."[12]

Im Sommer 1914 begann Laban auf dem Monte Verità mit den Proben zu dem "Tragischen Wort- und Tanzspiel" nach dem Drama "Sieg des Opfers" von Hans Brandenburg. Dieses von einem expressionistischen Pathos getragene Werk, dessen Hauptrollen die Tänzerinnen Mary Wigman und Gertrud Leistikow übernahmen, sollte anläßlich einer Werkbund-Ausstellung in Köln noch im selben Jahr aufgeführt werden. Dazu kam es nicht mehr. Der Erste Weltkrieg brach aus und die mitwirkenden jungen Tänzer rückten in die Kasernen ein. Laban, der als ehemaliger k. und k. Reserveoffizier ebenfalls fürchtete, eingezogen zu werden, kehrte nach Ablauf der Sommer-Saison nicht nach München zurück, sondern verlegte seine Schule nach Zürich. Hier gehörte er mit seinen ihn begleitenden Assistentinnen Mary Wigman und Käthe Wulff zu einem Kreis von Exilanten, die das künstlerische Klima der Stadt prägten und dessen Mittelpunkt die Dadaisten Hugo Ball, Emmy Hennings, Hans Arp, Tristan Tzara, Marcel Janko und Richard Huelsenbeck bildeten. In einem Züricher Lokal, dem Urania-Gebäude, fand Labans aus der Schweiz stammende Mitarbeiterin Suzanne Perrottet geeignete Räume für die Einrichtung der "Schule für Bewegungskunst". In dieser wurden sofort Kurse in Tanz, Ton, Wort angeboten, Vorführabende gegeben und ein reger geistiger Austausch mit dem Dadaistenkreis geplegt. Neben seiner Unterrichtstätigkeit hielt Laban auch gut besuchte Seminare und Vorträge über Themen und Gedanken seiner "Choreosophie". Während seiner Exilzeit arbeitete er an seinem 1920 veröffentlichten Hauptwerk "Die Welt des Tänzers", in dem er in teilweise blumiger, mystifizierender Sprache seine Tanzphilosophie darlegte. Sein Bestreben und Anliegen war, zur elementaren Energie, zur "Gebärdenkraft" vorzudringen, die sich hinter jeder materiellen Erscheinung manifestiert und das kosmologische Wirkungsprinzip repräsentiert. Er suchte die Gesetze des Tanzes aus der Bewegung heraus zu begründen und sie nicht an sekundären Merkmalen wie der Musik festzumachen. In seiner kosmologischen Weltanschauung, die die Bewegung als Ursprung allen Seins begriff und sie als Grundelement des Lebens interpretierte, fungierte der Tanz als reines Abbild des Lebens. Labans Tanzverständnis war ein universelles. In "Die Welt des Tänzers" schrieb er: "Was kennzeichnet nun zusammengefaßt die Anschauung des Tänzers? Vor allem seine unbedingte Ehrfurcht vor tänzerischem Geschehen und die Hingabe an den Kern alles Seins, an die wohlgeordnete Bewegung, den Tanz. [...] Diese Verehrung des Tanzes oder vielmehr der Tanzkraft der Welt bringt es mit sich, daß auch die tastbare Welt, dieser Symbolträger alles Seins, beachtet, geschätzt und bewundert wird. Gleich weit entfernt vom Abtötenwollen wie von der materialistischen Überschätzung der Erscheinungswelt und ihrer Einwirkungen, steht ein eigentümlicher Glaube an die Kraft und Güte alles Seienden vor uns [...] Tanz ist alle Kultur, alle Gesellschaftlichkeit. Tanz ist Schwungkraft, die untastbare Vorstellungen zur Religion reiht. Tanz ist alles Wissen, Schauen und Bauen, das den Forscher und Tatmenschen erfüllt. Doch das reinste Abbild des Tanzes der Tänze, des Weltgeschehens, ist der Reigen, den der Menschenkörper schwingt."[13]

Während das Ballett durch die Auswahl von Stellungen auf einem kodifizierten Bewegungssystem beruhte, suchte Laban die Gesetzmäßigkeiten der freien Bewegung zu erfassen. In seiner Bewegungslehre bildete der Körper den Mittelpunkt des ihn umgebenden Raumes. Die drei Dimensionen hoch-tief, rechts-links, vor-rück galten als die grundlegenden Bewegungsrichtungen, die im schwunghaften Vollzug, der sogenannten Sechserskala, aneinandergebunden wurden und durch unterschiedlichen Kraft- und Zeiteinsatz verschiedene Bewegungsqualitäten hervorriefen. In der erweiterten Form seiner Lehre ging Laban von dem Raummodell eines Ikosaeders, eines Zwölfecks, aus, in dessen Mittelpunkt sich der Tänzer befand, der die zwölf Richtungen des Raumkörpers

mit Schwungbewegungen (Zwölferskala) in vorgeschriebener Reihenfolge verband. Analog zur Harmonielehre der Musik galten die Schwungskalen als "Raumharmonieordnung". Sie dienten der Bewegungsschulung und bildeten die Grundlage der Tanzkomposition.

Im Gegensatz zu Dalcroze versuchte Laban nicht dem musikalischen Rhythmus, sondern dem eigenen Körperrhythmus nachzuspüren und ihm Gestalt zu geben. In seiner Anfangszeit setzte er deshalb ausschließlich rhythmische Begleit- und Geräuschinstrumente wie Gongs, Trommeln, Schellen oder Klappern zur Unterstützung des Tanzes ein. Diese Konzentration auf die Bewegung entsprach seiner Forderung nach einer Emanzipation der Tanzkunst von anderen Künsten. Laban propagierte den Tanz als eine eigenständige Ausdruckskunst, die kraft der ihr immanenten Gesetze autonom ist. Um diese Selbständigkeit noch zu untermauern und den Tanz, eine sehr flüchtige Kunst, festhalten zu können, entwickelte er eine Bewegungsnotation durch die der Tanz wie die Musik oder die Dichtung allgemein zugänglich und auch theoretisch mitteilbar wurde. In den 20er Jahren gehörte die Tanzschrift zum obligatorischen Unterrichtsfach an allen Labanschulen.

Oben links: Gruppenübung in der Berliner Tanz- und Gymnastikschule Hertha Feist. Foto: G. Riebicke, DTK
Oben rechts: Der Labanschüler Kurt Jooss (rechts) in einer Tanzstudie, Anfang der 20er Jahre. Foto, DTK
Links: Chorische Übungen der Labanschulen Hamburg und Berlin. Fotos, DTK (oben) und P

Chorischer Tanz

Nach Zwischenstationen in Stuttgart und Mannheim siedelte Laban im Spätsommer 1922 mit einem Kreis von Tänzern, zu denen unter anderen Kurt Jooss, Jens Keith, Edgar Frank und Albrecht Knust zählten, nach Hamburg über. Ludwig Benninghoff, der Begründer der Besucherorganisation "Hamburger Bühne", sorgte dafür, daß ihm in der Ernst-Merck-Halle des Zoologischen Gartens Räume für die Einrichtung von Kursen und für Aufführungen zur Verfügung gestellt wurden. Bereits auf dem Monte Verità war es der Gruppentanz, der Tanz in der Gemeinschaft gewesen, der im Mittelpunkt von Labans

Interesse stand. In der Neuformung des chorischen Tanzes als Ausdruck eines gemeinschaftlichen Bewegungsimpulses fand Laban eine auf den Laien zugeschnittene künstlerische Bewegungsart, die in Hamburg ihre endgültige Formulierung erhielt. Anna Helms und Julius Blasche hatten mit ihren Geestländer Volkstanzkreisen in der Hansestadt den Boden für einen breite Kreise erfassenden Laientanz bereitet und so war es nur folgerichtig, daß sich die ersten Bewegungschöre gerade hier etablierten. Viele Volkstänzer, die darüber hinausgehende künstlerische Ambitionen besaßen, wie Albrecht Knust und Karl Bergeest, wechselten an die Schule "Hamburger Bewegungschöre Rudolf von Laban" und gehörten zu den Tanzbegeisterten, die den chorischen Tanz mitprägten. Dabei achtete Laban auf eine klare Differenzierung zwischen künstlerischem Tanz und Laientanz: "Man darf die Wirksamkeit im Bewegungschor nicht mit dem Bühnenspiel verwechseln. Im Bewegungschor wird nicht im Sinne des Schauspielers oder des Berufstänzers die eigene Persönlichkeit dauernd verwandelt und nach künstlerischen Gesetzen verwandelt, umgestimmt. Der Tänzer im Bewegungschor gibt sich selbst, nur gereinigt, erhöhter, seiner Idealform näher gespannt. Er holt aus seinen Tiefen den neu erweckten Bewegungssinn und verankert ihn dauerhaft und kräftig in seinem Wesen durch die begeisternde, bekennende Tat der Bewegungsdarstellung nicht als einzelner, sondern als Teil der lebendigen, größeren Gruppe. [...] Was die Menschen früher in Ritualen und Zeremonien geschaffen haben, entspringt einer Quelle, die auch heute nicht versiegt ist. Nur die Anlässe sind andere."[14]

Zu den Prinzipien chorischer Bewegung gehörte, daß ein Tänzer die Führung der Gruppe übernahm und alle ihm Folgenden seine Aktionen sogleich mit- bzw. nachvollzogen. Um die schnelle Imitation der Bewegungen zu gewährleisten, mußten diese entsprechend großräumig, klar und präzise sein. Aus

Oben links: Tanzstudie mit Hertha Feist (lks.). Foto, DTK
Oben rechts: Ein Teddybär als "Bewegungschorführer" der Hamburger Laban-Gruppe. Foto, P
Unten: "Die grünen Clowns" mit der "Kammertanzbühne Laban" unter Leitung von Dussia Bereska, 1925. Abb., P

einem Chor konnten sich weitere Chöre abspalten und unter der sich spontan ergebenden Leitung eines eigenen Führers agieren, mit oder gegen die übrigen Chöre, in Form von Bewegungsspiegelungen oder Kontrapunkten. Die Bewegungseinfälle hingen von der Improvisationsgabe des jeweiligen Anführers ab. Gemeinsamschaftliches Erleben im gemeinsamen Bewegungsvollzug stand als soziale Idee hinter der chorischen Arbeit. Mary Wigman drückte dies in Bezug auf ihre Tanzgruppe folgendermaßen aus: "Der Sinn einer solchen Gemeinschaft ruht in der lebendigen Beteiligung und Mitverantwortlichkeit jedes einzelnen für das Ganze ... Wir empfinden tatsächlich zusammen, wissen auch gemeinsam und haben gemeinsame Ausdrucksformen. Schon das allgemeine Körpergefühl ist bei gleicher Schulung ein ganz ähnliches ... zudem aber setzt Gemeinschaft Führerschaft voraus. Die Masse, die sich selber meint, ist niemals Gemeinschaft. Die Arbeit der Gemeinschaft ist Dienst an der Idee, ist Dienst am Werk. Nur so ist auch die Rolle des Führers im Tanzchor zu verstehen. Der Führer ist ja mit vom gemeinschaftlichen Erleben erfaßt, der Tanz, den er schafft, ist nicht von ihm ausgedacht, sondern er stammt aus dem Gruppengeist, der sich in den Wechselbeziehungen der tänzerischen Arbeit allmählich bildete."[15] Mit den sogenannten Chorfeiern, in denen die Bewegungschöre als Bestandteil rituell-symbolischer Feierhandlung fungierten, trieb Laban den Festgedanken weiter. Inhalt dieser Feiern war die chorische Aktion selbst, das orchestrale Spiel der Gruppen. Aus dem Organismus des Chores, aus dem Zusammenspiel der Bewegungstemperamente und Bewegungstypen, die Laban entsprechend dem Sopran, Alt, Tenor und Baß eines Gesangschores in Hoch-, Mittel- und Tieftänzer unterschied, formte sich der Ablauf. Laban bezog den Chortanz auch als künstlerisches Mittel für den Bühnentanz ein und stellte ihn neben den Kammertanz, der sich auf die kleinere Besetzung konzentrierte, und das Tanztheater, das Formen wie die Tanzpantomime, das Tanzschausspiel, das Tanzdrama, die Tanztragödie umfaßte. Wie der Laiengesangschor, der zusammen mit Solisten Werke wie die "Matthäus-Passion" von Bach aufführt, sollte der tänzerische Laienchor Teil künstlerischer Tanzdarbietungen werden. In diesem Sinne konzipierte Laban seine chorischen Werke "Schwingender Tempel", "Faust, II. Teil" (mit Sprechchor), "Prometheus" von Aischylos (mit Sprechchor), "Dämmernde Rhythmen", die er von 1923 bis 1925 neben zahlreichen Stücken der von Dussia Bereska geleiteten Kammertanzbühne in Hamburg herausbrachte.

"Aus alten Tempeln", eine Tanzkomposition der "Kammertanzbühne Laban", mit Dussia Bereska (Mitte vorn). Abb. Becker & Maaß, MWG

In den folgenden Jahren entstanden in anderen Städten von

Labanschülerinnen und -schülern gegründete Bewegungschöre mit dem Ziel, Laien im Sinne Labans zu schulen und die Festidee im täglichen Leben stärker zu etablieren. Auch für die tänzerische Erziehung von Kindern bildete der chorische Unterricht ein geeignetes Schulungsinstrument und Tanzpädagogen wie Hertha Feist in Berlin, Jenny Gertz in Halle, Harry und Grete Pierenkämper in Mannheim, Lola Rogge in Altona (Hamburg) und Albrecht Knust in Hamburg konzentrierten sich neben der Bewegungschorarbeit mit Erwachsenen auf die mit Kindern und trugen zur Verbreitung der Laientanzbewegung bei. Selbst Tänzerinnen und Tänzer, die sich künstlerisch auf den Solo- und Gruppentanz konzentrierten, übernahmen die Leitung von Bewegungschören, so Berthe Trümpy und Vera Skoronel den Sprech- und Bewegungschor der Berliner Volksbühne oder Jutta Klamt und Joachim Fischer die rhythmischen Laienchöre der Groß-Berliner Freien Turnerschaft. Gleichermaßen erkannten politische Partein wie die SPD und KPD den Bewegungs- und Sprechchor als adäquates Mittel zur Ausgestaltung ihrer Feste und Feiern, wobei

Oben: Chorische Studie einer Laban-Gruppe zum Thema "Gleichstrebend". Abb., P

Unten: Rudolf von Laban im Kreis von Schülerinnen und Schülern seines "Choreographischen Instituts" in Berlin, 1927. Abb., P

sich aber die tänzerisch-choreographische Form ihrer chorischen Darstellungen in keiner Weise von der anderer weltanschaulich-politischer Richtungen unterschied. Nur die Inhalte waren auf die eigene Programmatik ausgerichtet. "Rotes Lied", ein Festspiel für das vierzigjährige Jubiläum des Deutschen Arbeitersängerbundes in Berlin von dem Labanschüler Martin Gleisner 1931 in Szene gesetzt, wählte als Leitspruch die Worte: "Wir waren, wir sind, wir werden bleiben die Feldmusik der kämpfenden Arbeitschaft."[16] Mit Sprech-, Gesangs- und Bewegungschor unter Mitwirkung von 2000 Sängern und insgesamt 1000 tanzenden Erwachsenen und Kindern sowie 60 Musikern, die die Aktion mit Teilen aus der Eroica und Tschaikowskys VI. Symphonie begleiteten, glich das Ereignis einem Massenauflauf, der die expressionistische Utopie einer Tänzergemeinschaft zu erfüllen schien. Bereits die von Laban zum 150-jährigen Jubiläum des Mannheimer Nationaltheaters 1929 im Stadion der Stadt ausgerichtete chorische Feier mit 500 Mädchen und Jungen unter dem Titel "Alltag und Fest" und sein monströses Unternehmen im selben Jahr, die Gestaltung eines tanzenden Festzuges des Wiener Gewerbes mit insgesamt 10000 Beteiligten zeigte an, daß sich das chorische Spiel mehr und mehr zur Massenveranstaltung wandelte. Über die Mannheimer Aufführung schrieb die Presse: "Die Masse hat schon ein eigenes Lebensgefühl gewonnen, wie wir es bei sportlichen Aufmärschen, bei Sprechchören und Tanzvorführungen beobachten können. Es wächst hier ein neuer eigener Rhythmus der Mitwirkenden, der dem Tempo der Zeit entspricht und weitergetragen wird zu den Zuschauern und Zuhörern. Die Stadien der tief in das Volk eingedrungenen Spiel- und Sportbewegung, die Sonne, Licht, Luft und Freude will, sind der richtige Ort für diese künstlerische Betätigung der Masse. Nicht täglich freilich können so viele Menschen zusammenkommen, aber zuweilen können sie miteinander ein Fest feiern und gemeinsame Kraft gewinnen, die sie über den Alltag heraushebt und sie den Alltag ertragen läßt. In diesem neuen Lebenskreise zu stehen und ihn zu gestalten, ist vor allem Sache der Jugend, die sich schneller entzündet und das große und Gemeinsame rascher ergreift."[17] Damit war die Vorstufe für die Masseninszenierung der Olympiade 1936 erreicht. *P.St.*

Linke Seite: Schlußbild aus dem "Chor der Arbeit", einem Werk des Arbeiterbewegungschores Hannover unter Leitung von Maxim Bosse. Abb., MWG

Anmerkungen:

1) Wassily Kandinsky, Über das Geistige in der Kunst, Neuilly-sur-Seine 1952, 10. Aufl., S.11/12

2) Ebd.

3) Friedrich Nietzsche, Vom Nutzen und Nachteil der Historie, Ditzingen 1982, S. 101 f.

4) Friedrich Nietzsche, Also sprach Zarathustra, München 1989, S.34.

5) John Schikowski, "Der neue Tanz und die neue Körperkultur", in: Olympiade, Februar-März 1928, 1. Jg. H.8.

6) Emile Jaques-Dalcroze, "Rhythmus und Gebärde im musikalischen Drama und vor der Kritik", in: Emile Jaques-Dalcroze, Rhythmus, Musik und Erziehung, Genf 1977 (1. Aufl. 1922), S.129.

7) W. Otto, Die Hellerauer Schulfeste von 1912 und 1913, zit. nach Horst Koegler, "Aus Rhythmus geboren – zum Tanzen bestellt. Hellerau-Laxenburg und die Anfänge des modernen Tanzes", in: Ballett 1977, Chronik und Bilanz des Ballettjahres, hg. von ders. unter Mitarbeit von Hartmut Regitz, Velber bei Hannover 1977, S.41.

8) Zu den Angaben über Hellerau-Laxenburg vgl. Helmut Günther, "Historische Grundlinien der deutschen Rhythmusbewegung", in: Gertrud Bünner/Peter Röthig, Grundlagen und Methoden rhythmischer Erziehung, Stuttgart 1979, S. 61 f.

9) Monte Verità, Berg der Wahrheit. Lokale Anthropologie als Beitrag zur Wiederentdeckung einer neuzeitlichen sakralen Topographie, Ausstellungskatalog, hg. von Harald Szeemann, Mailand 1978, S. 128.

10) Ebd.

11) Suzanne Perrottet, Ein bewegtes Leben, Bern o.J., S. 112f.

12) Labankurse, Tanz-Ton-Wort, Schulprospekt, 1913/14, zit. nach Hedwig Müller, Die Begründung des Ausdruckstanzes durch Mary Wigman, Diss., Bitburg 1986, S. 36.

13) Rudolf von Laban, Die Welt des Tänzers. Fünf Gedankenreigen, Stuttgart 1920, S. 8.

14) Rudolf von Laban, "Vom Sinn der Bewegungschöre", in: Schrifttanz, Wien Juni 1930, 3. Jg. H. II, S. 25f.

15) Mary Wigman zit. nach Hedwig Müller, Mary Wigman, Weinheim und Berlin 1986, S. 114f.

16) Martin Gleisner, "Festspiel 'Rotes Lied'", in: Schrifttanz, Wien Oktober 1931, 4.Jg. H.II, S.37.

17) Dr. B. "Rudolf von Laban: 'Alltag und Fest'", in: Schrifttanz, Wien, 2. Jg. H. III, August 1929, S. 57.

Ausdruck

"Es gibt einen Tanz, der ist nichts anderes als 'sichtbar bewegte Form', und es gibt einen Tanz, der ist Ausdruck. Oder vielmehr, er möchte Ausdruck sein; denn diese höchste Form des Tanzes ist erst im Werden. Man erwartet mit brennender Ungeduld, daß er endlich Ereignis werde."[1] Als ein Berliner Feuilletonist im Januar 1903 aus Anlaß eines Gastspiels von Isadora Duncan diese Hoffnung auf eine neu entstehende Tanzform formulierte, war zwar der "Ausdruckstanz" der 20er Jahre noch nicht in Sicht, aber auf den Tanzbühnen zeigten sich immer häufiger Tänzerinnen, die mit einer eigenen, vom klassischen Ballett unabhängigen Art des Tanzes Kunstanspruch erhoben.

Loie Fuller hatte das Publikum der Jahrhundertwende bereits mit ihren auf Bewegungs- und Beleuchtungseffekten beruhenden Tänzen beeindruckt. Durch Licht- und Spiegelwirkungen, die sie mit ihrem eigenen Stab technischer Mitarbeiter selbst erdachte, diente in diesen Tänzen die Bewegung nur als Auslöser theatralischer Effekte. Durch Drehungen des Körpers und weitem Kreisen der Arme setzte sie die wehenden Schleier ihres Kostüms kongenial zur Musik und Beleuchtung in Bewegung und kreierte mit diesen Mitteln Tänze, die das Publikum durch die hervorgerufenen optischen Eindrücke faszinierten. Neben den Serpentinen- und Schleiertänzen versuchte sie sich auch an Tänzen, denen eine emotional geprägte, inhaltliche Aussage beigemessen war, wie etwa den Tänzen "Furcht", "Religion", "Tod", die sie im Januar 1902 in Berlin zur Uraufführung brachte. Erfolgreich aber blieb sie bei ihren regelmäßigen Gastspielen in Deutschland vor dem Ersten Weltkrieg wegen der Inszenierung ihrer Tänze, der Lichtkunst, mit der sie ihre Choreographien gestaltete. Loie Fuller war die Tänzerin der flüchtigen Impression. In ihrem Tanz kristallisierte sich die von der jungen Literatengeneration der Jahrhundertwende beschworene Sehnsucht nach dem ästhetischen Augenblick, dem keine Verbindlichkeit in einer durch Konventionen und Begriffe eines vorangegangenen Jahrhunderts eingeengten Gesellschaft mehr zukommt.

So wie sich in Loie Fullers Tanzbildern die Stimmung der sich aus der Welt in die Kunst zurückziehenden Menschen des Fin-de-siècle wiederfinden läßt, so verkündeten die Tänze Isadora Duncans die Zukunftshoffnung der ins 20. Jahrhundert eintretenden Jugend.

Mit Isadora Duncan begann in Deutschland die Epoche des "modernen" Tanzes. "Modern" war sie wegen ihrer radikalen Ablehnung aller tanzkünstlerischen Konventionen und ihrem proklamierten Aufbruch in eine neue Zeit, in der das Individuum zum Maßstab aller Dinge werden sollte. Der "Tanz der Zukunft", den sie in ihren Choreographien und ihren Aufsätzen und Vorträgen verkündete, war für sie der Tanz der Befreiung der Frau. Sie wollte die Emanzipation des Körpers aus seinem gesellschaftlichen Korsett und die Wiederkehr des ästhetischen Ideals der griechischen Antike, die Harmonie von Körper, Seele und Geist .

Für Loie Fuller war der optische Effekt, den die Inszenierung der körperlichen Bewegung hervorrufen konnte, Ausgangspunkt der choreographischen Arbeit, für Isadora Duncan lag die Motivation für ihren Tanz nicht in der Wirkung, sondern in der Erfahrung selbst. Durch Tanz sollte sich die Wahrnehmungsfähigkeit des Menschen herausbilden und seine Empfindsamkeit für sich und andere geschult werden. "So sehen wir als Prinzip des Tanzens den Ausdruck von Empfindungen durch natürliche Bewegungen. Dies führt uns zum Wissen von dem, was wir sehen und fühlen. Daher ist der Tanzunterricht für Kinder in Wirklichkeit kein Training der Füße oder der Muskeln, um Fertigkeiten für Walzer oder Polka zu erwerben, sondern er befähigt die Kinder zu größerer mentaler Zielgerichtetheit und Selbstbestimmung."[2]

Isadora Duncan tanzte zu allererst um ihretwillen und dann

erst, um anderen ihre Erlebnisse und darin ihre Botschaft von einem neuen harmonisch gestimmten Menschenbild mitzuteilen. Der Ursprung für Tanz war für sie die Empfindung, die in ihr durch klassische Musik, durch die Betrachtung eines Werkes der bildenden Kunst oder einfach nur durch das Erleben eines Naturvorgangs ausgelöst wurde. Botticellis "Primavera" wurde ihr ebenso zu Tanz wie die "Neunte" von Beethoven, sich brechende Wellen am Strand oder das Wiegen einer Fächerpalme im Wind: "Stundenlang sah ich dem Schaukeln der Blätter zu. Wenn ein leichter Wind blies, zitterten die Blätter nur in zarter Bewegung, wenn der Wind anschwoll, ward auch ihr Zittern heftiger, und wenn Sturm war, tanzten sie in wilder Erregung. So beobachtete ich die Blätter der Palme vom feinsten Pianissimo bis zum wildesten Fortissimo hinauf... Und da dachte ich: wenn der menschliche Körper so empfindlich für die musikalischen Schwingungen wäre, wie die Palme für den Wind, so daß die Musik seine Bewegungen genau so regieren könnte, wie der Wind die der Blätter, würde doch der menschliche Körper unter dem Einflusse der Musik geradeso wie die Palme nur solche Bewegungen ausführen, die seinen Formen und seiner Natur entsprechen."[3]

In Duncans Tänzen findet sich das Lebensgefühl einer jungen Generation im Jahrzehnt vor Ausbruch des Ersten Weltkriegs wieder, die auf der Suche nach sich selbst ist und sich in einer rigiden autoritären Gesellschaft als Persönlichkeit und Individuum durch die Kultivierung der subjektiven Empfindsamkeit selbst vergewissert. Innere Notwendigkeit als einzige Legitimation für künstlerische Äußerungen anzusehen, forderten auch die Maler der expressionistischen Künstlervereinigung "Die Brücke" in Dresden. In ihrem Manifest, das sie 1905 veröffentlichten, feierten sie die "Lust am Gesehenen" und die "instinktive Steigerung der Form im sinnlichen Erlebnis". Der grüne Himmel und die blauen Wiesen ihrer Bilder waren Ausdruck ihres Erlebens, Farben und Formen zeigten nicht materielle Wirklichkeit, sondern subjektiv erlebte. "Jeder gehört zu uns, der unmittelbar und unverfälscht das wiedergibt, was ihn zum Schaffen drängt", schrieb Ernst Ludwig Kirchner und erreichte damit auch die Tänzerinnen und Tänzer seiner Zeit.

Isadora Duncan hatte Erfolg, künstlerisch Tanzen wurde Mode, der "moderne", nicht mehr am klassischen Ballett orientierte Tanz fand Anerkennung als künstlerische Form. In ihrer 1904 in Berlin gegründeten und von ihrer Schwester Elizabeth geleiteten Schule erzog Isadora Duncan Kinder nach ihren Vorstellungen. Sie reiste durch Europa und pre-

Oben: Isadora Duncan verkündete die Befreiung des Körpers im Tanz.
Abb. Arnold Genthe, TS

Links: Isadora Duncan, wie sie der satirische Zeichner des "Simplicissimus" Olaf Gulbransson sah.
Abb., P

Oben: Die Nacktdarstellerin Olga Desmond, die in "Schönheit-Abenden" auftrat, mit einem "Schwertertanz", um 1908. Foto, TS
Mitte: Olga Desmond mit dem Athleten Adolf Salge. Foto, TS
Unten: Die von Königen und Fürsten angebete "Schönheitstänzerin" Cléo de Mérode, um 1901. Foto, TS

digte den "Tanz der Zukunft", bis der Erste Weltkrieg die Realität der Politik den Idealen entgegensetzte. Als Isadora Duncan1913 zum vorerst letzten Mal in Berlin auftrat, gab es bereits viele Tänzerinnen, die mit ihren eigenen Formen eines freien künstlerischen Tanzes das Publikum begeisterten und dem nun nicht mehr auf die Opernballette beschränkten Tanz Bahn brachen. In der theoretischen Begründung ihrer Tanzkunst ging aber kaum eine soweit wie Isadora Duncan. Ihnen lag nicht an einer weltverbessernden Wirkung des Tanzes, durch den die Renaissance des antiken Körperideals eingeleitet werden könne, sondern sie tanzten um der Schönheit des bewegten Körpers willen oder um in exotischer oder historisierender Kostümierung fremdländische und vergangene Bilderwelten heraufzubeschwören.

Die amerikanische Tänzerin Ruth St.Denis, die spätere Pionierin der modernen Tanzkunst in den USA, studierte in Berliner Museen die Zeugnisse fremder Kulturen, um sie zu Tänzen mit Bewegungsmotiven der jeweiligen Kulturkreise zu verarbeiten. So entstanden die Schlangenbeschwörung des "Cobra-Tanzes", der orientalische Tempeltanz "Radha", der das Delirium der Sinne zur Ehren der Götter zelebrieren sollte, und vor allem die "Nautch"-Tänze, ersonnen als erotische Verführungstänze indischer Bajaderen und dargeboten im freizügigen Kostüm. Ruth St. Denis hatte mit ihren exotischen Programmen Erfolg beim Publikum, ebenso wie die Baltin Sent M'ahesa, die sich als ägyptische Pharaonin, als Göttin Isis oder auch als Pfau im opulenten Federgewand präsentierte. Die Kostüme illustrierten die Inhalte der Tänze, die Bewegungsformen befriedigten die Exotik- und oftmals die Erotik-Neugier des wilhelminischen Bildungsbürgertums, dem sich ansonsten die Welt nur am Wohnzimmertisch, in den Reisebeschreibungen und Illustriertenberichten der Abenteurer ihrer Zeit erschloß.

Erotisches blieb in der Öffentlichkeit versteckt, der nackte Körper war nur in Marmor im Museum gesellschaftsfähig. Die "Schönheit-Abende", mit denen sich Olga Desmond 1907 vor 1400 Zuschauern in Berlin präsentierte, zollten der körperfeindlichen Doppelmoral der Gesellschaft Tribut.[4] Allein oder mit Partner stellte sie lebende Bilder, inszenierte ihren nackten Körper als Kunstwerk, um sich jeden Vorwurfs "unsittlicher Schaustellung" zu entheben und doch der Schaulust ihrer Zeitgenossen Genüge zu tun. "Nackttänzerinnen" oder "Schönheitstänzerinnen", wie sie sich lieber nannten, boten Tabuisiertes unter dem Deckmantel hehren Kunstanspruchs. Olga Desmond, Adorée Villany oder Mata Hari waren erfolgreich, weil an der Körperlichkeit der Ruf des Verruchten haftete und seine Darstellung dem bigotten Publikum den prickelnden Reiz des Verbotenen bot. Cléo de Mérode und La Belle Otéro waren die erklärten Lieblinge des Publikums. Daß die Mérode die Geliebte des belgischen Königs war, wußte jeder und auch, daß er nicht als einziger Herzkönig in ihrem Boudoir verkehrte. Ihr Privatleben lieferte den Klatschspalten der Zeitungen mehr Stoff als ihre Tanzabende den Feuilletons. Sie war die Mondäne der Tänzerinnen zur Jahrhundertwende, immer auf Stil bedacht und noch mit über 90 Jahren prozessierte sie in Paris gegen einen Journalisten, der es gewagt hatte, sie eine vornehme "Kurtisane" zu nennen.

Nicht minder illustre, genoß La Belle Otéro ihren Erfolg in der Gesellschaft. Angeblich die Tochter eines andalusischen Granden, eroberte die Tänzerin aus Cadiz mit ihren spanischen Folkloretänzen und mit der Makellosigkeit ihres Körpers das Publikum ebenso wie den russischen Zaren und den englischen König. Ihre exquisiten Kostüme entwarfen die berühmtesten Modeschöpfer von Paris, ihre Juwelen – Geschenke von Fürsten und Herrscher Europas – waren wochenlang in einer Ausstellung zu sehen. Die Otéro war eine der reichsten Frauen des Fin-de-siècle, die mit einer achtspännigen Equipage durch Paris zu fahren pflegte. Der Beifall beim sensationslustigen und unterhaltungswilligen Publikum bei ihren Auftritten war unermeßlich.

Für die Bühne bearbeitete Gesellschaftstänze oder Folkloristisches mit einem Hauch Erotik garniert, kleine Szenen mit pantomimischem Einschlag oder einfach nur geschickte Bewegungsarrangements in aufwendigen Kostümen vor kostbaren Kulissen – das war das Erfolgsrezept eine ganzen Reihe von Tänzerinnen in den Jahren vor dem Ersten Weltkrieg. La Tortajada, die Guerrero, die Saharet, Lucie Kieselhausen, Ronny Johannsson, Charlotte Bara und viele andere begeisterten ihr Publikum mit einem "freiem" Tanz eigener Prägung. Mit ihrem Bewegungsvokabular, zusammengetragen aus klassischem Ballett, Volkstanz, Gesellschaftstanz und frei erfundenen natürlichen Formen, waren sie noch die Tänzerinnen einer untergehenden Zeit und standen doch bereits im Vorfeld einer neuen tänzerischen Epoche.

Ganz ohne fürstliche Protektion ertanzten sich die Geschwister Wiesenthal ihre Erfolge. Allein durch ihre künstlerische Besonderheit gehörten sie zu den erfolgreichsten Tänzerinnen des Vorkriegsjahrzehnts. Nur mit wenig dekorativem Beiwerk versehen – historisierende Kostüme zumeist – war ihr Tanz die aus der Musik geborene Bewegung, Tanz um des Tanzes willen. Elsa Wiesenthal: "Was ich unter Tanz verstehe, ist einfach die Lust, der Drang, sich mit Musik, mit Rhythmus zu

Oben: Claire Bauroff als Götterbote Hermes, um 1910.
Foto: Angelo, TS
Mitte: Die Wienerin Grete Wiesenthal, berühmt wegen ihrer Walzertänze.
Foto: R. R. v. Damaschka, DTK
Unten: Die Tänzerin und Sängerin "La Belle Otéro", eine der begehrtesten Frauen der Jahrhundertwende.
Foto: Reutlinger, TS

Oben: Walter Kujawski als "L'enfant terrible", 1921. Foto, DTK
Mitte: Alexander Sacharoff in "Golliwog's Cake Walk" von Debussy, 1912. Foto: Hanns Holdt, P
Unten: Clotilde von Derp und Alexander Sacharoff waren vor dem Ersten Weltkrieg das erfolgreichste Tanzpaar auf den europäischen Bühnen. Foto: Hanns Holdt, DTK
Rechte Seite: Die russische Primaballerina Anna Pawlowa begeisterte die Welt durch die Vollkommenheit ihrer tänzerischen Darstellung. Ihr Solo "Der sterbende Schwan" wurde zum Inbegriff des klassischen Balletts. Abb., MWG

bewegen. Wenn ich tanze, will ich niemals darstellen, weder einen Vorgang, noch einen Gedanken, kein Symbol und kein Gefühl – ich will nur tanzen."[5] Hatten die Kritiker es bei Isadora Duncan noch für erwähnenswert gehalten, daß ihre nackten Beine nichts "Unsittliches" seien, so lag ein solcher Hinweis bei den Wiesenthals fern: "Über dem Tanz der Geschwister Wiesenthal liegt ein unbeschreiblich keuscher Hauch der Anmut, fern von aller sinnlichen Beimischung. Er löst, wie jede echt künstlerische Schöpfung reine, von allem Kämpfen und Nöten befreite Daseinsfreude aus. Er ist der in die bewegte Linie umgesetzte schwingende Ton, das heißt in Wahrheit, getanzte Musik."[6]

Die Musik hatte im freien Tanz der Vorkriegsjahre noch eine dominierende Bedeutung und bildete die Verständnishilfe für das mit dem neuen Tanz noch unerfahrene Publikum. Der musikalische Rhythmus galt als der umfassende Initiator des tänzerischen Rhythmus'. Alexander Sacharoff und seine Frau Clotilde von Derp präsentierten den Zusammenklang von Musik und neuer künstlerisch tänzerischer Darbietung in ästhetischer Vollendung. Luxuriös und edel in den von Alexander Sacharoff meist selbst entworfenen Kostümen boten sie kurze Szenen zu verspielten, heiteren oder melancholischen Sujets, kleine ästhetische Kostbarkeiten einer dekorativen Körperkunst. Ihr Erfolg führte sie durch ganz Europa und auch nach dem Ersten Weltkrieg konnten sie sich mit ihrer delikaten Tanzkunst inmitten der expressionistischen Tanzausbrüche behaupten, wenn auch ihre Auftritte in Deutschland seltener und die Erfolge verhaltener waren als zuvor.

Dem herrschenden Interesse an dekorativer Ausstattung kamen auch die Gastspiele der Ballets Russes de Serge Diaghilew entgegen. Sie begeisterten das Publikum durch die optische Opulenz der Bühnenbilder ebenso wie durch die Virtuosität der Tänzerinnen und Tänzer, allen voran Vaslav Nijinsky, Tamara Karsawina und Anna Pawlowa. Mit ihrer unverhohlenen Sinnlichkeit erschütterten die Choreographien der russischen Truppe zwar die süße Belanglosigkeit des klassischen Balletts, wie es an den Hofopernbühnen von Berlin, München oder Wien in den ausgefahrenen Spuren des 19. Jahrhunderts getanzt wurde, aber der Funke sprang nicht über. Das klassische Ballett in Deutschland erwies sich als starr und noch wenig wandlungsfähig.

Im Ersten Weltkrieg zerbrach die Welt der Harmonie und der heiteren Bewegungslust, die in den Operetten, bei den Bällen der obersten Gesellschaft ebenso regierte wie in den Tanzdielen der kleinen Leute oder den künstlerischen Tanz-

Nijinsky
Kaiserl. russischer Ballett Tänzer.
6725
Phot. Bert. Paris.
Verl. Herm. Leiser, Berlin W. 15.

abenden von Duncan bis Wiesenthal. Die Ernüchterung, die ab 1916 mit den Materialschlachten an der Somme und der Verdun-Offensive die nationale Begeisterung verdrängte, dämpfte das gesellschaftliche Leben. Der endgültige Untergang der aristokratischen Welt des 19. Jahrhunderts wurde absehbar. Der Tanz der Vorkriegszeit erschien wie eine blasse Erinnerung aus ferner Zeit, wie der Wiener Schriftsteller Raoul Auernheimer schrieb: “Es war und ist uns ja recht wenig tänzerisch zumute in diesen letzten drei Jahren, in denen es keinen Fasching mehr gibt, im Gegensatz zu den unmittelbar vorangegangenen, die in der Erinnerung zu einem einzigen Riesenfasching zusammenzufließen scheinen. Man tanzte dazumal vom Aschermittwoch bis zum Dreikönigstag, und dann natürlich erst recht vom Dreikönigstag bis zum Aschermittwoch, man tanzte die alten Tänze, aber auch die neuen, die Matchiche, den Tango, den Two-step und den One-step, man hopste nicht nur in Ballsälen und Hotelsalons, sondern auch zu Hause, um den Tisch herum, beim Tee und nach dem Nachtmahl, wie es gerade kam, und wenn man aufatmend ein paar Augenblicke innehielt, so sah man wenigstens den anderen zu, die sich mittlerweile unermüdlich weiter drehten. Die Tanzlokale schossen in jener Zeit wie Giftschwämme aus dem vom Vergnügen aufgelockerten Boden der Großstädte, in allen Operetten wurde getanzt, aber auch in den ernsteren Stücken, ja sogar in den ganz ernsten, war für allerhand Tanzeinlagen gesorgt, die Oper sah sich für ganze Abende vom russischen Ballett verdrängt, mit dessen Anziehungskraft keine andere Darbietung zu wetteifern vermochte, unsere hervorragendsten Dichter dichteten Tanzpoeme, und es war eine Zeitlang für diejenigen, die der Mode nachliefen, eine sehr ernste Frage, wem der künstlerisch höhere Rang gebühre, der Karsawina oder der Duse, Caruso oder dem Halbgott Nijinsky.”[7]

Nachdem das zu Beginn des Krieges ausgesprochene Verbot von Vergnügungsveranstaltungen, zu denen Tanzabende zählten, bald wieder aufgehoben war, gab es auch während der Kriegsjahre regelmäßig Gastspiele und Vorstellungen. Olga Desmond, die Wiesenthals, die Sacharoffs, Rita Sacchetto u.a. traten nach wie vor auf und zeigten die gleichen Programme wie zuvor. Bei ihnen hatte sich ästhetisch noch wenig verändert. Dagegen wirkten die Tanzabende der beiden Hamburger Schwestern Gertrud und Ursula Falke wie Vorboten neuer Wege im Tanz. Kritiker bezeichneten die Falkes als tänzerischen Gegenpol zu den Wiesenthal-Schwestern, weil auch bei ihnen die Musik ein zentrales Element war. Aber vor allem die jüngere der beiden Schwestern, Ursula Falke,

Ursula Falke in ihrem Maskentanz “Weiße Frau”.
Foto: H. Grabenbrecher, MWG

Die Geschwister Gertrud und Ursula Falke in einer Zeichnung von Paul Th. Etbauer, um 1920. P

Linke Seite: Vaslav Nijinsky, der Startänzer der “Ballets Russes”, wurde durch seine sinnliche Ausstrahlung und Sprungkraft zur Legende. Foto, P

Die Hamburger Tänzerin Gertrud Falke im Kreis ihrer jungen Schülerinnen, 1913. Foto: Rudolf Dührkoop, P

trat mit neuartigen Tanzgesten hervor, so daß ein Kritiker schrieb: "Dem Körper werden Verrenkungen zugemutet, die bisweilen an Schlangenmenschen und Expressionisten erinnern."[8] Seit dem ersten Auftritt von Gertrud Falke 1913 gab sie auch in anderen Städten Gastspiele und reiste mit ihrer Schwester während der Kriegsjahre durch Deutschland. Mehr als 50 Vorstellungen in zehn Städten gaben die Falkes allein in den zwei letzten Kriegsjahren.

Die Abdankung des Kaisers und die Ausrufung der Republik am 9. November 1918 bedeutete das Ende des autoriären Staatssystems. Eine neue politische und kulturelle Orientierung wurde notwendig. Weltanschauliche Konzepte standen sich gegenüber, neue Leitfiguren tauchten auf, es gab eine neue Staatsform, die Demokratie, deren Funktionsweise in Deutschland noch unerprobt war. Um die politische Führungsmacht kämpften die Parteien der unterschiedlichsten Weltanschauungen, von den monarchistisch restaurativen und völkisch-nationalen Gruppierungen im rechten bis zu den Spartakisten und Kommunisten im linken Lager. Bewaffnete Auseinandersetzungen, Streiks, Putschversuche, politische Morde, Straßenkämpfe bestimmten das Bild in der ersten Phase der Weimarer Republik. Die wirtschaftlichen Verhältnisse waren katastrophal, die Reparationsbedingungen des Versailler Vertrags erforderten von der Bevölkerung äußersten Einsatz bei größter Belastung. 1921 setzte die Inflation ein, die im Sommer 1923 in schwindelerregende Höhe schnellte, bis die Einführung der Rentenmark und der Währungreform ab November 1923 andere Verhältnisse schuf. Während sich die Wirtschaft langsam erholte, die Löhne wieder über das Existenzminimum stiegen, die militanten Ausschreitungen nachließen, wurde der politische Kampf zwar mit unverminderter Härte fortgesetzt, erlaubte aber zumindest zeitweise eine relativ funktionierende demokratische Regierungsführung. Jedoch der "Schwarze Freitag" an der New Yorker Börse 1929 machte alle Anstrengungen für eine ökonomische und politische Stabilität zunichte.

Die Weimarer Republik mit ihren politischen, sozialen und kulturellen Auseinandersetzungen bildete den Hintergrund, vor dem sich eine Tanzkultur entwickelte, die ihre geistige und stilistische Besonderheit aus ihrer Gegenwart zog. Der Tanz der 20er Jahre war genauso heterogen, kämpferisch und auch widersprüchlich wie die Weimarer Republik selbst. Die gesellschaftlichen Verhältnisse förderten das Interesse am Experiment. Ausprobieren, Verwerfen, neue Formen finden gehörte zum Alltag, denn nichts war verbindlich und wo es nichts zu verlieren gab, war alles möglich. Der Ausdruckstanz war kein einheitliches ästhetisches Gebilde, sondern setzte sich zusammen aus unzähligen Tanzereignissen, Theorien und weltanschaulichen Richtungen. In den tänzerischen Erscheinungsformen dieser Zeit spiegelte sich das Selbstverständnis wider, mit dem die Tänzerinnen und Tänzer daran gingen, ihr persönliches Empfinden der historischen Gegenwart zum Ausdruck zu bringen.

Ausdruckstanz – Freier Tanz – künstlerischer Tanz – German Dance – es gab viele Begriffe, mit denen das Tanzgeschehen der 20er Jahre benannt wurde. Meist war vom "freien" oder vom "modernen künstlerischen" Tanz die Rede, aber in der zweiten Hälfte der 20er Jahre wird auch "Ausdruckstanz" als Sammelbegriff benutzt. So konstatierte z.B. Rudolf von Laban 1928 beim Tänzerkongress in Essen, daß der "neue Ausdruckstanz" sich in Gegensatz zum alten Ballett gestellt habe. Alle Richtungen existierten nebeneinander, alle Ansätze wurden toleriert und für jede Art von Tanz fand sich ein Publikum, dem sie gefiel. Und das nicht nur in Berlin, sondern in ganz Deutschland und in den europäischen Nachbarländern, vor allem in Österreich, in der Schweiz, den Niederlanden, Polen, der Tschechoslowakei und Skandinavien.

Als Schnittstelle aller Strömungen und Stile fungierte Berlin. Die Reichshauptstadt besaß für die Tanzentwicklung der 20er Jahre besondere Bedeutung: wegen der Vielzahl der Aufführungen, die täglich stattfanden, wegen der zahlreichen Berufs- und Laienschulen für Tanz und Gymnastik, die schon ab Isadora Duncans erster Schule im Grunewald 1904 in der Stadt angesiedelt waren und wegen der beiden großen Ballettkompanien, der in der Preußischen Staatsoper unter der langjährigen Leitung von Max Terpis und der von Lizzie Maudrik geführten Kompanie der Städtischen Oper in Charlottenburg. Im Jahr 1933 lebten von den 5122 in einer Berufsstatistik erfaßten Tänzerinnen und Tänzern 30,5% in Berlin.

Daneben hatten aber eine ganze Reihe anderer Städte ihren Anteil an der Entstehung und Verbreitung des Ausdruckstanzes: an erster Stelle Dresden, als die Stadt, in der die Verbreitung des Ausdruckstanzes durch Mary Wigman den Anfang genommen hatte und in der ihre Schule ebenso wie die ihrer wichtigsten Schülerin, Gret Palucca, ihren Sitz hatte. Ebenso waren Essen und Hamburg wichtige Zentren des Tanzes in Deutschland: Essen ab 1927 wegen der von Kurt Jooss geleiteten Tanzabteilung der Folkwang-Schule, Hamburg durch die schon vor dem Ersten Weltkrieg eröffnete Schule der Geschwister Falke und ab 1923 durch die Aktivitäten Labans und der Hamburger Bewegungschöre. Dennoch dominierte auch im Tanz der 20er Jahre der Zentralismus und der Drang zur Hauptstadt war groß. Wer etwas gelten wollte, mußte die "Feuertaufe" einer Berliner Aufführung bestehen, im Blüthner-Saal oder in der Volksbühne am Nollendorfplatz eine Tanzmatinee ankündigen und sich dem Urteil des sachkundigen, weil gut informierten Berliner Publikums aussetzen und die prominenten Berliner Kritiker überzeugen, allen voran den Laban-Anhänger Fritz Böhme von der national-konservativen Deutschen Allgemeinen Zeitung, den Valeska Gert- und Josephine Baker-Verehrer Fred Hildenbrandt vom links-liberalen Berliner Tageblatt und den Wigman-Adepten Artur Michel von der bürgerlich-liberalen Vossischen Zeitung. Ein Erfolg in Berlin war beim Publikum allerdings schnell vergessen, schlossen sich daran nicht Aufführungen in anderen Städten an, deren Erfolgsberichte die Tänzerinnen und Tänzer dann wieder als Bonus für die Vorstellung ihres nächsten Programms in Berlin aufweisen konnten. Und da natürlich niemand von den mageren Einnahmen einer einzigen Tanzaufführung leben konnte, waren über die Vermittlung durch Konzertagenturen Tourneen ökonomisch notwenig. So existierte eine ausgiebige Gastspielpraxis, durch die selbst kleine Städte in abgelegenen Regionen regelmäßig mit Tanzaufführungen bedacht wurden. In Konzertsälen, Turn- und Stadthallen oder in großen Sälen der Rathäuser und Hotels tanzten die Tänzerinnen und Tänzer ihre Schöpfungen. Durch die Häufigkeit der Gastspiele der verschiedensten Künstler war auch das Provinzpublikum "geschult", zumindest besaß es Vergleichsmöglichkeiten zwischen verschiedenen Richtungen und Stilen. Meist waren Tänzerinnen und Tänzer, die selbständig als Künstler existieren wollten, gezwungen, irgendwo eine eigene Schule zu eröffnen, um durch die Einnahmen aus den Laienkursen die künstlerische Arbeit mitzufinanzieren. Auch ausgebildete Tänzerinnen und Tänzer, die selbst keine eigene Tanzkarriere verfolgten, bauten sich durch die Ausbildung von Laien eine Existenz auf. Daher bestand selbst in den kleineren Städten zumindest eine Laientanz- und Gymnastikschule, deren Kundenkreis wiederum das interessierte Publikum der Tanzgastspiele bildete. Laientanzgruppen dieser Schulen traten mit Vorstellungen an die Öffentlichkeit und nicht selten gab die Leiterin zusätzlich Solotanzabende. Aus dieser Wechselbe-

Rudolf von Laban (lks.) in einer Tanzstudie mit Schülern der Labanschule Hertha Feist, Berlin. Foto, DTK

ziehung zwischen Aufführungsangebot und Schulexistenzen erklärt sich die große Breitenwirkung des Tanzes in der Weimarer Republik – die Gastspiele erweiterten auch in der Provinz das Interesse am Tanz und dieses Interesse wiederum förderte das Angebot von Tanz in den ortsansässigen Schulen. In Berlin verzeichnete ein Ausbildungsführer von 1929 insgesamt 151 Schulen für tänzerische Körperbildung, von denen viele auch eine Berufsausbildung anboten.

Der Ausdruckstanz fand zunächst auf dem Podium statt, in frei organisierten Tanzabenden von Tänzerinnen und Tänzern, die außerhalb der Theater arbeiteten und unabhängig und unbelastet vom klassischen Ballett für sich eine neue Sprache des Körpers entwickelten. Erst der große Erfolg des meist solistischen "Podiumstanzes" ebnete den Tänzerinnen und Tänzern den Weg in die Theater und ließ den Ausdruckstanz sich seinen Platz neben dem klassischen Ballett im Repertoire der Theaterkompanien erobern.

Mit dem Zusammenbruch der alten Weltordnung im Ersten Weltkrieg, war auch der Tanz zu einem Mittel auf der Suche nach einer neuen Orientierung geworden. Was für Isadora Duncan eine schwärmerische Hoffnung auf einen neuen Humanismus war – die "seelische" Bildung des Menschen durch die Erfahrung Tanz – geriet bei Rudolf von Laban und Mary Wigman zur Utopie von der "Gemeinschaft aller Tänzer". So unterschiedlich die beiden auch in ihrer praktischen Arbeit waren und so groß die Differenzen bei theoretischen Fragen, so bilden sie doch gemeinsam den Ausgangspunkt des modernen Tanzes in Deutschland. Für sie war der Tanz Ausdruck des subjektiven Weltverständnisses jedes einzelnen und darin Ausdruck der Zeit, in der das Individuum lebt. Mary Wigman postulierte: "Die Form, in der sich der moderne Tanz äußert, ist keine willkürliche, von irgendeinem Menschen einmalig, zu irgendeinem Zweck erfunden, sondern aus der Zeit, in der wir leben, herausgewachsen."[9]

Oben: Mary Wigman in ihrem berühmtesten Solo "Hexentanz", 1926, und in "Feierliche Gestalt" von 1928 *(Mitte)*, aus dem Zyklus "Visionen".
Fotos: Charlotte Rudolph, TS und MWG
Unten: Pausenidyll in der Dresdner Wigman-Schule in der Bautzenerstr. 107, um 1925.
Foto, MWG

Als Mary Wigman von Zürich aus im November 1919 ihre erste Tournee durch mehrere deutsche Städte unternahm, erschien sie dem Publikum wie ein Wesen von einem anderen Stern. Die Tänze, die sie zeigte, hatten ihren Ursprung in dem mystisch umkleideten Individualismuskult des Monte Verità und im Umfeld der grenzenzerstörenden Formensuche des Züricher Dadaismus. Sie tanzte "Götzendienst", "Hexentanz", "Tänze der Nacht" und tat kund, daß der Tanz mehr sei als schöne Bewegung zu Musik oder dekorativen Kostümen. Tanz war für sie das Erleben einer nicht-materiellen Wirklichkeit, die Erfahrung, daß sich geistiges und psychisches Erleben aus dem Unbewußsein Bahn bricht und im tanzenden

Körper zur Form wird: "Dort, wo das Wissen um die Dinge aufhört, wo nur das Erlebnis Gesetz ist, dort beginnt der Tanz. Nicht Gefühle tanzen wir! Sie sind schon viel zu fest umrissen, zu deutlich. Den Wandel und Wechsel seelischer Zustände tanzen wir, wie er sich in jedem Einzelnen auf seine besondere Art vollzieht und in der Sprache des Tanzes zum Spiegel des Menschen, zum unmittelbarsten Symbol alles lebendigen Seins wird."[10] Zugleich enthielt die Erfahrung des Tanzens für sie die Erkenntnis von einer über dem Menschlichen stehenden Macht, dem Schicksal. Der Tanz wurde mystifiziert als Ausdruck dieser übergeordneten Instanz, der der menschliche Wille unterworfen ist. Tanzen wurde zum Stigma des Ausgewähltseins, das Verpflichtung und Dienst verlangte: "Es kommt auf alle an, sofern sie gläubig sind und willens, ihr eigenes kleines Ich dem großen Mysterium des schöpferischen Gestaltens in sich freudig zum Opfer zu bringen."[11]

Die Mary Wigman-Tanzgruppe 1924 in "Szenen aus einem Tanzdrama", v. lks. Yella Schirmer, Ruth Craemer, Mary Wigman, Berthe Trümpy, Hanya Holm und Guri Thorsteinsson. Foto: d'Ora, MWG

Schulprospekt der Wiener Labanschule von Stefanie Sahliger. MWG

Was sich so im Körper Ausdruck verschaffte, nannte Mary Wigman den "absoluten Tanz". Darin war nach ihrer Überzeugung jedes Gefühl, jede Erfahrung, jedes Empfinden und jede Form tanzbar, denn der Körper spiegele alle Erfahrung: die Angst wie die Freude, das Leid wie das Glück. Mary Wigman: "Tanzen heißt: Sich bewegen, innere unsichtbare Bewegtheit zu körperlich sichtbarer Bewegung zu wandeln. [...] Ausdruck ist Durchbruch unbewußter seelischer Vorgänge zu körperlich bewußtem Zustand."[12]

Ob nackt, ob mit Masken, ob im einfachen Tanzkleid oder stilisierten Kostümen, ob einzeln oder in der Gruppe, im Ausdruckstanz war jede Art und Inhalt von Tanz möglich, der sich auf das Individuum berief. Der Inhalt – hervorgegangen aus dem tänzerischen Impuls der Empfindung – bestimmte die körperliche Aktion. Die Tänze, die entstanden, waren thematisch oder rein musikalisch, boten Symbolisches oder gingen bis zum pantomimischen Geschichtenerzählen, zeigten fließende, weiche Bewegungsfolgen ebenso wie verzerrte, verdrehte, gewalttätig wirkende Haltungen – das inhaltliche und formale Spektrum war unendlich. Häufig wurden Masken verwendet, um von der konkreten Person des Tanzenden ganz zu abstrahieren und den körperlichen Ausdruck allein in den Vordergrund zu stellen. Auch die Geschlechtergrenzen wurden überschritten. Was bislang als "weiblich" galt, weiche, sanftfließende Bewegungen, stand jetzt auch den männlichen Tänzern zu. Die Tänzerinnen ihrerseits nahmen dynamische, die Bodenverhaftung des neuen Tanzes betonende, kraftvolle und heftige Körpergesten in ihr Bewegungsrepertoire auf. In seinem universellen Anspruch, die menschliche Natur mit all ihren Anteilen, auch den verborgenen und tabuisierten, widerzuspiegeln, entsprach der Ausdruckstanz dem androgynen Menschenbild der 20er Jahre. Mary Wigman tanzte nicht nur die bewußte und unterbewußte Auseinandersetzung mit der eigenen Persönlichkeit, sondern auch den Kampf um ihre Identität als selbständig kreative Frau und war damit Vorbild für Tänzerinnen und Zuschauerinnen der 20er Jahre.

1920 gründete Mary Wigman in Dresden mit ihrer Mitarbeiterin Berthe Trümpy eine Schule, die in den folgenden dreizehn Jahren zum wichtigsten Zentrum des neuen künstlerischen Tanzes in Deutschland wurde. Als Solistin und mit ihrer ersten, von 1923 bis 1928 bestehenden Tanzgruppe, bereiste Mary Wigman monatelang die Städte Deutschlands und der angrenzenden Länder und half mit ihren Gastspielen, den Ausdruckstanz auch in den entlegensten Winkeln populär zu machen. Hunderte von Tänzerinnen und einige Dutzend Tänzer gingen aus ihrer Dresdner Schule und den Zweigschulen in anderen Städten hervor. Viele davon wurden Künstlerinnen und Künstler eigener Prägung: Gret Palucca, Harald Kreutzberg, Vera Skoronel, Yvonne Georgi, Hanya Holm, Max Terpis, Margarete Wallmann und zahlreiche andere, die nicht nur im Solotanz, sondern mit eigenen Tanzgruppen und -schulen das Tanzgeschehen der 20er Jahre wesentlich mitbestimmten. Aber aus der Schülerschar dieser herausragenden Tänzerinnen und Tänzer gelangten viele nicht über das Mittelmaß hinaus und imitierten die Vorbilder, ohne selbst zur künstlerischen Weiterentwicklung des Ausdruckstanzes beizutragen. Eingeschränkt begabt und nicht selten von grenzenloser Selbstüberschätzung beseelt, gaben sie selbständige Tanzabende und nahmen die ganze Metaphysik von "feierlichen" und "dämonischen" Tänzen in Anspruch um ihr "Tanzerlebnis" der Öffentlichkeit zu verkünden.

Besonders in den ersten Jahren der Weimarer Republik mit ihrer ökonomischen, politischen und sozialen Verunsicherung bot der metaphysisch begründete Tanz und die darin enthaltene Selbsterfahrung ein verläßlich scheinendes Refugium in einer als richtungslos empfundenen Zeit. Das Individuum, das im aristokratisch und großbürgerlich bestimmten Obrigkeitsstaat der Monarchie nichts gegolten hatte, wurde im Ausdruckstanz Maßstab aller Dinge. Der Einzelne in seiner Menschlichkeit, mit seinem psychischen Erleben, seinen Ängsten und seinen Hoffnungen rückte in den Blick der tänzerischen Kunst. Aber zugleich sahen besonders diejenigen, denen politisches Bewußtsein fremd war, die ohne eigene Beteiligung von einem als unbeeinflußbar gesehenen Staat regiert worden waren, das Selbst als Fluchtburg vor der Notwendigkeit gesellschaftlichen Handelns. So diente der Ausdruckstanz gleichzeitig den einen als revolutionärer Aufbruch und den anderen als restaurativer Rückzug. Darin war der Ausdruckstanz der metaphysischen Ausprägung tatsächlich Ausdruck seiner Zeit, war Reaktion auf die Anforderungen, die sich an die Tänzerinnen und Tänzer der Nachkriegszeit richteten. Die Tanzschule oder -gruppe wurde der Mikrokosmos, in dem sich ein neues, bürgerlich geprägtes Selbstverständnis aufbaute.

Mit der Neuordnung der wirtschaftlichen Verhältnisse in Deutschland 1924 wandten sich wie in den anderen Künsten auch im Tanz die meisten Tänzerinnen und Tänzer von den expressionistischen Anfängen ab und einer eher nüchterneren Betrachtungsweise der eigenen Arbeit und Zielsetzungen zu. Die Stabilität, die die neue ökonomische Ordnung verhieß, fand ihren künstlerischen Ausdruck in allen Künsten in der "Neuen Sachlichkeit". Im Tanz kam es zu einer verstärkten

Oben und oben rechts:
Gret Palucca, um 1924.
Abb., MWG und Foto, DTK
Mitte rechts: Die Wiener Tänzerin Gertrud Bodenwieser in ihrer Choreographie "Kunstgewerbliche Studie". Abb. J.B. Zimbler, MWG

Unten links: Maskenstudie einer Tänzerin, 1929. Abb., TS
Unten rechts: Leni Riefenstahl als Tänzerin, um 1924.
Foto: Karl Schenker, P

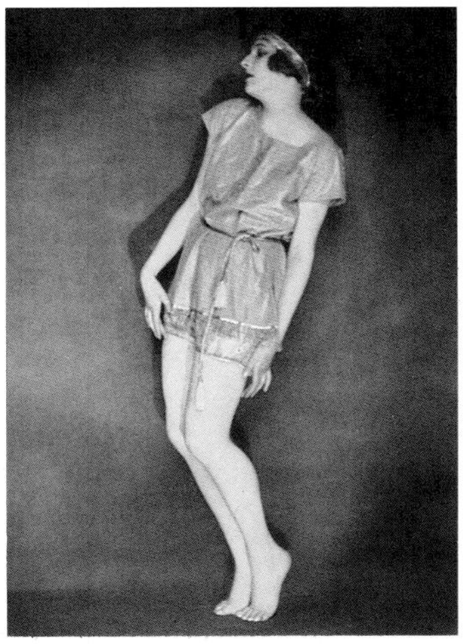

Links und unten: Die Wigman-Schülerin Vera Skoronel schuf abstrakte und groteske Tanzwerke als Solistin und Choreographin der "Tanzgruppe Trümpy-Skoronel". Den Ablauf der Gruppentänze zeichnete sie mit ihrer eigenen "Strichmännchen-Notation" auf. Abb., MWG und Foto: Suse Byk, P

Beschäftigung mit seiner technischen Seite, mit der Analyse von Bewegungsfunktionen und choreographischen Prinzipien. Funktionale Bewegungs- und Raumkonzepte lagen der Bühnenarbeit von Oskar Schlemmer zugrunde, der seit 1925 am Aufbau der Bauhausbühne in Dessau arbeitete. Schon mit dem 1916 teilaufgeführten "Triadischen Ballett" hatte er wichtige gestalterische Prinzipien erprobt: den Zusammenhang von Form, Farbe und Raum mit dem bewegten Körper. Frei von psychologischen Bezügen wie sie Wigman vertrat, konzentrierte er seine Arbeit im Rahmen des Bauhauses auf Gesetzmäßigkeiten der Bewegung im Raum: "Wer schöpferisch selbst sich betätigt und einen Weg sieht, der innerer Notwendigkeit entspringt, soll ihn auch gehen. Ich für meinen Teil propagiere den körpermechanischen, den mathematischen Tanz. Und ich propagiere weiter, mit dem Einmaleins und ABC zu beginnen, weil ich in der Einfachheit eine Kraft sehe, in der jede wesenhafte Neuerung verwurzelt ist. Einfachheit, verstanden als das Elementare und Typische, daraus sich organisch das Vielfältige und Besondere entwickelt."[13] Schlemmer schuf Kostüme, durch die Formen und Bewegungen in ihrer unpersönlichen Qualität hervortraten. Der Kör-

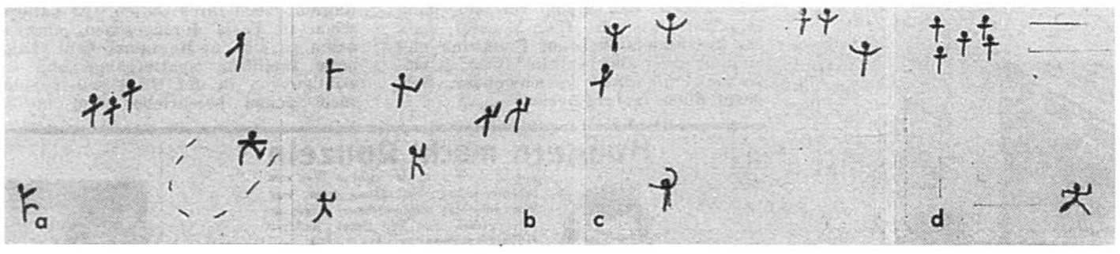

per wurde durch die Kostüme in Segmente eingeteilt und die einzelnen Glieder betont, Bewegungen wurden in ihren Raumlinien überzeichnet oder in den Ausführungsmöglichkeiten eingegrenzt, um die abstrakten Gesetze der Bewegung sichtbar zu machen.

In der "Kunstfigur", die Schlemmer entwarf, sah er die Begrenzungen des menschlich Materiellen überwindbar und strebte nach einer Entmaterialisierung des Körpers. Der Tänzer war ihm die vollkommene Begegnung von Mensch und Raum, der "Tänzermensch", wie er ihn nannte, nahm den ihn umgebenden Raum in sich auf und wirkte aus seinem Innern heraus auf ihn zurück. So war Schlemmers Arbeit kein ästhetischer Formalismus, sondern vor einem metaphysischen Hintergrund gebildet, dessen Zentrum der Mensch und sein Erleben war.[14]

Auch Vera Skoronel gehörte zu denjenigen Tänzerinnen und Tänzern, die die tänzerische Bewegung zum Gegenstand ihrer Reflektion machten. In den Aufbaujahren der Dresdner Wigman-Schule bis 1924 war sie eine der selbständig krea-

Rechte Seite: Maskenstudie einer Tänzerin. Abb., TS

tiven Tänzerinnen um Mary Wigman und Mitglied der ersten Wigman-Tanzgruppe. Obwohl sie auch später immer ihre große Nähe zur Schulung von Mary Wigman unterstrich, ging sie tanztechnisch doch weit darüber hinaus. In ihrer künstlerischen Arbeit ging es ihr darum, herauszufinden, welche Wechselwirkungen zwischen abstrakten Bewegungsformen und dem Erleben sowohl der Tanzenden als auch des Publikums bestehen. Sie definierte ihren Tanz als die Fortsetzung des von Mary Wigman postulierten "absoluten Tanzes" im "abstrakten Tanz" und schrieb: "Der 'absolute' Tanz, der keine pantomimischen Inhalte darstellt, aber doch aus menschlich-seelischem Erleben strömt und oft noch pantomimische Grenzgebiete streift, wurde gesteigert zum 'abstrakten' Tanz. – Was bedeutet nun dieses Schlagwort, diese Hilfsbenennung eigentlich? Es bedeutet: die schärfste und reinste Kristallisierung des Tanzes an sich. Dieser Tanz hat weder Zusammenhang mit literarisch-gefühlsmäßigen, mit persönlich-seelischen Elementen, noch vermischt er sich mit dramatisch-theatralischen oder musikalischen Gebieten. Es ist eine Welt der phantastischen und doch klaren Struktur, in der 'Inhalt und Form' nicht existieren, da die Unbedingtheit dieser neuen Form in sich strahlt und durchglüht ist von überpersönlicher Ekstase (von einer Ekstase, deren Ursprung nicht in menschlichen Seelenbezirken von Freud und Leid liegt, sondern tatsächlich im kosmischen Erleben des Unendlichen – eben in der Abstraktheit)."[15]

In diesem Ansatz war Vera Skoronel den tänzerischen Vorstellungen eines Oskar Schlemmer durchaus verwandt. Auch er sah die Verbindung zwischen nicht-erzählerischer und nicht-darstellerischer Bewegungsform und einer metaphysischen Erfahrungswelt, die sich in der abstrakten Bewegung eröffnet. Anders als Schlemmer, der den tanzenden Körper durch Kostüm und Maske so weit wie möglich zu abstrahieren suchte, behielt Vera Skoronel die Körperlichkeit des Tanzenden bei. Sie konzentrierte die Bewegungen des Tanzenden zu ständig wiederholbaren, monotonen Grundformen wie Kreisen der Arme, Stoßen, Schlagen, Drehen und wählte dafür den Begriff "maschinelle Bewegung". Mit diesem Titel verband Vera Skoronel keine sozialkritische oder politische Stellungnahme zur Industrialisierung, sondern allein den körper- und raumgeometrischen Vorgang: "Die maschinelle Bewegung hat weder mit dem Begriff "Maschine" etwas zu tun, noch symbolisiert sie das Zeitalter der Maschinen und Technik. Maschinell ist im übertragenen Sinne zu verstehen, d.h. nicht menschlich und getragen von einer mechanischen Gesetzmäßigkeit, die tatsächlich etwas von der unerbittlichen Funktion der Maschine hat. [...] Die maschinelle Bewegung verwandelt den Menschenkörper in ein Instrument, das keinen menschlichen Grundzügen mehr folgt, sondern aus einem geheimnisvollen Schwerpunkt heraus die Glieder in Bewegung setzt und in die reinste Harmonie einer Sphäre bringt, die nichts mehr auszudrücken und keine Inhalte formen will. Eine andere Harmonie wie diejenige, die jahrhundertelang als griechisches Ideal galt, die Mensch und Natur in gesundschönen Einklang bringt."[16]

Vera Skoronels Absage an antikisierende Begründungen ausdruckstänzerischer Körperbildung geschah von einem rein tanztechnischen Standpunkt her. Jedoch ging sie dabei von einem übergeordneten, gleichsam ontologischen "Strukturgesetz" aus, das über allem Tanz walte und näherte sich so bei aller Abgrenzung wieder dem metaphysisch ausgerichteten Tanz, wie ihn Laban und Wigman vertraten. Dennoch zeigt ihre Auseinandersetzung mit der "maschinellen Bewegung" ein charakteristisches Thema der Zeit auf, das auch andere Tänzerinnen und Tänzer in ähnlich phänomenologischer Weise behandelten, die Kammertanzbühne Laban z.B. mit den roboterhaft bewegten "Grünen Clowns" und Gertrud Bodenwieser mit ihrem Gruppenwerk "Dämon Maschine". Oder Max Terpis mit "Der letzte Pierrot", der in die Abgründe seelenloser Maschinenwelten schaut, wie sie Fritz Lang in seinem Film "Metropolis" vorführte: die Maschine als der wahre Herrscher über die Menschheit und ihr aggressiver Rhythmus als der Diktator des modernen Lebens. Was die Tänzer am maschinellen Rhythmus faszinierte, entsprach dem Lebensgefühl der Zeit: hektisch, wechselvoll und um sich selber drehend.

Vera Skoronel war die erste, die 1924 aus der Wigman-Schule den Weg als Ballettmeisterin in ein Stadttheater fand. In den Theatern hatte das klassische Ballett seine Position bewahrt, aber bereits in der ersten Hälfte der 20er Jahre wurden auch die Theaterkompanien Zug um Zug vom neuen Tanz erobert. Ganz gleich, ob die neuen Ballettmeister aus den Schulen Wigmans oder Labans kamen, sie nahmen selten die weltanschaulichen Hintergründe mit in den Opernballettbetrieb. Was sie mitbrachten, war das neue Verständnis von Bewegung und Choreographie. Ihre Tanzgestaltungen basierten auf natürlichen Körperbewegungen in raumrhythmischen Strukturen.

Auch viele Ballettleiter, die vom klassischen Ballett her kamen, standen der ausdruckstänzerischen Schulung in einzelnen Bereichen weitgehend positiv gegenüber und sahen sie als Erweiterung des körperlichen Ausdrucksvermögens einer Truppe an. Olga Brandt-Knack, Leiterin der Tanzgruppe am Hamburger Stadttheater, stellte fest: "Es ist fast als eine Selbstverständlichkeit zu bezeichnen, daß die neue Tanzform auch auf dem Theater Kräfte wachrief, die das innige Bedürfnis hatten, die im Schematismus erstarrte Ballettkunst neu zu gestalten."[17] Ohne seine dominierende Stellung zu verlieren, veränderte sich das klassisch-akademische Bewegungsvokabular unter dem Einfluß des ausdruckstänzerischen Körperverständnisses. So diente der Ausdruckstanz als Katalysator für die Reform des traditionellen Opern- bzw. Theaterballetts.

Dazu trugen ab Mitte der 20er Jahre die Tänzerinnen und Tänzer aus den Schulen von Laban und Wigman und auch aus dem Umfeld von Hellerau-Laxenburg bei, die den Schritt in die Stadttheater wagten. An prominenter Stelle Kurt Jooss, ab 1924 in Münster und der Wigman-Schüler Max Terpis, der 1923 als Ballettmeister in Hannover wirkte und von 1924 bis 1930 das Staatsopernballett in Berlin leitete, bis ihn Laban ablöste. Auch Yvonne Georgi übernahm früh eine Theaterposition, zuerst am Reußischen Theater Gera und ab 1926 in Hannover als Ballettmeisterin. Sie holte sich Harald Kreutzberg als Solisten und trat mit ihm auch während ihrer Theaterzeit in Sologastspielen auf. Valeria Kratina, Werner Stammer, Gertrud Steinweg, Ellen von Frankenberg, Cläre Eckstein, Günther Hess, Ruth Loeszer und viele andere übernahmen als modern ausgebildete Ballettmeister Kompanien in konventionellen Stadttheaterbetrieben und engagierten wiederum dort Tänzerinnen und Tänzer aus den Schulen des Ausdruckstanzes. Dennoch wurde keine Kompanie deswegen ganz "modern". Mit individualistischen Ansätzen allein war der Theatertanz nicht zu reformieren, denn er unterlag anderen Ansprüchen als der Podiumstanz. Emotional subjektive Inhalte für das Opernballett zu gestalten, wie es Mary Wigman mit ihrer Tanzgruppe tat, war im Alltag der Theaterbetriebe

Oben: Probe des Hamburger Sprech- und Bewegungschores der Arbeiterjugend, unter Leitung von Olga Brandt-Knack, Ballettmeisterin des Hamburger Stadttheaters, 1923. Foto, DTK

Unten: Die Tänzer Max Terpis (lks.) und Harald Kreutzberg auf einem Kostümfest. Foto: Lisi Jessen, DTK

Linke Seite: Übungen im Garten der Schule Hellerau-Laxenburg. Foto, TS

Leipzig

eher ein Ausnahmefall. Im Mittelpunkt der dramaturgischen Arbeit stand nach wie vor das Handlungsballett. Die Theaterballettgruppen waren den Opernbetrieben eingegliedert, der Hauptteil ihrer Arbeit bestand in der tänzerischen Auskleidung von Opern und Operetten. Dazu bemerkte Lizzie Maudrik, seit 1914 als Ballettmeisterin in verschiedenen Städten tätig und ab 1926 Leiterin der Kompanie an der Städtischen Oper Berlin, in der klassische Ballerinen neben Wigman-Schülerinnen tanzten: "Die Opernbühnen sind Pflegstätten der Musik. Die Pflege des musikalisch-dramatischen Werks ist ihr Daseinszweck. Die Tanzgruppe ist in demselben Maße wie Solisten, Orchester und Chor Mittel zum Zweck. [...] Der Bühnentanz ist thematisch eingeengt. Von einer verschwindend geringen Zahl anderer Fälle abgesehen, sind die von der Oper geforderten Tänze durchaus gegenständlich an die sachlichen Vorgänge der Handlung gebunden, zu ihnen in Beziehung tretend, auf ihnen basierend. Eine selbständige, eigenmächtige Steigerung des rein tänzerischen Ausdrucks ist meist unzulässig, denn sie bedeutete eine Verzerrung oder gar eine Vergewaltigung des Werks, dem wir dienen sollen. [...] Und gar das große Gebiet des alles Gegenständliche abstrahierenden Tanzes, des 'absoluten' Tanzes, des Tanzes 'an sich', ist und bleibt uns in der Oper verschlossen. [...] Diese Voraussetzungen für die Tätigkeit einer Bühnentanzgruppe ändern sich auch nicht in den seltenen Fällen, in denen ihr Gelegenheit geboten wird, rein tänzerisch zu schaffen. Denn das künstlerische Milieu, aus dem der Bühnentanz kommt, bleibt nach wie vor dasselbe."[18] Entsprechend waren die Anforderungen an die Mitglieder der Tanzgruppen. Klassisches Training war unabdingbare Grundlage, auch der Spitzentanz gehörte dazu und höchstens in den Choreographien mischten sich die Stile zu einer – je nach Begabung der Ausführenden – mehr oder minder gelungenen Synthese. Im Mittelpunkt der Diskussionen stand die Frage der Technik als künstlerischer Grundlage. Darin war Kurt Jooss der Pragmatiker des Ausdruckstanzes, sowohl auf formaler wie auf inhaltlicher Ebene. Um 1927 schrieb er: "Die schöpferischen Seitensprünge des Expressionismus liegen hinter uns, hinter uns [...] der freie, in seiner Art 'barbarische' Ausdruckstanz. Wir leben im Zeitpunkt der neuerstehenden künstlerischen Form. Das heißt für den Tanz, daß aus dem Chaos der willkürlichen und zufälligen Bewegungen in sparsamer Ökonomie und kunstgemäßer Beschränkung nur die wesentlich-wichtigen in möglichster Reinheit kultiviert werden."[19]

Für den Laban-Schüler Kurt Jooss war der Tanz weniger persönlicher Erlebensausdruck, als mehr nüchterne Gestaltung:

Oben: Yvonne Georgi und Harald Kreutzberg in Georgis Ballett "Der Bäderexpress", 1930. Foto: Willi Saeger, TS
Unten: Yvonne Georgi als "Salome", 1929. Foto: Ortega, TS
Linke Seite: Yvonne Georgi, um 1924. Foto: S. Genthe, TS

Ernst Uthoff (lks.) und Karl Bergeest in "Der verlorene Sohn" von Kurt Jooss, Essen 1931. Foto: Albert Renger-Patzsch, P

Oben: Adelheid Seek und Rolf Arco in einem Ballett von Max Terpis. Foto: G. Harlip, DTK
Mitte: Kurt Jooss (vorne) in seiner Choreographie zu Händels "Herakles", Münster 1925. Foto, TS
Unten: "Der grüne Tisch" von Kurt Jooss in der Uraufführung 1932 in Paris. Foto, DTK

"Selbstverständlich muß ein echtes Tanzkunstwerk, wie jedes wirkliche Kunstwerk, Ausdruck, d.h. Spiegel starker seelisch-geistiger Stimmungen sein. [...] Aber: dieses Seelische ist immer nur der Nährboden, der Grundakkord, auf dem der Bau des Kunstwerks erblüht."[20] Er forderte, den Tanz "aller gymnastischen, weltanschaulichen oder sonstigen Vermummung zu entkleiden" und sich den gesetzmäßen Formen zuzuwenden.[21] Dadurch sei die neue Form des Tanzes für die Theater nutzbar zu machen.

Seine Ballette verstand er als Aussage über die Erscheinungen seiner Zeit, nicht als psychologische Selbstfindung. Allerdings ging es ihm auch nicht um politische Stellungnahmen, sondern er berief sich allein auf das "Menschliche" des präsentierten Inhalts. Als Choreograph einer Tanzgruppe, die vor einem Stadttheaterpublikum tanzte – zuerst ab 1924 an den Städtischen Bühnen in Münster und ab 1927 in Essen – kreierte er Ballette für die Theaterbühne in der auf Labans Bewegungsanalysen basierenden Formensprache. Die Stücke waren Handlungsballette, dramatisierte Märchen wie "Der Dämon", "Coppelia", "Petruschka", kleine Szenen mit heiterem Inhalt wie "Ball in Alt Wien" oder Ballette mit ernstem Unterton wie die "Pavane auf den Tod einer Infantin", "Großstadt" oder "Der verlorene Sohn". "Der grüne Tisch", mit dem er 1932 den Ersten Internationalen Choreographiewettbewerb in Paris gewann, machte ihn und seine Truppe über Nacht berühmt. Die Wirkung dieses modernen "Totentanzes", der als einziges Werk aus der Zeit des Ausdruckstanzes auch heute noch von zahlreichen Kompanien im In- und Ausland getanzt wird, beruht auf seiner zeitlosen, ganz auf die allgemein-menschliche Seite der Kriegsereignisse konzentrierten Aussage.

Auch wenn Jooss beim "Grünen Tisch" wie bei "Großstadt" zeitlebens eine sozialkritische Absicht hinter seiner Arbeit abstritt, sah er doch den Einfluß durch die aktuellen Zeitereignisse ein. Die polit-satirischen Zeichnungen von George Grosz und die krassen Bilder sozialen Elends von Max Beckmann wirkten als inhaltliche Inspiration ebenso wie die Lektüre von Kurt Tucholskys pazifistischen Artikeln in der "Weltbühne" oder die alltäglichen Straßenschlachten zwischen nationalsozialistischen und kommunistischen Kampftrupps in den Arbeitervierteln der Städte. Jooss war kein "politischer Tänzer", er machte für keine Partei Propaganda, aber er klagte an, zeigte im "Grüner Tisch" die Anstifter des Kriegs als maskenhafte, seelenlose Politiker und Kapitalisten, denen es um ihren Machtvorteil geht und nicht um das Wohl der Menschen.

Im sozialen Alltag der Weimarer Republik, auf den Schatten-

Kurt Jooss (lks.) und Sigurd Leeder in "Bizarrer Zweitanz". Foto: Rudolf Opitz, TS

Der Hamburger Tänzer Hans Weidt in seiner Choreographie "Der Einsame",1925. Foto, P

seiten des allseits propagierten Fortschritts, suchten eine Reihe von Tänzerinnen und Tänzern die Themen für ihre Tänze. Sie wollten – mit oder ohne parteipolitische Zuordnungen – gegen saturierte Bürgerlichkeit ankämpfen, Auswüchse anprangern und den verbliebenen Spuren von Menschlichkeit in der als unmenschlich empfundenen modernen Gesellschaft nachforschen. Konkret in der politischen Anklage waren dabei die Agitprop-Gruppen aus bewegungsgeschulten Schauspielern und Tänzern, die mit Straßentheater und bei Parteiveranstaltungen für die Kommunistische Partei auftraten. Auch unter den Podiumstänzerinnen und Tänzern gab es einige wenige, die sich in den von Parteien getragenen politischen Kampf einreihten. Selbst im Ballettensemble der Berliner Städtischen Oper existierte eine "Rote Zelle", deren Mitglieder meist in solistischen Tanzabenden ihren sozialromantisch verklärten Blick auf Arbeiterelend und Not lenkten. Von Labans Utopie der Tänzergemeinschaft unterschieden sie sich im politisch Ideologischen, nicht aber im tänzerisch Choreographischen, denn ihre Bewegungssprache basierte auf den natürlich am menschlichen Körper entwickelten Bewegungsgrundlagen des Ausdruckstanzes.

Der aus dem Arbeitermilieu stammende Hans Weidt hatte sich seit Beginn seiner Lehrzeit bei Sigurd Leeder in Hamburg darum bemüht, mit tänzerischen Mitteln gegen soziales Elend, Ausbeutung und Unterdrückung zu wirken. 1930 trat er der KPD bei und gründete in Berlin seine Gruppe "Die roten Tänzer", auf deren Programm Tänze über Menschen der Gegenwart standen: Arbeiter, alte Leute, Bettler und Erwerbslose – wenig publikumswirksame Themen, die auch andere – wie Jo Mihàly – besonders in den letzten drei Jahren vor dem Machtantritt Hitlers aufgriffen. Anliegen der politisch motivierten Tänzer war die persönliche Stellungnahme für eine bessere Gesellschaftsordnung.

Oben: Die Tanzgruppe Hans Weidt in dem sozialkritischen Stück "Alte Leute – altes Eisen", Berlin 1929. Foto, P
Unten: Valeska Gert in ihrer Tanzstudie "Der Tod". Foto, TS
Rechte Seite: Die Tänzerin Jo Mihàly in ihrem Solo "Arbeiter", 1926. Foto, DTK

Valeska Gert hielt weder von einer kosmischen Weltordnung durch das tänzerische Gemeinschaftserlebnis etwas, noch schien ihr die Diktatur des Proletariats eine zufriedenstellende Perspektive. Sie wollte das Spießertum bekämpfen, den nationalistischen Kleinbürgergeist, der sich in den "goldenen Jahren" der Weimarer Republik breitgemacht hatte und der den Nährboden für nationalsozialistisches Gedankengut bildete. 1917, mitten im Krieg, war Valeska Gert zum erstenmal als Tänzerin auf der Bühne erschienen. Sie beschrieb ihr Debüt bei einem Vorführabend der Tanzschule Rita Sacchetto, in dem auch Anita Berber – noch ganz im dekorativen Stil ihrer Lehrerin – auftrat: "Der Bachsaal war überfüllt. Aufgeregt hörte ich das Murmeln von vielen Menschen. Das große

Podium war von zwei Scheinwerfern beleuchtet, Hintergrund ein schwarzer Vorhang, vor dem sich die jungen Tänzerinnen lieblich bewegten und zaghaft die Beine schmissen. Anita Berber tanzte: Rose und Diana mit Pfeil. Ich brannte vor Lust, in diese Süßigkeit hineinzuplatzen. Voll Übermut knallte ich wie eine Bombe aus der Kulisse. [...] Mit Riesenschritten stürmte ich quer über das Podium, die Arme schlenkerten wie ein großer Pendel, die Hände spreizten sich, das Gesicht verzerrte sich zu frechen Grimassen."[22] Valeska Gert begleitete in ihren Tänzen mit Lust den Untergang des wilhelminischen Bürgertums: "Jeden Tag spielten sich die tollsten Skandale ab. Das Publikum schrie, klatschte und pfiff, so daß wir kaum die Musik hören konnten. Es war der erste Durchbruch vom ästhetischen Tanz einer bürgerlichen Kultur zum Dynamischen einer neuen härteren Zeit."[23]

Im tänzerischen Leben Berlins war sie mit ihrer Radikalität zwar eine Außenseiterin, aber doch soweit allgemein anerkannt, daß z.B. bei Umfragen in Zeitschriften, oft auch ihre Meinung eingeholt wurde. Das philosophische Umfeld des Ausdruckstanzes und der bei den Epigonen oft zur Lächerlichkeit geronnene weltanschauliche Hintergrund waren ihr allerdings ein Greuel und auch mit der vielbeschworenen neuen "Sprache des Körpers" wußte sie wenig anzufangen: "Der Körper ist nicht dazu da, daß man mit ihm quasselt. Wer nichts Wesentliches auszudrücken hat, soll lieber den 'Körper halten'".[24] Die Bewegungsform des Ausdruckstanzes blieb ihr genauso fremd: "Ich wollte nicht diese vagen Bewegungen tanzen, wollte Menschen unserer Zeit darstellen und die Bewegungen des täglichen Lebens durch Transparentmachen an die Ewigkeit heften."[25] Durch die grell überzeichneten Skizzen von Alltagstypen – meist von der Schattenseite der bürgerlichen Gesellschaft – wollte sie die spießige Selbstzufriedenheit, Ignoranz und Behäbigkeit denunzieren. Auch wenn sie in ihren Tänzen keine Ursachen des Elends aufzeigte, so führte sie es doch wenigstens vor und griff die Bewegungssprache des Alltags auf in den lasziven Gesten der "Dirne" und der "Kupplerin", den affektierten Grimassen der "Diseuse", der Aufregung des "Jockeys", der nervösen Zierlichkeit der "Kunstreiterin". Sie arbeitete mit dem gleichen Mittel organisch natürlicher Körperbewegung wie die Ausdruckstänzer, aber anders als diese verklärte sie die natürlichen Gesten nicht, sondern verzerrte sie zu einer Karikatur der Wirklichkeit.

Politisch engagierte Künstler und Intellektuelle zählten zu ihren Verehrern, denen ihre Tänze näher an den Problemen der Zeit schienen als die Werke des Ausdruckstanzes. Valeska

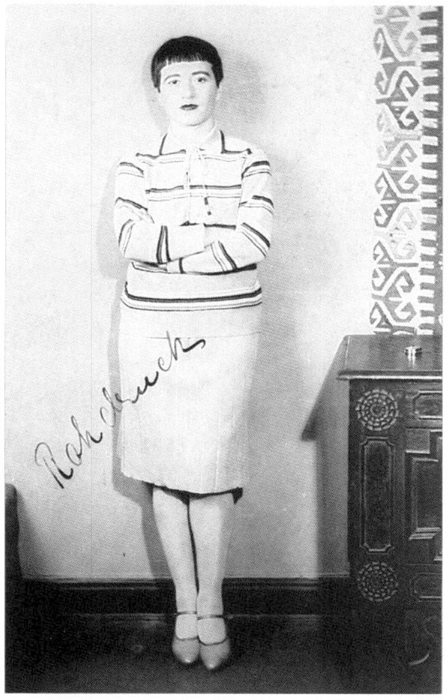

Valeska Gert gehörte mit ihren grotesken und kabarettistischen Tänzen zu den eigenwilligsten Persönlichkeiten der 20er Jahre.
Oben: "Diseuse". Foto, TS
Mitte: Privataufnahme um 1928. Foto: Erna Ruttmann, TS
Unten: "Die Kupplerin", 1927. Foto, DTK
Linke Seite: Foto: James Abbe, TS

Oben: Anita Berber, der Star des Berliner Nachtlebens am Anfang ihrer Karriere, um 1920. Foto: Ebert, DTK
Mitte: Anita Berber in ihrem Solotanz "Heliogabal", um 1919. Abb., MWG
Unten: Daisy Spies als eine Hexe aus der "Walpurgisnacht" in Rudolf von Labans Choreographie zur Oper "Margarethe" von Gounod, Berliner Staatsoper 1931. Foto: Zander & Labisch, TS

Gert aber war eine Einzelerscheinung und ihre pantomimisch-kabarettistischen Sketche und die grotesken Bewegungsformen ihrer dargestellten Typen blieben ohne nennenswerte Nachahmerinnen. Im Spektrum des Tanzes der Weimarer Republik steht Valeska Gert am Schnittpunkt von neuem künstlerischen Tanz einerseits und Cabaret andererseits. Mit ihren Tänzen bot sie Einblicke in das "Laster", das sie zwar vorführte, aber selbst nicht lebte.
Der Ausdruckstanz hatte keinen Kontakt zur Welt der Nachtbars, in denen die Sensationslust des in Wohlstand und Luxus sich sonnenden Publikums befriedigt wurde oder zu den schäbigen Tanzdielen, in denen die "kleinen Leute" in Tango, Two-Step und Charleston dem tristen Alltag zu entfliehen suchten. Tänzerin der Laszivität war wie keine andere Anita Berber, der unumstrittene Star der ersten Nachkriegsjahre inmitten der Heerschar ganz oder halbnackt über die Bühnen der Etablissements tänzelnden Schönheiten. Viele der unbekannten Tänzerinnen hatte die soziale Not im wirtschaftlichen Zusammenbruch der Inflationszeit zur öffentlichen Darbietung ihrer Körper in den Cabarets geführt, andere fanden hier den Rahmen für ihre mehr oder minder künstlerische Selbstdarstellung und die Hoffnung auf schnellen Reichtum. Anita Berber verfiel dem Erfolg, den sie in diesem Milieu erlebte. Nach ihren tänzerischen Anfängen in "lebenden Bildern" und süßlichen Ballettszenen bei Schulabenden von Rita Sacchetto war sie in den beiden letzten Kriegsjahren mit eigenen Tanzabenden auf Tourneen gewesen. Sie tanzte "Koreanischer Tanz", "Die Pritzelpuppe", "Harlekin" und "Walzer" in üblicher dekorativer Manier, aber auch "Nocturne" und "Heliogabal", bei dem ihr Kostüm mehr Haut enthüllte als verdeckte. "Im Tanz, vor der Kamera, im Rausch: das Instrument ihrer Kunst war ihr Körper. Sie hatte nichts anderes. Ihm hörig zu sein, mit ganzer Inbrunst, mit aller Leidenschaft, das war ihr Schicksal", schrieb ihr Biograph Leo Lania.[26] Die Zuschauer genossen wohlig den Grusel des "Verruchten" an ihr, waren gut zahlende Voyeure ihrer öffentlich zelebrierten Selbstzerstörung durch Alkohol, Kokain, Morphium und der unstillbaren Gier nach dem Geliebtwerden. "Schmalhüftiges, fremdartiges, giftiges Tier" betitelte sie ihr Ehemann und Tanzpartner Sebastian Droste, mit dem sie erotischen Sinnenkitzel in tänzerischer Form präsentierte – den Skandal immer im Blick. Sie tanzte Tod, Wahnsinn, Syphilis, Ekstase, Morphium, Selbstmord, Sterben und Orgasmus und war in den ersten zwei Nachkriegsjahren schon eine Legende. "Verderbte Bürgermädchen kopierten die Berber, jede bessere Kokotte wollte möglichst genau wie

Revuegirls aus Moskau *(oben lks.)*, aus Berlin *(Mitte lks.)*, aus den USA die Tiller-Girls *(unten lks.)*, in Edith Bielefelds Tanzabend "Cabaret" am Staatstheater Karlsruhe *(oben rechts)*, die Tiller-Girls bei der Probe *(rechts Mitte)*, die Tiller-Girls in der Haller-Revue "Wann und wo" im Berliner Admiralspalast, 1927 *(darunter)* und die Girls der Revue "Zieh Dich aus" von James Klein in der Komischen Oper Berlin, 1928 *(rechts unten)*.
Abb. Schirmer, TS; Foto, TS; Abb. Ernst Schneider, P; Foto, TS; Abb., TS; Foto: Gabor Hirsch, TS; Abb. Kuzelowsky, TS

Josephine Baker brachte den Charleston in die Tanzlokale Europas. Als die Verkörperung animalischer Sinnlichkeit wurde sie in den Revuepalästen von Berlin und Paris gefeiert. Foto: Waléry, DTK

sie aussehen. Nachkriegserotik, Kokain, Salomé, letzte Perversität: solche Begriffe bildeten den Strahlenglanz ihrer Glorie. Nebenbei wußten die Kenner, daß sie eine ausgezeichnete Tänzerin war", bemerkte Klaus Mann über sie. "Sie stand, von ihrer Legende umwoben, inmitten einer grauenhaften Einsamkeit. Um sie war eiskalte Luft. Um nicht zu erstarren, trieb sie es immer radikaler. Alles wurde zum Skandal um sie herum."[27] Die persönliche Tragik verschwand hinter dem Glitter der Straßperlen, Straußenfedern und falschen Juwelen auf nackter Haut. Der Erfolg verließ sie mit der Währungsreform, als das Geld wieder von Wert war, man es nicht mehr für flüchtigen Nervenkitzel ausgab, sondern solide Schauware für die stabile Mark eintauschte. Vergessen und elend starb sie im November 1928 mit 29 Jahren.

Das Publikum der "goldenen Zwanziger", der Zeit nach 1924 wollte weniger Skandal, sondern mehr Show, weniger Perversion, sondern mehr Pracht. Das Interesse an der "Halbwelt" war verflogen. Nackte Frauen sollten es zwar noch sein, aber sauber verpackt in luxuriösen Dekors und tänzerisch appetitlich serviert. Das offerierten die großen Revuen von Hermann Haller im Admirals-Palast oder von Eric Charrell im Großen Schauspielhaus. James Klein bot im Gebäude der Komischen Oper seine Nacktshows an. Seine Jahresrevue 1928 trug den Titel "Zieh dich aus" und verhieß im Programmheft: "ein Abend ohne Moral in 30 Bildern unter Mitwirkung von 60 preisgekrönten Aktmodellen."[28]

Die Girls wurden zum Inbegriff der neuen Frau – kess, unbekümmert, gut gelaunt und nie prüde. Ihr Körper war das Luxusobjekt, das dem Publikum offen und ohne Scheu dargeboten wurde und nicht mehr in dunklen Kaschemmen, am Rande der Legalität in Cabarets und Nachtbars. Die Berühmtheiten waren keusch wie La Jana, Star der Charell-Revuen, die von Männern im Frack auf silbernem Tablett hereingetragen wurde, mondän wie die Mistinguett oder ein "wildes Tier" wie Josephine Baker. Die Baker brachte den Charleston und die animalische Hemmungslosigkeit ihres tanzenden Körpers. Ihre bronzeglänzende Haut, die schlackernden Gummiglieder und die Unbekümmertheit ihrer Erotik machte sie zum Star der Berliner Glitterwelt. Ihr Rhythmus war der Rhythmus der "neuen Zeit", der Rhythmus der Maschinen, die wieder produzierten und Wohlstand verhießen. Die Körper der Girls verschmolzen zum Symbol des Fortschritts, waren Ornament des wirtschaftlichen Aufschwungs. Im exakten Gleichschwung von vierzig, fünfzig Frauenbeinen verlor das Wort Technik den Beigeschmack von Arbeiterelend und Not. Die Revuen spuckten endlose Reihen glitzernder Girls aus den

Kulissen, wie Fließbänder die Produkte. Die "neue Zeit" war sportiv, dynamisch, progressiv, ihr Lebensgefühl orientierte sich an "Amerika", dem Land, dessen Wolkenkratzer allein die Grenzenlosigkeit des Aufstiegs verhießen, in dessen Bild alles hineingedeutet wurde, was reizte: die Sehnsucht nach schnellem Reichtum und Macht, nach Freiheit und Erotik. Der Jazz gab den Klang dazu. Jazz, das war der Sieg des 20. Jahrhunderts über die "Bürgerlichkeit".

Die Revuen mit ihrer immer größeren, immer verschwenderischeren Prachtentfaltung waren Fluchtburg vor der immer bedrohlicher werdenden Außenwelt. Ab 1930 prägten Arbeitslosigkeit, Verarmung, Wohnungsnot den Alltag der Menschen. Die Polarisierung der politischen Auseinandersetzungen brachte die mit wachsender Härte geführten Straßenkämpfe zwischen den rapide an Macht gewinnenden Nationalsozialisten und den ihre politische Stärke behauptenden Kommunisten. Die Eskalation der Gewalt und die Unglaubwürdigkeit schnell sich abwechselnder, aber gleichermaßen handlungsunfähiger Regierungen und die wirtschaftlichen Schwierigkeiten ebneten den antidemokratischen Parteien den Weg zur Macht.

Dennoch ging bis 1933 das tänzerische Leben unbeirrt weiter. Auf den Litfaßsäulen prangten die Plakate der Tanzabende von Mary Wigman und Palucca, den Roten Tänzern und Valeska Gert neben den Anschlagtafeln der Revue- und Operettentheater. Zwanzig verschiedene Tanzvorstellungen an einem Wochenende in Berlin waren keine Ausnahme. Tänzerinnen und Tänzer aller Richtungen und Stile existierten nebeneinander, fanden in der Vielfalt der Gesellschaft ihr Publikum, dessen Lebensgefühl sie in der jeweils eigenen Weise zum Ausdruck brachten.

H.M.

Oben: Henny Hiebel, die sich den Bühnennamen La Jana zulegte, als Venus in Max Reinhardts Inszenierung der Offenbach-Operette "Die schöne Helena", 1931. Abb. Manassé, TS

Unten: Akrobatische Tänze waren unentbehrliche Programmnummer der Varietés.
Die Schwestern Irvings aus den USA. Abb. Manuel, P

Anmerkungen:

1) Willy Pastor, "Theater und Musik: Miss Isadora Duncan", in: Tägliche Rundschau, Berlin, 9.1.1903

2) Interview mit Isadora Duncan, in: The Director, New York, 1. Jg. H. 4, März 1898

3) Duncan, Isadora, zit. n. Willy Pastor: "Isadora Duncan: Chopin-Abend", Rezension in: Tägliche Rundschau, Berlin, 23.1.1903

4) Vgl.Michael Andritzky/Thomas Rautenberg (Hg.), "Wir sind nackt und nennen uns Du". Von Lichtfreunden und Sonnenkämpfern. Eine Geschichte der Freikörperkultur, Gießen: Anabas 1990

5) Elsa Wiesenthal, "Das Tanzen", in: Das Theater, Wien, 4. Jg., H. 3 (1.10. 1912), S. 47 f.

6) Georg Malkowsky, Die Geschwister Wiesenthal. Eine Studie zur Reform des

modernen Tanzes. Berlin 1908 (Ausschnitt)
7) Raoul Auernheimer, "Eine Wiener Tänzerin im Kriege", in: Neue Freie Presse, Wien, 11. März 1917
8) Rez. Tägliche Rundschau, Berlin, 11.2.1918, zit. in: Nils Jockel/Patricia Stöckemann, "Flugkraft in goldene Ferne..." Bühnentanz in Hamburg seit 1900. Hamburg 1989, S. 22
9) Mary Wigman, "Tanz", in: Rudolf Bach, Das Mary Wigman-Werk. Dresden1933, S. 19
10) Mary Wigman, Skizzen, März 1923, Mary Wigman-Archiv der Akademie der Künste Berlin
11) ebd.
12) Mary Wigman, Komposition. Dresden: Selbstverlag, o.J. [1925], S. 7
13) Oskar Schlemmer, "Tänzerische Mathematik", in: Tanz in dieser Zeit, hg. v. Paul Stefan, Wien/New York o.J. [1926], S. 34
14) Vgl. Dirk Scheper, Oskar Schlemmer – Das Triadische Ballett und die Bauhausbühne. Berlin 1988
15) Vera Skoronel, "Meine tänzerische Arbeit und Stellungnahme zur Tanzentwicklung", in: Monographien der Ausbildungsschulen für Tanz und tänzerische Körperbildung. Band I: Berlin, hg. v. Liesel Freund, Berlin 1929, S. 73
16) Vera Skoronel, "Über abstrakten Tanz", (Skizzen Skoronel) 4., 5. Mai 1932, Typoskript, Deutsches Tanzarchiv Köln
17) Olga Brandt-Knack, "Die Umgestaltung des Opernballetts", in: Bühnen-Almanach, Hamburg und Altona 1926, S. 29
18) Lizzi Maudrik, "Bühnentanzkunst", in: Blätter der Staatsoper, Berlin 6. Okt. 1929, S. 5
19) Kurt Jooss, "Tanzerziehung", Manuskript, Essen ca. 1927, Jooss-Archiv, Amsterdam
20) ebd.
21) ebd.
22) Valeska Gert, Ich bin eine Hexe. Kaleidoskop meines Lebens. Reinbek 1978, S. 31f.
23) Valeska Gert, Mein Weg. Leipzig 1931, S. 26
24) Valeska Gert, zit. in: "Tanzformen – Tanzsprache – Tanznotation. Eine Rundfrage", in: Singchor und Tanz, Mannheim Juni 1928, 45. Jg. H. 12, 15., S. 172
25) Valeska Gert, Ich bin eine Hexe. Kaleidoskop meines Lebens. Reinbek 1978, S. 43
26) Leo Lania, Der Tanz ins Dunkel. Anita Berber. Ein biographischer Roman. Berlin 1929, zit. n. Lothar Fischer: "Tanz zwischen Rausch und Tod – Anita Berber", Berlin 1984, S. 29
27) Klaus Mann, Erinnerungen an Anita Berber, in: Die Bühne, 7. Jg. H. 275 (1930), S. 44
28) Programmheft zit. in: Reinhard Klooss/Thomas Reuter, Körperbilder – Menschenornamente in Revuetheater und Revuefilm. Frankfurt/M 1980, S. 10

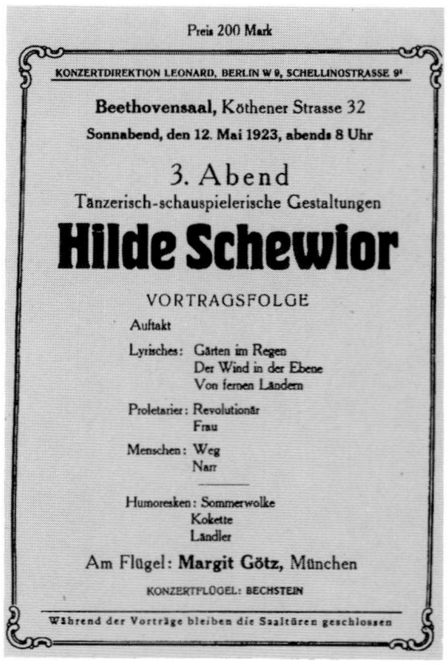
Preis 200 Mark
KONZERTDIREKTION LEONARD, BERLIN W 9, SCHELLINGSTRASSE 9[1]
Beethovensaal, Köthener Strasse 32
Sonnabend, den 12. Mai 1923, abends 8 Uhr
3. Abend
Tänzerisch-schauspielerische Gestaltungen
Hilde Schewior
VORTRAGSFOLGE
Auftakt
Lyrisches: Gärten im Regen
Der Wind in der Ebene
Von fernen Ländern
Proletarier: Revolutionär
Frau
Menschen: Weg
Narr
Humoresken: Sommerwolke
Kokette
Ländler
Am Flügel: **Margit Götz,** München
KONZERTFLÜGEL: BECHSTEIN
Während der Vorträge bleiben die Saaltüren geschlossen

Oben: Titelblatt des Wiener Tanzalmanachs aus dem Jahre 1930. MWG
Unten: Programmzettel zum Preis von 200 Mark aus dem Inflationsjahr 1923. TS

Die Tänzerkongresse 1927-1930

Der offizielle Ausstellungsführer der ersten großen Theaterausstellung in Deutschland und der Blick über das Magdeburger Ausstellungsgelände zwischen der Elbe im Hintergrund und dem Adolf-Mittag-See.
Die "Schwimmenden Bühne" auf dem See wurde für Tanz- und Theateraufführungen genutzt.
Foto, TS

Die Tänzerkongresse bildeten erstmals ein Forum, auf dem sich alle Vertreter der neuen Tanzkunst versammelten, um über künstlerische, pädagogische, soziale und organisatorische Probleme zu diskutieren, Beschlüsse für gemeinsame Aktionen zu fassen und in Matineen und Abendveranstaltungen ihre neuen Produktionen vorzustellen.

Der erste Tänzerkongreß fand vom 21. bis 24. Juni 1927 im Rahmen der großangelegten, an Exponaten quer durch die Theatergeschichte reich bestückten Theater-Ausstellung in Magdeburg statt, die am 14. Mai eröffnet wurde und bis Ende September dauerte. Als innovative Persönlichkeiten auf dem Gebiet des Tanzes im 20. Jahrhundert waren auch Rudolf von Laban und Oskar Schlemmer – beide Kommissionsmitglieder des Tänzerkongresses – in der Ausstellung vertreten. Von Laban wurden Figurinen, Kostüme, Photographien und Literatur ausgestellt. Ein 20minütiger Film zeigte Mitschnitte aus seinen Choreographien und gab Einblick in seine künstlerische Arbeit. Als Beispiel für die Versuchsbühne am Dessauer Bauhaus waren Masken, Figurinen und Modelle zu sehen, die Schlemmer zum Teil in seinem Triadischen Ballett eingesetzt hatte. In der Tanzszene nahm er allerdings mit seinen mobilen Raumplastiken, den konstruktivistischen, entindividualisierten Kostüm- und Bewegungsentwürfen eher eine Außenseiterposition ein.

Einberufen wurde der Magdeburger Tänzerkongreß von Rudolf von Laban, der sich schon längere Zeit für einen organisatorischen Zusammenschluß der in viele Parteien zersplitterten Tänzerschaft einsetzte, um die Interessen des Tanzes nach außen hin durch eine gewerkschaftliche Organisation vertreten zu können. Die zunehmende soziale Notlage des Tänzerstandes – es gab nicht annähernd so viele Arbeitsmöglichkeiten wie ausgebildete Tänzerinnen und Tänzer – machte einen ersten gemeinsamen Gedankenaustausch noch zwingender. In Hanns Niedecken-Gebhard, zu der Zeit Intendant am Theater in Münster, und dessen damaligem Dramaturgen Alfred Schlee fand Laban engagierte Mitstreiter, deren Initiative und Einsatz das Zustandekommen des Magdeburger Symposions letztlich zu verdanken ist.[1] Bei Paul Alfred Merbach, dem wissenschaftlichen Leiter der Theater-Ausstellung Magdeburg, stießen Schlee und Niedecken-Gebhard mit ihrem Vorschlag, ein Tänzertreffen zu organisieren, auf positive Resonanz und ihr Anliegen wurde sofort in die Planungen des Gesamtprojekts einbezogen. Man bildete kurzerhand einen Vorbereitungsausschuß, dem, neben Paul Alfred Merbach und Rudolf von Laban, Alfred Schlee, Fritz Böhme und Ludwig Buchholz angehörten. Merbach und Buchholz waren

für die gesamte organisatorische Vorbereitung und Werbung verantwortlich, Schlee und Böhme für das Vortragsprogramm und die Regelung der Tanzabende, wobei sich Laban und Merbach in allen Punkten die endgültige Entscheidung vorbehielten.
Die Vorbereitungen wurden durch den mangelnden Informationsfluß seitens der Ausstellungsleitung (Merbach) immer wieder erheblich gestört. Wiederholt fühlte sich Böhme gezwungen, in freundlich drängendem Ton Merbach daran zu erinnern, den betreffenden Tänzern auf ihre Anfragen zu antworten, ihnen definitiv zu- oder abzusagen. Im Falle Mary Wigmans spitzte sich die Situation soweit zu, daß sie dem Kongreß schließlich fern blieb. Weshalb Merbach nicht alle Hebel in Bewegung setzte und sich engagiert um eine aktive Mitwirkung Wigmans bemühte, bleibt offen. Böhme hat sich intensiv für sie eingesetzt und Merbach auf dem jeweils neusten Stand der Dinge gehalten. "Aus allem, was sie sagte", so Böhme wörtlich, "habe ich herausgehört, daß sie darüber ärgerlich ist, daß man Laban nach Magdeburg engagiert hat (sie sagte, man hat doch Geld, ihn mit 60 Mann zu engagieren) und daß man für sie keinen Abend hat, nicht sowohl auf dem Kongreß als vielmehr überhaupt im Rahmen der Ausstellung. Ich habe den Eindruck, daß sie überhaupt abspringt, wenn man ihr nicht entgegenkommt und würde sehr dazu raten."[2] Wie wenig auf diesen Rat Böhmes eingegangen wurde und wie lange man Mary Wigman im Ungewissen ließ, beweisen ihre eigenen Worte, die Böhme aus einem Brief von ihr in seinem Schreiben an Merbach zitiert: "...Ich erwarte, daß man uns für eine Gruppenaufführung dort verpflichtet, ganz gleich, ob eine derartige Veranstaltung in direktem Zusammenhang mit dem Tänzerkongreß steht oder in einem anderen Zusammenhang organisiert wird ... Ich hoffe, daß man nun endlich die Zeit findet, erstens mir überhaupt zu antworten und zweitens den Mut zu einem reinen Ja oder Nein. Erst dann werde ich mich entscheiden, in welcher Form ich mich zu dem Kongreß an und für sich stellen kann".[3] Beinahe resigniert schrieb Böhme in dieser Sache ein letztes Mal an Merbach: "Wie die Sache mit Wigman wird, sehe ich nicht ab. Ich habe mein Bestes getan und hoffe immer noch, daß die Ausstellungsleitung sie zu einem Gruppenabend engagieren wird. Wie ich die Dinge jetzt sehe, wird sie dem Kongreß fern bleiben."[4] Böhme sollte Recht behalten. Weder Mary Wigman noch eine ihrer Tänzerinnen oder Anhängerinnen nahmen an dem Kongreß teil. Auch der angekündigte Vortrag von Margarete Wallmann "Das Werk Mary Wigmans" wurde abgesagt. Laut offizieller Bekanntmachungen gehörte Wigman aber zum

Der Tänzerkongress, der im Rahmen der Deutschen Theater-Ausstellung Magdeburg 1927 vom 21. bis 24. Juni 1927 stattfindet und an dem teilzunehmen allen Interessenten möglich ist, sieht folgendes Programm vor:
Dienstag, den 21. Juni,
9.30 Uhr vormittags:
Eröffnung des Tänzerkongresses durch die Leitung der Deutschen Theater-Ausstellung und Konstituierung des Kongreßbureaus.
Versammlungsraum: Stadthalle (Ausstellungsgelände)
Vorträge: Grundlagen und Gesetze der Tanzkunst.
1. Prof. Oskar Bie: Aus der Geschichte des Gesellschafts- und Bühnentanzes.
2. Andrej Levinson: Gedanken- und Formwelt des klassischen Tänzers.
3. Fritz Böhme: Vom Tänzer unserer Zeit.
4. Adolf Loos: Die Physiologie des modernen Tanzes.
3 Uhr nachmittags:
Zusammentreten der Sektionen. Von 3 1/2 bis 7 Uhr Sektionsberatungen.
Abends: Zusammentreffen der Kongreßteilnehmer bzw. Besuch des Stadttheaters.
Mittwoch, den 22. Juni,
9 Uhr vormittags:
Versammlungsraum: Stadthalle (Ausstellungsgelände)
Vorträge: Grundlagen und Gesetze der Tanzkunst.
1. Rudolf von Laban: Das tänzerische Kunstwerk.
2. Max Terpis: Bewegungsregie.
3. Walter Howard: Tanzkunst und Tanzkultur – ihre Voraussetzungen

4. Referate über Choreographie:
a) Gertrud Snell,
b) G. J. Vischer-Klamt,
c) Prof. Dr. Lothar Schreyer,
d) Frau Grimm-Reiter.
3 Uhr nachmittags:
Sektionsberatungen.
8 Uhr abends:
Tanzabend in der Stadthalle.
Donnerstag, den 23. Juni,
9 Uhr vormittags:
Versammlungsraum: Stadthalle (Ausstellungsgelände).
Vorträge: Hilfskräfte und Wirkungen der Tanzkunst.
1. Prof. Egon Wellesz: Tanz und Musik
2. Dramaturg Schlee: Tanz und Musik (Korreferat).
3. Dr. Liebermann: Tanz und Psychologie.
4. Hans W. Fischer: Tanzkritik.
5. Julian Algo: Tanzkritik (Korreferat).
3 Uhr nachmittags:
Sektionsberatungen.
Abends: Zusammentreffen der Kongreßteilnehmer bzw. Besuch des Stadttheaters.
Freitag, den 24. Juni,
9 Uhr vormittags:
Versammlungsraum: Stadthalle (Ausstellungsgelände).
Vorträge. Hilfskräfte und Wirkungen der Tanzkunst.
1. Hans Brandenburg: Tanz und Theater.
2. Dr. Niedecken-Gebhard: Bedeutung und Möglichkeiten des Tanzes im heutigen Theater.
3. Prof. Oskar Schlemmer: Abstraktion in Tanz und Kostüm.
4. Kurt Liebmann: Tanz, Mensch, Drama.
3 Uhr nachmittags:
Abschließende Vollversammlung

Komitee des Kongresses, sozusagen zum Ehrenpräsidium, neben Anna Pawlowa, Oskar Schlemmer, Niedecken-Gebhard und selbstverständlich Rudolf von Laban. Bereitwillig und nicht ohne persönliches Prestigedenken hatte sie ihren Namen für die Sache zur Verfügung gestellt. Als sie sich übergangen und Laban bervorteilt sah, zog sie sich entschlossen samt ihren Anhängerinnen von dem Unternehmen Tänzerkongreß zurück. Sie wußte Labans Leistung für den modernen Tanz zu schätzen, erkannte aber, daß sie nicht minderen Anteil daran hatte. Den Anspruch, als Repräsentant der gesamten Tänzerschaft aufzutreten, wollte sie ihm nicht alleine zuerkennen und dies verstand sie durch ihre Abwesenheit wie die ihrer Schülerinnen und ihrer gesamten Anhängerschaft deutlich zu machen.
Anna Pawlowa hatte bereits im Vorfeld zugesagt, dem Komitee des Tänzerkongresses beizutreten, aber zugleich bedauert, an den Sitzungen des vorbereitenden Ausschusses nicht teilnehmen zu können. Ebensowenig war es ihr möglich in Magdeburg dabei zu sein. Oskar Schlemmer konnte mit seinem Namen für das Ehrenpräsidium gewonnen werden und auch sein Vorschlag, einen Vortrag über "Abstraktion in Tanz und Kostüm" zu halten, wurde gerne angenommen. Dagegen scheiterte sein Anliegen, sich mit seiner Versuchsbühne Dessau in einer Aufführung zu präsentieren – wie im Falle Wigman – an der Entscheidungsunfähigkeit der Ausstellungsleitung. Vermutlich spielten finanzielle Gründe die ausschlaggebende Rolle.
So wurde aus diesem ersten Kongreß eine Tagung "Labans und seiner Anhänger", wie es die Presse teilweise vorwurfsvoll formulierte. Sicherlich fehlte durch die Abwesenheit Wigmans ein entscheidendes künstlerisches Element. Und

"Wem es Ernst ist mit dem Geistigen, dem ist es ernst mit dem Theater. Darum ist an einer Ausstellung wie der Deutschen Theater-Ausstellung die ganze deutsche Geistigkeit engagiert," hieß es im Grußwort des Ehrenpräsidenten zur Eröffnungsfeier derAusstellung am 14. Mai 1927. Foto: Rudolf Hatzold, TS allein die Tatsache dieses Vorfalls belegt, welche Parteienstreitereien und Machtansprüche die Auseinandersetzungen und Rangeleien in der Tanzszene bestimmten. Doch würde man dem Kongreß mit dieser einseitigen Beurteilung nicht gerecht werden. Die Liste der Redner und ihrer angekündigten Themen sind schon Beweis genug für das hohe Niveau, das die Veranstaltung allen Zerwürfnissen zum Trotz bestimmte. Dabei orientierten sich die Inhalte des Tagungsprogramms vorrangig an den Spezialthemen der geladenen Referenten, ohne einen Schwerpunkt festzulegen. Es ergab sich ein breit gefächerter Themenkatalog, zu dessen einzelnen Aspekten renommierte Tanzschriftsteller, Tanzkritiker und -historiker, Tanz- und Theaterpraktiker sowie in den Grenzgebieten des Tanzes forschende Persönlichkeiten Stellung nahmen.

Heftig diskutiert wurde vor allem die Frage der Notwendigkeit einer Tanzschrift, für die sich alle Anwesenden aussprachen. Nicht zuletzt als Reaktion auf dieses sowohl Tänzer als auch Tanzpädagogen beschäftigende Thema entstand wenige Monate später, kurz vor dem zweiten Tänzerkongreß, eine Tanzzeitschrift, die sich der Tanznotation Labans verpflichtete. Alfred Schlee initiierte unter dem Titel "Schrifttanz" im Juli 1928 das erste Heft der Vierteljahresschrift, die bei der Universal Edition in Wien erschien.

Zu einem wichtigen Diskussionsforum während des Magdeburger Tänzerkongresses wurden die Sektionssitzungen am Nachmittag, in denen kleine Arbeitskreise über spezielle Themen und Fragestellungen nachdachten und berieten. Als wichtigstes Ergebnis konnte schließlich in der Abschlußversammlung des Magedburger Symposions der organisatorische Zusammenschluß aller Tänzer bekannt gegeben werden. Man hatte entschieden, keinen eigenen Tänzerbund zu gründen, sondern sich dem bereits bestehenden "Deutschen Chorsänger- und Ballettverband e.V." anzuschließen und nur eine Namensänderung in "Deutscher Chorsänger- und Tänzerbund e.V." vorzunehmen. Durch entsprechende Statutenänderungen waren damit Tänzer und Tänzerinnen aller ästhetischen Richtungen, ob frei arbeitend oder am Theater verpflichtet, in einem Dachverband organisiert, der eine erste gewerkschaftliche Tänzerorganisation bildete und die Interessen seiner Mitglieder in der Öffentlichkeit und vor den Behörden vertreten konnte. In der Pressemitteilung des "Verbandsorgans Singchor und Tanz" hieß es nach Vollzug des juristischen Aktes dieser Gründung: "Der auf dem Magdeburger Tänzerkongreß (Juni 1927) in Angriff genommene Zusammenschluß der gesamten Tänzerschaft (Tänzer an Bühnen

Niddy Impekoven auf dem Titelblatt der Zeitschrift "Der Tanz", die 1928 in der Folge des Magdeburger Tänzerkongresses zum erstenmal erschien. DTK

in der Stadthalle: Verlesung und Diskussion der Sektionsbeschlüsse.

8 Uhr abends:

Tanzabend im Vortragshaus. Anschließend letztes Zusammensein derKongreßteilnehmer.

Arbeitsplan der Sektionen.

Die *Sektion für künstlerische Fragen* behandelt:
Tanzkunstwerk, Ballett und neuer Tanz, Gesetze der Tanzkunst, produktiver und reproduktiver Tanz, männlicher und weiblicher Tanz, Tanzpsychologie, der Tanz im Rahmen der Künste, angewandte oder eigene Kunst, Tanz und Musik, Pantomime, Tanzarten, Tanz und Theater, Bewegungschor und Tanzgruppe.

Die *Sektion für organisatorische Fragen* behandelt:
Berufsvertretung, Statistik, Gehaltsfragen, Arbeitgeber-Arbeitnehmer (Tanzgruppen-Unternehmer), Schutz tänzerischer Produktion, Agent und Impresario.

Die *Sektion für pädagogische Fragen* behandelt:
Tänzerschulen, Fachunterricht und allgemeine Bildung, Ausbildung der Bewegungsregisseure, der Kinder, Erlaubnis einer Tanzschule, Privat-Initiative und staatliche Regelung (Kultusministerium), Choreographie an Tanzschulen, Ausbildung der Bewegungschorleiter, Gymnastik und Tanz, Berechtigungen (Diplom, Meistertitel usw.).

Tanzveranstaltungen im Rahmen der Deutschen Theater-Ausstellung Magdeburg und des Tänzerkongresses 1927:
Freitag, den 17. Juni, abends 8 Uhr (Stadthalle): Festaufführung des "Tanztheaters Laban" als Beethoven-Feier. Rutholph Laban: "Titan" mit dem Septett in F-Dur (opus 20) von Beethoven und einem Vor- und Nachspiel mit Geräuschmusik von Rudolf Wagner-Régeny. (Uraufführung.)
Sonnabend, den 18. Juni, abends 8 Uhr (Stadthalle): Festaufführung des "Tanz-Theaters Laban". Rutholph Laban: "Die Nacht" (aus einem Tanzzyklus "Die Erde"). Uraufführung mit Musik von Erich Itor Kahn.
Sonntag, den 19. Juni, abends 8 Uhr (Stadthalle): Festaufführung des "Tanz-Theaters Laban". Uraufführung: "Ritter-Ballett" und Wiederholung von Rutholph Laban: "Titan".
Sonnabend, den 25. Juni, abends 8 Uhr (Stadthalle): "Neuzeitliche Musik": Städtisches Orchester Magdeburg unter der Leitung von Generalmusikdirektor Beck; Hindemith: "Konzert für Orchester op. 38" und Serge Prokofieff: "5 Sätze aus der Suite Chout".
Vorführung von Sprech- und Bewegungs-Chören im Rahmen des 8. Deutschen Volksbühnentages. Sprech- und Bewegungs-Chor der Chemnitzer Volksbühne: Werner Illing: "Aufbruch des Geistes". Bewegungs-Chor der Berliner Volksbühne und Tanzgruppe Trümpy-Skoronel: Vera Skoronel: "Erweckung der Massen". Sprech- und Bewegungs-Chor der Berliner Volksbühne: Bruno Schönlank: "Der gespaltene Mensch".

Oben: Vera Skoronel. Abb., TS
Unten: "Wir Masse" aus dem Arbeiterdrama "Der gespaltene Mensch" von Bruno Schönlank in der Choreographie von Vera Skoronel mit dem Sprech- und Bewegungschor der Berliner Volksbühne.
Foto: Julius Groß, TS

und freie Tanzgruppen, Leiter und Lehrer von Kunsttanz- und Laientanzinstituten, Bewegungschorleiter) ist nunmehr zustande gekommen. Die Tänzerschaft hat sich dem bisherigen 'Deutschen Chorsänger-Verband und Ballett-Verband e.V.', jetzt 'Deutscher Chorsänger-Verband und Tänzerbund e.V.' angeschlossen. Der 'Tänzerbund' hat sich entsprechend seinem Charakter als Berufsorganisation zur Aufgabe gestellt, die künstlerischen und wirtschaftlichen Interessen seiner Mitglieder sowohl im Tätigkeitsbereich des Einzelnen, wie in der Öffentlichkeit und bei den Behörden zu schützen und zu fördern."[5]

Der Tänzerbund, der sich gesondert vom Chorsängerverband verwaltete, verstand sich nicht nur als Vertretung wirtschaftlicher Interessen, sondern hatte sich in einem "Kunstausschuß" ein leitendes Organ mit Rudolf von Laban als Vorsitzendem geschaffen, das sich für künstlerische und erzieherische Belange des Tanzes einsetzte. Ziel des Verbandes war – außer der Regelung der Tänzerausbildung und der Gagen – Vorarbeit für die anvisierte Gründung einer Tanz-Hochschule zu leisten. Drei Jahre später, auf dem 3. Tänzerkongreß, sollte ein Entwurf für eine Tanz-Hochschule vorliegen, deren Realisierung aber noch weitere Jahre auf sich warten ließ.

Weil Laban auch im wesentlichen über das Rahmenprogramm der Theaterausstellung und des Tänzertreffens zu entscheiden hatte, bildeten, ganz im Gegensatz zu vorherigen Vereinbarungen, Darbietungen chorischer Werke einen Schwerpunkt. Als Auftakt zum Tänzerkongreß brachte Laban selbst, auf Einladung der Deutschen Theaterausstellung, drei Uraufführungen heraus: "Titan", "Die Nacht" und das "Ritterballett", alle drei Stücke mit Tänzern verschiedener Bewegungschöre aus ganz Deutschland besetzt und einstudiert. Die Vervielfältigung einer Bewegung und deren organische Weiterentwicklung in der Masse ist Bewegungsprinzip dieser drei inhaltlich unterschiedlichen Choreographien, von denen der "Titan" mit

seinen ineinander sich verflechtenden und wieder auseinanderstrebenden Chören dem chorischen Grundgedanken am nächsten ist. Mehr als Laban beeindruckte allerdings die Leiterin des Sprech- und Bewegungschores der Berliner Volksbühne Vera Skoronel mit dem um einen Gesangschor erweiterten chorischen Werk "Erweckung der Massen" und mit dem Spiel für bewegten Sprechchor "Der gespaltene Mensch" in der Dichtung von Bruno Schönlank. Den proklamierten Gemeinschaftstanz, der auch zwischen Bühne und Publikum wieder eine Einheit herstellt und Gemeinschaftsempfinden auslöst, sah man in diesen beiden Werken verwirklicht. Außer Wigman, Palucca und Georgi, die man im Festspielprogramm des ersten Tänzerkongresses schmerzlich vermißte, waren nahezu alle Tanzkünstler und -künstlerinnen der modernen und klassischen Richtung vertreten, die das Tanzgeschehen mitbestimmten und prägten. Auch jungen Nachwuchstänzerinnen wie Lotte Lobenstein oder Lotte Krause gab man eine erste Auftrittschance. Der Magdeburger Kongreß, dem es in erster Linie um einen solidarischen Zusammenschluß aller Tänzer, gleich welcher ästhetischen Prägung ging, wurde von rund 300 Teilnehmern besucht und war in seiner Art erstmalig. *P.St.*

Oben: Rudolf von Labans "Ritterballett" wurde in Magdeburg mit Bewegungschören aus verschiedenen Städten aufgeführt. Foto, P

Anmerkungen:

1) siehe folgendes Dokument zum Tänzerkongreß 1927 Alfred Schlee: Tänzerkongress-Erinnerung.
2) Brief von Böhme an Merbach, undatiert (wohl im Mai 1927), Quelle: Tanzarchiv Leipzig.
3) Brief von Böhme an Merbach vom 26.5.1927, Quelle: Tanzarchiv Leipzig.
4) Brief von Böhme an Merbach vom 4.6.1972, Quelle: Tanzarchiv Leipzig.
5) Der Deutsche Tänzerbund, in: Singchor und Tanz, Berlin, Jg. 45, H.4., 15.2.1928, S. 50.

Uraufführungen des Tanztheaters Laban.

Am 17., 18. und 19. Juni wird das Tanztheater Laban drei Kompositionen von Rutolph Laban zur Uraufführung bringen. Alle drei Werke, für die nicht weniger als 60 Mitwirkende erforderlich sind, stellen sich als typische Gestaltungen des neuen Bühnentanzes dar. Es sind kompositionell drei verschiedene Stile in ihnen gestaltet. Diese Tanzschöpfungen Rutolph Labans, die etwas absolut Neues darstellen, sind ausgesprochene Tanztheater-Kunstwerke und werden von denen, die schon vorläufig einen Einblick in sie haben nehmen können, als Gipfelwerke Labanscher Tanzkompositionen bezeichnet. Den Anfang der Reihe der Uraufführungen macht am 17. Juni ein chorisches Tanzwerk "Titan", das sich auf der neuen natürlichen Bewegungs-Rhythmik aufbaut. Die musikalische Unterlage bietet der Mittelteil des Septetts in F-Dur (opus 20) von Beethoven. Das Vor- und Nachspiel stellen "Geräusch-Rhythmen" von Rudolf Wagner-Régeny dar. Die musikalischen Teile sollen gleichsam eine Einschaltung in den Tanzgedanken darstellen. – Am 18. Juni wird aus dem Tanzzyklus "Die Erde" das Stück "Die Nacht" aufgeführt werden, ein Tanzwerk der bizarren Bewegungsart unserer Zeit. Die begleitende Musik schuf nach dem Tanze Erich Itor Kahn, rhythmisch und musikalisch im Sinne der jüngsten Musiker-Generation. Die Musik steht bei diesem Werke neben dem Tanz als Begleitung. – Der 19. Juni bringt Szenen aus dem "Titan" und das "Ritter-Ballett", das, dem Ballett nahestehend, im Sinne des mittelalterlichen Stiles komponiert ist. Als Musik ist ein Jugendwerk Beethoven gewählt worden, das sich als Anregung des Tanzes gibt.

Oben: Rudolf von Laban als "Tyrann" in seiner Tanzballade "Gaukelei" mit Ruth Loeser als "Prinzessin" in einer Aufführung der 1924 in Hamburg gegründeten "Kammertanzbühne Laban" unter Leitung von Dussia Bereska.
Abb. Schallenberg
Rechte Seite: "Drachentöterei", ein Gruppentanzspiel von Rudolf von Laban für seine "Kammertanzbühne", ca. 1924.
Foto: G. Riebicke, DTK

Der erste internationale Tänzerkongreß in Magdeburg

Ein Bericht

Lebendige Ergänzung zu dem, was die Deutsche Theater-Ausstellung mit ihrem Material für die Kenntnis vom deutschen Theater und für die Erkenntnis seines Wesens gibt, bringen die künstlerischen und wissenschaftlichen Veranstaltungen der Deutschen Theater-Ausstellung. Als eins ihrer größten Verdienste wird von der gesamten deutschen Presse der Erste internationale Tänzerkongreß gefeiert, der auf Veranlassung der Deutschen Theater-Ausstellung zum ersten Male alle Tänzer zur Fühlungnahme und zum Austausch der Gedanken nach Magdeburg einlud. Im Vortragshause auf dem Ausstellungsgelände begrüßte am ersten Tage, Dienstag den 21. Juni, P. A. Merbach die rund 300 Teilnehmer des Kongresses, unter denen auch das Ausland recht ansehnlich vertreten war, wie auch die deutsche Presse sich sehr lebhaft an dem Kongreß beteiligte. Den ersten Vortrag hielt der bekannte Berliner Forscher Professor Dr. Oskar Bie. Vom Tanz als Ausdruck des jeweiligen Zeitstiles führte er in seinem Referate zur Geschichte des Tanzes und zeigte, wie die Spaltung in Gesellschaftstanz und Bühnentanz künstlich und naturwidrig sei. Als ersten Welttanz in der Geschichte des Tanzes nannte er das Menuett, das ursprünglich nur von einem Paare getanzt wurde und dessen Inhalt ein Liebesspiel gewesen sei. Eine große Umwälzung in der Geschichte des Tanzes habe dann das 18. Jahrhundert gebracht. Von England her sei das demokratische Prinzip eingedrungen durch die englischen Volkstänze, die "Country dances", aus denen die Franzosen dann auf Grund eines Mißverständnisses "contres" machten. Diese neuen Tänze variierten nach der Mode, und aus einer ihrer Figuren entstand der Walzer, der das ganze 19. Jahrhundert beherrschte. Wie der Gesellschaftstanz, so sei auch der Bühnentanz ein getreuer Spiegel der Zeit. In seinen Anfängen zur Zeit Ludwigs XIV. sei er lediglich Ausdruck einer mathematischen Ordnung gewesen und habe symbolischen Inhalt gehabt. Erst als Noverre, der Vater des modernen Tanzes, den Bühnentanz zum stummen Drama umgeschaffen, habe die Emanzipation des Menschen im Tanze begonnen, bis schließlich die Persönlichkeit überhaupt die Basis der Tanzkunst geworden sei. Heute künde sich eine neue Epoche an, die des Gruppentanzes.

Professor Levinson (Paris) sprach als Ergänzung zu den Ausführungen Bies über die Idee und Form des klassischen Tänzers. Er zeigte, wie durch Noverre die Anmut der Figur zum herrschenden Gesetz in der Formwelt des Tänzers geworden sei. Bezeichnende Eigenart der klassischen Tanz-

kunst seien die Auswärtsstellung der Füße und der Spitzentanz gewesen. Diese Stellung habe dem klassischen Tänzer unerhörte Bewegungsmöglichkeiten nach allen Seiten gegeben. Die modernen Tänzer ständen dieser klassischen Tanzkunst feindlich gegenüber. Sie bleibe aber kostbares Erbgut, und er selbst gebe die Hoffnung nicht auf, daß der klassische Tanz der Anmut eine Renaissance erlebe. Begeistert setzte sich dann für den modernen Tanz der Berliner Kritiker Fritz Boehme ein, der den Tänzer unserer Zeit charakterisierte und als sein Wesen das bewußte Hinstreben von der Vereinzelung zur Gruppenbildung, die dem Schablonenkollektivismus ein aktives schöpferisches Tun entgegenstelle, herausarbeitete. Die Forderung des Tages an den Tänzer sei, daß er in seiner Kunst und durch sie eine Antwort auf die Fragen unserer Zeit finde, daß er "Weltanschauung tanzen" müsse, um Symbol und Führer sein zu können.

In humorvoller Weise beschäftigte sich dann der Wiener Adolf Loos mit der Physiologie des Tanzes. Der Mensch von heute könne sich nicht mehr den ästhetischen Anschauungen vergangener Jahrhunderte fügen, die unnatürliche Dinge nötig und möglich gemacht hätten. Heute strebe der Tanz zum Natürlichen zurück und daher schwinde auch aus dem Tanze die sogenannte fünfte Position, das kreuzweise Setzen der Beine. An ihre Stelle trete die natürliche Stellung der parallel gesetzten Beine.

Der zweite Tag stand, wie der erste, unter dem Generalnenner "Grundlagen und Gesetze der Tanzkunst". Als erster Referent kam Rudolf v. Laban zum Worte, der als Aufgabe des tänzerischen Kunstwerkes bezeichnete, das Reich der Schönheit und Harmonie zu erschließen. Der Tanz drücke etwas grundsätzlich anderes aus als Musik und Wort: in ihm befreie und läutere sich die Triebwelt. Darum dürfe die Raumsprache des Tanzes nicht durch musikalische oder malerische Elemente überdeckt werden. Das Ideal des Tanzes sei die reine ornamentale, stilisierte Bewegung. Sie mit Sinn erfüllen, heiße die Magie der Bewegung erkennen und sei die Aufgabe des Tanzschöpfers. Tänzerisches Kunstwerk in diesem Sinne gäbe es heute noch nicht. Es werde aber kommen, wie auch die "tänzerische Zeit" erst kommen werde.

Eine heilsame Warnung vor gefährlichem Überschwang brachte dann der überlegte Vortrag von Max Terpis, der klug und scharfsichtig auch die Grenzen aufzeigte. Er unterscheidet als nicht wert-, sondern wesensverschiedene Arten des Tanzes Tänzerei und Bewegerei, für die er als die bedeutendsten Vertreter die Pawlowa und die Wigman nannte. Der "hellen Welt" der ersten, der der Freudigkeit und Leichtigkeit, stellte er die "dunkle Welt" der anderen, die tragische und dämonische, gegenüber. In diesem Sinne bezeichnete er den klassischen Tanz als zu der "hellen Welt" gehörig, während er den modernen Tanz in die "dunkle Welt" einreiht. Die Tänzerei, so führte er aus, ist der Gefahr ausgesetzt, durch Überbetonen des rein Formalen im Akrobatischen zu enden, die Bewegerei andererseits führe bei einem Überbetonen des Ausdrucks leicht zur Pantomime. – Sehr beachtenswert waren dann seine Warnungen vor den allzu vielen Mitläufern und Epigonen, die die moderne Tanzkunst aufzuweisen habe und der Hinweis auf die sehr spärlichen und geringen wirtschaftlichen Möglichkeiten, die dem allzu zahlreichen Nachwuchs sich bieten. Beim Tanzwerk unterscheidet Terpis dann das Formballett, das nur schön, Tanz um des Tanzes willen sein will, und das Inhaltsballett, das sich an Seele und Verstand des Zuschauers wendet. Endlich fand er noch ein sehr kluges und feines Wort, als er vor der Sucht, unbedingt "modern" sein zu wollen, warnte und erklärte, daß es heiße, mit der neu gewonnenen Erkenntnis zurückzukehren zur Hauptlinie, zur Tradition.

Nach einem Vortrage Howards über die Tanzkultur, der in die These auslief, daß dem Tanze ein künstlerisches Erleben zugrunde liegen müsse, wurden dann die verschiedenen Versuche vorgelegt, eine Tanzschrift zu schaffen.

Die Hilfskräfte und Wirkungen der Tanzkunst wurden dann am dritten Tage besprochen. Egon Wellesz sprach über das Thema Tanz und Musik. Die Problematik der Beziehungen von Tanz und Musik beginne da, wo es gelte, die Vision des Musikers und des künstlerisch darstellenden Tänzers in Einklang zu setzen. Erst nachdem die Übersteigerung des intellektuellen Moments in der Musik, die das 19. Jahrhundert gebracht hätte, überwunden worden sei, habe man die Basis für den neuen Tanz schaffen können, denn der Tanz, der nur den unmittelbaren Augenblick des Geschehens und des Empfindens darzustellen vermöge, bedürfe einer Musik, die frei von Reflektionen sei. Mit der Blüte der russischen Musik und des russischen Balletts habe eine vollkommene Umwertung der Begriffe eingesetzt. Man habe erkannt, daß die Erneuerung der Oper über das Ballett gehe. Heute allerdings drohe dem Tänzer die Ignorierung der Bühne gefährlich zu werden. Das Operntheater bedürfe einer Reform. Seine endgültige Erlösung könne nur eine Synthese zwischen der Musik und dem Tanze bringen.

Vom Standpunkte des Arztes aus behandelte dann Dr. Liebermann das Thema Tanz und Psychologie. Alle Kunst werde

Figuren aus dem beim Tänzerkongreß aufgeführten chorischen Tanzwerk "Die Nacht" von Rudolf von Laban.
Abb. Rudolf Hatzold, MWG

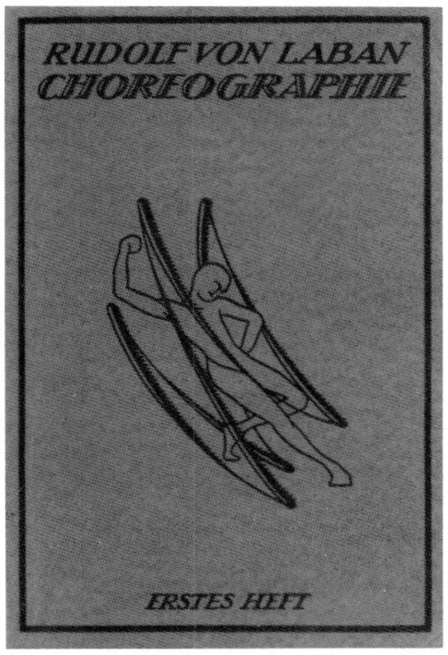

Rechts: In seinem 1926 veröffentlichten Buch "Choreographie" beschrieb Laban den Ikosaeder als Grundmodell seiner Raumlehre für den Tanz.

Linke Seite: Szene aus Labans "Narrenspiegel". In der Mitte: Rudolf von Laban, Ruth Loeser und Dussia Bereska. Abb., MWG

von der neueren Psychologie als Sprache des unbewußten Gemütslebens erkannt. Besonders der Tänzer habe sich über den Mangel an Verständnis für seine Kunst zu beklagen, denn seine unbewußte Sprache, der Ausdruck des Trieblebens, sei am längsten verdrängt und bekämpft worden. Dem Tänzer sei im Tanze die Möglichkeit gegeben, mit der Wirklichkeit der Außenwelt fertig zu werden.

Über die Tanzkritik sprach Hans W. Fischer. Er forderte vom Tanzkritiker vor allem, daß er diese Kunst nicht nach dem Maßstabe fremder Gebiete bewerte, sondern ihre Eigengesetzlichkeit anerkenne. Der neue Tanz als Ausdruck unserer Zeit könne nur von jemand beurteilt werden, der sich mit dieser Zeit und ihrer Kultur auseinanderzusetzen wisse.

Am vierten und letzten Kongreßtage erörterte als erster Redner der Dichter Hans Brandenburg die ideellen Möglichkeiten der Einfügung moderner Tanzkunst in das Theater und forderte, daß der neue Tanz kein Spezialgebiet werden dürfe, sondern dem Theater neues Leben bringen müsse. Es sei verständlich, daß die Tanzkunst, als sie ihre Wiederbelebung erfuhr, sich im Kampfe gegen das Ballett durchgesetzt habe. Auch sei dem Tänzer das Recht auf eine eigene Tanzbühne nicht streitig zu machen. Die Entwicklung der Tanzkunst müsse aber zu neuem Dienst am Theater führen. Das Tanzkunstwerk brauche die Fortsetzung und Erfüllung im Drama. Es müsse in die Welt des Theaters wieder einmünden, aus der es hervorgegangen ist und von der es nur ein Teil ist.

Professor Oskar Schlemmer vom Dessauer Bauhaus sprach dann über die Abstraktion im Tanz und Kostüm. In einer Zeit des Überganges, wo das Chaos der Gefühle herrsche, sei es ratsam, sich auf die Werte zu besinnen, die in Maß, Zahl und Gesetz beschlossen seien. Die Schöpfungen der Tanzkunst erwüchsen aus dem Raumgefühl und seien vom Standpunkt des Raumes, der Form und der Farbe zu betrachten. Prof. Schlemmer behandelte dann sein triadisches Ballett, das als "metaphysische Revue" gedacht ist und die Einflüsse der technischen Welt im frei schaffenden Phantasiespiel in Form und Farbe gestaltet. – Aus langjähriger praktischer Erfahrung als Theaterleiter stellte der münsterische Intendant Niedecken-Gebhard eine Reihe sehr beachtlicher Forderungen auf. So wandte er sich dagegen, daß die Ballettmitglieder unter dem Theaterpersonal an letzter Stelle aufgeführt würden. Weiter bezeichnete er als notwendig, daß unter den Tänzern sich verschiedene Typen herausbildeten entsprechend dem Orchester oder dem Schauspiel. Ferner hielt er es für notwendig, daß der Spielplan der Theater stärker mit Tanzabenden besetzt werde. Der organisatorische Zusammenschluß der Tänzer sei zu begrüßen, weil erst durch ihn die Möglichkeit gegeben sei, wirtschaftliche Forderungen durchzusetzen. Notwendig sei nun aber auch, daß die Tänzer selbst eine Reinigung ihres Standes vornähmen.

Der letzte Vortrag von Kurt Liebmann über Tanz, Mensch, Drama feierte den Tänzer als Manifestation einer Synthese des apollinischen und dionysischen Geistes.

Der organisatorische Zusammenschluß der Tänzer, auf den Niedecken-Gebhard sich in seinen Ausführungen bezog, war zwei Tage vorher in der Arbeit der Sektionen vollzogen worden. Man hat davon abgesehen, einen besonderen Verband zu gründen, hat vielmehr beschlossen, daß die Tänzer sich dem Chorsänger- und Ballettverband anschließen sollen, der nach dem Eintritt der Tänzer in den Verband seinen Namen ändern und fortan Chorsänger- und Tänzerbund heißen wird. Die besonderen Interessen der Tänzer sollen innerhalb dieses Verbandes durch die Bildung von drei Fachgruppen gewahrt werden. Ein zweiter größerer Ausschuß wurde gewählt, um die weitere Sammlung der Tänzer und die vorbereitenden Arbeiten für einen zweiten Tänzerkongreß durchzuführen. An zwei Abenden gaben im Vortragshaus und in der Stadthalle Tanzaufführungen der Solotänzer wie auch der Tanzgruppen eine so bald kaum wiederkehrende Gelegenheit, einen Generalüberblick über den Stand der heutigen Tanzkunst zu gewinnen. Die neuen Ideen, die in der heutigen Tanzkunst lebendig sind, die Unterscheidungen von dem bisherigen Tanz und die Anknüpfungen an die Tradition wurden bei diesen Vorführungen überaus lebendig.

Tänzerkongreß-Erinnerung

von Alfred Schlee

Es mag heute schon fast verwunderlich scheinen, daß die Tänzerkongreßidee nun erst drei Jahre alt ist. Denn wenn auch schon vor der Verwirklichung des ersten Tänzerkongresses hie und da der Gedanke einer zusammenschließenden Vereinigung und größer angelegter Festspiele auftauchte, war doch noch nie auch nur die Aussicht auf eine Durchführung gegeben. Ja, es bedurfte sogar einer ganz starken Propaganda und hartnäckiger Bekämpfung manchen Widerstandes, ehe die Idee einer Tänzerzusammenkunft populär wurde.

Als im Oktober 1926 der damalige Intendant des Münsterschen Theaters, Dr. Niedecken-Gebhard und ich als sein Dramaturg, nach Magdeburg fuhren, um dort für eine recht starke Beteiligung tänzerischer Dinge an der geplanten Theaterausstellung zu werben, entwarfen wir, im Zuge, den Plan eines Tänzerkongresses. Es war vielleicht damals noch eine

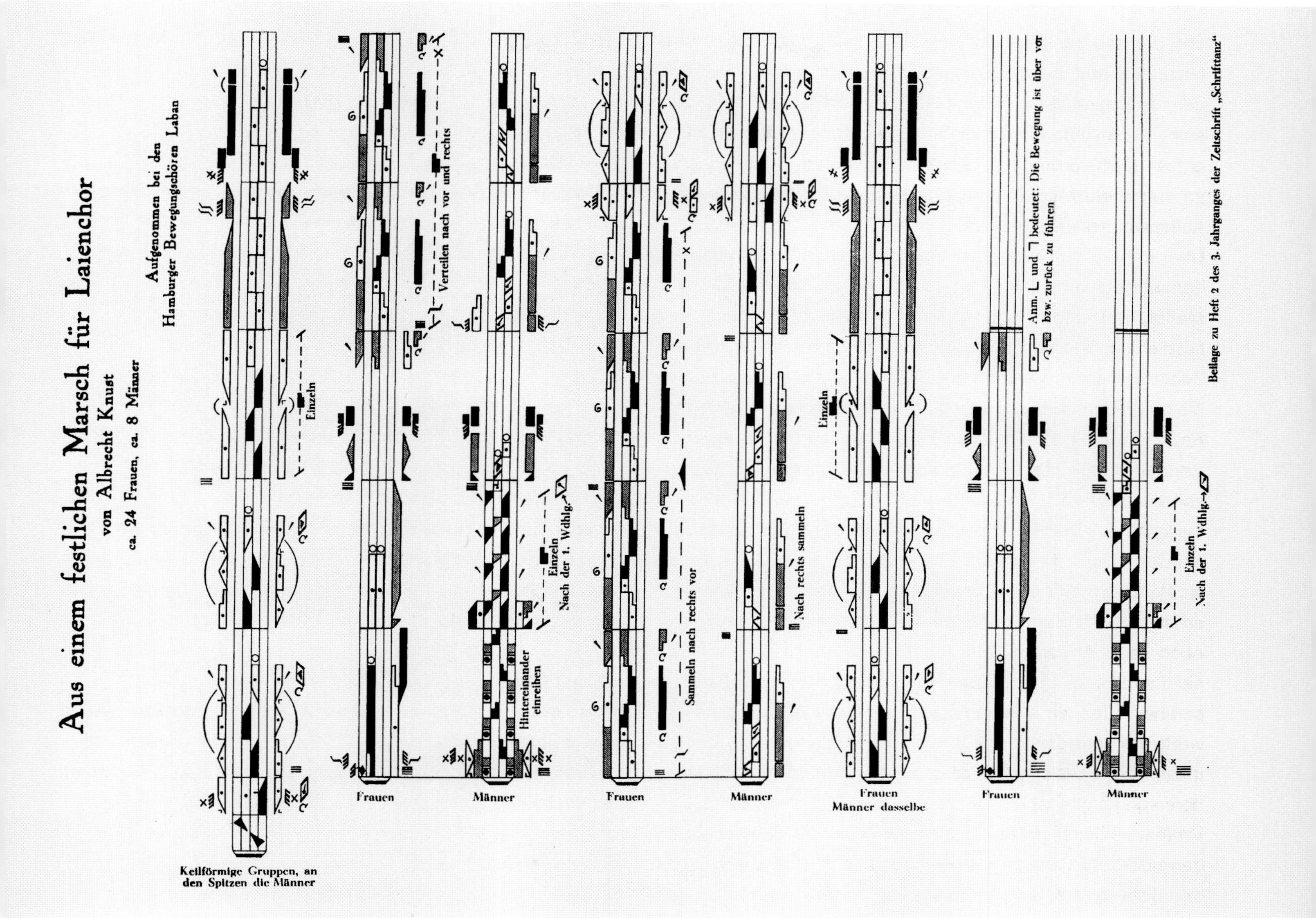

"Kinetographie" nannte Rudolf von Laban die von ihm entwickelte Tanzschrift. Durch sie konnte jede Art von Bewegung von der Einzelgeste bis zu Gruppenwerken durch senkrecht zu lesende graphische Symbole widergegeben werden. Die Schrift wurde in den 20er Jahren in allen Labanschulen gelehrt.

Oben: Kinetogramm aus "Der Schrifttanz", 1930. DTK
Rechts: Unterrichtsstunde im "Choreographischen Institut Laban", Berlin, 1929.
Foto: Keystone, DTK

utopistische Spielerei, der wir uns hingaben. Wir dachten an eine künstlerische Organisation, internationale Zusammenarbeit, Bildung einer Einheitsfront aller Tänzer, Gründung einer großen Zeitschrift und noch manches andere. Kurz, unsere Pläne waren weit gespannt. Als wir die Verhandlungen mit der Theaterausstellung einleiteten, waren wir keineswegs überzeugt, davon auch nur einen Bruchteil durchsetzen zu können und wir begannen zunächst mit der Propagierung eines Gastspieles der "Neuen Tanzbühne". Das intuitive Verstehen, das der künstlerische Leiter der Theaterausstellung Paul Alfred Merbach (noch heute sei ihm dafür gedankt) sofort bewies, machte uns mutiger. In einigen Stunden war die Durchführung unserer Tänzerkongreßidee beschlossen.
Verweilen wir noch einen Augenblick bei diesem ersten Kongreß! Er stand unter einem guten Stern. So fehlerhaft auch die Organisation war, so ungeschickt und unerfahren auch manches vorbereitet war: diese Kundgebung einer sich findenden Tänzerschaft wird uns unvergessen bleiben. Es war nicht äußerer Pomp, nicht die weittragende Kraft von erstmaligen Beschlüssen, nicht die Formung einer Tänzer-Vereinigung das Wichtigste. Nicht einmal der Inhalt dieses neuen Tänzerwillens, nicht das sachliche Ergebnis dieser Beratungen war das Ausschlaggebende: Es war etwas ganz unscheinbares, das sich im Innern der Tänzer vollzog. Kleinigkeiten, zunächst kaum von jemandem bemerkt, allmählich aber von allen gespürt. Wenn auf einer unzulänglichen Bühne Prominente und Unbekannte nebeneinander Höchstleistungen vollführten, wenn in einer noch unzulänglicheren Garderobe jeder letzte Hauch von Neid und Mißgunst verschwand und einem unbedingten Gemeinsamkeitsgefühl Platz machte, da bildete sich die Vorbedingung für diese unaussprechliche und unbeschreibliche Verbundenheit, die sich dann auch äußerlich in jenem schon sagenhaft gewordenen Abschiedsfest in einem kleinen Magdeburger Vergnügungslokal manifestierte.
Wir haben hier die Erinnerung an ein Erlebnis wachgerufen, dessen Voraussetzungen beim zweiten Tänzerkongreß fehlten. Ihre Wiederkehr oder ihr Fernbleiben in diesem Jahr wird das Schicksal unserer Kongreßidee besiegeln.

Rechte Seite: "Raumbühnen-Tänzerin" von Andreas Weininger, Dessau, Bauhaus, 1926. TS

An dieser Stelle des Buches war vorgesehen, den Aufsatz "Abstraktion in Tanz und Kostüm" von Oskar Schlemmer wiederzugeben, erstveröffentlicht 1927 in der Zeitschrift "Die Tat" (19. Jg., Heft 8, Jena, November 1927, S.621-624). Ergänzt werden sollte der Text durch den Abdruck der Seite 5 der illustrierten Beilage zur Vossischen Zeitung, Berlin, vom 17.9.1926 mit vier Aufnahmen von Schlemmers "Triadischem Ballett" sowie mit einem im Bauhaus-Archiv, Berlin, aufbewahrten Foto "Das Triadische Ballett in der Revue 'Wieder Metropol' im Berliner Metropol-Theater 1926". Die Autorinnen und der Verlag bedauern, auf die Wiedergabe verzichten zu müssen, weil mit den Erben Schlemmer keine Einigung über die Bedingungen der Veröffentlichungsrechte erzielt werden konnte.

Die Versuchsbühne am Bauhaus in Dessau

Beiträge zur Magdeburger Theater-Ausstellung
(Leitung: Professor Oskar Schlemmer)
Dem Bauhaus in Dessau, Hochschule für Gestaltung (Bauabteilung und Werkstätten), ist eine Bühnenabteilung angegliedert, bestehend aus einer Bühnenwerkstatt und einer Versuchsbühne.

Zielsetzung:
Erneuerung der Bühnenkunst vom kommenden Bühnenbau und seiner Einrichtung aus, der auf Grund der durch die moderne Technik gegebenen Voraussetzungen das Gesicht des alten Theaters grundsätzlich ändern wird.

Arbeitsgebiete:
Studium der Probleme des Raums, der Form, der Farbe und der Bewegung: Zahl, Maß und Gesetz dieser Elemente und ihre Beziehung zu Mechanik, Optik und Akustik.
Aufführungen: Ballette, Pantomimen, Form-, Farb- und Lichtspiele usw., die in zwangloser Folge auf der Bühne des Bauhauses vorgeführt werden und auch außerhalb vorgeführt werden können.

Modelle:
1. Modell der Versuchsbühne am Bauhaus mit mechanisch bewegten, räumlich-plastischen Demonstrationen.
Entwurf und Ausführung: Heinrich Loew. Studienarbeit.
2. Modell eines mechanisch bewegten Bühnenbildes. Entwurf und Ausarbeitung: Wolfgang Hildebrandt. Studienarbeit.

Masken:
3. Maske (kaschiert) für eine Pantomime.
Entwurf: Oskar Schlemmer; Ausführung: Bühnenwerkstatt.

4a-e. Masken (kaschiert) für das Triadische Ballett.
Entwurf: Oskar Schlemmer; Ausführung: Carl Schlemmer.
5. Maske (kaschiert). Bühnenwerkstatt.

Entwürfe:
6a-c. Entwurf zu einem Tanztheater in Dresden.
Dipl.-Ing. Stefan Sebök.
7. Entwurf zu einer konstruktiven Raumbühne.
Alexander Schawinsky.
8. Entwürfe zum Thema Raumbühne. Kugeltheater.
Andreas Weininger.
9. Entwürfe zu Figurinen, Masken, Requisiten der Versuchsbühne. Oskar Schlemmer.
10. Entwürfe zu verschiedenen Kostümen.
Oskar Schlemmer.
11. Entwürfe zu Varietészenen.
Alexander Schawinsky.
12. Entwürfe zu Marionetten, Varieté- und Zirkusszenen.
Lou Scheper.

Schemata:
13. Partiturskizze zu einer mechanischen Exzentrik.
G. L. Moholy-Nagy.
14. Diagramm zu "Gestentanz".
Oskar Schlemmer.
15. Zeichnungen zum Thema "Mensch und Kunstfigur".
Oskar Schlemmer.

Lichtbilder:
16. Die Versuchsbühne am Bauhaus in Dessau.
17. Der Bau als Bühne. Bauhaus Dessau. Außenaufnahme.
18. Die "Brückenrevue" in Frankfurt a. Main 1926.
Gesamtszene mit Triadischem Ballett und Figuralem Kabinett von Oskar Schlemmer.

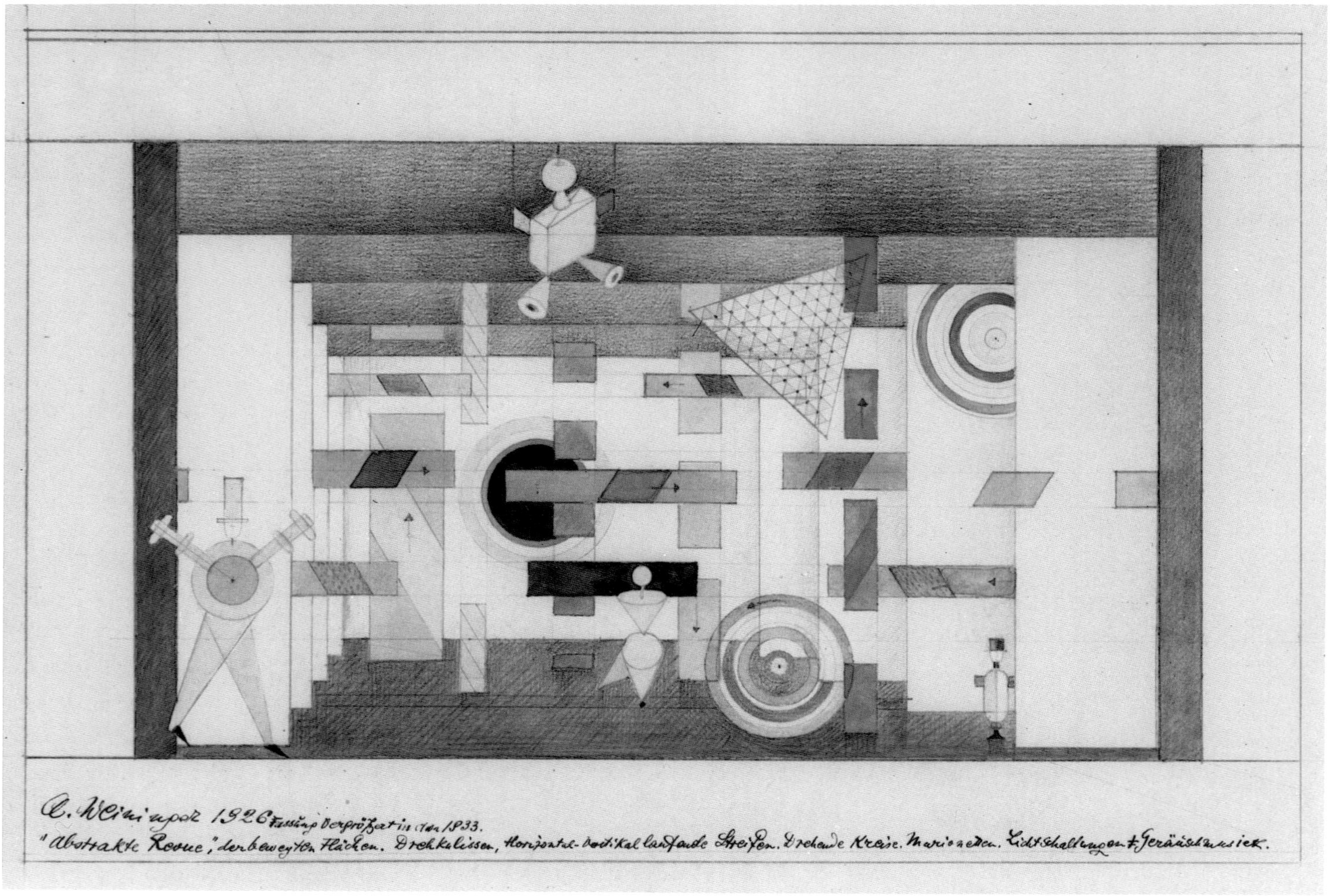

Szenographie der "Mechanischen Bühne" für eine "Abstrakte Revue". Schaubild mit Figurinen der Marionetten von Andreas Weininger, Dessau, Bauhaus, 1926. TS

19. Figurinen des Triadischen Balletts von Oskar Schlemmer (ges. gesch.).
20. Figurinen des Figuralen Kabinetts von Oskar Schlemmer (ges. gesch.).
21. Musikalischer Clown. Andreas Weininger.
Entwurf: Oskar Schlemmer, Ausführung: Bühnenwerkstatt.
22. Figur und Raum (Raumlineatur). Versuchsbühne.
23. Raumtanz. Versuchsbühne.
24. Gestentanz. Versuchsbühne.
25. Kastenpantomime. Werner Siedhoff. Versuchsbühne.
26. Kastenspiel. Versuchsbühne.
27. Equilibristik. Versuchsbühne.
28. Bewegungsstudien. Werner Siedhoff. Versuchsbühne.
29. Chorische Pantomime. Versuchsbühne.
30. Lichtspiele. Versuchsbühne.
31. Lichtpantomime. Versuchsbühne.
(Die photogr. Vergrößerungen lieferte die Firma E. Blum, Berlin, Wallstr. 31)

Malerei:
32. Bild "Tänzerin" von Oskar Schlemmer.

Reklame:
33. Plakat zu Das Triadische Ballett.
Entwurf: Oskar Schlemmer. Bauhausdruck.

Mobiliar:
34. Theatergestühl. Vernickeltes Stahlrohr mit Gurtbespannung bzw. Holzsitz und -lehne von Marcel Breuer.

Unten: Modell eines mechanisch bewegten Bühnenbildes von Wolfgang Hildebrandt, 1927. Abb. Rudolf Hatzold, P

Oben rechts: Mechanisches Bühnenmodell mit Konstruktionsschema von Heinz Loew, 1927. Abb. Rudolf Hatzold, P

Modell der Versuchsbühne am Bauhaus mit mechanisch bewegten, räumlich-plastischen Demonstrationen

Heinz Loew zu Exponat Nr. 1
"Mechanisches Bühnenmodell".
Zeigt die Grundelemente einer mechanischen Bühne mit einem Dreischienensystem (a, b, c) und zwei Drehscheiben (d) zur Bewegung von
a) gradlinig statischen Elementen
b) exzentrisch dynamischen Elementen
c) transparenten flächigen Elementen
d) konstanten plastischen Elementen
Das Zusammenspiel der einzelnen Fahrgestelle erfolgt durch eine mechanische Steuerung, welche je nach der Komposition geändert werden kann.

Zur Bühnenmechanik im allgemeinen:
Von einem falschen Gefühl geleitet, versucht man heute jeden technischen Vorgang auf der Bühne ängstlich zu verbergen. Deshalb ist für den modernen Menschen die Bühne von hinten oft das interessantere Schauspiel, zumal im Zeitalter der Technik und der Maschine. – Die meisten Bühnen verfügen über einen technischen Riesenapparat, der ungeheure Energien darstellt, von denen der Zuschauer aber keine Ahnung hat. Das Gebot der Zukunft wäre also, ein den Akteuren ebenbürtiges technisches Personal heranzubilden, das diesen Apparat unverhüllt, 'an sich', als Selbstzweck, in seiner eigentümlichen neuartigen Schönheit zur Darstellung bringt.
(bauhaus 3/1927)

1928 Essen

2. Deutscher Tänzerkongreß und Tanzfestspiele in Essen-Ruhr.

Programm

Donnerstag, 21. Juni 1928:

Abends 19 1/2 Uhr:
Städt. Opernhaus:
Festaufführung der Städt. Bühnen "Idomeneo" von W. A. Mozart.
Abends 22 Uhr: im Städt. Saalbau: Zwangloser Begrüßungsabend der Kongreßbesucher.

Freitag, 22. Juni 1928:

Vorm. 10 Uhr:
im kleinen Saal des Börsenhauses:
Vorträge und Diskussion:
Tanztheater und Theatertanz.
Einführender Vortrag: Kurt Jooß, Essen.
In der Diskussion sprechen:
1. Mary Wigman (Absoluter Tanz/Theatertanz)
2. Prof. Andrei Levinson, Paris (Das Prinzip des klassischen Bühnentanzes).
3. Rudolf v. Laban (Tanztheater).
4. Hans Brandenburg (Tanzbühne od. Bühnentanz).
5. Kapellmeister Wagner-Régeny (Tänzerische und musikalische Schriftdeutung).
6. Lasar Galpern (Der gefesselte Tanz).
7. Architekt Franz Löwitsch (Das ideale Tanztheater).

Abends 20 Uhr:
Städt. Opernhaus: Festspiele.
Ballett der Staatsoper Berlin "Der letzte Pierrot" (Terpis-Rathaus).
Ballett der Staatsoper München "Pagoden" (Kröller-Paumgartner).

Sonnabend, 23. Juni 1928:

Vorm. 9 1/2 Uhr:
im kleinen Saal des Börsenhauses: Vorträge und Diskussion: Choreologie und Tanzschrift. Einführender Vortrag: Fritz Böhme, Berlin. Zum Thema sprechen außerdem eingehend und mit Demonstrationen:
1. Rudolf v. Laban.
2. G. J. Fischer-Klamt.

Nachm. 16 Uhr:
Städt. Schauspielhaus:
Tanzaufführungen junger Tänzer.

Abends 20 Uhr:
Städt. Schauspielhaus:
Festspiele: Kammertanz.
Kammertanzbühne Laban.
Solotänze: Rosalia Chladek, Edgar Frank, Yvonne Georgi, Harald Kreutzberg, Kaußenecker, Gret Palucca, Vera Skoronel.

Sonntag, 24. Juni 1928:

Vorm. 11 1/2 Uhr:
Waldtheater (bei schlechter Witterung große Ausstellungshalle). Nationaltänze: deutsche, englische, russische, javanische, sumatranische Tänzer.

Nachm. 16 Uhr:
Städt. Schauspielhaus:
Tanzaufführungen namhafter Solotänzer und Tanzgruppen.
Programm wird bekannt gegeben.

Abends 19 Uhr:
Große Ausstellungshalle:
Lichtbilder-Vortrag
Prof. Alexei A. Sidorow, Moskau:
Die Tanzkunst im neuen Rußland.

Bereits in Magdeburg hatte man beschlossen, ein weiteres Tänzertreffen zu organisieren und für die Vorbereitung einen Ausschuß gebildet, zu dem Fritz Böhme, Ludwig Buchholz, Alfred Schlee und Kurt Jooss – derzeit Leiter der Tanzabteilung der Folkwangschule – gehörten. Dieses Gremium leistete die entscheidende Vorarbeit für das Zustandekommen des Essener Tänzerkongresses 1928, zu dem sich vom 22. bis 28. Juni mehr als eintausend Tänzer, Tanzkritiker, Tanzinteressierte aus dem In- und Ausland zu einem Gedankenaustausch einfanden und Fragen des Tanzes erörterten, die in Magdeburg zum Teil ansatzweise diskutiert wurden. Hatte der erste Tänzerkongreß durch die eher unsystematisch zusammengestellten, keinem inhaltlichen Schwerpunkt folgenden Themen und Aufführungen noch etwas Improvisatorisches, so war der zweite von vornherein einer stringenteren Planung und Konzeption unterworfen.

Einberufen wurde der Essener Kongreß vom "Deutschen Chorsänger- und Tänzerbund e.V." und der "Deutschen Tanzgemeinschaft e.V." Letztere war als Reaktion auf den Magdeburger Zusammenschluß der Tänzer im "Deutschen Chorsänger- und Tänzerbund" entstanden, dem Mary Wigman und ihre Anhängerinnen nicht bereit waren beizutreten, weil sie ihn zu stark von den Interessen Labans dominiert sahen. Wigman hatte daraufhin wenige Monate später, am 4. März 1928, eine eigene Organisation, die "Deutsche Tanzgemeinschaft e.V." unter dem Vorsitz von Felix Emmel ins Leben gerufen. Neben Mary Wigman gehörten Valeria Kratina, Jutta Klamt, Yvonne Georgi und Gret Palucca zum Vorstand. Die Vereinigung verstand sich als konsequente Vertretung des modernen Tanzes und bezog damit eine klare Gegenposition zu Laban, der sich bereits auf dem ersten Tänzerkongreß für die klassische Tanzkunst, selbst für den Spitzentanz eingesetzt und für jede tänzerische Ausdrucksform ausgesprochen hatte. Wigman interpretierte diese Toleranz als Verrat an dem modernen Tanz, der schließlich von Laban selbst begründet und von ihr zu einer künstlerischen Form entwickelt worden war. Die "Deutsche Tanzgemeinschaft", die als Verbandsorgan eine gleichnamige Zeitschrift unter der Schriftleitung von Felix Emmel herausbrachte, wollte für die Reinhaltung und die Etablierung des modernen deutschen Tanzes kämpfen. Um dem "Chorsänger- und Tänzerbund" die Organisation des zweiten Tänzerkongresses und damit die Repräsentation des Tanzgeschehens in der Öffentlichkeit nicht alleine zu überlassen, bestand Felix Emmel in einem diplomatisch formulierten Brief an Alfred Schlee vom 11.3.1928 darauf, daß die "Deutsche Tanzgemeinschaft" gleichermaßen an den Planungen und

Vorbereitungen zum Essener Tänzerkongreß beteiligt werde. Er betonte dabei, daß man sich keineswegs als Gegenorganisation zum "Chorsänger- und Tänzerbund" verstehe, da man diesen im wesentlichen als gewerkschaftliche Organisation begreife.[1] Letztlich kümmerten sich Vertreter beider Verbände gemeinsam um die Vorbereitung des Kongresses.
Gegenüber dem Magdeburger Tänzerkongreß war das Essener Symposion in jeder Beziehung hervorragend organisiert. Der Organisationsplan sah ein Essener Kongreßbüro unter der Leitung von Dr. Neurer als Zentralstelle vor, die die finanziellen Angelegenheiten, die Werbung, die Organisation und den Abschluß der Festspielverträge regelte. Sie arbeitete eng mit Fritz Böhme zusammen, der für die Bearbeitung des Vortragsprogramms zuständig war, mit Alfred Schlee und Kurt Jooss, die die Festspielverhandlungen führten und mit Ludwig Buchholz, der die Gesamtorganisation und Werbung mit der Stadt Essen koordinierte. Alle Beteiligten engagierten sich ehrenamtlich und erhielten bloß ihre Unkosten erstattet. Selbst die Referenten mußten sich mit Reisespesen zweiter Klasse und Tagegeldern für ihren Essener Aufenthalt zufrieden geben, Honorare wurden ihnen nur nach vorheriger Vereinbarung mit dem Zentralbüro und in dringend notwendigen Fällen bezahlt.

Oben: Bekannte Tänzerinnen und Tänzer in Essen 1928 zum Gruppenfoto vereint.
von links: Olga Brandt-Knack, Harald Fürstenau, Heinrich Kröller, Aurel von Milloss, Max Terpis, Martin Gleisner, Lizzie Maudrik (m. Hut), Hertha Feist (dahinter), Gertrud Snell, Sigurd Leeder, Hans Brandenburg, Hanns Niedecken-Gebhard, Berthe Trümpy, Kurt Jooss, Rudolf von Laban, ?, Ellen von Cleve-Petz, Alfred Schlee, Vera Skoronel, Fritz Böhme, Gustav Fischer-Klamt (dahinter), Manda von Kreibig.
Foto: Robertson, TS

Abends 20 Uhr:
Große Ausstellungshalle:
Festspiele: Neu-Russische Tanzkunst. – Moskauer Tanzgruppen Dubowskaja, Tschernetzkaja, Glan, Maja u. a.
Montag, 25. Juni 1928:
Vorm. 9 1/2 Uhr:
im Kruppsaal des Städt. Saalbaues:
Vorträge und Diskussion: Tanzpädagogik.
Einführender Vortrag:
Dr. Rudolf Lämmel, Dornburg.
In der Diskussion sprechen:
1. Max Terpis (Erziehung zum Tänzer).
2. Will Götze (Musikpädagogik-Tänzerische Erziehung).
3. Hanya Holm, Wigmanschule, Dresden.
4. Gret Palucca.

5. Christine Baer-Frissell, Laxenburg (Allgemein-erzieherische Grundlage einer tänzerischen Bildung).
6. Gertrud Snell, Choreographisches Institut Laban, Berlin.
7. Sigurd Leeder, Folkwangschule, Essen.
8. Käthe Wulff, Basel.
9. Berthe Trümpy.
Nachm. 16 Uhr:
Städt. Opernhaus: Studioaufführungen. Schulgruppen, Solotänzer, Tanzgruppen.
Abends 20 Uhr:
Große Ausstellungshalle: Festspiele. Mary Wigman-Gruppe: "Die Feier".
Dienstag, 26. Juni 1928:
Vorm. 9 1/2 Uhr:
im Kruppsaal des Städt. Saalbaues:
Vorträge und Diskussion: Laientanz. Einführender Vortrag: Martin Gleisner, Berlin.
In der Diskussion sprechen:
1. Berthe Trümpy.
2. Rudolf Schulz-Dornburg
3. Jenny Gertz.
4. Fritz Alexander Cohen.
Nachm. 15 1/2 Uhr:
im Kruppsaal des Städt. Saalbaues: Plenarversammlung der Kongreßteilnehmer.
Abends 20 Uhr:
Städt. Opernhaus: Festspiele: Die Neue Tanzbühne der Städt. Bühnen, Essen: "Der siegreiche Horatier" (Honegger), "Salat" (Milhaud).
Abends 22 Uhr:
Zwangloser Abschiedsabend der Kongreßteilnehmer.

Mary Wigman und Kurt Jooss beim Tänzerkongreß. Foto, AdK

Die Einnahmen des Kongresses und der Festspiele, die sich aus Teilnehmergebühren und Eintrittsgeldern für die Tanzveranstaltungen ergaben, kamen der Stadt Essen zu.
Das Vortragsprogramm konzentrierte sich auf vier Themenbereiche: Theatertanz und Tanztheater, Tanzschrift, Tanzpädagogik und Laientanz. Zu jedem Thema wurden ein Hauptreferent und ca. zehn Diskussionsredner beauftragt. Zum zentralen Streitpunkt des Kongresses wurde die Frage, wie sich der neue Tanz den Forderungen des Theaters anpassen könne und die Auseinandersetzungen darüber mündeten schließlich in einen Richtungskampf der Laban- und Wigman-Anhänger. Während Terpis und Jooss sich im Sinne Labans gegen die Forcierung eines Gegensatzes Ballett – neuer Tanz aussprachen, für eine Synthese von modernem Tanz und klassischem Ballett plädierten und die Beherrschung der klassischen Technik für den Bühnentänzer forderten, hielt Wigman in ihrem mitreißenden, von ihrer starken Persönlichkeit geprägten und fast demagogisch wirkenden Vortrag am modernen Tanz als dem in der Gegenwart einzig gültigem fest, dessen Mittel sie für das Theater angewandt wissen wollte. Hinter diesen scheinbar so unvereinbar anmutenden Standpunkten verbarg sich weniger ein kontroverser ästhetischer Streit als vielmehr der Machtanspruch Wigmans und Labans, die deutsche Tänzerschaft zu repräsentieren. Trotz hitziger Debatten suchte man, wohl aus Einsicht über die Notwendigkeit einer zumindest nach außen hin einheitlich erscheinenden Tänzerschaft, nach gemeinsamen Beschlüssen in internen Besprechungen zwischen dem "Chorsänger- und Tänzerbund" und der "Deutschen Tanzgemeinschaft". Man erzielte Einigkeit darüber, daß die Freiheit der verschiedenen künstlerischen Richtungen in keiner Weise beeinträchtigt werden sollte, daß ein gemeinsames Vorgehen beider Verbände in allen organisatorischen Fragen erforderlich sei und daß zu diesem Zweck ein paritätisch besetzter Ausschuß gebildet werden müsse. Der "Deutsche Chorsänger- und Tänzerbund" ernannte Rudolf von Laban, Eugen Friederich, Berthe Trümpy und Kurt Jooss, Lizzie Maudrik, Lina Gerzer zu seinen Vertretern und Stellvertretern, die "Deutsche Tanzgemeinschaft" Mary Wigman, Felix Emmel, Valeria Kratina und Margarete Wallmann, Gustav Fischer-Klamt und Ernst Ferand.[2] Übereinstimmung demonstrierten letztlich auch die Resolutionen des Tänzerkongresses, zu deren wichtigstem Ziel die Gleichstellung des Theatertänzers mit den übrigen am Theater arbeitenden Künstlergruppen gehörte.
Ein weiteres wichtiges Thema des Kongresses war der Laientanz, dem man eine große Bedeutung innerhalb der Entwick-

lung einer tänzerischen Kultur beimaß. Und die Tanzschrift Labans wurde, wie in der abschließenden Resolution verankert, als Notwendigkeit für die Aufzeichnung von Choreographien anerkannt. Heftige Diskussionen, die zum Teil in den alten Parteienstreit mündeten, löste noch einmal das Thema der Tanzpädagogik aus, aber man bemühte sich wieder um Einigung und erzielte sie in so formalen Dingen wie der Verlängerung der Ausbildungszeit für Tanzpädagogen und Tänzer und der wiederholten Forderung nach einer Tanz-Hochschule. Die Tanzfestspiele, das Rahmenprogramm zum Kongreß, brachten alles auf die Bühne, was der deutsche Tanz zu bieten hatte. Zu einem Höhepunkt wurde der letzte Auftritt der Tanzgruppe Mary Wigman mit "Feier". Danach mußte das Ensemble aus finanziellen Gründen aufgelöst werden, womit ein bedeutendes Kapitel deutscher Tanzgeschichte zu Ende ging. War dies bereits ein Zeichen dafür, daß der Höhepunkt der modernen Tanzentwicklung in Deutschland überschritten war? Trotz der Vielfalt der tänzerischen Erscheinungen, die auf dem Essener Kongreß noch einmal in ihrer Gesamtheit präsentiert war, wurde eine künstlerische Stagnation offensichtlich. Denn keine Neuentdeckung war zu beobachten, kein ästhetischer Neuansatz zu verzeichnen. *P.St.*

Seit 1929 erschien die Zeitschrift der von Mary Wigman gegründeten "Deutschen Tanzgemeinschaft e.V."

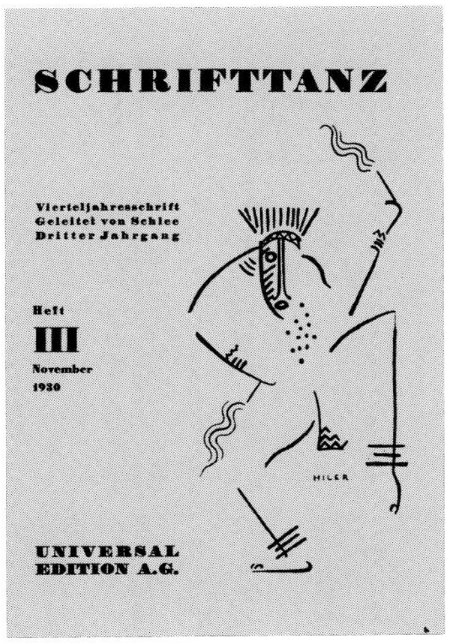

Rechts: Rudolf von Laban und Kurt Jooss beim Tänzerkongreß. Foto, DTK
Links: Die von Alfred Schlee herausgegebene Zeitschrift "Schrifttanz" erschien seit 1928.

Anmerkungen:

1) Brief von Fritz Emmel an Alfred Schlee vom 11.3.1928, Quelle: Tanzarchiv Leipzig.

2) Fritz Böhme, Der II. Deutsche Tänzerkongreß, in: Singchor und Tanz, Juli 1928, H13/14, 45. Jg., S. 184.

Nach einem Tanzabend im Rahmen des Tänzerkongresses: hintere Reihe von links: Edgar Frank, Valeria Kratina, Lucienne Lamballe, Harald Kreutzberg; vordere Reihe v. lks. Gret Palucca, Vera Skoronel, Yvonne Georgi. Foto: Robertson, DTK

Tanztheater und Theatertanz

von Kurt Jooss

Hier soll keine ästhetische Betrachtung, kein akademisches Referat über das Wesen dieser beiden Begriffe gegeben werden, die das Thema für den 1. Arbeitsvormittag des II. Deutschen Tänzerkongresses in Essen bilden. Ich will in tunlichster Kürze das sachliche Fundament zu geben versuchen, auf dem die Lösung der aktuellen praktisch-künstlerischen Fragen, die mit unserem Thema zusammenhängen, in Angriff genommen werden kann.

Zur Begriffsbildung "Theatertanz-Tanztheater" zuförderst folgendes: Es darf nicht in äußerlicher Weise so aufgefaßt werden, als ob unter Theatertanz einfach summarisch alle künstlerischen Kräfte verstanden werden sollten, die dem Verband eines Theaters angehören, während unter Tanztheater die sogenannten "Freien Gruppen" gehören würden. Dies wäre eine am Wesentlichen vorbeigehende, rein äußerliche Begriffssetzung, wie sie wohl zum Zwecke einer Berufsorganisation logisch und möglich ist, nicht aber, wo es um künstlerische Wesensfragen geht.

Gemeinsamer Inhalt beider Begriffe: es handelt sich um Schautanz; also nicht um Tanzübung, deren Sinn die Befriedigung des Ausführenden selbst ist (jede Art geselligen oder gesellschaftlichen Tanzens, zeremoniöser Tempeltanz, primitive Rauschtänze usw.), sondern lediglich um solchen Tanz, der um einer künstlerischen Wirkung willen dargeboten wird, dessen Sinn es ist, den (aus dem Vorgang nicht wegzudenkenden) Zuschauer zu beeindrucken und in einer bestimmten Weise innerlich zu ergreifen; um theatralischen Tanz also im umfassenden Sinn einer künstlerischen Schaustellung.

Hier setzen – dank der eigenartigen Entwicklung, die der Tanz, sowie unsere anderen Bühnenkünste genommen haben – einzelne künstlerische Kategorien sehr deutlich von einander ab.

Auf der einen Seite der "Absolute Tanz", Tanz an sich, auf rein tänzerische Kompositionsgesetze gestellt, meist ohne jede Handlung; höchstens wo eine solche erscheint, als völlig unwesentliches Beiwerk. – Um einen musikalischen Vergleich zu geben, kann man an ein Konzertstück, Oratorium, auch an die Form der Händel'schen Oper etwa denken. Tänzerische Beispiele mögen sein: "Chopiniana" v. Pawlowa, "Karneval" v. Fokin, "Die Rehe" (Nijinska bei Diaghilev), Labans "Narrenspiegel" und Wigmans "Feier".

Das andere Extrem zu dieser Gattung bildet der eigentliche "Theatertanz", d. h. der Tanz als Diener der anderen Bühnenkünste, des gesungenen, gesprochenen oder stummen Dramas, – Tanz in der Oper, im Schauspiel und vor allem in der Pantomime. – Hier tritt der Tanz in Erscheinung als ein Kunstmittel unter anderen Mitteln, dessen Zweck es lediglich ist, dem übergeordneten Drama im jeweiligen Punkt seiner Abwicklung sinngemäß zu dienen. Dieser Theatertanz wird natürlich immerhin seine eigenen tänzerischen Kunstgesetzlichkeiten nicht verleugnen dürfen; immerhin müssen sie völlig unauffällig bleiben zu Gunsten der aus der Szene heraus benötigten Charakteristik. Als Vergleich diene hier das Beispiel der Schauspielmusik: die Bühnenmusik von Strauß etwa zum "Bürger als Edelmann" oder die Beethoven'sche "Egmont"-Musik; in einer gewissen Weise gehören sogar Stücke wie etwa die Strauß'sche "Salome" zu dieser Gattung. Was die Musik in Stücken letzterer Art, das bedeutet der Tanz in der Pantomime, dem stummen Drama, das wir ausdrücklich unterscheiden wollen von der Gattung Tanzdrama, über die noch besonders zu reden ist. Die Pantomime hat darzustellen, den Ideen des Libretto's sinnfällige Gestalt zu geben; im Vordergrund steht der literarische Inhalt, die Handlung, die der Tanz als Kunstmittel zu tragen und möglichst charakteristisch zum Ausdruck zu bringen hat. Honneggers "Siegreiche Horatier", "Barabau" v. Rieti, "Der Dreispitz", "Der Große Krug" gehören hierher, überhaupt so gut wie alle Tanzstücke moderner Komponisten. – Vor denselben Aufgaben wie hier steht der Tanz im richtig aufgefaßten Opernballett. Sensibles Erfassen der momentanen Situation, Gestaltung im Dienst des dramatischen Augenblicks – das hat das gute Opernballett zu sein, wenn es nicht zur stillosen und banalen "Einlage" werden soll.

Die beiden oben genannten Tanzgattungen – der Absolute Tanz und der ausgesprochene Theatertanz – verbinden sich in der dritten Gattung zu einer wunderbaren Einheit: im "Tanzdrama". Das tanzdramatische Kunstwerk entsteht aus gleichzeitig wirksamen tänzerischen und dramatischen Impulsen; es ist nicht mehr erkennbar, ob tänzerisches Formgesetz oder die Erfordernisse einer sich entfaltenden Handlung den Ablauf des Werkes bestimmen: tänzerischer Wille formt das Drama, das seinerseits wieder die tänzerischen Inhalte gebiert. Auf diesem Boden scheinen die Werke des großen Noverre gewachsen zu sein, Fokin's Ballette, darunter "Schwanensee", aus dem uns als Einziges der "Sterbende Schwan" der Pawlowa erhalten blieb, Labans "Gaukelei", "Don Juan"; auch ein Werk wie Strawinskys "Petruschka" ist in seiner Idee hierher zu rechnen. Als Parallelen wären zu nennen die Musikdramen "Orpheus" v. Gluck, "Meistersinger", "Aida", "Rosenkavalier".

So sehen wir unter dem geistigen Generalnenner "Tanztheater" drei Hauptfaktoren zusammengefaßt, deren einer also der "Theatertanz" ist. Warum heben wir gerade diesen einen dem Tanzen gegenüber so besonders hervor? – Auf Grund der heutigen praktisch-künstlerischen Lage des Tanzes. Der Ort, an dem die wirtschaftlichen Möglichkeiten für den Tanz in größerem Umfang gegeben sind, ist heute beinahe einzig und allein das Operntheater, in noch bescheidenem Maße auch das Schauspiel.

Zwei große Gesichtspunkte müssen daher die heutige Tänzerwelt beschäftigen: Befriedigung der Bedürfnisse des Theaters einerseits, anderseits aber gleichzeitig unablässige Arbeit auf dem Gebiet des Absoluten Tanzes und des Tanzdramas, Dienst an der umfassenden Idee des Tanztheaters.

Hieraus entspringt die pädagogische und künstlerische Forderung: Jeder Tänzer sei ein fähiger Theatertänzer und ein Fanatiker des Tanztheaters, so wird es in Zukunft gut mit der Tanzkunst bestellt sein!

Möge es schon aus Vorliegendem erhellen, wie unsinnig es ist, zu erörtern, ob speziell für den Theatertanz "klassische" oder "moderne" Schulung zu bevorzugen sei. "Klassisch" oder "modern" ist nicht eine Frage dieses Teilgebiets, sondern Kardinalfrage des gesamten Kunsttanzes!

Schaffet auf dem Boden des Alten im Geiste und mit den Mitteln des Neuen den einigen Stil des Deutschen Tanztheaters – das sei die Losung für den Essener Tänzerkongreß!

Der neue Künstlerische Tanz und das Theater

von Mary Wigman

Der Tanz in seiner absoluten Gestaltung, d. h. ohne jeden anderen Sinngehalt als der Formung seiner ureigensten Inhalte, ist ebensowenig Bühnentanz wie die absolute Tongestaltung Bühnenmusik ist. Diese Erkenntnis ist notwendig, muß sogar Voraussetzung sein, wenn man das tänzerische Element für das Theater fruchtbar machen will. Es kann zu keinem positiven Resultat führen, wenn, wie es heute meist geschieht, junge, kaum durchgebildete Tänzer vor das wahllose Durcheinander der Bühnenaufgaben gestellt werden. Wir können

Oben: Die Tanzgruppe von Mary Wigman bei den Proben für den Ufa-Kulturfilm “Wege zu Kraft und Schönheit”, 1923, mit Mary Wigman (liegend), Berthe Trümpy (dahinter), Gret Palucca (rechts von Wigman), Tina Flade (rechts von Palucca), Guri Thorsteinsson, Annemarie Franke, Yella Schirmer, (1.,2.,3. v. rechts), Hanya Holm (1. v. lks.), Yvonne Georgi (3. v. lks.). Foto, DTK

Links: Programmheft zur Aufführung von Mary Wigmans Gruppenwerk “Die Feier”, das auch beim Tänzerkongreß in Essen aufgeführt wurde. MWG
Rechte Seite: Die Tanzgruppe Mary Wigman bei den Proben zu “Die Feier” in der Dresdner Wigman-Schule.
Foto: Charlotte Rudolph, DTK

immer wieder feststellen, daß die heutigen Tänzer, die fast ausnahmslos durch eine moderne Schulung gegangen sind, am Theater zerbrechen, nach kurzer Zeit müde werden, verflachen oder am selbsteingegangenen Kompromiß verbluten. Warum? Weder das Theater ist in der Lage, den Tänzern einen klaren Aufgabenkreis zuzuweisen, noch wissen die Tänzer selber genau, was sie ihrerseits vom Theater zu fordern haben.

Man hat aus den vielen fehlgeschlagenen Versuchen immer wieder den Schluß gezogen, der “moderne” Tanz eigne sich nicht für das Theater. Und gleichzeitig erkannt, daß auch der “klassische” Tanz, das Ballett, nicht mehr genügt.

Man hat die Stilarten vermengt, sich nach allen Seiten ein wenig orientiert und geglaubt, auf diese Weise zu einem Theatertanz zu kommen, der allen Bühnenanforderungen gerecht wird. Aber sind die Resultate befriedigend? Für den Zuschauer, der ein wenig mehr als reine Augenschau vom Tanz verlangt, gewiß nicht. Und für den jungen Tänzer, der es ehrlich meint, erst recht nicht. Es heißt das Theater und seine Wirkungsmöglichkeit unterschätzen, wenn man sich mit der augenblicklichen, tänzerischen Situation zufrieden geben wollte. Nicht den Tanz als Kunst sollte man für das Mißlingen der Reformierungsversuche verantwortlich machen, noch das Versagen einer Richtung zur Last legen. Wenn überhaupt Tanz, so kann es sich nur um den der Gegenwart handeln. Denn die Geste des Balletts ist einer vergangenen Zeitepoche allzusehr verhaftet und in ihrer Reinkultur viel zu formbestimmt, als daß sie die restlose Einordnung in das Theater der Gegenwart vertrüge. Auch der “moderne” Tanz als absolute Kunstsprache gewertet, stellt keine Lösung des Problems dar. Wohl aber lassen sich die Mittel dieses Tanzes für das Theater auswerten. Unser Theater aber braucht die tänzerische Geste genau so um des lebendigen Atems, um des frischen Blutes willen, das im Tanz der Gegenwart pulsiert. Theatertanz ist angewandte Kunst. Als solche muß er in lebendige Beziehung zu den übrigen Künsten treten. Der Oper als der reinsten Form des musikalischen Theaters entspricht auf dem Gebiete des Tanzes die Pantomime. In ihr verbindet sich Tanz mit Begriff (als Handlung), Musik und Scene zu einem theatralischen Gesamtgeschehen, gestaltet vom Gesichtspunkt des Tanzes, dem sich die übrigen Künste einzuordnen haben.
Fragen wir nach den Aufgaben, die das Theater dem Tanz heute stellt, so finden wir keine befriedigende Antwort. Die Opernhäuser beschäftigen zwar Tänzer und Tanzgruppen, wie sie sie früher auch beschäftigt haben, als Einlage, als dekorative Abwechslung, und weil die Partitur der Spieloper Tanz

vorschreibt. Die übliche Statisterie kann man selbst da, wo sie von den Tänzern verlangt wird, unmöglich als tänzerische Aufgabe ansehen. Die gelegentlich zur Aufführung gelangenden Tanzkompositionen moderner Musiker geben den Tänzern Gelegenheit zu ernsthafter Arbeit und ehrlichem Einsatz. Der verantwortliche Tanzregisseur aber steht auch einer solchen Aufgabe gehemmt und gebunden gegenüber, denn die festgelegte Musikpartitur bestimmt über das Tanzgeschehen und muß es von vornherein zu Gunsten der Musik einschränken. Viel seltener gelingt es, im Rahmen des legalen Spielplans reine Tanzkunstwerke durchsetzen, Arbeiten, die wirklich und ehrlich tänzerischen Geistes sind, vom Tanz aus erlebt, vom Tanz aus gestaltet, dem die mitbeteiligten Künste sich willig einordnen. Die eigenen Tanzabende der Einzeltänzer und Gruppen stehen fast immer außerhalb des Spielplans und sind auch nicht durchaus Theateraufgaben. Damit ist in den meisten Fällen die Angelegenheit "Theatertanz" erledigt. Ziehen wir das Fazit aus der augenblicklichen Situation, so können wir feststellen, daß der Tanz zwar am Theater, aber noch keineswegs im Theater seinen Platz hat.

Wie stellt sich nun die Situation vom jungen modernen Tänzer aus dar? In den meisten Fällen hat dieser sich während eines zwei- bis dreijährigen Studiums eine notdürftige Allgemeinausbildung verschaffen können, ist aber keineswegs für die praktische Theaterarbeit gerüstet. Die neue Umwelt und die neuen Aufgaben verwirren ihn; er verliert die Orientierung und den Zusammenhang mit dem, was bisher für ihn Tanz war. In seiner Hilflosigkeit, Unreife und Unkenntnis macht er einzig und allein das Theater verantwortlich, ohne sich zu überlegen, ob und wieweit die Schwierigkeiten auch in ihm selber liegen könnten. Er ist vom Theater enttäuscht, und von vornherein steht seine Arbeit im Zeichen einer skeptischen Resignation, die oft Jahre braucht, um sich wieder in positive Arbeitsfreudigkeit umwerten zu können. Um diese Situation vom Tänzer aus zu verstehen, müssen wir auf seinen Entwicklungsgang zurückgreifen. Niemals verfügt der Tanzbegabte von Anfang an über seinen Körper als spielfertiges Instrument. Die Aufgabe und Arbeit, die er während seiner Studienzeit zu leisten hat, heißt: seinen ausdrucksbegabten Körper zum Tanzinstrument zu wandeln und dieses selbst aufgebaute Instrument spielen zu lernen. Sich darüber hinaus zu orientieren, fehlt dem Tanzstudierenden ganz einfach die Zeit. Werden und Ausreifen einer tänzerischen Begabung ist ein langsamer Wachstumsprozeß, der fast unabhängig vom Begabungsgrad seine Zeit braucht.

Theatertanz ist nun ein Spezialgebiet, auf dem die Auseinandersetzung erst nach einer allgemeinen tänzerischen Fundierung erfolgen kann. Ohne das Erleben des absoluten Tanzes als des Tanzes an sich und um seiner selbst willen kann der Tänzer den Weg zur Spezialisierung nicht finden und nicht gehen, selbst dann nicht, wenn er sich von vornherein für das Theater als zukünftiges Wirkungsfeld entschieden hätte. Der Studiengang des heutigen Tänzers ist zu kurz. Es würde zu weit führen, neben der Auseinandersetzung mit der

ideellen Situation die materielle zu beleuchten, obwohl zugegeben werden muß, daß gerade die materielle Seite heute eine ungeheure Erschwerung jeder tänzerischen Entwicklung bedeutet. Die Erfahrungen und Erlebnisse verzweifelter, resignierter und in seltenen Fällen auch bejahender Art der jungen und jüngsten Tänzer am Theater lehren uns erkennen, wie notwendig eine über die Allgemeinausbildung hinausgehende Orientierung und Vorbereitung für den Theaterberuf ist.
Der Tänzer muß wissen, was Theater ist, ehe er zum Theater geht.
Und wir fragen uns: Sind die Bühnen in der Lage, diese Arbeit von sich aus zu leisten? Man muß diese Frage, bis auf Ausnahmen, die es hier wie überall geben wird, verneinen, wenn man sie von den Gegebenheiten des heutigen Theaters aus beleuchtet. Die Art ihrer Arbeitsbetriebe macht es den Bühnen unmöglich, gleichzeitig Auswirkungs- und Erziehungsstätte zu sein. Folglich muß dem Tänzer von einer andern Seite geholfen werden. Die Ausbildungsstätten und Schulen sind es, die über den Rahmen hinaus auch die Vorarbeit leisten müssen, die die praktische Bühnentätigkeit später vollendet. Dies ist nicht nur möglich, sondern man ist auch bereits am Werk und wird allen wirtschaftlichen Schwierigkeiten zum Trotz dem zukünftigen Bühnentänzer die Grundlagen verschaffen, die er für den Beruf braucht. Daß dies noch nicht in dem erforderlichen Maß geschah, liegt am Entwicklungsprozeß der Schulen selber. Vergessen wir nicht, daß Aufbau und Ausbau der modernen tänzerischen Berufsschulung eine Angelegenheit von wenigen Jahren ist. Daß auch an diesen Arbeitsstätten erst allmählich die Konsequenzen aus den praktischen Erfahrungen gezogen werden können. Es gilt also vor allem, dem jungen Tänzer eine Einstellung zum Theater zu vermitteln, ihm den Weg zu zeigen, auf dem er aus der einheitlichen irrealen Erlebniswelt des absoluten Tanzes in die reale und spezialisierte Gestaltungswelt des Bühnentanzes hinübergleiten kann. Es ist meine Überzeugung, daß diese Einstellung eine doppelte Orientierung erfahren muß. Auf der einen Seite heißt es, den Aufgaben des heutigen Theaters unter allen Umständen gewachsen sein und auf der andern Seite, das persönliche tänzerische Erleben, das ureigentliche Element jedes echten Tänzers, so stark in ihm zu festigen, daß er über den Tagesbedarf des Theaterbetriebes hinaus dem Tanz in sich verbunden bleibt. Nicht nur Instrument, sondern auch Gefäß.
Den Tänzern der sogenannten modernen Schule werden von Seiten ihrer Regisseure gewisse Vorwürfe gemacht, die die Konfliktsituation des Theatertanzes am besten beleuchten. So heißt es einmal: die modernen Tänzer reagieren und funktionieren nicht schnell genug, ihr langsames Verstehen hemmt die Arbeit. Warum? Sie sind gewohnt und erzogen, den Werdeprozeß eines Tanzkunstwerkes mitzuerleben und werden hilflos und unsicher, wenn man von ihnen eine oberflächliche Formnachahmung verlangt. Ist diese Einstellung ein Nachteil? Höchstens für den Regisseur, der in sich selber unsicher ist, oder aber ein Dekorateur des Tanzes anstatt ein Tänzer ist. Ich meine, daß man im Gegenteil auswerten sollte, was an Erlebniskraft in diesen jungen Tänzern steckt. Ein weiterer Vorwurf wendet sich gegen die Verschiedenartigkeit der modernen Berufsschulung, insbesondere der Technik dieser Schulung. Hier scheint mir nun ein Mißverständnis vorzuliegen, das auf mangelnder Sachkenntnis beruht. Die Basis der modernen Berufsausbildung ist trotz mannigfacher Färbung überall die gleiche. Die Verschiedenartigkeit der Leistung ist nicht bedingt durch uneinheitliche Erziehung, sondern durch die Verschiedenheit des Entwicklungsgrades, des Leistungs-Niveaus, auf dem die Tänzer stehen. Viele von ihnen haben noch nicht einmal das gymnastische Studium überwunden, wenn sie zum Theater kommen, verfügen noch gar nicht über ihren Körper im Sinne des tänzerischen Instrumentes. Und es ist weit eher eine Blamage der Regisseure, wenn sie für ihre Gruppen Tänzer engagieren, die die erforderliche Bühnenreife noch gar nicht haben. Der seltsamste Einwand wird gegen die innere Selbständigkeit des Tänzers erhoben. Freilich ist es unbequem, wenn das Instrument nicht nur einem Typus angehört, sondern auch noch seine individuelle Färbung zu äußern wünscht. Besonders dann, wenn diese Äußerung nur erst ein Stammeln ist. Unterdrückt man aber die persönliche Tanzsprache im jungen Tänzer, so wendet man sich damit gegen das Schöpferische in ihm. Warum den jungen Tänzern das Beste nehmen, was sie heute haben, das improvisatorische Moment, die eigenen Gestaltungsversuche, die sie dem Wesen des Tanzes enger verbinden als jeder diktatorische Formzwang! Wenn man Drill will, braucht man keinen Tanz. Dann soll man sich an das glänzend bewährte System der Tillergirl-Schulung halten, das unserer heutigen motorischen Einstellung in vieler Hinsicht entspricht und keinerlei Ansprüche an künstlerische Gestaltung macht. Doch hieße dieses Triumph der Marionette und Tod des Menschen und damit auch Tod des nur durch den lebendigen Menschen vermittelbaren Tanzkunstwerkes. Es ist ein Oberflächenirrtum, wenn man meint, dem Theater sei lediglich mit einem geschickten Könnertum gedient, das je nach der Aufgabe, pantomimische oder musikbestimmte Bewegungsvorgänge schnell erfaßt und rein handwerklich erledigt.

Mary Wigmans Gruppenwerk "Totentanz", 1926. Foto: August Scherl, DTK

Wir befinden uns in einem typischen Übergangsstadium, das weder durch theoretische Erkenntnis noch durch gewaltsame Maßregeln zu überwinden ist. Unserm Lebenstempo zum Trotz wird es nicht gelingen, Entwicklungs- und Wachstumsprozesse, die sich im lebendigen Menschen und nicht in mechanischen Instrumenten abspielen, treibhausartig zu beschleunigen. Es sei denn, wir wollten das Leben selber totschlagen. Das, was wir in der gegenwärtigen Situation tun können, ist: die zukünftige vorbereiten.

Und da scheint mir die Hauptsache die Erziehung und Entwicklung der Tanzregisseure sowie die Förderung der Tanzgruppen zu sein. In ihnen liegt letzten Endes die Zukunft des Bühnentanzes beschlossen.

Tatsache ist, daß heute oft ganz ungeeignete und unreife Persönlichkeiten die verantwortungsvolle Aufgabe der Tanzregie erhalten. Die Bühnen müssen von sich aus darauf bestehen, daß der zukünftige Tanzregisseur ein paar Jahre als Gruppen- und Einzeltänzer im Theater tätig ist, ehe ihm die selbständige Führung einer Tanzgruppe und die verantwortungsvolle Aufgabe der Tanzregie anvertraut wird. Ein Wahnsinn wäre es zu glauben, der Tanzregisseur müßte nicht durchaus selber tanzen können. Er muß der beste seiner Tänzer sein! Und selbst seine nur angedeutete Geste muß soviel Suggestivkraft haben, daß der tänzerische Funke überspringt. Tanz kann nur durch Tanz vermittelt werden. Über das eigene Tänzertum hinaus aber muß der Tanzregisseur Theaterregisseur sein und Theater wollen.

Es ist mir selber immer wieder begegnet, daß die Regisseure der Bühnen, an denen ich mit meiner Tanzgruppe gastiert habe, mich nach dem Geheimrezept meiner Tanzregie gefragt haben. Und wenn es dafür so etwas wie ein Rezept gäbe, so würde seine Formel lauten: Gesinnung, Bereitschaft zum Kunstwerk, Vertrauen zum Führer, Einbeziehung jedes Einzelnen in den schöpferischen Prozeß und nicht zuletzt: Geduld! – "Geduld" sollte auch das Motto sein, das über dem Arbeitsprogramm jedes heutigen Tanzregisseurs steht.

Wir Tänzer, die wir uns aus tiefster Überzeugung zum modernen Tanz als dem Ausdruck unserer Zeit bekennen, wollen vom Theater nicht nur den nebengeordneten und gleichberechtigten Bühnentanz. – Wir wollen die Eroberung des gesamten Theaters von der tänzerischen Geste aus. Dieses fast anmaßend scheinende Wollen trägt die höchste Erfüllung tänzerischen Seins und die tiefste Bescheidenheit gleichzeitig in sich. Wir geben uns nicht zufrieden mit dem ästhetischen Teilgenuß, den uns das Theater heute vermittelt. Wir wollen beteiligt werden am grandiosen Spiel und Spiegel des Lebens, das Theater in seinem letzten Sinn sein kann. Nicht nur getanztes Theater wollen wir, sondern rhythmisch-beschwingtes und beschwingendes Theater. Kunstwerk, nicht Machwerk! Daß der Weg dazu weit und mühsam ist, wissen wir. Wir wissen aber auch, daß unser Wollen kein fanatischer Traum ist. Theatergruppen wie die russisch-jüdischen haben in ihrer Art das rhythmisch-bewegte, in- und miteinander schwingende Spiel lebendiger Körper, und wir wissen, daß es gerade das tänzerische Element ist, das ihre Darstellung so stark macht.

Es sei mir gestattet, an dieser Stelle mein eigenes Glaubensbekenntnis auszusprechen. Einzig und allein vom Tanz, den man heute den modernen nennt, erwarte und fordere ich auch den Theatertanz der Zukunft. Denn dieser moderne Tanz ist auch der Tanz der jungen Generation, die die Zukunft in sich trägt. In all den vielen Hunderten von Tänzern, denen ich begegnet bin, mit denen ich gearbeitet habe, lebt die gleiche Idee, mag sie sich auch verschieden äußern. In ihnen allen ist so viel Hingabefähigkeit, soviel innere und äußere Leistungsbereitschaft. Und wenn man es versteht, diese Kräfte dem Theater nutzbar zu machen, so wird das Theater daran erstarken und sich von seinem heutigen Scheinleben wieder zum großen Lebenssymbol wandeln. In uns allen lebt ein Sinn für das Theater, ein Glaube an seine tiefe Berechtigung, die in alle Ewigkeit bestehen wird. Niemals wird es Tanz und Tänzern gelingen, das Theater von außen her zu erobern. Niemals wird ein schönes und leeres Scheintanzen sich auf die Dauer im Theater behaupten. Die tänzerische Geste muß sich dem Theatergeschehen bis in seine letzten Tiefen verwurzeln und muß bis zu den verschütteten Lebensquellen des Theaters vordringen. Nur vom schöpferischen Prozeß aus kann jene Erneuerung des Theaters gelingen, deren Erwartung wir alle in uns tragen. Ich möchte im Zusammenhang mit dem schon Gesagten noch etwas aussprechen, was vielleicht grausam und schmerzlich klingen mag, wohl aber die Wahrheit ist. Es scheint mir, als seien wir Tänzer von heute in unsern Kämpfen, im Sichdurchsetzen und Behaupten, im Versagen, Verflachen und Verbluten nichts weiter als der lebendige Dungboden für das Tanzgeschehen der Zukunft. Schicht auf Schicht muß sich übereinander lagern, bis der Boden bereitet ist, auf dem die tänzerische Geste wahrhaft blühen kann. Nehmt es auf Euch, Ihr jungen Tänzer, die Ihr Euch zum Tanz der Gegenwart bekennt, gleichzeitig Träger und Opfer einer Idee zu sein, die über Euch hinaus in die Zukunft weist.

Solotanz und Gruppentanz

von Hans Brandenburg

Das Verhältnis zwischen Solotanz und Gruppentanz ist zu wichtig und klärungsbedürftig, als daß eine Rundfrage und eine noch so große Anzahl noch so wertvoller kurzer Einzelantworten ihm Genüge leisten könnten; es verlangt nach einer gesonderten und bei aller Knappheit grundlegenden und eingehenden Betrachtung. Doch diese darf weder Theorie noch Meinungsäußerung sein, sondern muß auf Erfahrungen, Tatsachen, Gesetzen beruhen, die auf jedem Blatt der Tanzgeschichte dasselbe lehren.

Immer wieder hört man heute von jungen Mädchen, daß sie "Tänzerin werden" möchten. Dabei schwebt ihnen meist keineswegs die selbstlose Hingabe an eine bloß reproduzierende oder dienende Arbeit vor, sondern ein "eigener Tanzabend" mit Applaus und Blumen, glänzenden Kritiken, Photographien in illustrierten Zeitschriften und Tanzbüchern. Gewiß will man lernen, man will in diese und jene Schule gehen, vielleicht sogar "alle Systeme studieren", denn "Technik" muß man natürlich "haben" – aber das ist alles nur Mittel zum Zweck, zu jenem Zweck, dann endlich die eigene Eitelkeit in vollen Zügen zu befriedigen. Wenn die Pawlowa auftritt, sehen wir die kleinen Ballettratten mit glühenden Wangen dasitzen; wenn die Wigman auftritt, die kleinen Schülerinnen einer Wigman- oder Labanschule. Sie gehen alle heim vor den äußeren oder inneren Spiegel, der ihnen einflüstert, daß sie das beinahe auch schon können oder aber gar nicht zu können brauchen. Nur eine ist darunter, die sich geschlagen und zerschmettert, beschämt und ins Nichts versunken fühlt – sie ist die einzige, die vielleicht einmal eine Pawlowa oder Wigman sein wird.

Max Terpis hat auf dem vorigen Tänzerkongreß ernst und mit überzeugenden Beweisen vor dem Tänzerinnenberuf gewarnt; es ist nachzulesen in dem Sonderheft der "Tat". Man kann Tänzerin nicht werden, man kann es nur sein, hier fällt der Beruf vollkommen mit der Berufung zusammen. Und daß dem Beruf die größten Schwierigkeiten entgegenstehen, weil der stets vorhandene Glaube an die eigene Berufung von der Welt nur in den seltensten Fällen bestätigt wird, ist eine der we-

Harald Kreutzberg in seinem "Königstanz". Foto, DTK

nigen Gerechtigkeiten dieser Welt. Die billigen und rasch vergänglichen Lorbeeren, die mit einem hübschen Gesicht und hübschen Beinen geerntet werden, ändern daran nichts. Denn ich rede nicht von dieser Form bloßer Prostitution, sondern von einem Irrtum der Edleren. Dieser Irrtum leitet sich von den Beispielen der Zeit vor zwanzig Jahren her, wo wirklich Talent und Persönlichkeit genügten, um mit irgendwie, oft nur autodidaktisch, erworbenen Mitteln berechtigten Erfolg zu erringen.

Diese Beispiele dürfen nicht länger irreführen, es waren Erscheinungen, die schnell vorübergingen und schnell vorübergehen mußten, Erscheinungen einer Krisis, in der sich die Tanzkunst unter tastenden Versuchen und Anfängen erneuerte. Dabei fühlten sich jene Tänzer und Tänzerinnen eigentlich nicht einmal als Solisten, sondern sie brachten gleichsam ein noch unsichtbares Ensemble mit – deshalb folgten ihnen Tanzschulen auf dem Fuße, oder sie gründeten selber Schulen. Schon das Wort "Solotanz" ist ja eigentlich kein gegensätzlicher Begriff zum Worte "Gruppentanz" oder doch nur ein Begriff, der seinen Gegensatz in sich einbezieht, denn man kann in einer Kunst von einem "Solo" nur dann sprechen, wenn sie im Grunde auf dem "Ensemble" beruht. Darum gibt es Solotanz nur, wie es Solo-Musik gibt, nämlich als Ausnahme einer Gemeinschaftskunst, während es Solo-Dichtung oder Solo-Malerei nicht gibt.

Das alles will besagen, daß Solotanz niemals Selbstzweck sein kann. Der Solotänzer ist lediglich Reformer oder Vollender, Bahnbrecher oder Gipfel der Tanzkunst – wer aber nicht Pionier und nicht "Prominenter", nicht Anfangs- oder Höchst- oder Endspitze sein kann, kann nicht im Sinne einer solistischen Leistung, eines solistischen Zieles Tänzer werden. Ja, der wahre Solotänzer ist überhaupt nur derjenige, der Tänze schafft, einerlei, ob er sein Werk nur produziert oder auch selber reproduziert, ob er aus dem Ensemble nur als Einzelner im Geiste oder auch als Einzelner in der Ausführung herausragt. Wenn der schaffende Tänzer sein Werk einmal auf ebenso vollendete Weise wird schreiben können, wie der Dichter oder Musiker das seinige, kann er als Schöpfer und als Interpret doppelten Ruhm ernten, aber er kann sich auch mit dem Ruhm des Schöpfers begnügen. Bisher sind da die Grenzen meist verhängnisvoll verwischt: Fremdes wird als Eigenes ausgegeben, starke Erfindung muß schwache Ausführung, starke Ausführung schwache Erfindung entschuldigen usw.

Vollendete Einzeltänze hat es immer gegeben und wird es immer wieder geben – auch der Schrifttanz wird Tänze für

Oben: Harald Kreutzberg in seinem "Königstanz". Foto: Maurice Goldberg DTK
Rechte Seite: Max Terpis als Pierrot in seinem Tanzwerk "Der letzte Pierrot" an der Berliner Staatsoper, 1927. Foto: Zander & Labisch, DTK

Solisten schreiben. Jedoch in Überzahl oder in Alleinherrschaft, ganz losgelöst von der Gruppe, finden wir Einzeltänze nur am Anfang oder am Ende einer tänzerischen Entwicklung. Und ein abendfüllendes Programm eines Einzeltänzers ermüdet den Zuschauer meist fast ebenso wie den Tänzer. Die einzigen Solistinnen unserer Zeit, die nicht nur vorübergehend, sondern auf die Dauer und auf der ganzen Linie gesiegt haben, sind die Pawlowa und die Wigman. Ich nenne sie Solistinnen, auch wenn sie ein Ensemble mitbringen, denn sie taten es nicht von je: Sie siegten zunächst allein. Aber was ging diesem Siege voraus? Die Pawlowa opferte schon die Kindheit der Ensemblearbeit des Balletts, und die Wigman hat, gerade weil sie ein "Anfang" war, auch noch die schönsten Jugendjahre namenlos der Arbeit Labans, dem Versuch, dem Studium, der Schüler- und Mitschülergruppe, dem Lernen und lernenden Lehren geopfert. Sie wurden Tänzerinnen, weil sie es waren; sie wurden große Solotänzerinnen, weil sie es nicht werden wollten oder es doch wenigstens nur als letztes und höchstes Ziel vor sich sahen, als den Siegespreis selbstlos dienender Hingabe an Gruppe und Gemeinschaft.
Die allgemeine Entwicklung hat jene besonderen Entwicklungen und Schicksale nur bestätigt und bekräftigt. Denn genau wie das Ballett hat auch der neuere Tanz vom Solo der Bahnbrecher zur Gruppe geführt, und er kann, genau wie das Ballett, nur aus der Gruppenkunst weitere Solistenkunst wieder hervorbringen. Wenn einstweilen der Gruppentanz den Solotanz abgelöst hat, so geschah das nur durch die zwangsläufige Gesetzmäßigkeit des Tanzes selber – nicht durch Mode und Konjunktur, die vielmehr solcher Entwicklung durchaus entgegen waren und erst langsam, als Besiegte, nachzuhinken beginnen. Der Tanz läßt sich auf die Dauer aus dem Gesamtkomplex der Bewegungs- und Gruppenkünste, des Theaters im weitesten und wahrsten Sinne, nicht herausnehmen. Die Choreographie – Tanzschrift und Schrifttanz – wird ihn erst recht in diesem Zusammenhang neu einfügen und zurückpflanzen als in seinen bleibenden Nährboden. Und die neuen Choreographie-Bestrebungen beweisen ja ferner, daß es auf die Dauer keine andere Auseinandersetzung "moderner" Richtungen mit dem Ballett geben kann als die Fortsetzung alles europäischen Kunsttanzes auf erneuerter, erweiterter, erhöhter Grundlage.

Oben: "Die Gefangenen", eine Choreographie von Rolf Arco, Terpis-Schule Berlin. Foto: Z. Kluger, DTK
Linke Seite: Rosalia Chladek in ihrer Choreographie "Gläserne Suite", mit der sie 1932 auf dem Internationalen Choreographie-Wettbewerb in Paris den 2. Preis gewann. Foto, DTK

Oben: Der berühmte javanische Tänzer Raden Mas Jodjana gastierte in den 20er Jahren häufig in Europa und trat 1928 beim Tänzerkongreß in Essen auf.
Foto: Robertson, DTK

Das chorische Kunstwerk.

von Rudolf von Laban

Zusammenschluß. Gemeinsames Wirken, gemeinsames Schaffen. Ein Symbol unserer Zeit. Nicht nur in den ungeheueren Betrieben unserer Großstädte mit ihrer imposanten Arbeitsteilung. Auch im Fest, im Spiel, bei der Feier ist der Einzelne heute Repräsentant der Allgemeinheit, die in gleicher Bildung der Einzelnen dem großen Werk einer neuartigen Kultur zustrebt.

Man war gewöhnt, den Chor im Theater als eine Art bewegter und tönender Kulisse anzusehen, als einen Rahmen für Leistungen Einzelner, die herrisch ihre Virtuosität und oft auch nur ihre geschäftliche Tüchtigkeit zur Geltung brachten. Wir haben heute keine Freude mehr daran. Wohl mögen wir Einzelne oder Wenige ein Kunstwerk darstellen sehen, wenn dieses Werk nach Umfang und Aufbau auf die Mitwirkung von nur wenigen Menschen berechnet ist. Aber wir bauen an einer neuen Form des Theaterwerkes, das ein Symbol unseres Strebens ist, als Gleicher unter Gleichen in harmonischer Kultur zu leben.

Die alten Stücke, wo der Held für seine Atempausen murmelndes, schillerndes Volk brauchte, sind historisch vielleicht ganz interessant. Aber zu unserem Herzen, zu unserer Sehnsucht sprechen sie nicht. Ein Spiegel unseres sozialen und ideellen Wollens kann nur das chorische Kunstwerk sein.

Bisher kannte man Laienchöre, Gesangschöre, Bewegungschöre, die eine Art selbständiger Kunstgattung pflegen. Teilweise übernommen aus kirchlich-kultischer Kunstübung, besonders beim Gesangschor. Der Laientanzchor ist eine Wiedererweckung ganz früherer Kunstgemeinschaft. Bei uns war er nur mehr bei Turnfesten in kunstfremder Aufmachung üblich.

Die Theater greifen nach den Laienchören. Sie wollen in wirtschaftlich schwerer Zeit den Berufstanzchor durch solche Laienchöre ersetzen. Aus wirtschaftlichen Gründen selbstverständlich! Daß das sozial und künstlerisch ein Unding ist, wird langsam eingesehen. Warum aber keine Berufsbewegungschöre gründen? Die Hauptsache ist, daß die Bewegungskunst, der Tanz, noch immer seine ebenbürtige Pflege neben Wortkunst und Tonkunst am Theater findet. Freilich kann auch die Öffentlichkeit, das Publikum, keine Freude am Tanzwerk haben, wenn da ein/zwei Solisten auf einer Riesenbühne herumspringen. Von entfernteren Plätzen sieht man sie wie Mücken an einem großen Fenster. Von der Nähe merkt man noch etwas individualistische Eitelkeit, die niemanden interessiert. Zeigt dem Zuschauer Chorwerke, in denen er den Spiegel seiner Gemeinschaftsseele sieht, dann wird er ebensoviel Freude daran haben wie am Zusammenklang eines großen Orchesters.

Allerdings, ein gutes Orchester ist aus wirklich wertvollen Künstlern zusammengesetzt, die etwas gelernt haben, etwas leisten können und daher ein entsprechendes Entgelt für ihre Berufstätigkeit fordern. Heute gibt es hunderte von wertvollen Tanzkünstlern, die an solcher Zusammenarbeit begeistert mitwirken würden.
Aber! Gibt es Werke, die diesen Tanzchor fordern? Gewiß! Es gibt solche Werke und vor allem gibt es eine große Anzahl von Menschen, die solche Werke schaffen können. Viele Ballettmeister, Regisseure und freie Tanzleiter, eine ganze Anzahl von Dichtern und Musikern bauen schon seit Jahrzehnten, ja seit der französischen Revolution und seit noch älterer Zeit an diesem Gedanken. Unserer Zeit bleibt es vorbehalten, diesen Gedanken durchzuführen, lebendig werden zu lassen.
Zuerst waren es Laienchöre, die solches versuchten, aber es ging über die Kraft. Der Laienchor hat seine eigenen Aufgaben. Er dient mehr der Freude der miteinander Tanzenden. Der Zuschauer spielt eine sekundäre Rolle. So ist es auch beim Gesangschor. Wenn ein Gesangverein auch oft musikalisch ganz beachtliche Leistungen hervorbringt, so ist es doch kein Theaterwerk, das zur großen Masse wechselnder Zuschauer spricht. Der berufliche Singchor könnte – vor die richtigen Aufgaben gestellt – bereichert durch Bewegung, Kostüm, Farbe, Licht, eminent viel mehr hervorbringen. Besonders im theatralischen Sinn. Dem Zusammenwirken von Singchor und Tanzchor aber gehört die Zukunft des großen Theaters. Das große Theater mit einer die große Allgemeinheit ergreifenden Wirkung kann heute gar kein anderes Ziel, keine andere Aufgabe haben.
Es ist hier nicht der Ort, um die Werke aufzuzählen, die nach einer derartigen Darstellung rufen. Unser Tanzwissen ist heute soweit, daß wir derartige Werke, soweit sie vorbildlich gestaltet sind, parallel mit der Notenschrift und der Wortschrift aufschreiben können. Solange die Möglichkeit der Niederschrift des tänzerischen Teiles fehlte, war es schwieriger, diese Werke herauszubringen. Heute ist dieser Mangel behoben. Es würde nur notwendig sein, eine richtig organisierte Gruppe von etwa 50 Sängern und 50 Tänzern zusammenzubringen. Das Instrumentalorchester wäre ja jederzeit leicht zu beschaffen, soweit es nötig ist. Man würde vieles ohne Instrumentalmusik bringen können. Neue a capella-Wirkungen, Tanz mit Geräusch oder ganz stumm und andere frappante Formen sind aufgetaucht und setzen sich durch. Der geballte Wille einer solchen Künstlerschar müßte sich alle Wege ebnen und ganz Hervorragendes – ja eine Befreiung unseres Theaters – hervorbringen können!

Oben: Schüler der Terpis-Schule in Berlin. Foto: Robertson, DTK
Unten: Oskar Schlemmer mit Berthe Trümpy, Yvonne Georgi und Lizzie Maudrik (v. lks.) beim Tänzerkongreß in Essen.
Foto, DTK

Resolution

Das Ergebnis des 2. Deutschen Tänzerkongresses dokumentiert sich in zwei Resolutionen.

In der von über tausend Tänzern besuchten Plenarversammlung wurde folgende Entschließung einstimmig angenommen:

"Der Kongreß stellt mit Freude und Genugtuung fest, daß er über 1000 Teilnehmer aufzuweisen hatte, daß als allgemeines Ergebnis weiteres gemeinsames Wirken beabsichtigt ist und daß die Festspiele und überaus reichhaltigen Veranstaltungen, die in der Schlußaufführung von Mary Wigmans "Feier" gipfelten, einen Querschnitt durch die augenblickliche schöpferische Tanzwelt in Bühne, Podium und Schule brachten.

Der Tanz, der sich als selbständige Kunstgattung und als Bühnentanz zeigt, strebt nach einer Eroberung, bzw. Beeinflussung des ganzen heutigen Theaters (der Oper und des Schauspiels). Als großes Ziel bleibt bestehen die Schaffung eines eigenen Tanztheaters für tänzerische Bühnenkunst und chorische Laienkunst, mit eigenen, den Arten des Tanzes angepaßten Schauräumen.

Der Tänzerkongreß fordert von allen Theaterleitungen und Bühnenvorständen eine Anerkennung und Förderung des Theatertänzers als schaffender Künstler und seine Gleichstellung mit den übrigen am Theater wirkenden Künstlergruppen.

Der Tänzerkongreß erkennt die Wichtigkeit und Notwendigkeit einer Tanzschrift allgemein an und betrachtet die von Rudolf v. Laban geschaffene Choreographie als eine geistige Leistung ersten Ranges und empfiehlt sie als praktisches Tanznotierungsmittel. Ebenso erklärt der Kongreß, daß G. I. Vischer-Klamts Bewegungsschrift eine große Bedeutung für die wissenschaftliche Bewegungsforschung und Bewegungspädagogik besitzt.

Der Kongreß erhebt Einspruch gegen die viel zu kurze Ausbildungszeit für Tanzpädagogen und Tänzer, verlangt einen mindestens vierjährigen Studiengang bis zur Erreichung einer Diplomreife, fordert staatliche Unterstützung unbemittelter Schüler, Künstler und wertvoller Schulanstalten, wie sie anderen Kunstzweigen zuteil wird. Er ist sich einig darin, daß die Theaterpraxis und ihre Förderung unbedingt in den Ausbildungsweg des Bühnentänzers einbezogen werden. Der Kongreß richtet an die Behörden das Ersuchen, möglichst bald eine Hochschule für Tanzkunst zu schaffen. In allen Schulgattungen ist die tänzerische Gymnastik als Lehrfach einzusetzen.

Der Tänzerkongreß betont den inneren Zusammenhang zwischen den neuen tänzerischen Bestrebungen und dem Laientanz (Fest-Gestaltung durch Tanz, geselliger Tanz, Bewegungschor), fordert ständige Förderung durch die Tänzerschaft, und verlangt, daß die Ausbildung des Laientanzlehrers eine genaue Regelung und Krönung durch die Schaffung einer öffentlichen wissenschaftlich-soziologischen Forschungsstätte für Bewegung erfährt.

Der Kongreß dankt der Stadt Essen für ihre großzügige Gastfreundschaft, durch die sie diese für die Tänzer so überaus wichtige Tagung möglich gemacht hat."

Die Arbeitskommission:

Fritz Böhme, Ellen von Cleve-Petz, Dr. Felix Emmel, Lina Gerzer, Martin Gleisner, Kurt Jooss, Rudolf v. Laban, Jutta Klamt, Lizzie Maudrik, Gret Palucca, Rudolf Schulz-Dornburg, Vera Skoronel, Gertrud Snell, Max Terpis, Berthe Trümpy, Rudolf Wagner-Régeny, Margarete Wallmann, Mary Wigman, Otto Zimmermann.

In einer internen Versammlung aller Ballettmeister und Tanzleiter staatlicher und städtischer Theater der deutschsprechenden Länder wurde folgender Beschluß gefaßt:

Die erstmalig innerhalb des 2. Deutschen Tänzerkongresses zusammengeschlossenen Ballettmeister und Tanzleiter der staatlichen und städtischen Bühnen Deutschlands und Österreichs stellen in enger Zusammenarbeit folgende Hauptforderungen:

1. In der Tanzerziehung und Bühnenpraxis eine klare Unterscheidung und Trennung des Theatertanzes und des Konzerttanzes.

2. Anerkennung und Einführung einer gemeinsamen Tanzschrift. Als solche hat sich die dem Tänzerkongreß vorgeführte Tanzschrift Labans erwiesen.

3. Schaffung einer Hochschule, die ganz besonders den hohen Anforderungen des Theatertanzes in jeder Weise gerecht wird.

Julian Algo, Olga Brandt-Knack, Bourgeau, Ellen von Cleve-Petz, Gabriele Dalgren, Harald Fürstenau, Lasar Galpern, Yvonne Georgi, Lina Gerzer, Frida Holst, Sari Jankelow, Jens Keith, Manda v. Kreibig, Heinrich Kröller, Sascha Leontjew, Lizzie Maudrik, Hannah Spohr, Max Terpis, Edith Walcher, Elisabeth Horn, Josef Berdolt, Günther Heß, Edith Bielefeld, Ische Harder, Iril Gadescow, Ferry Dworak, Fritz Böttger, Liesel Pink-Pank, Prof. Gust. Neuber, Julia Téla, Addy Wilke, Erna Abendroth-Ihrke, Marta Gäbler, Gretel Hover, Kurt Becker, Willy Godlewsky, Käte Hartung, Susi Striek-Marlow, Valerie Gadard, Tilla Düring, Herbert Gargula, Toni Stein, Mia Jannanek, Alice Zickler.

Rein quantitaiv gesehen war der vom "Deutschen Tänzerbund e.V.", der "Deutschen Tanzgemeinschaft e.V." und der "Chorischen Bühne e.V." in paritätischer Vertretung seiner Mitglieder veranstaltete 3. Tänzerkongreß in München mit fast 1400 Teilnehmern aus aller Welt ein Erfolg. Doch qualitativ und ästhetisch markierte er eine endgültige Zeitenwende im Tanz. Der fehlende künstlerische Impuls wirkte geradezu erschreckend und desillusionierend. Zwar folgte eine Vielzahl junger Tänzer und Tänzerinnen den Spuren ihrer großen Vorbilder Wigman und Laban, aber meist ohne wirklich Eigenständiges hinzuzufügen. Und selbst die Protagonisten des modernen Tanzes hatten kaum etwas Neues vorzustellen. Das Festspielprogramm, zu dem eine Reihe ausländischer Ensembles eingeladen war, hatte seinen Schwerpunkt auf Gruppentanz, chorischen Tanz und Laientanz gelegt und eine Laientanzfeier, zu der Bewegungschöre aus ganz Deutschland kamen, bildete einen eigenen Programmpunkt. Im Sinne bewegungschorischer Arbeit war diese Feier nicht primär auf Schauwirkung oder künstlerische Darstellung ausgerichtet, sondern gab einen Einblick in den von Laban initiierten Laientanz, der als eine Art neuer Volkstanz verstanden wurde.
Künstlerischer Höhepunkt der gesamten Festspiele und zukunftsweisend für die Chorische Bühne überhaupt versprach die Uraufführung des "Totenmal" von Albert Talhoff in der Choreographie von Mary Wigman zu werden. Es war eine Huldigung an die im Krieg Gefallenen, konzipiert und komponiert als synthetisches Gesamtkunstwerk aus Sprechchor, tanzendem Chor, klangrhythmischem Orchester und Lichtspiel. Obwohl Mary Wigman kaum Erfahrungen in chorischer Arbeit hatte, war sie von der Idee begeistert und übernahm die Choreographie. Bruno Goldschmidt entwarf die Masken und das orchestrale Spiel der sogenannten Lichtaltäre und eigens für die Uraufführung des Werkes in München wurde ein neuartiges, kirchenähnliches Theater mit zahlreichen technischen Anlagen gebaut. Doch weder der Theaterbau noch die Inszenierung wurden rechtzeitig fertig, so daß zum Tänzerkongreß nur eine Werkprobe mit der von Wigman vollendeten Choreographie gezeigt werden konnte. Durch sein überzogenes Pathos, seinen dürftigen Inhalt, seine mangelnde dichterische Qualität, seine naiven Beleuchtungseffekte und Sprechchoreinsätze wurde das "Totenmal" zu einem totalen Mißerfolg. Alfred Schlee schrieb im Rückblick:
"Wenn wir als einziges Werk hier das 'Totenmal' herausgreifen, geschieht dies, weil es im Mittelpunkt des Kongresses und der Festspiele hätte stehen sollen, und weil auch wir, dem Zeugnis hervorragender Fachleute und nicht zuletzt der Mit-

Die Figur eines "Gefallenen Soldaten" aus Albert Talhoffs "Totenmal" in der Choreographie von Mary Wigman beim Tänzerkongreß 1930. Foto, DTK

3. Deutscher Tänzerkongress
Deutsche Tänzerwoche
München 1930

Ehrenpräsidium:
Mary Wigman, Rudolf von Laban, Fritz Böhme, Hans Brandenburg, Ernst Ferand, Konstantin Heydel, Prof. Heinrich Kröller, Dr. John Schikowski, Albert Talhoff

Tagungsprogramm:

Freitag, 20. Juni 1930
10.00: **Kongreßeröffnung und 1. Vollversammlung: "Tanz als künstlerische Formung"**
Vorträge: "Tanz in der Oper": Generalmusikdirektor Rudolf Schulz-Dornburg, Essen
"Tanz im Schauspiel": Dr. Felix Emmel, Berlin
"Tanz und Chorische Bühne": Hans Brandenburg, München
14.30: **Besprechung des Deutschen Tänzerbundes und der Deutschen Tanzgemeinschaft**
15.30: **Fortsetzung der Vollversammlung: Diskussion**

Sonnabend, 21. Juni 1930
10.00: **2. Vollversammlung "Tanz und Gemeinschaft – der Laientanz in kultureller und pädagogischer Bedeutung"**
Vorträge: Martin Gleisner, Berlin
Rudolf von Laban, Berlin
P. Friedrich Muckermann S.J., Münster

Montag, 23. Juni 1930
10.00: **3. Vollversammlung: Vortrag und Diskussion "Die soziale Aufgabe und Lage des Tänzers" von Fritz Böhme, Berlin**

Dienstag, 24. Juni 1930
9.00 – 14.00: **Kommissionsberatungen:**
9.00 – 11.30 mit Pädagogen

ZUM GEDÄCHTNIS DER GEFALLENEN IM WELTKRIEGE

TOTENMAL

EINE DRAMATISCH-CHORISCHE VISION FÜR WORT, TANZ, LICHT VON ALBERT TALHOFF

Das Totenmal hat zum Inhalt eine Gedächtnisfeier für die Gefallenen aller Völker und stellt innerhalb der Bühnenkunst eine neue symbolisch kultische Form dar, in der das Wort durch ein sprachliches Orchester und agierende Sprechfiguren, die Handlung durch tanzende Chöre und der Raum durch dramatisch bewegtes Licht zur Darstellung gelangen. Die choreographische Einstudierung sowie die solistisch tänzerische Hauptfigur übernimmt Mary Wigmann; die lichttechnischen Einrichtungen besorgt Professor Adolf Linnebach (Bayerische Staatstheater); Bühnenbild und Gesamtregie: Albert Talhoff. Die Aufführungen finden vom 25. Juni bis 1. September 1930 in der hiefür gebauten Festspielhalle im Münchener Ausstellungspark statt. Schutzherrin der Veranstaltung, die 50 Berufssprecher und Berufstänzer umfaßt, ist die Stadt München.

1600 Sitzplätze; Eintrittspreise von 3 bis 20 RM, Spieldauer 90 Minuten, Generalagentur und Verkaufsstelle: Amtliches Bayerisches Reisebüro München, Promenadeplatz 16.

Oben: Werbeprospekt für die Aufführung "Totenmal". MWG
Rechte Seite: Der Jesuitenpater Friedrich Muckermann bei seinem Tänzerkongreß-Vortrag "Tanz und Gemeinschaft". Abb., DTK

arbeiterschaft Mary Wigmans vertrauend, uns für die chorische Bühne eingesetzt hatten. Wir haben daher die Pflicht, an dieser Stelle auch festzuhalten, daß unsere Erwartungen nicht nur auf das schwerste enttäuscht wurden, sondern daß wir in dem Totenmal geradezu eine Diskreditierung der Idee des kultischen Theaters erblicken, und es aufs tiefste bedauern, daß Mary Wigman gerade nach der grandiosen 'Schwingenden Landschaft' ihre Arbeitskraft an dieses 'dilettantische Machwerk' verschwendete."[1] Mit seinem kultischen Anspruch, der dramatischen, monumentalen, feierlichen Geste, die nach Wigman ein "Symbol des Menschen darstellt, der leidend und kämpfend nicht nur in seinem eigenen Schicksal, sondern auch im Schicksal einer ganzen Gemeinschaft steht", bewegte sich das 'Totenmal' zwischen spätexpressionistischem Anspruch und präfaschistischem Gebaren.[2]
Wenig stimulierend verlief auch der Kongreß selbst. Lösten

die Vorträge in Essen 1928 kontroverse ästhetische Diskussionen aus, so boten die Referate in München meist bekannte Tatsachen und führten zu keiner konstruktiven gedanklichen Weiterarbeit, oder es wurden, wie Alfred Schlee kommentierte, alle Ansätze, die weitergeführt hätten, von der Kongreßleitung durch einen übertriebenen Bürokratismus erstickt.[3] Jooss reagierte am ersten Kongreßtag auf die Referate über Tanz in der Oper, Tanz und Schauspiel, Tanz und Chorische Bühne mit dem Einwand, daß er in allen Beiträgen die Stellung des Tänzers am Theater vermisse und plädierte dafür, künftig regelmäßig praktisch orientierte Arbeitswochen durchzuführen, in denen sich Ballettmeister und Tänzer zum Erfahrungsaustausch träfen, um nach Lösungen der entstehenden Fragen zu suchen. Diese bedenkenswerte Anregung fand kaum Beachtung und statt dessen redete man – so die Beurteilung Labans – an dem eigentlichen Thema vorbei und behandelte den Tanz nur sekundär, als Anhängsel der Oper und des Schauspiels. Der zweite Kongreßtag, der sich ausschließlich der theoretischen Erörterung des Laientanzes widmete, thematisierte Altbekanntes, allerdings mit einer bereits fragwürdigen Akzentverschiebung in der Terminologie: Wurde der Laientanz auf den beiden ersten Tänzerkongressen immer im Hinblick auf seine Einbeziehung in künstlerische Prozesse und Werke diskutiert, so betrachtete man ihn in München als wesentlichen Faktor kultureller Volksbildung. Laban warnte zwar davor, den Bewegungschor für weltanschauliche Anliegen nutzbar zu machen, stufte ihn aber selbst als neue "Volkstanzbewegung der weißen Rasse" ein. Im Bewegungschor sah er die Reinheit des ursprünglichen Bewegungstriebes verwirklicht und grenzte ihn daher von den Modetänzen ab, in denen sich der Einbruch "fremdrassiger Bewegungsgewohnheiten" ausdrücke.[4] Die ideologische Begründung für einen reinen deutschen Tanz wurde, zumindest im Ansatz, in derartigen Äußerungen vorformuliert. So wundert es nicht,

11.30 – 14.00 mit Intendanten, Spielleitern, Dirigenten
Mittwoch, 25. Juni 1930
***9.00:* Kommissionsberatungen**
***11.00:* 4. Vollversammlung: Schußversammlung**

Festspielprogramm:
Freitag, 20. Juni 1930
19.00 – 21.30 im Nationaltheater:
Festveranstaltung der Bayerischen Staatstheater
DER MANTEL
Oper in 1 Akt von G. Puccini.
Musikal. Ltg.: Alfred Lieger;
Inszenierung: Kurt Barré
MAMMON
Choreogr. Bild von Heinrich Kröller und Balasz.
Musik von E. Krenek.
Choreographie: Heinrich Kröller.
NUSSKNACKER
Tanz-Suite von Tschaikowsky
Choreographie: Heinrich Kröller.
Entwürfe für Szene und Kostüme: Leo Pasetti.
19.30 – 21.30, Wiederholung
22.00 – 24.00 in der Tonhalle
Tanzfestspiele
"Kammertanzgruppen"
Kammertanzgruppe Rosalia Chladek, Basel
a) Andächtig
(nach Musik von J. S. Bach)
b) Spielerei (nach der"Kleinen Nachtmusik" von Mozart)
Tanzgruppe Heide Woog, Mülheim a.d. Ruhr
a) Dramatische Suite in 4 Sätzen
(Musik von Walter Osterspey)
b) Nudeltrio
(Musik von Eric Satie)
Choreographie: Heide Woog
Tanzgruppe Gertrud Kraus, Wien
Aus einem Zyklus:
Ghetto-Lieder
a) Um wessen willen?
b) Wiegenlied
c) Das hohe Lied
d) Chassidischer Tanz
Tanzgruppe Manda von Kreibig, Braunschweig
Farbentänze
Choreographische Leitung: Manda von Kreibig;
Musik: Alfred Kuntzsch.
Kammertanzgruppe Jutta Klamt, Berlin
Ex profundis
Tanz-Suite in 3 Teilen von Jutta Klamt
a) Verloren
b) Erstarrt
c) Gottsuchend
Tanzstudio Wulff, Basel
Zwischen den Proben (Relâche)
Musik: Eric Satie;
Choreographie: Mariette von Meyenburg.
Sonnabend, den 21. Juni 1930
15.30 im Theater am Gärtnerplatz
"Gruppenstudio"
Männerklasse der Folkwang-Schule, Essen
Das Frauenzimmer
Choreographie: Sigurd Leeder
Tanzgruppe Josepha Stephan, Hamburg
a) Trüber Zug
b) Tanzlieder
Kammertanzbühne der Günther-Schule, München
Barbarische Suite
(für Tanz, Blockflöten und Schlagzeug-Orchester)
Treibende Rhythmen, Liedhaft, Paukentanz, Kanon, Sprungtanz.
Tanz: Maja Lex;
Musik: Gunild Keetman

Kammertanzgruppe
Corrie Hartong, Magdeburg
Lösung
Studiogruppe
Annamaija Kuoppamäki,
Hellerau-Laxenburg
Foxtrott der Kellner
(Musik von Petyrek)
Gruppe Grete Nestler, München
a) Lyrisch (Chopin)
b) Elegisch (Korsakow)
c) Dramatisch (Wilckens)
d) Grotesk (Zwischenfälle)
(Petyrek)
Kammertanzgruppe
Ellinor Tordis, Wien
a) Brahms: Variationen über ein Thema von Haydn. Thema – Andante contrapuntistico – Gracioso – Vivace
b) Fahnentanz (Rhapsodie von Brahms)
c) Rameau: Tamburin
Studiogruppe
Gertrud Wienecke, Berlin
Cohenitischer Tanz (Musik von Ellen Sachs)
Gruppe Frances Metz, München
a) Sprungstudio (nach Schubert)
b) Rondo (nach Mozart)
c) Mazurka-Intermezzo (nach Schulhoff)
Kammertanztheater Hagen,
Leitung: Günter Heß
"Die Afu zeigt"
Spiel von Günter Heß; Musik: Karlheinz Gutheim.

21.00 in der Ausstellungshalle I:
Tanzfestspiele Laientanzfeier

Vereinigung für Laientanz (Laban-Verband) e.V.
Die Folge der Tänze und Spiele: Einmarsch – festliche Linien – Reigen – Mauer – Schließen – Wage – Gesprengter Kreis – Kraft – Kinderspiel – Nacheinander – Zusammengang.
Aus dem Stegreif.
Zwischenspiel: Geräusch.
Rhythmische Variationen – Schwingendes Dreieck – Schwebend (Mädchentanz) – Gehaltene und gelöste Kraft (Männertanz) – Tor – Gegensatz – Zwang – Welle – Treten – Abmarsch.
Getanzt wird von Laien als Abschluß einer Treffwoche.
Spiele und Tänzer aus den Bewegungschören Laban in: Altona – Leitung: Lola Rogge; Berlin – Leitung: Martin Gleisner; Gera – Leitung: Ernst Laube; Halle – Leitung: Jenny Gertz und Rose Mirelmann; Hamburg – Leitung: Albrecht Knust; Mannheim – Leitung: Grete und Harry Pierenkämper.
Gesamtplan: Rudolf von Laban, Martin Gleisner, Albrecht Knust; Ordner der Feier: Albrecht Knust; Ordner der Klangbegleitung: Alexander Levitan.

Sonntag, den 22. Juni 1930
11.00 im Nationaltheater
Tanzfestspiele
Bühnentanzmatinee

Tänzergruppe 1930
Margarete Wallmann – Berlin
Orpheus Dionysos
(Uraufführung)
Tanzdramatische Handlung in vier Bildern von Felix Emmel
Musik von Chr. W. Gluck.
Choreographie und Regie: Margarete Wallmann;
Titelrolle: Ted Shawn;
Mitwirkende:
Die Tänzergruppe 1930:
Liselore Bergmann, Berlin;
Willy Borrmann, Berlin;
Dodo Brown, Berlin; Mila Ciryl, Berlin (Totenpriesterin);

daß die meisten der deutschen Tänzer und Tänzerinnen sich in ihrem Anliegen verstanden und unterstützt sahen, als die Nationalsozialisten drei Jahre später den Tanz im Sinne eines entsprechenden Gedankengutes organisierten.

Einzig Fritz Böhme nahm am dritten Kongreßtag zu einem wirklichen Kernproblem Stellung, als er sich mit klaren Fakten und weitgehenden Forderungen zur miserablen sozialen Lage der Tänzer und Tänzerinnen äußerte. Die von ihm angeführten Zahlen sprachen für sich und belegten, welchen Schwankungen und welcher Willkür die tariflich ungeregelte Besoldung der Tänzer unterworfen war. Das monatliche Einkommen eines Vortänzers bewegte sich zwischen 80 bis 350 Mark, das eines Solotänzers zwischen 150 und 500 und das eines Ballettänzers zwischen 200 und 1500 Mark und 45 freien Stellen standen 200 Bewerbungen gegenüber.[5] Daß man in der Resolution des dritten Tänzerkongresses von den staatlichen und städtischen Behörden Entgegenkommen und Einsatz für die berufliche Sicherstellung der Tänzer forderte, war daher zwingend.

Doch schien es schier unmöglich, die zunehmende Flut von Tänzern und Tänzerinnen sinnvoll zu beschäftigen, da ein sich verstärkt breit machender Dilettantismus hinzukam. Diesem konnten die Tänzerkongresse mit ihren Diskussionen und Beschlüssen zur Institutionalisierung des Tanzes, zur sinnvollen Tanzpädagogik und zu tanzkünstlerischen Fragen auch keinen Einhalt gebieten. Der von der "Deutschen Tanzgemeinschaft e.V." und dem "Deutschen Tänzerbund e.V." gemeinsam vorgelegte Entwurf einer Tanz-Hochschule war wie ein letzter Vorstoß in die Richtung einer niveauvollen Ausbildung im Berufstanz und in der Laientanzpädagogik. Wenige Jahre später, unter den Vorzeichen einer faschistischen Diktatur, sollte sich dieses Ziel verwirklichen.

Der Münchner Kongreß spiegelte die Situation des modernen Tanzes wider, der seinen künstlerischen Höhepunkt überschritten hatte und nur noch ein blasser Abgesang seiner selbst war. Zwar wurde ein neuer Kongreß geplant und zur Vorbereitung einer künftigen Tagung eine Kommission zusammengestellt, die sich um pädagogische Fragen, um Arbeitswochen für Tanzregisseure, um die Festspiele und um eine entsprechende Öffentlichkeitsarbeit kümmern sollte. Doch kam ein weiteres Tänzertreffen erst 1934 zustande, unter rigoros veränderten politischen Umständen und inhaltlichen Voraussetzungen.

P.St.

Die Grotesktänzerin Lotte Goslar. Foto, MWG

Anmerkungen:

1) Alfred Schlee, "Tänzerkongress in München", in: Schrifttanz, 3. Jg., H. 3, Nov. 1930.

2) Mary Wigman, "Wie ich zu Albert Talhoffs 'Totenmal'" stehe, in: Totenmal. Dramatisch-Chorische Vision für Wort Tanz Licht, Programmheft, München Sommer 1930.

3) Alfred Schlee, "Tänzerkongress in München", in: Schrifttanz, 3. Jg., H. 3, Nov. 1930.

4) Rudolf von Laban, Der Laientanz in kultureller und pädagogischer Bedeutung, Vortrag am 21.6.1930 in München, s. Dokument in diesem Kapitel.

5) vgl. Ernst Jros, 3. Deutscher Tänzerkongreß in München, Acht Uhr Abendblatt Berlin 28.6.1930.

Gerda Felden, Berlin; Charlotte Fiehn-Wernicke, Berlin; Gerda Gena, Berlin; Maria Grecelli, Berlin; Margrit Harnisch, Erfurt; Flores van Imhoff, Groningen; Hella Kaske, Essen; Maria Kindscher, Berlin; Louise Klöpper, Seattle U.S.A.; Else Lang, Köln; Iwa Langentels, Berlin; Jutta Lucchesi, Berlin; Sidonie Markert, Berlin; Araca Makarowa, Köln; Lisa Ney, Berlin; Toni Ottenheimer, Mannheim; Ireny Prusickiej, Polen; Gurdrun Richter, Hamburg; Hildegard Richter, Dresden; Willy Sachs, Berlin; Hanna Schäfer, Berlin; Harriet Schering, Berlin; Oskar-Leopold Schmidt, Berlin; Ted Shawn, New York (Orpheus); Erika Thimey, Berlin; Edith Türckheim, Berlin; Margarete Wallmann, Berlin (Eurydike); Hans Weidt, Berlin (Dunkler Führer); Erna Zabel, Berlin; Erni Zimmermann-Werther, Köln.

Ballett der Städtischen Oper Berlin

COPPELIA

Ballett in zwei Akten von Leo Delibes.

Choreographie und Spielleitung: Lizzie Maudrik

16.00 in der Tonhalle:

Laientanzspiele

Bewegungschöre Laban – Halle

Leitung Jenny Gertz und Rose Mirelmann

Gruppe Lucie Heyer, München

Drei Stücke aus dem Laienchortanz

"Die Elemente" von Edith Grothe

Der Tanzring, Proletarische Laiengruppe Leipzig

Leitung: Otto Zimmermann

"Achtung! Wir schalten um!"

Ein satirisches Tanzspiel.

Musik für Jazz von Hermann Heyer.

Gruppe E. Lang-Corret, München

Chorischer Laientanz

Komposition,

Chorleitung und -führung: Thus Lang, Irma Lutz,

Musik: Suite für Klavier von Hermann Herz;

19.30 – 21.30, Wiederholung

22.00 – 24.00

im Prinzregententheater

Tanzfestspiele Theatertanz

Tanzgruppe Kratina, Hellerau-Laxenburg

Militärmarsch (Schubert)

Tanzgruppe Hessisches Landestheater Darmstadt

Leitung: Cläre Eckstein

Soirée

Tanzpantomime aus dem zweiten französischen Kaiserreich

Choreographie und Regie: Cläre Eckstein,

Musik: Erwin Schulhoff

Tanzgruppe Kratina (Hellerau-Laxenburg)

Festlicher Marsch

Musik von Egon Wellesz

Tanzgruppe des Stadttheaters Düsseldorf

Suite I und II

für kleines Orchester und Tanz von Igor Strawinsky

Choreographie und Regie: Ruth Loeser

a) Andante b) Napolitana c) Espanola d) Balalaika e) Marche f) Walzerg) Polka h) Galopp

Folkwang-Tanzbühne-Essen

GAUKELEI

Tanzballade von Rudolf von Laban

Neufassung von Rudolf von Laban und Kurt Jooss.
Musik von F. A. Cohen;
Regie: Kurt Jooss
In der Nachtvorstellung findet das Programm in umgekehrter Reihenfolge statt.
Montag, den 23. Juni 1930
15.30 im Theater am Gärtnerplatz
Operntanzstudio
Tanzgruppe des Hamburger Stadttheaters
Leitung und Choreographie: Olga Brandt-Knack
Tänze aus: Samson und Dalila, Manon, Zar und Zimmermann, Carmen.
Ballett der Bayerischen Staatstheater München
Leitung und Choreographie: Heinrich Kröller
wechselnd mit
Tanzgruppe vom Badischen Landestheater Karlsruhe
Leitung: Harald Josef Fürstenau
Tänze aus: Carmen, Stumme von Portici, Figaros Hochzeit, Fandango, Jahrmarkt von Sorotschinsk, Akrobatischer Spitzentanz, Aida.
19.30 – 21.30, Wiederholung
22.00 – 24.00
im Prinzregententheater
Tanzfestspiele freie Tanzgruppen
Tanzgruppe Kratina (Hellerau-Laxenburg)
DAS ANDERE UFER
von Valeria Kratina
a) Traumspiel
(Musik von Arthur Kleiner)
b) Epilog
(Musik von Tschernokoff)
Palucca und Gruppe (Dresden)
a) Leidenschaftlich
b) Drei Melodien
c) Vier Duette nach ungarischen

"Die Ergreifung des Bettlers", eine Szene aus Labans Tanzballade "Gaukelei", Labanschule Hertha Feist. Foto, DTK

Der Laientanz in kultureller und pädagogischer Bedeutung

von Rudolf von Laban

Es ist bezeichnend für den Laienbewegungschor, daß er spontan aus dem Leben eines Laienkreises entstanden ist. Das ist ein absolut neuer Zug im Vergleich zu den übrigen Körperpflege- und Gymnastik-Bestrebungen unserer Zeit. Als Wesentlichstes ist charakteristisch, daß die körperbildende Tendenz sekundär war und statt dessen eine Gesamterhöhung des Menschen stattfand, die geistige und seelische Momente aufwies. In dieser Hinsicht lassen sich reiche Parallelen zum Volkstanz der früheren Zeiten finden. Man muß den Laienbewegungschor aber wohl zu unterscheiden wissen vom künstlerischen Tanz, der in seiner Reinheit Darstellung im Werk sucht, während der Laienchortänzer ein Sich-Erfreuen ohne Rücksichtnahme auf einen Zuschauer erstrebt.

Im Laufe der letzten Jahre sind nun viele hunderte Bewegungschöre dieser Art entstanden; auch im Ausland ahmt man sie nach. Man sieht in ihnen die ersten Keime eines neuen, europäischen Volkstanzes. In Amerika findet man übrigens ähnliche Tendenzen, so daß man die Laienbewegungschor-Bestrebungen für die neue Volkstanz-Bewegung der weißen Rasse ansehen kann.

Sehr interessant ist es nun, daß die beiden mächtigen, praktischen Kulturfaktoren, die religiös-weltanschauliche Strömung der Zeit und die politisch-soziale Strömung der Zeit sich vehement dieser Art des menschlichen Kunsttriebes bemächtigt haben. Heute sind besonders politisch-sozialistische Feiern fast durchweg mit Vorführungen von Bewegungschören verbunden, von den religiös-weltanschaulichen Kreisen ist nur ein Teil, und zwar nicht die an die Tradition gebundenen Kirchengemeinschaften, sondern die Schar der Suchenden daran beteiligt, obwohl auch die Kirche für diese Kunstart Interesse zeigt. In diesem Zusammenhange muß man auf eine Gefahr hinweisen: wie früher die sozialen oder geistig-kulturellen Mächte, die Kirche und die Höfe, sich der freien Kunst bedient haben und auf diese Weise eine Blüte der Malerei, Architektur, Skulptur usw. hervorriefen, so besteht auch heute die Tendenz, diesen volkstümlichen Kunst- und Bewegungstrieb zu einer Kunstart im Dienste dieser Mächte auszubauen. Dabei ist aber zu bedenken, daß der bewegungschorische Laientanz keine freie Kunst ist, sondern eher einer feierlichen Erhebung oder einem geselligen Zeremoniell gleicht. Diesem Mißverständnis ist es zuzuschreiben, daß bewegungschorische Darbietungen sehr oft fälschlich als Werke der freien Kunst angesehen und bewertet werden, was sehr leicht die Unbefangenheit und den inneren Sinn für die Mitwirkenden verfälscht. Man muß sich vorstellen, – wenn etwa ein serbischer Kolo oder eine indische Kulthandlung dauernd bühnenmäßig ausgewertet und kritisiert werden würde, wie wenig da noch der ursprüngliche mystische und gesellige Sinn zur Geltung kommen könnte. Es treten sofort Faktoren des Effekts und der Schauerotik auf, zu denen die Mitwirkenden gar nicht die Voraussetzungen besitzen. Indem sie sich in die für sie falschen Voraussetzungen hineinquälen, verlieren sie jene primitive Hingegebenheit, die einzig und allein auch den Zuschauer, den man Mitschauer nennen sollte, erfreut und erhebt, und es entsteht eine falsche Kunst, die als gänzlich wertlos mit Recht dem Untergang geweiht ist. Dieser an sich zarte Keim eines sehr schönen Volkskunsttriebes muß vor dieser Gefahr bewahrt bleiben, und es ist hierbei besonders an die weltanschaulichen und politischen Kreise, die diese Bewegung als Zweckkunst verwenden, die Mahnung zu richten, dem eigentlichen Kern der Sache gerecht zu bleiben und nicht in übertriebenem Propagandabedürfnis seelisch kaum noch Aufgeblühtes auf den Markt ihrer Leidenschaften zu werfen.

Selbverständlich ist auch in den Kreisen, die diese Volkskunst als eine neue Offenbarung begeistert verfechten, manchmal der übertriebene Wunsch sichtbar, der zwangsweise langsamen Entwicklung vorzugreifen und durch kunsthafte Mätzchen eine racher Geltung zu verschaffen. An diese Men-

Die Choreographin Claire Eckstein und der amerikanische Tänzer Edwin Denby vom Hessischen Landestheater Darmstadt. Foto: Robertson, DTK

Unten: Claire Eckstein und Edgar von Pelchrzim in "Le boeuf sur le toît", Hessisches Landestheater Darmstadt. Foto, DTK

Tänzen von Brahms
Leicht – schwer – ruhig – lebhaft
d) Leichter Rhythmus
e) Pavane (Trio)
f) Allegretto (Duett)
g) Tanzrhythmen II
Tanzgruppe Vera Skoronel
Tanz der Gegenpole
Erste Komposition zu einem Zyklus
Musik: Heynssen-Tscherepnin
Kaleidoskop
Tänzerisches Bühnenspiel in zwei Teilen
I. Teil: Klare Folge
Bizarre Fünfheit – Bagatelle – Zartes Formenspiel – Variation – Überleitung Raumtanz – Zwischenspiel – Harmonischer Ausklang.
II. Teil: Schillerndes Spiel
Bizarr – Variation und Nachklang – Komödiantentrio – Gehämmerte Rhythmen – Vielstrahlig – Auftakt und Finale.
Musik: Nach Eric Satie;
In der Nachtvorstellung findet das Programm in umgekehrter Reihenfolge statt.
19.30 in der Festspielhalle VII:
Auf besonderes Verlangen des "Paritätischen Ausschusses der Deutschen Tänzerschaft":
Werkprobe von Albert Talhoffs
TOTENMAL
Leitung der Choreographie und solistisch-tänzerische Hauptfigur: Mary Wigmann
Dienstag, den 24. Juni 1930
15.30 in der Tonhalle:
JUNGE TÄNZER
Alfred Bauhaus, Julia Markus, Trude Godwin, Maxim Bosse, Annamaija Kuoppamäki, Gustav Wieandt, Lotte Goslar, Edwin Denby,

Laurette Hrdinová, Pino u. Pia Mlakar, Antonia Pavlovska, Minnie Schniering, Bertie Rieser, Willi Schulte-Vogelheim, Manon Chaufour, Hella Kaske, Trude Pohl, Monika Vediga, Liselotte Felger, Fred Coleman mit Erna Rechenberg, Gerda Felden, Elfriede Hein, Ilse Schack, Ellinor Bahrdt, Irja Hagfors, Tadgiu Ramelo, Hanne-Lore Kern, Iva Langentels, Friedl Lohmann, Lotte Dornig, Linnie Ferrik, Annemarie Franke, Tadgiu Ramelo, Erika Lindner.

Mittwoch, den 25. Juni 1930
15.30 im
Theater am Gärtnerplatz:
Gastaufführung ausländischer Tänzer

Tanzgruppe Olga Szentpál, Budapest
DAS LAMM GOTTES
Tanzspiel nach einem siebenbürgischen Volksballadenmotiv von Olga Szentpál.
Musik: Bartók, siebenbürgische Volksweisen.

Florrie Rodrigo, Amsterdam
Grubenarbeiter (Suk)
Kosakenlied (bearbeitet von Schuurmann)

Darja Collin
Zwei ukrainische Volkslieder: Kranich, Tanzlied
Slavischer Tanz Nr. 2 (Dvorak)

Gertrud Leistikow, Loosdrecht (Holland)
a) Zwei chilenische Volkstänze (Humberto Allende)
b) Andante, Walzer, Polka (Igor Strawinsky)
c) Tanz (Erik Satie)
d) Tanz (E. Albenitz)

Oben: Der amerikanische Solotänzer Ted Shawn auf dem Titelbild des Programmheftes zu Margarete Wallmanns Choreographie "Orpheus Dionysos". MWG

Unten: Die Kammertanzgruppe Jutta Klamt mit dem Tanzwerk "Ex profundis" von Jutta Klamt. Foto: DTK

schen, die sich beruflich damit befassen, ist besonders die Mahnung zu richten, daß sie in Geduld die verschiedenen Zweige dieser jungen Pflanze in reiner, frischer Entwicklung erhalten sollen. Wenn man nur das eine Gebiet, den Tanz in der Erziehung, herausgreift, so sieht man heute schon so viele Möglichkeiten und Begabungen am Werke, daß eine jede aus individueller Überheblichkeit stammende Beschleunigung sinnwidrig wirkt.

Wir haben auf diesem Sondergebiet den Tanz, der neben Turnen und Gymnastik als rhythmisches Können in der Schule gepflegt werden kann und auch schon gepflegt wird (z. B. in Ungarn), dann jene tänzerische Gymnastik, die heute als Körperbildung und Sportersatz für die weibliche Jugend besonders gepriesen wird. Etwas ganz anderes wieder ist die Übermittlung von pädagogischen Einsichten und Kenntnissen durch Spiel und tänzerische Formung, wobei der ganze Unterricht auf dem bewegten Menschen aufgebaut wird. Und dann haben wir eine allgemeine gesundheitliche Förderung des ganzen Menschen etwa bei geistig zurückgebliebenen Kindern erlebt, was wieder eine ganz eigene Abart dieser Bewegungspädagogik darstellt.

Bisher war nur von den erzieherischen Wirksamkeiten des Tanzes die Rede. Das Gleiche ließe sich sagen auch von geselligen, kulturellen und sozialen Formen, die mehr für Erwachsene in Betracht kommen. Auch hier werden einmal mehr erzieherische Gesichtspunkte im Vordergrund stehen, zum andern wieder das Fest, also die gesellige Erfreuung, und die Feier, die eine Hinleitung des Individuums ins Überpersönliche bedeutet. Sowohl Zweckerziehung wie Fest und Feier können wieder dem rhythmischen Empfinden an sich dienen oder als Zweckkunst im obengeschilderten Sinne bestehenden oder entstehenden kulturellen und sozialen Einrichtungen Ausdruck geben. Immer aber bleiben ganz bestimmte Formen die Grundlage dieser Abarten, und da ist festzustellen, daß im Gegensatz zum früheren Volkstanz, der heute leider überall schon ganz im Verschwinden ist, die weiße Rasse sich auf eine ihr eigentümliche Tanzeinstellung zu besinnen beginnt, die in wechselnder Welle einmal das räumlich Formale des Tanzes, einmal das rhythmisch Dynamische und einmal wieder das Mimische heraushebt.

Für die Reinheit dieses ursprünglichen Triebes zeugt, daß er sich, für jeden Laien erkennbar, von den Modetänzen unterscheidet, die einen Einbruch fremdrassiger Bewegungsgewohnheiten in ein rhythmus-müdes Geschlecht bedeuten. Die meisten einsichtigen Gesellschafts-Tanzlehrer empfinden diese Strömung des neuen Laientanzes auch klar und begeistert, weil sie der ganzen Entwicklung mit einem gesunden tänzerischen Empfinden gegenüberstehen. Volkstanzkreise, die nicht ausschließlich in eigentlich tanzfremden, parteinationalen Tendenzen untergehen, suchen den gleichen neuen Weg, der sich im Laientanz unserer Tage anbahnt.

Wenn beim 3. Deutschen Tänzerkongreß die Veranstaltung eines eigenen Laientanztages gewünscht und durchgeführt wurde, so ist das ein Symptom dafür, daß auch wir Tänzer eine Klärung, besonders aber eine scharfe Trennung zwischen Laientanz und künstlerischem Tanz für notwendig halten.

Der Laientanz in der Arbeiterbewegung

von Martin Gleisner

Wenn man heute der Verwirklichung der Laientanzidee nachgeht, ihr Eindringen in nicht in erster Linie tänzerisch interessierte Kreise verfolgt, so sieht man in den Bestrebungen der Arbeiterbewegung um eine neue Festgestaltung immer wieder einen breiten Wirkungsraum für neue große Volksreigen und für Bewegungschöre. Neben der intensiven Pflege in den Tanzschulen, die von sich aus um die Verbreitung des Laientanzes unter größten Opfern bemüht sind, neben den Tanzkreisen der Volkshochschulen erkennt die Arbeiterjugend- und Erziehungs-Bewegung den körperlichen Ausdruck als wichtige Kraft ihres Gestaltungswillens. Sowohl im Sinne des erzieherischen Spiels als der ausgleichenden Entspannung und der festlichen Erhebung. Schon diese Feststellung zeigt das Unbegründete der Befürchtung, durch diese Verknüpfung mit Sozial-Politischem müsse die Tanzkunst zu Niedrig-Tendenziösem mißbraucht werden. Im allgemeinen ist das Streben und die Bemühung gerade dieser bildungshungrigen Kreise durchaus ernsthaft und verantwortungsbewußt. Gelegentliches Absinken ins Dilettantische kommt vor, ist aber bei allen Laienkunstbestrebungen kaum ganz vermeidbar. Meist herrscht die Haltung, die jeder Volkserzieher sich wünscht. Ist oft der Ausgangspunkt nicht Kunst, sondern Werbewille, so ist in der Jugend, die diese Massentänze und -Aufzüge ausführt, eine Begeisterung lebendig, die alles heiligt und die Stimmung echter Volkskunst und Erhebung schafft.

Immer mehr lebt der festliche Tanzgedanke auf den großen Zusammenkünften der sozialistischen Arbeiter, auf den grossen Jugendtagen in aller Welt. Chöre, wenn auch erst kurz gebildet, von mehreren hundert Menschen vermitteln mit einfachsten Bewegungen ungeahnt neuartige Eindrücke. In den Zeltlagern der Kinderfreunde tanzen vier Wochen hindurch Tausende von Kindern täglich. So ist ein großer Strom der

"Nee, Walzer tanzen wir nicht, wir ha'm bloß uff Dämon'sch jelernt!" Karikatur von Th. Th. Heine aus dem "Simplicissimus" mit dem Titel "Interview vom Tänzerkongreß". Abb., DTK

Unten: Der Solotänzer des Berliner Städtischen Opernballetts Jens Keith in "Coppelia", choreographiert von Lizzie Maudrik. Foto: Robertson, TS

Elisabeth van der Vies, Amsterdam
Die Tänze der Prinzessin (Tango, Walzer, Rag-time aus: Strawinsky: "Geschichte vom Soldaten")
Ernestine Day, New York
Glök-Sandor, New York
a) Sea gull
b) Mask and two hands
c) Sin
Felicia Sorel, New York
a) Sullaby
b) Shadows
Hans Wiener, New York
Dramatischer Tanz (Musik von Wilckens)
Ottilie Foy und Hans Wiener, New York
Burleske (Musik von Krenek)
Gruppe Maga Magacinovic, Belgrad
Serbische Tanzsuite (Musik: Volksweisen)
Ira Prusicka, Polen
a) Orient-Motiv
b) Polnischer Tanz
Mila Ciryl, Moskau
Russisches Fragment
Maja Dimowa, Bulgarien
Grotesker Marsch
Tanzgruppe Milca Mayerová, Prag
a) ein Bild aus dem Tanzdrama "Armide und Rinaldo" von Noverre (Musik v. J. J. Rudolf)
b) Solotanz, Danse bizarre (Musik v. C. Debussy)
c) Kammertänze: Trois danses burlesques
Abschiedsabend mit bayerischen Volkstänzen

Bewegungsfreude ins breite Leben gedrungen. Anstatt bedenklich zu sein, sollte man sich darüber als über ein Zeichen der kulturellen Höherentwicklung der breiten, arbeitenden Massen freuen. Als ein Zeichen ihrer tiefen Sehnsüchte und eines tiefen Glaubens, der in ihnen lebt und neue Formen sucht. Freuen wir uns, daß die dritte Sprache des Menschen, die wir Tanz nennen, auch diese Inhalte aussprechen kann.

Die soziale Aufgabe und Lage der Tänzer

von Fritz Böhme

Es handelt sich hierbei um die für die Tänzerschaft wichtige Frage des Lebens und Daseinsraumes, die ebenso Kulturfrage wie wirtschaftliche Angelegenheit ist. Unter Lebens- und Berufsmöglichkeit ist nicht nur errechenbare, materielle Existenz zu verstehen, sondern auch die geistige Seite des Lebens, das Schaffen und Verwirklichen von Idealen. Es ist kein Zweifel, daß der Tanz in der heutigen Kultur noch nicht an dem seiner Bedeutung entsprechenden Platze steht.

Seit etwa 1900 ringen die Tänzer um eine Erweiterung ihres Berufsgebiets. Neben den Theater-Tänzer, der bis dahin alleinigen Berufskategorie, tauchte der Beruf des freien Tänzers auf (Podium-Tänzer). Nach kurzem Erfolg ist es heute so gut wie sicher, daß sich diese neue Berufskategorie nicht durchgesetzt hat und auch in der nahen Zukunft dafür keine Aussicht besteht. Der nächste Versuch brachte den Beruf des Tanzschulleiters oder Tanzpädagogen, der sich als Kategorie zwar durchsetzte, in der Gegenwart aber durch Überangebot gefährdet ist. Die beiden Ziele – künstlerische Ausbildung von Berufstänzern, bzw. Tanzpädagogen und die Erweckung eines neuen tänzerischen Bewegungsempfindens in Laien – wurden durch den Andrang zu den Schulen gerechtfertigt. Ein weiterer Versuch, auf dieser schulischen Grundlage den Berufsradius zu erweitern, die Schaffung von Tanzgruppen und von besonders volkserzieherisch gebildeten Pädagogen, den Laienbewegungs-Chorführern als Berufskategorien, hat sich wirtschaftlich noch nicht durchgesetzt. Die Tanzgruppe hat sich nur in seltenen Fällen als rentabel erwiesen. Als einzige feste, neue Berufsklasse steht also der Tanzpädagoge da. Sein Weg muß aber abbrechen, wenn er sich nicht sichere Absatzgebiete für seine Produktion erschließt. Deshalb griffen die Tanzpädagogen auf die bisherige einzige Kategorie, den Theatertanz, wieder zurück und strebten danach, ihre fertigen Schüler dort unterzubringen. Als größte Schwierigkeit stellte sich da entgegen, daß diese Schüler mehr zu freien Schaffen, als zum zweckgebundenen Arbeiten, wie es das Theater verlangt erzogen waren.

Aus diesem allen gehen als Aufgaben für den Tanz hervor: Da die ganze tänzerische Bewegung der letzten Jahrzehnte offenbar im Rahmen einer beginnenden umfassenden Kulturbewegung steht, darf sie nicht ablassen, immer von neuen trotz aller Fehlschläge, nach Klarheit und Einbau in die soziale Struktur zu ringen. Das Theater in seiner bestehenden Gestalt darf nicht negiert werden, nach der Herausarbeitung einer allgemein verbindlichen Technik und einem geregelten, auch geistig – kulturelle Werte betonenden Unterrichtsaufbau muß gestrebt und alle Neuansätze, den Berufsradius des Tänzers auf dem Theater oder außerhalb desselben zu vergrössern, müssen als Zielpunkte zur Schaffung von neuem Lebensraum für den Tänzer angesehen werden. Dazu gehört aber als erstes, daß sich die Tänzer alle als ein Stand ansehen, Standesgefühl haben und pflegen und daß die Tanzpädagogen sich immer bewußt sind, daß sie einer Sache dienen. An die Behörden ist erneut der Wunsch zu richten, daß sie sich die Pflege und Unterstützung der Tänzer angelegen sein lassen mögen, besonders auch des Kinder- und Laienchortanzes als eine Vorbereitung zur Schaffung einer Festkultur, und dass sie Tanzpädagogen und Laienchorführer durch Einordnung in die Struktur der öffentlichen Erziehung als Beruf anerkennen, stützen und fördern.

Tanz und Schauspiel

von Felix Emmel

Auf mancherlei Weise kann der Tanz zu dem Schauspiel in Beziehung treten. Nie jedoch als Einlage, als Einschaltung, wie bei der Oper, sondern immer nur als Handlungsbestandteil. Die Tänze aus dem "Sommernachtstraum" sind nichts an und für sich, sind nicht loslösbar von der Handlung selbst. Und man denke daran, wie tief etwa der Tanz der Wilde'schen Salome in die Handlung eingebettet ist. Hier wird – ebenso wie in den griechischen Chören und den mittelalterlichen "Totentänzen" oder auch in der commedia dell 'arte der Tanz oft geradezu zum zentralen Stück der Gesamthandlung. Darüber hinaus hat sich die reine Schauspielpantomime gebildet, wie sie Reinhardt in "Sumurun" und in "Mirakel" inszeniert hat. Von jeher wurden einzelne Teile von Dramen als Pantomimen gespielt, wie noch heute in Oberammergau Abendmahl und Fußwaschung. Aber selbst wo solche Teilpantomimen fehlen, bleiben zwei Dinge immer noch unentbehrlich für die Schauspielbühne: Das sog. "Stumme Spiel" und das Bewegen zum Wort, oder besser das Bewegen mit dem Worte. Bewegung also, und zwar künstlerische Bewegung gehört zum unablösbaren Bestandteil der Schauspiel-

Mila Ciryl in ihrem Solotanz "Russisches Fragment". Foto: Robertson, TS kunst. Deshalb muß die Bewegung teilhaben an der Entwicklung der Schauspielbühne und darf nicht als Stiefkind behandelt werden. Denn es muß gesagt werden, noch hat die deutsche Schauspielbühne – im Gegensatz zu Tairoff, Meyerhold, Granovsky, Habima – nicht an eine entscheidende Umgestaltung aus dem Geiste der Bewegung gedacht, so sehr sie im einzelnen Anregungen aufnahm. Noch möchte sie die Bewegung von außen in das Schauspiel hineintragen. Ähnlich wie auch Meyerhold große Schwungräder auf die Bühne stellte, die entsprechend den Leidenschaften und der Handlung ihre Umdrehungszahlen änderten, und je nachdem rasten oder langsam liefen. So versuchte besonders Piscator durch Einbeziehung des Films der Bühne neuen Bewegungszuwachs zu geben.

Solche Versuche beweisen nur das vorliegende Bedürfnis, der Schauspielbühne neue Bewegung zuzuführen. Dennoch war ihr Ergebnis in Deutschland bisher fast gleich Null. Denn die Bewegung darf nicht von außen aufgesetzt werden, sie muß von innen kommen, aus dem Drama selbst, nicht aus Dekorationen, technischem Apparat, Beleuchtung, Film, und Gott weiß was sonst noch, sondern aus den menschlichen Körpern, die das Drama agieren, die zum Ausdruck werden der Bewegungsenergie des Dramas selbst. Gerade das aber, was der Schauspielbühne noch fehlt, das Bewegtwerden von innen nach außen, die dramatische Bewegtheit von Menschenkörpern, das hat der neue künstlerische Tanz in Deutschland bereits vollzogen. Insofern könnte die Schauspielbühne gerade in diesem Punkte vom künstlerischen Tanz her eine tiefe Befruchtung erfahren, wenn sie es will. Nicht als ob alle Schauspieler jetzt plötzlich in der Weise des neuen künstlerischen Tanzes anheben sollten zu spielen, nicht der Schauspieltänzer ist Forderung der Zeit, sondern der tänzerische Schauspieler. Die tänzerische Körperbildung muß in die schauspielerische Ausbildung hineingenommen werden. Der Schauspieler muß lernen, sich mit dem ganzen Körper vollkommen aus einer Gestaltvorstellung heraus zu bewegen.

Der dramatische Dichter muß lernen, nicht nur Wortdramen zu konzipieren, sondern die Bewegungsvision eines Dramas mitzudichten. Der Wort- und Bewegungsregisseur muß kommen, der nicht nur die Bewegungen in Wortpausen notdürftig hineinflickt, sondern Gesamtraum und Bewegung eines dichterischen Kunstwerkes in sich hat. Kommen muß vor allem der Abbau von Statisterie und Komparserie zu Gunsten eines tänzerischen Bewegungschors.

Tanz-Hochschule

Entwurf der Verbände

Gemeinsames Exposée des Deutschen Tänzerbundes E. V. und der Deutschen Tanzgemeinschaft E. V.

Zielsetzung.

Der neue künstlerische Tanz in Deutschland ist von Öffentlichkeit und Kritik einmütig als wesentlicher Kulturfaktor anerkannt. Gleichberechtigt neben Musik und darstellende Kunst tretend, braucht er als höchste Fortbildungsstätte nunmehr die Tanz-Hochschule, die von der Tänzerschaft seit Jahrzehnten angestrebt wird. Die Hochschule muß eine zentrale Fortbildungsstätte für Kunsttanz und Bewegungswissenschaft, für Berufstanz- und Laientanzpädagogik sein. Ihre Aufgabe besteht darin, bereits fortgeschrittenen Schülern praktisch und theoretisch die Hochschulreife für künstlerischen Tanz, Tanzpädagogik und Bewegungsregie zu vermitteln.

Notwendigkeit.

Es ist notwendig, die heute in den Privat- und Bühnenschulen verschiedenster Richtungen vor sich gehende Ausbildung zum Kunsttänzer in einer höheren Fortbildung zu vereinheitlichen. Diese Vereinheitlichung und höhere Fortbildung ist notwendig, um die Leistungsqualität und das geistige Niveau im Wissen und Können der Tänzerschaft zum Höchstmaße zu entwickeln und damit der Tanzkunst als einer selbständigen Kunst und als einer Grundlage des theatralischen Wirkens überhaupt zur vollen Entfaltung zu helfen.

Dieses Ziel bedingt, daß die Tanzhochschule durch Ausbildung von Bewegungsregisseuren für die Theater die notwendigen tänzerischen Führerpersönlichkeiten bereitstellt. Voll erfüllt wird dieser Aufgabenkreis erst dadurch, daß die Tanzhochschule in der gleichen Weise auch Tanzpädagogen von künstlerischem Niveau fortbildet, die geeignet sind, eine verantwortungsbewußte Erziehung des kunsttänzerischen Nachwuchses zu gewährleisten.

Auf diese Weise wird die Tanzhochschule zur Schaffung einer lebendigen tänzerischen Tradition und zu einer einheitlichen Stilbildung des Tanzes beitragen können.

Um die sozialen Werte der Tanzkunst für die Allgemeinheit in vollem Maße nutzbar zu machen, ist die Förderung und Stützung der Laientanzbewegung bei der geplanten Hochschulgründung einzubeziehen. Das geschieht durch Fortbildung von Lehrern und Regisseuren für Laientanz. Ohne eine solche hochschulmäßige Fortbildung wäre die immer stärker werdende Laientanzbewegung, die berufen erscheint, ein wertvolles

Glied der Erneuerung volkstümlicher Kunsterziehung und Festgestaltung zu werden, allen Gefahren des Dilettantismus ausgesetzt. Demgegenüber könnte die Tanzhochschule zu einer Zentralstelle für tänzerische Erziehung des Kindes und des Erwachsenen ausgestaltet werden, deren Wert für die Allgemeinheit ohne weiteres einleuchtet.
Um all diesen Aufgaben gerecht werden zu können, muß die Hochschule für Tanzkunst nicht nur ein Lehrinstitut, sondern auch eine Forschungsstätte für Bewegungswissenschaft sein.

Aufbau.
Der Aufbau der Tanz-Hochschule sieht eine grundsätzliche Zweiteilung in theoretische und in praktische Fächer vor.
Das theoretische Arbeitsgebiet ebenso wie das praktische gliedert sich in Kernfächer und in Ergänzungsfächer. Die theoretischen Fächer werden in Universitätsart gelehrt, d. h. durch Vorlesungen und damit verbundene Seminare. Die praktischen Fächer werden in klassenweisem Unterricht gelehrt. Ihren Überbau stellen Meisterateliers dar, die in Analogie zu anderen Kunsthochschulen bedeutenden Meistern des Tanzes anvertraut werden müssen, um eine Persönlichkeitsausbildung des Nachwuchses und die Entstehung einer lebendigen Tradition zu gewährleisten.
Für die verschiedenen Berufe, zu denen die Fortbildung an der Tanz-Hochschule führt, sind besondere Studienpläne auszuarbeiten, die obligatorische und fakultative Fächer enthalten.
Die folgende Facheinteilung gibt noch nicht den Studienplan für einen dieser Berufe, sondern die Gesamtaufstellung der an der Tanz-Hochschule gelehrten Fächer.

Tanz-Praxis. Facheinteilung. Kernfächer:
I. Für Kunst-Tanz (Fortbildung von Kunsttänzern).
A. Tänzerische Gestaltung (Verfeinerung der Technik, Steigerung und Bereicherung des tänzerischen Ausdrucks, Anregung und Förderung eigener tanzkompositorischer Gestaltung).
B. Pantomime.
C. Tanz im Theater (Oper und Schauspiel).
II. Für Berufstanzpädagogik (Fortbildung von Regisseuren und Lehrern für Berufstanz).
A. Führung zur Einzeltanzgestaltung.
B. Führung zur Gruppentanzgestaltung.
C. Praktischer Unterrichtsaufbau.
D. Bewegungsregie.
III. Für Laientanzpädagogik (Fortbildung von Regisseuren und Lehrern für Laientanz).

Der Tänzer und Tanzpublizist Gustav Fischer-Klamt, Mitarbeiter in der Berliner Tanzschule seiner Frau Jutta Klamt. Foto: DTK

A. Reigentanzgestaltung.
B. Bewegungschorgestaltung.
C. Praktischer Unterrichtsaufbau.

Ergänzungsfächer:
Tänzerische Musikpraxis (Gehörbildung, Geräuschrhythmik, tänzerisches Klavierspiel, tänzerisch-musikalische Kompositionsanleitung).
Äußere Theaterpraxis (Kostüme, Schminken, Beleuchtung, Maschinerie, Dekoration).
Ballett-Studio.
Studio für historische, National-, exotische und Gesellschaftstänze.

Tanz-Theorie. Kernfächer:
I. Bewegungslehre (allgemeine Bewegungslehre, Harmonielehre der Bewegung, Kompositionslehre).
II. Tanzpädagogik (für Berufs- und Laientanz).
III. Tanzschrift (Bewegungsschrift).
IV. Tanzgeschichte (mit Stilkunde und Ästhetik).

Ergänzungsfächer:
Psycho-Physiologie.
Elemente der Musiktheorie.
Anatomie des bewegten Körpers.
Soziologie des Tanzes.

Unterrichtsmittel.
Der Unterricht soll durch Heranziehung aller Hilfsmittel eine vorbildliche neuzeitliche Gestaltung erfahren, besonders durch Bildung einer umfassenden Bibliothek und eines Archivs, das sich auf Filmstreifen, auf tänzerisch-musikalisches Laut- und Notenmaterial und aufgeschriebene Tanzwerke erstrecken muß.

Lehrkörper und Leitung.
Der Lehrkörper der Tanz-Hochschule, den die vorgeschriebenen Fächer erfordern, besteht aus acht hauptamtlichen und vier nebenamtlichen Lehrkräften, wobei die Vereinigung mehrerer Fächer in einer Hand in Aussicht genommen ist. Sowohl die theoretischen als auch die praktischen Fächer werden einem besonderen Dekanat unterstellt. Der Dekan ist aus dem Lehrkörper der Tanz-Hochschule durch Wahl zu bestimmen. Weiterhin ist aus dem Lehrerkollegium zu bestimmen:
1. der Direktor der Hochschule,
2. der stellvertretende Direktor der Hochschule,
unter denen die künstlerischen, organisatorischen, administrativen Arbeiten verteilt werden. Die Berufung von Gastlehrern erfolgt nach Bedarf.

Schülerkreis.
Der Schülerkreis der Tanz-Hochschule gliedert sich wie folgt:
I. in die immatrikulierten Studenten der tänzerischen Berufe (Tänzer, Tanzpädagogen für Berufs- und Laientanz, Bewegungsregisseure).
II. in Studenten anderer staatlicher Hochschulen, die tänzerische Fachkenntnisse benötigen und deshalb einzelne Fächer der Tanz-Hochschule belegen müssen.
III. in Hospitanten (Hörer).

Aufnahme.
Die Aufnahme als immatrikulierter Student in die Tanz-Hochschule hängt von dem Bestehen einer Aufnahmeprüfung ab. Zu dieser können nur Schüler zugelassen werden, die bereits in einer anerkannten Privatschule für künstlerischen Tanz eine dreijährige Ausbildung durch eine bestehende Prüfung abgeschlossen haben.

Studiendauer.
Die Fortbildung der Tanzstudenten an der Tanz-Hochschule dauert mindestens zwei Jahre und schließt mit einer Diplomprüfung ab.

Berechtigungen.
Das Diplom der Hochschule befähigt für die Berufe:
I. des Solotänzers in den Tanzgruppen der Bühnen,
II. des Bewegungsregisseurs (nur nach einjähriger Bühnenpraxis),
III. des Tanzpädagogen für Kunst und Laientanz,
IV. des selbständigen Leiters von Ausbildungsstätten für die tänzerischen Berufe (nur nach einjähriger pädagogischer Praxis und Approbation).

Finanzierung.
Der Etat der Tanz-Hochschule ist entsprechend den der übrigen Kunst-Hochschulen anzusetzen. Seine genaue Errechnung kann erst erfolgen, wenn der auszuführende Umfang vorliegender Pläne feststeht.
Besonderes Augenmerk ist naturgemäß auf die Bereitstellung geeigneter Räumlichkeiten zu richten.

Deutsche Tanzgemeinschaft E. V.
I. A.: Mary Wigman. Dr. Felix Emmel. Gret Palucca.
Ernst Ferand-Hellerau-Laxenburg. Margarete Wallmann.
Deutscher Tänzerbund E.V.
I. A.: Rudolf von Laban. Eugen Friedebach. Lizzie Maudrik.
Martin Gleisner. Olga Brandt-Knack.

Absage.
Die ordentliche Mitgliederversammlung der Deutschen Tanzgemeinschaft E. V., Bund für tänzerische Körperbildung E. V., für die das vorige Heft dieser Zeitschrift die Einladung enthielt, wird hierdurch wegen Zeitmangels abgesagt. Ebenso die Schulleiter-Versammlung der DeTaGe.
Dafür werden für alle Tanzgemeinschaftsmitglieder folgende Aussprachemöglichkeiten festgelegt:
Freitag, 20. Juni, nachm. 1/2 3 Uhr, Tonhalle, in einem eigens dazu vorbehaltenen Raum;
Sonnabend, 21. Juni, vorm. 9 Uhr, Tonhalle;
Montag, 23 Juni, vorm. 9 Uhr, Tonhalle.

Resolutionen des pädagogischen Ausschusses und des Fachausschusses für Theaterfragen
In der Schlußversammlung am 25. Juli 30 wurden vom 3. Tänzerkongreß folgende Resolutionen einstimmig angenommen:

Resolution des pädagogischen Fachausschusses:
Der 3. Deutsche Tänzerkongreß sieht auf Grund der Arbeiten seiner pädagogischen Fachkommission in der Pflege des Tanzes ein entscheidendes Erziehungsmittel, dessen Bedeutung in unserem Gesamterziehungswesen noch nicht genügend erkannt ist. Unter den verschiedenen menschlichen Ausdrucksformen ist der Tanz die ursprünglichste und unmittelbarste und darum besonders geeignet eine Bildung zu begründen, die auf Einheit und Ganzheit der menschlichen Kräfte im persönlichen und Gemeinschaftsleben gerichtet ist.
Der 3. Deutsche Tänzerkongreß fordert daher den Einbau der tänzerischen Erziehung insbesondere der Laientanzpflege in Schule, Jugendpflege, in die Bildungsarbeit der Verbände und der Volksbildung und, vor allem auch in die Lehrerbildung. Er erwartet davon eine Neubelebung der gestaltenden Kräfte unseres Volkes und der Gemeinschaft der Völker.

Der 3. Deutsche Tänzerkongreß stellt auf Grund der Arbeit seiner Fachkommission für Theaterfragen an die Bühnen folgende Forderungen:
I. Die künstlerische Gleichstellung des Tanzes mit den übrigen

Die Tanzgruppe Hellerau-Laxenburg in einer Gruppenchoreographie von Valeria Kratina bei einer Freilichtaufführung in Syrakus. Foto, DTK

Oben: Bühnenprobe der Tanzgruppe vom Hamburger Stadttheater unter Leitung von Olga Brandt-Knack. Foto, DTK

Mitte: Tanzstudio Käthe Wulff mit "Relâche", choreographiert von Mariette von Meyenburg und aufgeführt beim Tänzerkongreß 1930. Foto, DTK

Ruth Abramowitsch und Georg Groke von der Städtischen Oper Berlin in Lizzie Maudriks "Coppelia". Foto: Suse Byk, TS

darstellenden Künsten mit allen sich daraus ergebenden künstlerischen und sozialen Folgerungen.

II. Für den Tanzmeister: Anerkennung als künstlerischer Bühnenvorstand, Teilnahme an den Regiesitzungen und Mitbestimmung des Spielplans. Vorschlagsrecht für Engagements und Entlassung der Tänzer; Anerkennung seines Regieanteils auf Theaterzetteln, Programm und in den Pressevornotizen, Beratungsrecht bei Auswahl der aufzuführenden Tanzwerke. Darüber hinaus volle Wertung seiner tanzkompositorischen Arbeit.

Für den Solotänzer künstlerische und wirtschaftliche Gleichstellung mit dem übrigen Solopersonal. Für den Gruppentänzer: Entfernung der Statisterie-Klausel aus den Verträgen und ausschließliche Verwendung für tänzerische Aufgaben. Anstelle der Statisterie muß ein künstlerisch geschulter Bewegungschor treten.

III. Für den Spielplan: Aufstellung und Einhaltung eines Tanzprogramms.

IV. Für den Probenplan: Ermöglichung der nach Ansicht des Tanzmeisters notwendigen Bühnen- & Orchesterproben.

V. Für den Theater-Etat: Ausbau der Tanzabteilung zu einem besonderen Betriebszweig mit eigenem Etat. Auswertung der Leistungen durch Matinéen und Sonderveranstaltungen.

Vorgeschlagen werden: Herausnahme der Tanzdarbietung aus dem Opernabonnement, Schaffung von Tanz-Abonnements, von 4-6 Matinéen, Heranziehung eines besonderen Tanzpublikums, wenn nötig durch Gastaufführen auswärtiger Tanzgruppen von Niveau.

VI. Für das Schauspiel: Einbeziehung der tänzerischen Körperbildung in die Erziehung des Schauspiels zur Heranbildung von Wort- & Bewegungsregisseuren, Schaffung eines künstlerischen Sprech- & Bewegungschores.

Die Tänzerschaft erwartet von den staatlichen und städtischen Behörden Verständnis für ihr Streben nach beruflicher Sicherstellung aus der Überzeugung, ein notwendiger kultureller Faktor der Gegenwart zu sein, Unterstützung in dem Ringen um die Einordnung in die soziale Struktur der Zeit.

Deutscher Tanz (1933–1939)

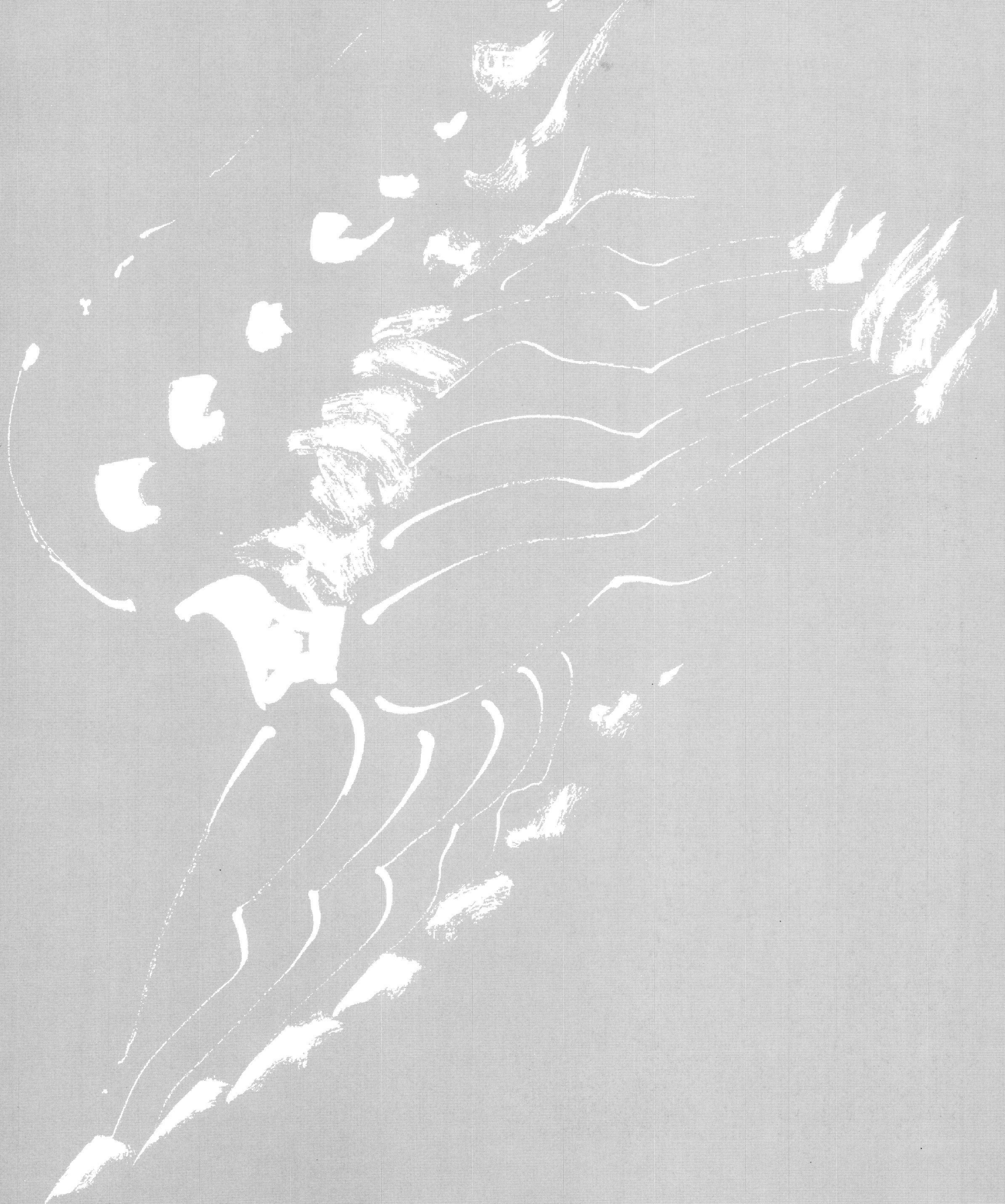

"Die Revolution macht nirgends halt, erobert das Volk und das öffentliche Leben, drückt der Kultur, der Wirtschaft, der Politik, dem privaten Dasein seinen Stempel auf. Es wäre nun naiv, zu glauben, daß die Kunst davon unverschont bleibt, daß die Kunst so ein Dornröschendasein neben der Zeit oder hinter der Zeit führen könnte."[1] Was Propagandaminister Joseph Goebbels 1933 sagte, betraf den Tanz in besonderer Weise. Viele Tänzerinnen und Tänzer waren tatsächlich so naiv, zu glauben, daß ihre Kunst mit nationalsozialistischer Politik nichts zu tun haben könnte. Noch heute berufen sich damals Aktive darauf, daß der Tanz unpolitisch geblieben sei und von nationalsozialistischen Gedanken höchstens am Rande, durch die Aktivitäten einiger weniger und ohnehin künstlerisch unbedeutender Mitläufer berührt worden wäre. Dagegen Goebbels: "Es gibt auch in der Gegenwart keine tendenzlose Kunst, und gerade die, die sich am lautesten tendenzlos nennt, ist innerlich am ausgeprägtesten tendenziös. Die Kunst ist nicht nur dazu da, den Menschen zu erfreuen, sondern ihm auch Wege zu weisen. Sie ist nur eine schöpferische Übersetzung von Ideen und Idealen."[2]

Auch wenn der Tanz – anders als Film oder Presse – nicht im Zentrum der propagandistischen Interessen nationalsozialistischer Kulturwalter stand, so wurde er doch genauso systematisch wie alle anderen Künste in den Staatsapparat eingegliedert und in Dienst genommen, die neuen "Werte" von Volk, Rasse, Blut und Boden zu verkünden. Die überwiegende Mehrheit der Tänzerinnen und Tänzer, die auch nach der Machtübernahme Hitlers ihre Arbeit fortsetzte, war sich nicht bewußt, welche Funktion sie in einem totalitären Staat ausübte. Die Künstler konzentrierten sich auf ihre Arbeit und meinten, die Politik, die sonst den Alltag bestimmte, außer Acht lassen zu können. Dabei hatte Goebbels diesen Irrtum bereits ausgeräumt: "Es steht dem Künstler wohl das Recht zu, sich unpolitisch zu nennen, in einer Zeit, in der Politik nichts anderes darstellt als schreiende Diadochenkämpfe zwischen parlamentarischen Parteien. In dem Augenblick aber, in dem die Politik ein Volksdrama schreibt, in dem eine Welt gestürzt wird, in dem alte Werte sinken und andere Werte steigen, in dem Augenblick kann der Künstler nicht sagen: Das geht mich nichts an. Sehr viel geht es ihn an. Versäumt er diese Beziehungsetzung der Kunst zu den neuen Prinzipien, dann darf er sich nicht wundern, wenn das Leben an ihm vorbeirauscht."[3] Das Leben war fortan nationalsozialistisch geprägt, und wer sich nicht an die neuen Gegebenheiten anpaßte, fiel aus dem gesellschaftlichen Rahmen heraus. Den Tänzern wurde dies unmißverständlich klargemacht. Unverblümt waren die im Dezember 1933 in "Der Tanz" zitierten Ausführungen eines führenden Kulturfunktionärs über die Aufgaben des Tanzes im neuen Staat: "Das Ziel des Nationalsozialismus liege nicht darin, eine neue Kunstart zu schaffen oder gar zu diktieren [...]. Vielmehr sehe der Nationalsozialismus seine Aufgabe darin, als ein guter Treuhänder echter deutscher Kulturentwicklung zu wirken, und dabei einerseits alle wirklich gesunden künstlerischen Strömungen zu unterstützen und zu fördern, andererseits aber auch strengstens darüber zu wachen, daß alle ungesunden Auswüchse vermieden werden und daß die deutsche Tanzkunst vor allem nicht durch das geschäftige Hintertreppenwirken artfremder Elemente verwässert und vergiftet werde. Hier allerdings werden wir [...] mit rücksichtsloser Faust durchgreifen, denn es geht nicht an, daß ausgerechnet ein kulturell so hochstehendes Volk wie das deutsche seinen künstlerischen Weg von rassenfeindlichen Elementen vorgeschrieben erhält und auf tänzerischem Gebiet Prinzipien zu huldigen gezwungen wird, die alles andere als deutsch sind. [...] Es ist nicht beabsichtigt, den Tanz unter ein politisches Kuratel zu stellen, solange er sich von jenen Kräften freihält, die den politischen und weltanschaulichen Prinzipien der NSDAP widersprechen."[4]

Worauf die Ausdruckstänzer sich berufen hatten, nämlich daß der Tanz Ausdruck seiner Zeit sei, bewahrheitete sich in den Jahren der nationalsozialistischen Herrschaft genauso wie in der Weimarer Republik.

Die Umstrukturierung des Tanzlebens geschah nicht von einem auf den anderen Tag, sondern war ein Prozeß, der sich über mehrere Jahre hinzog. Erst nach der Olympiade fanden die letzten wichtigen personellen Veränderungen statt, so daß sich ästhetische Konsequenzen der "Gleichschaltung" des Tanzes erst ab 1936 besonders deutlich auswirkten.

Mit der organisatorischen Erfassung der Berufsgruppe begann im Tanz die Neuordnung der bestehenden Verhältnisse und die von den Nationalsozialisten beabsichtigten personellen "Säuberungen". Das im März 1933 eingerichtete "Reichsministerium für Volksaufklärung und Propaganda" unter Leitung von Joseph Goebbels stand an oberster Stelle der Kulturverwaltung im nationalsozialistischen Deutschland. Allerdings war die Position von Goebbels als Alleinherrscher über das Kulturleben besonders in der Aufbauphase der NS-Macht bis 1935 nicht unangefochten. Innerhalb der nationalsozialistischen Bewegung existierten verschiedene Fraktionen, deren Anführer sich aus ideologischen und machtstrategischen Gründen bekämpften. Persönliche Konkurrenzen und Aversionen wirkten sich unmittelbar auf die Kulturpolitik aus. Hinzu kamen Kompetenzstreitigkeiten zwischen den Dienststellen der nationalsozialistischen Regierung und ihrem Ministerialapparat einerseits und der von den Regierungsorganen unabhängig agierenden NSDAP und ihren Parteieinrichtungen andererseits, was zu unterschiedlichen, sogar sich widersprechenden Handlungsanweisungen führte.

Einer der für den Tanzbereich relevanten Gegenspieler von Goebbels war Alfred Rosenberg als Leiter der 1929 gegründeten Organisation "Kampfbund für Deutsche Kultur". Der formal nicht der NSDAP angehörende "Kampfbund" setzte sich zum Ziel, auf völkischer Grundlage, die "Kultur- und Charakterwerte der Nation zu wecken" und "gegen kulturzersetzende Bestrebungen des Liberalismus" anzugehen.[5] Mit diesem allgemeinen Anspruch gewann er eine große Anhängerschaft im nationalistisch orientierten, mittelständischen Bürgertum, das Parteiversammlungen nicht zu besuchen pflegte, wohl aber Veranstaltungen zu kulturellen Fragen, wie sie der "Kampfbund" anbot. Durch seinen zivilisationskritischen Ansatz gelang es dem "Kampfbund", weite Teile der bürgerlichen Jugendbewegung für sich einzunehmen. 1930 schlossen sich u.a. "Der Wandervogel", der Verein "Nationalsozialistischer Volkstanz Berlin" und mehrere Ortsvereine des "Deutschen Pfandfinderbundes" dem "Kampfbund" an. Zu diesem Zeitpunkt hatte der "Kampfbund" ein Netz von Ortsgruppen in ganz Deutschland und Österreich gebildet, deren Aktivitäten erfolgreich dazu beitrugen, nationalsozialistische Ideologie zu verbreiten. Besonders der Architekt Paul Schultze-Naumburg zeichnete sich als ein "Vorkämpfer gegen den Kulturbolschewismus" durch seine aggressiv rassistischen, pseudo-wissenschaftlichen Aktionen gegen expressionistische Maler, das Bauhaus und die Theaterkultur der Weimarer Republik aus. In der Zeitschrift des "Kampfbundes" erschienen regelmäßig Namenslisten verfemter Künstler, deren Werke als unerträgliche Zumutung für das deutsche Publikum gebrandmarkt wurden.

Ab 1932 existierte im "Kampfbund" auch die "Fachgruppe Körperbildung und Tanz". Sie wurde geleitet von Rudolf Bode, dem einstigen Dalcroze-Schüler und Gymnastiklehrer, seit frühesten Jahren Mitglied der NSDAP und seit der Gründung des "Kampfbundes" darin aktiv. 1933 zum "Reichsleiter" der Fachgruppe befördert, entwarf er die "Geistigen Grundlagen für Tanz und Gymnastik im nationalsozialistischen Staat", die er sich als verbindliche Richtlinien für die Tanzerziehung und -praxis in Deutschland wünschte und deren Inhalt das auf völkisch-rassistische Tanzverständnis des "Kampfbundes" widergab.

Mit der Machtübernahme der Nationalsozialisten und der Ein-

"Wir fühlen uns auch als Politiker sozusagen als künstlerische Menschen. Ich bin sogar der Meinung, daß die Politik die höchste Kunst ist, die es gibt, denn der Bildhauer formt nur den Stein, den toten Stein, und der Dichter formt nur das Wort, das an sich tot ist.
Der Staatsmann aber formt die Masse, gibt der Masse Gesetz und Gerippe, haucht der Masse Form und Leben ein, so daß aus der Masse dann das Volk entsteht.
...Insofern ist auch der Staatsmann künstlerischer Mensch, als er der rohen Masse, die ohne ihn rohe Masse bleiben würde, nun die Gestalt, die Form, die Organisation, das Tempo, den Rhythmus gibt und sie nun in den Dienst seiner künstlerischen, historischen Ideen stellt."
Reichspropagandaminister Joseph Goebbels, 10. Juni 1933

richtung des Propagandaministeriums verschärften sich die Kompetenzauseinandersetzungen zwischen Rosenberg und Goebbels. Besonders Rosenbergs radikale Diskriminierung von Künstlern, die Goebbels gern als Aushängeschilder für den neuen Staat benutzt und dafür über ihre Vergangenheit in der "Systemzeit" hinweggesehen hätte, führte zu heftigen Kontroversen. Rosenberg gelang es, seine Position zu stärken, indem er zwangsweise die beiden mitgliederstärksten Theater-Besucherorganisationen der Weimarer Republik, den ehemals sozialdemokratischen Verband der "Volksbühnen - Vereine" und den bürgerlich-konservativen "Bühnenvolksbund" mit der nationalsozialistischen Besucherorganisation "Reichsverband der Deutschen Bühne" im "Kampfbund für deutsche Kultur" unter dem Namen "NS-Kulturgemeinde" vereinigte. Rosenbergs Ziel war es, einen eigenen Propagandaapparat als wirkungsvolle Gegeninstitution zur Reichskulturkammer aufzubauen. Die "NS-Kulturgemeinde" mit über 1,5 Millionen organisierten Theaterbesuchern schien ihm ein geeignetes Mittel dazu. Aufgrund massiver Schwierigkeiten in der Wirtschaftsführung des Betriebs wurde Rosenberg allerdings schon 1934 auf Weisung Hitlers gezwungen, die Leitung der "NS-Kulturgemeinde" abzugeben. Die Organisation wurde daraufhin in die Abteilung "Kraft durch Freude" (KdF) der von Robert Ley geführten nationalsozialistischen Gewerkschaftsorganisation "Deutsche Arbeitsfront" eingegliedert. Dies bedeutete zwar eine machtpolitischen Niederlage Rosenbergs gegenüber Goebbels und Ley, aber da er gleichzeitig von Hitler zum Leiter des neu gegründeten "Amtes für die Überwachung der gesamten geistigen und weltanschaulichen Schulung und Erziehung der NSDAP" ernannt worden war, bewahrte er sich über die ideologische Kontrolle auch der "Deutschen Arbeitsfront" weiterhin Einfluß auf die Kulturaktivitäten der "NS-Kulturgemeinde" und der "NS-Gemeinschaft Kraft durch Freude".

Durch die Eingliederung der "NS-Kulturgemeinde" war nunmehr "Kraft durch Freude" die einzig existierende Publikumsorganisation und konnte für ihre Veranstaltungen auf ein millionenfaches Besucherreservoir zurückgreifen. KdF beherrschte das gesamte Freizeitleben der Bevölkerung. Besonders sozial schwache Bevölkerungsschichten erhielten durch KdF zum erstenmal die Gelegenheit zur Teilnahme an Kultur- und Freizeitveranstaltungen. Durch ein umfangreiches und vielseitiges Angebot preiswerter Aktivitäten – ob Seereisen und Urlaubsfahrten ins In- und Ausland, ob Sportveranstaltungen, Theater- und Konzertabende in den Betrieben, Geselligkeitstreffen in Nachbarschaftsheimen oder Gesellschafts- und Volkstanzveranstaltungen – wurde nahezu die gesamte Bevölkerung durch KdF erfaßt. Der Name "Kraft durch Freude" war Programm: "Es heißt Mobilisation der Energien in einem Volke, heißt den Gemeinschaftsgedanken pflegen und heißt alles untermauern durch die Freude."[6] Auch der Tanz war darin integriert. Die KdF-Gastspiele waren an die Stelle der Tanzabende der "Volksbühnen"-Vereine getreten, so daß noch immer Tanz auf breiter Publikumsbasis gezeigt werden konnte. Allerdings waren jetzt die Auswahlkriterien für KdF-Auftritte und Tourneen andere: die lukrativen KdF-Gastspiele wurden nur den Künstlerinnen und Künstlern angeboten, die ins kulturpolitische Konzept paßten. Experimentelles, wie es zum Programm der "Volksbühne" gehört hatte, war nicht mehr erwünscht.

Zwischen Robert Ley und Goebbels kam es häufig zu Auseinandersetzungen um den von Goebbels erhobenen Führungsanspruch im Kulturbereich. 1933 hatte Ley die Künstler in der "Deutschen Arbeitsfront" organisieren wollen, während Goebbels das gesamte Kulturleben unter seine Herrschaft zu bringen suchte. Zufriedengestellt durch den Ausbau von "Kraft durch Freude" zu einer riesigen Organisation, die gleichsam "von unten", über ihre Macht als Publikum und "von oben", als Veranstalter wirken konnte, überließ Ley schließlich die rein berufsständische Zusammenfassung der Künstler allein Goebbels. Da dieser nicht nur Reichspropagandaminister sondern in Personalunion auch Reichspropagandaleiter der NSDAP und Gauleiter von Berlin war, verfügte er sowohl in der Regierung wie in der Partei über einen großen Machtbereich. Mit der Gründung der Reichstheaterkammer im August und der Errichtung der Reichskulturkammer im November 1933 sicherte er sich die Herrschaft über das gesamte Kulturleben. Der Machtkampf zwischen Rosenberg, Goebbels und Ley zeigte sich auch in den Differenzen über Aufgaben und Ästhetik des Tanzes zwischen den Anhängern der jeweiligen Fraktionen. Diese Auseinandersetzungen blieben bis Kriegsende bestehen, wie aus den Artikeln in den Fachzeitschriften ersichtlich ist.

Auf organisatorischem Gebiet wurden die Verhältnisse durch die Reichstheaterkammer geregelt. Ab 1933 mußten sowohl die als Angestellte wie freiberuflich tätigen Tänzer Mitglied in der Reichstheaterkammer werden. Ohne diese Mitgliedschaft war es nicht mehr möglich, den Beruf auszuüben.

Mitglied konnte nur werden, wer die – wie es im Reichskulturkammergesetz hieß – "erforderliche Zuverlässigkeit und Eignung" besaß. Da diese Qualifikationen nirgends genau definiert wurden, blieb es der Willkür von Goebbels überlas-

DER TANZ

MONATSSCHRIFT FÜR TANZKULTUR

OFFIZIELLES MITTEILUNGSBLATT DER DEUTSCHEN GESELLSCHAFT FÜR SCHRIFTTANZ
Geschäftsstelle: Plauen i. Vogtl., Dobenaustraße 127. Telefon 3621

HERAUSGEBER UND HAUPTSCHRIFTLEITER: CONRAD NEBE

VERLAG ACHTERBERG & CO., KUNST- UND OFFSETDRUCKEREI GMBH., BERLIN SW 61, BELLE-ALLIANCE-STR. 92
FERNRUF F 5 BERGMANN 6020, 6021

Heft 7 | Juli 1933 | Jahrgang VI

Wichtige Bekanntmachung!

Die umwälzenden Ereignisse der letzten Zeit konnten auch an unserer Zeitschrift nicht spurlos vorübergehen. Im Zuge der allgemeinen Neugestaltung ist mit dem Erscheinen des gegenwärtigen Heftes der Begründer des „TANZ“ und dessen bisheriger Herausgeber und Hauptschriftleiter, Herr **J. Lewitan,** aus der Zeitschrift ausgeschieden.

Sein Nachfolger, Herr **Conrad Nebe,** wird bemüht sein, dem „TANZ“ die führende Stellung und Weltgeltung durch gewissenhafteste und aufmerksamste Pflege der tanzkulturellen Belange zu bewahren.

Menschen sind stets zu ersetzen, das Werk allein muß von Bestand sein. In dieser Überzeugung richten die bisherige und die neue Leitung der Zeitschrift sowie deren Verlag an alle Freunde und Anhänger des Blattes gemeinsam die Bitte, dem „TANZ“ auch fernerhin ihr Vertrauen zu schenken, ja sich möglichst in noch stärkerem Maße für ihn einzusetzen; nur in stärkster geistiger Verbundenheit kann die verantwortungsvolle Aufgabe der Einordnung der Tanzkunst in den neuen Staat und die von ihm mitgestaltete Kultur gelöst werden.

sen, zu bestimmen, wann ein Mitglied als nicht mehr "zuverlässig" anzusehen und damit aus dem Beruf auszuschließen war.

Im ersten Jahr der Reichtheaterkammer konnte die Mitgliedschaft nicht direkt, sondern nur über die Mitgliedschaft in einem der Reichstheaterkammer angeschlossenen Verband erworben werden. Für die Tänzer war dies der "Deutsche Chorsängerverband und Tänzerbund", dessen Kunstausschuß Rudolf von Laban leitete und der den Tänzern seit langem vertraut war. Der Verband war 1909 aus der Vereinigung des ein Jahr zuvor gegründeten "Deutschen Tänzerbundes", der die in den Theatern angestellten Tänzer gewerkschaftlich vertrat mit dem "Deutschen Chorsängerverband" entstanden und hatte als Aufgabe die gemeinschaftliche Interessenvertretung gegenüber den Theaterleitern und Behörden. Die Hamburger Ballettmeisterin Olga Brandt-Knack, ein engagiertes Mitglied der SPD, hatte den "Deutschen Tänzerbund" mitgegründet und saß ebenso wie der Bewegungschorleiter Martin Gleisner bis zum erzwungenen Rücktritt durch die Nationalsozialisten im Vorstand bzw. Verwaltungsrat. Nach Gründung des Propagandaministeriums wurde die Künstlergewerkschaft der Reichstheaterkammer angegliedert und stand somit im Machtbereich von Goebbels.

Anfangs gab es Bestrebungen von Seiten Rudolf Bodes, neben dem "Deutschen Chorsängerverband und Tänzerbund" auch die Fachgruppe "Körperbildung und Tanz" im "Kampfbund für deutsche Kultur", dem sich z.B. die Wigman- und Palucca-Schulen angeschlossen hatten, als Vertretung der Tanzlehrenden in der Reichstheaterkammer zuzulassen. 1934 aber konnte sich Goebbels gegenüber dem Kompetenzanspruch des "Kampfbundes" durchsetzen, im Juni wurde der "Deutsche Chorsängerverband und Tänzerbund" zur alleinigen Tänzerorganisation bestimmt und seine Aufgabe neu definiert: "Der alte freigewerkschaftliche Verband ist mit dem überwundenen Marxismus untergegangen. Der neue Verband dient der neuen Zeit. Nach Art des Aufbaues und im Zweck und Ziel seiner Gesamttätigkeit ist er eine Neuschöpfung, die sich grundlegend von dem früheren Verbande unterscheidet. In tatsächlicher und rechtlicher Beziehung hat der jetzige Verband, der anstelle des Klassenkampfes die Verwirklichung der Volksgemeinschaft auf seine Fahnen schrieb, mit dem früheren Verband nichts gemein als die äußere Bezeichnung."[7] 1935 schließlich wurden alle Künstlerverbände, darunter der "Deutsche Chorsängerverband und Tänzerbund", aufgelöst und in die "Fachschaft Bühne" der Reichstheaterkammer überführt. Damit waren die Tänzer unmittelbar – ohne die Zwischeninstanz eines noch aus der Weimarer Republik übernommenen Verbandes – der Reichstheaterkammer eingegliedert. Bis zu diesem Zeitpunkt befanden sich in der Reichstheaterkammer auch noch vereinzelt jüdische Tänzer, deren Herkunft offiziell nicht bekannt war und die 1933 als Mitglieder des "Deutschen Chorsängerverbandes und Tänzerbundes in die Reichstheaterkammer übernommen worden waren. Erst 1935, als ein "Ariernachweis" vorgelegt werden mußte, wurden sie ausgeschlossen. Alle unerwünschten Künstler – ob aus politischen Gründen oder wegen ihrer jüdischen Herkunft – blieben somit von der Bühne verbannt. Nur Tänzerinnen und Tänzer des "Jüdischen Kulturbundes" durften weiterhin im Rahmen der Kulturbundaufführungen auftreten, ohne Mitglied der Reichstheaterkammer zu sein.

Die Zusammenfassung aller Tanzschaffenden 1935 in einer einzigen Organisation ließ die unterschiedlichen Interessen und Bedürfnisse von Theatertänzern, freien Tänzern, Berufstanzlehrern, Laientanzlehrern, Tanzschulleitern und Gesellschaftstänzern so deutlich hervortreten, daß eine nochmalige Umstrukturierung der Berufsvertretung notwendig wurde. So entstand im April 1936 die "Fachschaft Tanz" der Reichstheaterkammer unter Leitung des Tanzlehrers August Burger, dem früheren Leiter des Gaues Bayern im "Deutschen Chorsängerverband und Tänzerbund". In der Fachgruppe 1 der Fachschaft Tanz waren nun die Leiter von Unterrichtsstätten, Tanzpädagogen, Podiumtänzer, Tanzgruppen, Tanzchor- und Bewegungschorleiter, Tanzregisseure, Choreographen, Tanzschreiber sowie als korporatives Mitglied der "Reichsbund für Gemeinschaftstanz e.V." erfaßt. Zur Fachgruppe 2 zählten die Gesellschaftstanzlehrer und der "Reichsverband zur Pflege des Gesellschaftstanzes e.V.", während die an den Theatern tätigen Tänzer der Parallelorganisation "Fachschaft Bühne" und die im Filmballett arbeitenden Tänzer der Reichsfilmkammer eingegliedert wurden. Damit war spätestens im April 1936 die vollständige Erfassung aller Tänzer abgeschlossen.

Daß Kollegen und Kolleginnen aus dem Beruf verdrängt und häufig außer Landes gezwungen wurden, nahm die Mehrheit der Tänzerinnen und Tänzer offensichtlich relativ widerstandslos in Kauf und etliche beteiligten sich auch tatkräftig daran. Der Denunziation war Tür und Tor geöffnet. Es waren nicht die Stars, sondern meist unbedeutende Chortänzer und -tänzerinnen, die sich – aus weltanschaulicher Überzeugung – oder mit opportunistischem Blick auf die Karriere der NSDAP anschlossen und mit Hilfe des Parteibuches bessere Posten anstrebten. Die prominenten Tänzerinnen und Tänzer traten selten in die NSDAP oder eine ihrer Unterorganisationen ein,

"Das neue Deutschland" – letztes Bild des Festspiels "Berlin in sieben Jahrhunderten deutscher Geschichte", 1937 von Hanns Niedecken-Gebhard inszeniert. Foto: Braemer, TS

aber in schriftlichen Äußerungen oder bei der Verfassung von "Denkschriften" zu aktuellen Tanzaufgaben unterstützten sie die Kulturpolitik der neuen Machthaber.

Der Tanz erfuhr wie nie zuvor eine großzügige Förderung durch Staat und Partei. Als erstes wurden Arbeitsplätze geschaffen und eine durchgreifende Änderung in der Ausbildungssituation begonnen. Die existenzsichernden Initiativen waren den Tänzern sehr willkommen, denn der wirtschaftliche Überlebenskampf bestimmte den Alltag, wie die Zahlen einer Berufszählung vom Juni 1933 belegen.[8] 5122 hauptberuflich arbeitende oder als erwerbslos gemeldete hauptberufliche Tänzerinnen und Tänzer wurden gezählt: "Ballettänzer, Balletteuse, Ballettführer, Ballettmeister, Choreograph, Chortänzerin, Eintänzer, Figurant, Girl, Solotänzer, Steptänzer, Tänzer, Tanzlehrer und Tanzmeister". Nur knapp ein Drittel von ihnen arbeitete in selbständiger Stellung, die meisten waren Angestellte in den Opern-, Theater-, Revue- und Filmballetten. Die Arbeitslosigkeit war extrem hoch. Betrug die Arbeitslosenquote für alle Arbeiter und Angestellten im Reichsdurchschnitt 28,9%, so war unter der Tänzerschaft jeder Zweite ohne Engagement. Die Wirtschaftskrise hatte dazu geführt, daß ab Beginn der 30er Jahre zahlreiche Theater ihren Personalbestand drastisch reduzierten, was sich auch in der Mitgliederzahl der Ballettkompanien niederschlug. Da die Ballettgagen ohnehin am untersten Ende der Lohnskala standen, waren die Ansprüche auf Arbeitslosenunterstützung nur gering und lagen durch die Notverordnungen ohnehin bereits unter dem Existenzminium. Wer nicht den Beruf wechseln wollte, war gezwungen, sich durch irgendeine Tätigkeit den Lebensunterhalt zu verdienen und das berufsnotwendige Training abends nachzuholen und nicht selten den größten Anteil der spärlichen Einkünfte für Schulgelder wieder auszugeben.

Im April 1933 trat das "Gesetz zur Wiederherstellung des Berufsbeamtentums" in Kraft, durch das alle Beamten und Angestellten in öffentlichen Institutionen entlassen wurden, die jüdischer Herkunft waren oder als politisch "unzuverläs-

Prospekt der "NS-Gemeinschaft Kraft durch Freude", einer Organisation der "Deutschen Arbeitsfront". TS

sig" galten. Zahlreiche Ballettmitglieder in den Theatern verloren ihre Stellen. Diese Entlassungen und die Gründung neuer Ballettensembles an Theatern, die bisher keine Gruppe hatten, brachten bis zur Spielzeit 1935/36 mehr als 200 neue Arbeitsplätze in den Theatern. Das allein behob die Arbeitslosigkeit allerdings noch nicht. Grund des Problems war außer den fehlenden Arbeitsplätzen, das Überangebot an Engagementsuchenden. Der individualistische Anspruch des Ausdruckstanzes und die fehlende staatliche Unterstützung für eine Ausbildungsregelung hatte ein Heer von Tänzerinnen und Tänzer hervorgebracht, denen nicht selten die handwerklichen Grundlagen für ein Theaterengagement fehlten. Der Aufbau einer zentralen Ausbildungsstätte und die Verabschiedung einer verbindlichen Ausbildungsordnung für die privaten Tanzschulen, von den Tänzern als berufspolitisch notwendige Schritte begrüßt, waren für die Nationalsozialisten geeignete Instrumente zur Ausdehnung ihrer Kontrollmöglichkeiten.

Die "Deutsche Tanzbühne e.V.", die 1934 unter Leitung von Rudolf von Laban im Auftrag des Propagandaministeriums gegründet worden war, hatte ursprünglich nur die Aufgabe, die ersten "Deutschen Tanzfestspiele" 1934 durchzuführen. Danach aber wurde ihre Weiterexistenz beschlossen, um als Fortbildungsinstitution mit festen Trainingsstätten und Sommerkursen die Berufschancen arbeitsloser Tänzer zu verbessern. Kostenlose Trainingsmöglichkeiten und qualifizierte Weiterbildung sollten den herrschenden Dilettantismus bekämpfen. Die "Deutsche Tanzbühne" war Vorläuferin einer staatlich geführten Zentralschule für Bühnentanz, deren Einrichtung bereits 1930 beim Tänzerkongreß in den Resolutionen der Verbände gefordert worden war und die 1936 als "Deutsche Meisterwerkstätten für Tanz" unter Leitung Rudolf von Labans den Lehrbetrieb, zunächst versuchsweise, aufnahm. Anfangs sollte sie nur "Tänzern und Tänzerinnen, die an Bühnen, in Tanzgruppen oder als selbständige Tänzer tätig sind, Gelegenheit geben, sich für die leitenden Tänzerberufe praktisch vorzubereiten"[9]. Zur straff geführten Ausbildungsstätte, in der auch arbeitslose Tänzer ihre Berufsfähigkeit durch eine besondere Prüfung unter Beweis stellen mußten, wurde sie mit Jahresbeginn 1937, nach der Entlassung Labans von all seinen Ämtern. Unter dem neuen Namen "Deutsche Meister-Stätten für Tanz" unterstand sie Rolf Cunz, dem Referenten für Tanz im Propagandaministerium.

Rolf Cunz war Tänzer, Tanzkritiker und -publizist, hatte 1927 auf der Insel Fehmarn laienkünstlerische "Tanzsommer" veranstaltet und 1928 als Dozent die Abteilung "Stil und Kritik" der Folkwangschule Essen übernommen. 1935 wurde er von

Goebbels ins Propagandaministerium berufen. Dort war er besonders darum bemüht, die weltanschauliche Gleichschaltung im Tanz durchzusetzen und alle "unzuverlässigen" Kräfte, zu denen für ihn auch die früheren Ausdruckstänzerinnen und -tänzer wie Laban, Wigman und Palucca zählten, beiseite zu schieben. Cunz legte fest, daß die "Deutschen Meister-Stätten" bei der Ausbildung des tänzerischen Nachwuchses besonderes Augenmerk auf den Bühnentanz zu richten hatten. Die examinierten Tänzerinnen und Tänzer in die Theaterkompanien zu vermitteln, besaß für ihn erste Priorität. In der Presseerklärung zum Direktionswechsel schrieb er: "Die bisherige Arbeit in den Meister-Stätten, denen im Laufe der Zeit in anderen Gauen bestimmte Zweigstellen mit besonderen Aufgabengebieten angegliedert werden, galt vor allem dem fortschreitenden Nachwuchs freier Tänzer. Es hat sich herausgestellt, daß eine Reihe von sonst guten Fachschulen die allgmeinen technischen und künstlerischen Berufsvoraussetzungen für diesen Nachwuchs noch nicht zu geben vermögen. Jedoch besteht augenblicklich stärkster Bedarf nach berufsfertigen Bühnentänzern und einem leistungsfähigen Nachwuchs an Tanz-Regisseuren. Aus diesem Grunde werden zur Zeit sämtliche erwerbslosen und stellungssuchenden Tänzerinnen und Tänzer erfaßt und entsprechenden Leistungsprüfungen unterzogen, um zunächst dem bestehenden System mangelhafter Begabung und Ausbildung [gegen] zu steuern. Die Führung der Meisterklassen unterliegt bis zum Frühjahr einem systematischen Prüfungsausgleich, damit sich die verschiedenen Disziplinen des künstlerischen Tanzes bis dahin so ausgerichtet haben, daß die betreffenden Meisterschüler nach erfolgtem Abschluß auch wirklich praktisch eingesetzt werden können."[10]

Neben den "Deutschen Meister-Stätten" fand nach wie vor die tänzerische Grundausbildung in den dafür zugelassenen privaten Schulen statt. Durch genaue Lehrplan- und Prüfungsvorgaben waren die Bühnentanzlehrer zwar den nationalsozialistischen Richtlinien verpflichtet, hatten aber dennoch innerhalb des Lehrplans weitgehend künstlerische Freiheit. Entscheidend war die Einhaltung der Anordnung Nr. 48 der Reichstheaterkammer vom August 1935, mit der die Lehrinhalte geregelt wurden. Danach mußten die Absolventen der privaten Schulen ihre Reifeprüfungen zur Erlangung der Berufserlaubnis nach der vorgegebenen Schul- und Lehrordnung vor Kommissionen der Reichstheaterkammer ablegen. Als Lehrfächer wurden festgelegt: "deutsche Tanzform", "klassische Tanzform", "Volkstanzformen", "musikrhythmische Erziehung", "Körperkunde" – wozu auch Erb- und Rassenkunde zählte –, "Tanzkunde", d.h. Grundlagen der Bewegungslehre und "Stilkunde", d.h. Tanz-, Musik- und Kostüm-Geschichte. Die "deutsche Tanzform" umfaßte tänzerische Körperbildung durch natürlich-organische Übungen sowie rhythmische und melodische Improvisationen, außerdem "Laientanz-Gestaltung" in "Entwurf und Führung eines freien Reigens oder Tanzspiels" und schließlich "Kunsttanz-Gestaltung" mit Improvisations- und Kompositionsaufgaben. Insgesamt wirkten die Ausbildungsanforderungen sehr ausführlich, aber die Maßstäbe, die an die Ausführung angelegt wurden, hielten nicht immer das, was die wohlklingenden Titel versprachen. Daher wurde in den Fachzeitschriften häufig Klage über technische Mängel in der Ausbildung geführt.

Leistungsschauen sollten das Niveau verbessern helfen. Als solche dienten nicht nur die Tanzfestspiele bzw. -wettspiele von 1934 bis 1936, sondern auch die ab 1937 in Berlin eingeführte "Stunde des Tanzes". Als Veranstaltungsreihe im mehrwöchigen Abstand stützte sie – wie es in der Ankündigung hieß – die "Begabtenauslese und Förderung". Von Vertretern der "Fachschaft Tanz", der Berliner Stadtverwaltung, der "NS-Kulturgemeinde", der "NS-Gemeinschaft Kraft durch Freude" und von den Ballettmeistern der Staatsoper und des Deutschen Opernhauses wurden diejenigen Nachwuchstänzerinnen und -tänzer ausgewählt, die bei dieser Veranstaltung auftreten durften und darin eine besondere Würdigung erfuhren. All diese Maßnahmen, zu denen noch persönliche Auszeichnungen wie die Verleihung des Titels "Meistertänzer" durch Goebbels zählten, dienten dem einen Ziel: den Tanz in den Dienst der nationalsozialistischen Machthaber zu stellen und deren Herrschaft zu sichern.

Mit der organisatorischen "Gleichschaltung" ging die ideologische einher. Die Nationalsozialisten fanden auch unter den Tänzern schon vor 1933 und erst recht danach kooperationswillige Mitarbeiter. Die Funktionäre, die den Tanz nach nationalsozialistischen Prinzipien ausrichteten, kamen selbst vom Tanz, waren Kunst- oder Gesellschaftstänzer, Tanzpädagogen, Theaterleute, Schriftsteller und Kritiker. Hinzu kamen die prominenten Tänzerinnen und Tänzer, die nach 1933 weniger aus ideologischer Überzeugung, sondern um die vom Staat gebotenen Chancen für die Verbesserung der tänzerischen Situation zu nutzen, an der Organisation des Tanzlebens mitarbeiteten und damit – wenn auch absichtslos – so doch wirkungsvoll zur "Gleichschaltung" beitrugen. Die Führerrolle, die z.B. Laban und Wigman im Tanzleben eingenommen hatten, wirkte sich in dieser Situation verhängnisvoll aus, denn gerade durch die Mitarbeit der Prominenten fühlte sich die Mehrzahl der an Politik desinteressierten Tänzer in ihrer kritiklosen Haltung gegenüber der neuen Regierung bestätigt. Fritz Böhme, der als Kritiker in den 20er Jahren zu den wichtigsten Förderern des Ausdruckstanzes gezählt hatte, wurde ein ebenso engagierter Verfechter der nationalsozialistischen Tanzideologie wie Gustav Fischer-Klamt, der als Tänzer und Tanzpädagoge in der Schule seiner Frau Jutta Klamt und als Interessensvertreter in der "Deutschen Tanzgemeinschaft e.V." gewirkt hatte. Gemeinsam mit Funktionären wie Rolf Cunz, Rudolf Sonner oder Rudolf Bode und anderen Publizisten, Tänzerinnen und Tänzern verfochten sie die Ansichten von der völkisch-rassischen Bedingtheit des Tanzes und seiner Aufgaben im nationalsozialistischen Staat. Sie diffamierten den Individualismus im Ausdruckstanz der 20er Jahre und hoben demgegenüber die gemeinschaftsbildenden Effekte des chorischen Tanzes hervor. Damit übertrugen sie die nationalsozialistische Mystifizierung der "Volksgemeinschaft" auf das Gebiet des Tanzes.

In nationalsozialistischer Ideologie war das "Volk" der alles bestimmende Maßstab. Definiert als "nordisch-germanische Rasse" und "deutsche Blutsgemeinschaft" wurde das "Volk" und die "Arterhaltung" und "Reinhaltung" der "arischen" Rasse zum obersten Gesetz erklärt. Ein "deutsches Wesen" wurde propagiert, das seine Bestimmung aus Volksverbundenheit und rassischem Selbstbewußtsein zog. Die Nationalsozialisten deklarierten ihre Zielsetzungen zum "Volkswillen" und sich selbst zum Erfüller der gleichsam naturgesetzlichen Aufgabe. Anläßlich der Reichstheaterwoche Wien 1938 erklärte Goebbels: "Auch der Baum, die Pflanze und die Blume können nicht gedeihen, wenn man dem Unkraut das Recht gibt, sich frei zu entfalten. [...] Stellt man nun an mich die Frage, wer denn das Recht habe, darüber zu bestimmen, was Baum und Pflanze und Blume und was Unkraut sei, so kann ich darauf nur zur Antwort geben: Dieses Recht allerdings besitzen w i r. Dieses Recht leiten wir ab von der Macht, dieses Recht auszuüben. Und diese Macht gibt uns das Volk, dessen letzte und entschlossenste Willensvollstrecker wir sind."[11] Wer sich dem nicht beugte, widersetzte sich dem "Volk" und mußte demnach aus der "Volksgmeinschaft" ausgestoßen werden. Entsprechend wurde die Kunst der 20er Jahre als Kunst einer "rassisch überfremdeten Zeit", als "eine Sumpfblüte der demokratischen Asphaltkultur"[12] gesehen, die es zu bekämpfen galt. Goebbels erklärte: "Diese modische Asphaltkultur ist dem Deutschen art- und wesensfremd, und deshalb entspricht sie auch nicht unserem tiefsten Volksempfinden. Sie kann deshalb auch das Volkstum nicht pflegen, ganz im Gegenteil, sie geht darauf aus, das Volkstum in jeder Beziehung zu vernichten. Das Volkstum aber ist der Boden, aus dem jede gesunde Kunst, auch die moderne und modernste, kommt und kommen muß. Wir sehen in der Kunst den höchsten schöpferischen Ausdruck einer artgleichen Blutsgemeinschaft. [...] Die Nation ist Nährboden jeder schöpferischen Kraft. [...] Das Nationale ist bei der Kunst selbstverständlich. Internationale Kunst, dieser Ausdruck ist ein Widerspruch in sich."[13]

Ähnliche Vorstellungen waren den Tänzern nicht unbekannt. Zum Beispiel hatte Laban seine Tanzphilosophie seit den Anfängen auf dem Monte Verità auf einer nationalen Basis begriffen. Für ihn war Tanz keine internationale Kunst, sondern in den jeweiligen Ausprägungen erwachsen aus kultureller Geschichte und nationaler Identität. Er sah – genau wie Mary Wigman später – im neuen, freien Tanz eine spezifisch deutsche Erscheinung, deren künstlerische Form nur vor dem besonderen Hintergrund der deutschen Kulturgeschichte hatte entstehen können. In der germanischen Überlieferung suchte er z.B. Anfang der 20er Jahre die Vorbilder für die Zeichen seiner neuen Tanzschrift. 1923 schrieb er : "Es ist anzunehmen, daß bei allem Verfall und gärenden Chaos, das uns umgibt, irgendwelche positiven Ströme durch unsere Rassewelt fluten und daß diese, die einst die Schriftrune formten, heute die Rune in dem lebendigen Leib erstehen lassen, um uns die Möglichkeit zu geben, das ewige Gesetz zu verdichten und zu verkünden."[14]

Die metaphysisch orientierten Ausdruckstänzer sahen nicht sich selbst, sondern einen überpersönlichen "Ausdruckswillens" als Ausgangspunkt ihres Tanzes. Mary Wigman verstand sich als "Instrument", als Dienerin und Priesterin einer mystischen "Idee". Diese war für sie das Leben selbst, der ewige Zyklus menschlicher Existenz, der Ablauf von Sterben und Werden. Der Tanz schien ihr ein absolut gesehenes Gesetz, dem der Tänzer unterworfen war. Nicht der Mensch bestimmte letztlich seinen Tanz, sondern er war nur Mittler der in ihm sich Form verschaffenden "Idee" des Lebens.

Dieses Menschen- und Lebensverständnis wurde in das nationalsozialistische Tänzerbild reibungslos integiert, indem die überpersönliche "Idee" durch das "Volk" ersetzt wurde. Der Tänzer sollte weiterhin Mittler sein, aber nicht mehr "Instrument" des religiösen Prinzips eines natürlichen, allmächtigen Lebens, sondern der Tänzer im Nationalsozialismus sollte "Instrument" der völkischen Idee sein. So schrieb – in Abrechnung mit dem Ausdruckstanz und damit mit seinem eigenen künstlerischen Werdegang – Gustav Fischer-Klamt 1936 in einem Artikel zur "rassegebundenen Tanzerziehung" über die "deutsche Tanzkunst": "Diese Tanzkunst gliederte sich in eine Reihe an Persönlichkeiten gebundener Stilformen mit den zugeordneten individuellen Bewegungslehren und Pädagogiken. Es zeigte sich dem Außenstehenden ein Vielerlei individueller pädagogischer Wege. [...] Daß diese Epoche als Erscheinung doch ein reges Tanzschaffen bot, darf nicht als besondere Rechtfertigung angeführt werden. Autoritätsansprüche subjektivistischer Lehren waren stets Zerfallserscheinungen der völkischen Kultur. Das Ganze war in einen unversiegbaren Strom von Schlagworten gehüllt, und die artfremde, anmaßende 'Tanzkritik' stand Posten gegen alles Artbesinnliche. Ohne Zweifel hat diese Epoche ihre besonderen Verdienste gehabt, sie mögen an anderer Stelle ihre Würdigung erfahren, aber das ist unbestreitbare Tatsache: es ist nicht gelungen, das aus natürlichen Quellen Gekommene auch unter dem objektiven Gesetz der Art weiterzuentwickeln. Es wurde keine objektive Pädagogik erarbeitet, sondern man erhob Subjektives (ohne Zweifel für den Zeitgenossen und Historiker Wertvolles) zum pädagogischen Gesetz. So wurde nun auch die Tanzkunst von der nationalsozialistischen Revolution mit dieser größten ihrer gestellten Aufgabe bedacht: den deutschen Menschen im Tanz zu formen! Ja, diese Tanzkunst bekam durch diese Anwartschaft noch mehr anvertraut, sie konnte von diesem neuen Menschen künden! Formung und Gestaltung des deutschen Menschen und voran als Priester, als Hüter der formenden und gestaltenden Kräfte – der Tänzer."[15]

Individualistische Ansätze galten als "Dekadenzerscheinungen" einer überholten Epoche. Dementsprechend wurden der Gemeinschaftstanz im Bewegungschor und der Theatertanz besonders gefördert. Allerdings fand auch der Podiumstanz weiterhin seine Unterstützung, sofern sich die Tänzerinnen und Tänzer nicht mehr auf subjektive Welterfahrung beriefen, sondern ihre solistischen Tänze gemäß dem nationalsozialistischen Kunstverständnis "volkstümlich" ausführten und dazu beitrugen, "Kraft durch Freude" für den Aufbau der nationalsozialistischen "Volksgemeinschaft" zu liefern. *H.M.*

Anmerkungen:

1) Joseph Goebbels, "Du holde Kunst, ich danke Dir", in: Theater-Tageblatt, Festnummer, Berlin 10.Juni 1933, S. 50

2) Joseph Goebbels, "Moderne Kunst und Politik", in: Der neue Weg, Berlin 1933, 62. Jg. H. 6, S. 129

3) Goebbels, "Du holde Kunst, ich danke Dir", a.a.O., S. 51

4) Siegfried Bergengruen, "Der Tanz im Dritten Reich", in: Der Tanz, Berlin 1933, 6. Jg. H. 12, S. 5

5) zit n. Hildegard Brenner, Die Kunstpolitik des Nationalsozialismus, Reinbek 1963, S. 15; vgl. auch Reinhard Bollmus, Das Amt Rosenberg und seine Gegner. Studien zum Machtkampf im nationalsozialistischen Herrschaftssystem, Stuttgart 1970

6) Robert Ley, zit. n. Peter Reichel, Der schöne Schein des Dritten Reiches. Faszination und Gewalt des Faschismus, München/Wien 1991, S. 243

7) Carl Schönherr, "Der Deutsche Chorsängerverband und Tänzerbund im deutschen Theater", in: Der neue Weg, Berlin 1934, 63. Jg. H. 15 , S. 347

8) Vgl. "Tänzer und Tanzlehrer in der deutschen Reichsstatistik", in: Der Tanz, Berlin 1937, 10. Jg. H. 6, S. 22-24

9) Der Tanz, Berlin 1936, 9. Jg. H. 4, S. 16

10) Rolf Cunz, "Die Tanzbühne", in: Die Bühne, Berlin 1937, H.1/2, S. 17

11) zit. n. Ludwig Körner, "Wien wieder im Reich!", in: Deutsches Bühnen-Jahrbuch, Berlin 1939, 50. Jg., S. 6

12) Goebbels, "Moderne Kunst und Politik", a.a.O., S. 128

13) ebd.

14) Rudolf von Laban, "Über Choreographie und Tanztheater", in: Deutsches Musikjahrbuch, hg. v. Rolf Cunz, Essen 1923, 1. Jg., S. 238

15) Gustav Fischer-Klamt, "Rassegebundene Tanzerziehung", in: Deutsche Tanz-Zeitschrift, Berlin 1936, Jg. 1 H. 7, S. 141

Die geistigen Grundlagen für Körperbildung und Tanz im Nationalsozialistischen Staat (1933)
Sonderdruck der Deutschen Kultur-Wacht
Reichsorgan des Kampfbundes für Deutsche Kultur
Richtlinien, herausgegeben vom Kampfbund für Deutsche Kultur: Fachgruppe Körperbildung und Tanz Reichsverband Deutscher Turn-, Sport- und Gymnastiklehrer im NS.-Lehrerbund: Fachschaft Gymnastik und Tanz

Die Gymnastik
Nationalsozialistische Welt- und Lebensanschauung ist unlösbar enthalten in den beiden Worten "Blut und Boden". Die Worte bedeuten die Verwurzelung des Menschen nach innen und nach außen und stellen den Menschen hinein in die lebendige Gesetzmäßigkeit, welche diese beiden Bezirke seines Seins durchwaltet. Das Blutskräftige und Bodenständige wird fortan der Wertmesser sein, den wir an alle Kulturbetätigung des deutschen Volkes, ganz besonders an die Erziehung und vor allem an die Leibeserziehung stellen werden. Denn tiefer als das Denken ist das Körperlich-Seelische verbunden mit dem Ursprung seiner Herkunft, dem deutschen Mutterschoß und dem kreisenden Blutstrom. Nur eine Leibeserziehung, welche dieser Doppelheit von Blut und Boden unterworfen ist, wird in Zukunft bestehen können. Mit einem mächtigen Sprunge hat der Nationalsozialismus den jungen Deutschen den dumpfen Höhlen unnötiger Gelehrsamkeit entrissen und ihn hinausgestellt in Wind und Wetter, in Regen und Sonnenschein, und in mächtigem Strom ergießt sich der Atem der Natur wieder hinein in vertrocknete und verstaubte Menschenseelen. Aber eine zweite Natur ruht tief im Innern der Menschen und will sich auf umgekehrtem Weg entfalten, von innen nach außen. Dafür den Weg zu bereiten, den Durchbruch von innen nach außen zu erleichtern, ist die Aufgabe einer deutschen Gymnastik.

Da die alte Leibeserziehung diese zweite Aufgabe zu sehr vernachlässigte, ist sie nicht durchgedrungen zu einer totalen Erfassung des jungen Menschen. Sie hat ihn wohl kräftig und stark gemacht, aber ihm zugleich etwas genommen, was schwer wiederzugewinnen ist: die echte Elastizität der Jugend, welche ja gerade auf dem Doppelspiel von Eindruck und Ausdruck ruht. Erst beide Fähigkeiten zusammen bilden den Körper, das Wort Bildung verstanden in seinem ursprünglichsten Sinne als Herausgestaltung des Bildes lebendiger Schöpfung. Und keineswegs steht die Betonung der bildenden Kräfte im Menschen im Gegensatz zu der dringlichsten Aufgabe unserer Zeit, der Erziehung der deutschen Jugend zu höchster Wehrhaftigkeit. Der Wert der Wehrübungen für die Entwicklung der Willens- und Entschlußkraft, der Geräteübungen für die Steigerung des Mutes ist außer allem Zweifel, trotzdem bleibt für den Pädagogen in der Leibeserziehung noch ein weites Feld der Betätigung, das von der Leibeserziehung des 19. Jahrhunderts zu sehr brach gelassen und erst durch die deutsche Gymnastik erschlossen wurde: die richtige, natur- und geistesbestimmte Bewegung des menschlichen Körpers, die als Voraussetzung anzusehen ist für jede echte Leistung, mag deren quantitative Seite mehr betont sein, wie in der straffen Leibeserziehung und im Wehrsport, oder mehr deren qualitative Seite, wie in der handwerklichen, künstlerischen, sprachlichen Leistung.

Eine deutsche Gymnastik ruht auf der Erkenntnis sachlich faßbarer und unwiderlegbarer Gesetzmäßigkeit der menschlichen Bewegung und hat die Aufgabe:

1. alle Leibesübungen dem Gesetz der Leistung mit relativ geringstem Kraftaufwand zu unterstellen. Insonderheit ist sie von grundlegender Bedeutung

a) für die Erziehung zum Staatsbürger, indem die Voraussetzung für die Totalität des Staates die organische Totalität des Einzelnen ist, in gleichem Sinne, wie an einem Baum jedes einzelne Blatt dem Ganzen dient und gleichzeitig doch ein individuell Geformtes darstellt. Ein Mittel u. a. zu dieser Erziehung ist die Entwicklung des Sinnes für einheitliche Lebensäußerungen in den Bewegungen des menschlichen Körpers;

b) für die Erziehung zur Wehrfähigkeit, indem sie lehrt, jede geforderte körperliche Aufgabe so zu lösen, daß aus dem richtigen Zusammenspiel aller Kraftquellen sich eine gesteigerte Leistung in Angriff und Verteidigung ergibt, da die Fähigkeit zur schnellen Reaktion sich vereint mit der Fähigkeit, die gesteigerte Kraft sowohl an der richtigen Stelle als im richtigen Augenblick einzusetzen. Beim Marschieren lehrt sie das Gesetz rhythmischer Schwingung, d. h. des richtigen Wechsels von Spannung und Lösung in der Bewegung zu erfüllen;

c) für die Erziehung zum Muttertum, indem eine wiedergewonnene Einheit seelischer und körperlicher Äußerungen das Stärkerwerden ursprünglicher Instinktkraft und des Sinns für die eigentliche Bestimmung der Frau zur Folge hat;

d) für die Berufstätigkeit, indem sie die Gefahr beseitigt, die in der einseitigen Arbeit für die körperliche Elastizität und dadurch auch für die seelische Gesamthaltung von Kopf- und Handarbeitern entsteht;

e) für die Unterrichtstätigkeit, indem sie einmal dem Lehrer die Fähigkeit verleiht, mit seiner gesamten Persönlichkeit durch

Wort und dazugehörige, richtige Bewegung die Kinder zu fesseln, andererseits den Kindern die Gabe erhält, nicht nur nachdenkend, sondern auch mitlebend dem Unterricht zu folgen.

2. Den Augensinn des Deutschen für organische Bewegungsvorgänge so zu steigern, daß er in ganz anderem Grade als bisher empfänglich wird für ursprüngliche Äußerungen, deren Stärke immer der ungebrochenen Lebendigkeit des Bewegungsvorganges gemäß ist.

3. Die Verbindung zwischen Leibesübung und den kulturellen Äußerungen der Nation herauszustellen. Insbesondere hat sie als Bewegungslehre die inneren Voraussetzungen für die Verwurzelung des Theaters in der Erlebnisfähigkeit des Volkes zu schaffen, indem erst durch die volle Entwicklung des Bewegungssinnes ein tieferes Verständnis für den Zusammenhang von Wort und Gebärde und dadurch eine Wechselwirkung von Schauspieler und Zuschauer geschaffen wird. In gleichem Sinne ist die Entfaltung der körperlichen Bewegung als wichtigste Voraussetzung einer organisch betonten Musikerziehung anzusehen.

4. Die Ausdruckskraft des Deutschen durch Freilegung seines heute stark gehemmten Bewegungslebens so zu steigern, daß er wieder in den Vollbesitz ausstrahlender und auf seine Volksgenossen wirkender seelischer Kräfte kommt. Denn auf der Fähigkeit der seelischen Wechselwirkung ruht der Zusammenhang der Nation.

Der Tanz

Über keine Äußerung des deutschen Kulturlebens herrscht eine solche Verwirrung der Meinungen, wie über den Tanz. Während man dem Tanz im Mittelalter und auch noch im 18. Jahrhundert eine überragende Bedeutung und Bewertung als Äußerung des ständisch gegliederten Volksganzen zusprach – wir erinnern an die zahllosen Volkstänze des Bauernstandes und der Zünfte, an die Tanzkultur des Ritterstandes und der Höfe –,finden wir im 19. Jahrhundert zugleich mit dem Hochkommen des Intellektualismus und der damit verbundenen Unterschätzung des Körperlichen ein Absinken der Tanzkultur bis auf die Ebene der heutigen Modetänze mit ihren rein kombinatorischen Schrittfolgen und einer nur noch den primitivsten Stampfschritt markierenden Musik.

Die Wende ist nur dann gegeben, wenn man sich grundsätzlich zu der Auffassung bekennt, daß keine echte Kultur denkbar ist ohne die Unversehrtheit der körperlichen Ausdruckskraft und der Tanz als eine der edelsten Äußerungen deutscher Kulturgesinnung zu gelten hat, sei es im Volkstanz, Kunsttanz, Gesellschaftstanz oder im Bühnentanz und Bewegungschor. Und die Wende ist auch nur dann gegeben, wenn man weiß, daß diese Aufgabe nicht von heute auf morgen zu lösen ist, sondern kräftigster Zusammenarbeit aller Volksgenossen, Verbände und Behörden bedarf.

Grundsätze zur Neugestaltung des Tanzes in Deutschland

1. Grundsatz: Der Tanz ist allseitig als eine Äußerung gesunder Volkskraft zu bewerten. Wahre Volkskraft ist immer zugleich seelischer Reichtum, der sich strömend in die gesamte Volkskultur ergießt, sie immer neu gestaltend in Bauten und Bildern, sie immer neu erfüllend mit Liedern und Tänzen. Der strömende Charakter echter Volkskultur enthält zugleich das bindende Element des Menschen zu dem strömenden Wesen der großen Natur, welche ihn umgibt.

2. Grundsatz: Diese beiden Äußerungen gesunder Volkskraft – das sich Entladende und das strömend Bindende – geben auch dem Tanz sein Charakteristisches. Beim Mann entladet sich die Kraft in tanzenden Bewegungen, wobei einerseits der Stampf- und Schlagrhythmus (vgl. Schwertertanz des Mittelalters, Schuhplattlertanz in Oberbayern), andererseits die Kraftentfaltung in der Bezwingung des Körpergewichts (Springtanz) als widerständlich bevorzugt wird, bei der Frau als Äußerung schwingender Mächte. Ihre tiefere Verankerung im rhythmischen Kreislauf alles Geschehens offenbart sich in der freien schwebenden Bewegung.

3. Grundsatz: Aller Zusammenhang getrennter Wesen kann sich nur in der gemeinsamen Bewegung bezeugen. Das Volk findet sich zusammen im Tanz, in der kreisenden lustbetonten Bewegung des Ganzen, ohne aber das Dasein des Einzel-Ichs preiszugeben, denn aller Tanz ruht auf dem Eros, d. h. auf der Kraft der Erlebnisfähigkeit des seelischen Ausdrucks des Mitmenschen. (Den Eros mit dem Sexus verwechselt zu haben, bleibt eines der traurigsten Kapitel der intellektuellen Tanzzivilisation.) Daraus folgt, daß beim Tanz zu zweien nur eine gewisse räumliche Ferne der Körper von der Tanzbeseeltheit der beiden zeugt, niemals aber jene chaotische Verschmelzung der Linien, wie sie der undeutsche Tanz der Gegenwart zeigt.

4. Grundsatz: Aller Tanz ist auf das engste verbunden mit der Musik. Es ist ausgeschlossen, eine Tanzkultur schaffen zu wollen, solange die Musik zur "Begleitung" herabgewürdigt wird, statt mit der Bewegung in polarer Spannung eine Einheit zu bilden, die aus demselben Mutterschoß der menschlichen Seele geboren ist. Die Mitwirkung der besten Musiker zur Reform des Tanzes ist eine unbedingte Notwendigkeit.

5. Grundsatz: Aller Kunsttanz muß seinen Ursprung und Widerhall in der Bewegungsfreude und in der Bewegungssprache des Volkes haben. Die Bewegungen sind gesteigert
- in Hinsicht auf die feinere Verästelung der Bewegung,
- in Hinsicht auf die stärkere Spannung zwischen Bewegung und geistiger Formung,
- in Hinsicht auf die Durchgestaltung der Raum- und Zeitbilder der Bewegung,
- in Hinsicht auf die geringere äußere Mitwirkung der Zuschauer.

Während es Aufgabe des Volkstanzes ist, den Zuschauer körperlich mitzureißen in den kreisenden Wirbel des Tanzes, ist es Aufgabe des Kunsttanzes, den Zustand des Schauens zu steigern durch den Ausdruck der seelischen Kraft des Tanzenden.

6. Grundsatz: An die Lehrer der Tanzkunst sind die gleichen Anforderungen zu stellen, wie an jeden, der als Erzieher am Wiederaufbau des Volkes arbeitet. Es wird die Forderung erhoben, daß aller Dilettantismus auf dem Gesamtgebiete des Tanzes so schnell als möglich durch geeignete Maßnahmen der Behörden zu beseitigen ist:
- durch Ausschaltung aller unzulänglich Vorgebildeten,
- durch Fortbildungskurse aller berufstätigen Lehrer der körperlichen Bewegung,
- durch Gründung einer Hochschule für körperliche Bewegung für die Ausbildung des Nachwuchses.

7. Grundsatz: Die Ausbildung für den Bühnentanz ist so zu gestalten, daß die straffen Anforderungen der Bühne in Einklang gebracht werden mit der Forderung unmittelbarster Wirkung auf den Zuschauer. Jeder Rückfall in die alte Ballettechnik ist ebenso zu bekämpfen, wie ein Anheimfallen an ein schwächliches, spannungsloses Sichgeben, wie es im Mißverstehen der elementaren Voraussetzungen des Tanzes im letzten Jahrzehnt leider allzu oft als Kunsttanz ausgegeben wurde.

Ohne den Einsatz körperlich-seelischer Kräfte gibt es keine wahre Tanzkunst, sondern nur ein Hervorbringen toter Bewegungskunststücke, wobei der Körper erniedrigt wird zum Instrument geometrischer und arithmetischer Figurenakrobatik. Das Kennzeichen jeder echten Bewegungskunst ist das gleiche wie das jeder echten Musik: Der überspringende, kraftverleihende Funke, das Aufbrechen verborgener Kräfte, das spürbare Hinauswachsen des Einzel-Ichs in die Gemeinschaft mit dem Volke und mit dem Göttlichen.

Kampfbund für Deutsche Kultur
Reichsleitung: gez. Staatskommissar Hans Hinkel, M. d. R.
Fachgruppe Körperbildung und Tanz: gez. Dr. Rudolf Bode
Reichsverband Deutscher Turn-, Sport- u. Gymnastiklehrer e. V. im NS.-Lehrerbund
Reichsleitung: gez. Gustav Schäfer, Standartenführer
Fachschaft Gymnastik und Tanz: gez. Dr. Rudolf Bode

Signet der "NS-Kulturgemeinde"

Weltanschaulicher Appell an das deutsche Tänzertum (1936)

von Gustav Fischer-Klamt

Jedesmal, wenn die Vorsehung ein Volk dazu ausersehen hat, Träger der notwendigen Weiterentwicklung zu sein, ist damit ein Ruf an alle verbunden: ein Ruf, der das Volk zu den natürlichen Lebenskräften zurückführt, die ihm dann zum gewaltigen Auftrieb auf allen Gebieten werden. Dieser Ruf gleicht einem großen Appell, der die auszeichnet, die ihn in seiner vollen Bedeutung mit dem Herzen aufnehmen. So wurde auch das politische Wendejahr 1933 zum Appell der Tänzer. Die nationalsozialistische Weltanschauung formt unaufhaltsam das Leben des Volkes. Von der Tiefe der Umgestaltung – also nicht nur von der organisatorischen Eingliederung – hängt es ab, ob der deutsche Tänzer in der Lage war, dem an ihn ergangenen Ruf Folge zu leisten und sich dadurch einen seiner Bedeutung entsprechenden Platz innerhalb des gegenwärtigen und zukünftigen Wirkens zu schaffen. Diese Umgestaltung ist für den Tänzer daher ein zwingendes Muß. Dies ergibt sich aus der Besonderheit des Menschen als ein körperlich-seelisch-geistiges Wesen. Die rassische Eigenart verlangt eine einheitliche Ausprägung und Entfaltung dieses Wesens, d. h. die Totalität. Solange dieselbe erhalten bleibt, steht das Volk unter dem Zeichen einer kraftvollen, gesunden Entfaltung, die in einer hochentwickelten Zukunft ihren unmittelbarsten Ausdruck findet; denn die letzte Formung des Tanzkunstwerkes ergibt sich aus der rassischen Eigenart des Volkes und seiner Tänzer. Ist aber diese einheitliche – totale – Ausprägung der rassisch bedingten Erbkräfte nicht gegeben, vielleicht durch Mißachtung der natürlichen Gesetze des Lebens, also durch menschliche Unartigkeiten, so artet dies in rassische Entartung bis zum völkischen Zerfall aus.

Die Geschichte des Tanzes zeigt uns – und die tanzwissenschaftliche Forschung erklärt uns die Gesetzmäßigkeit dieses Geschehens –, daß aufsteigende Völker immer über eine hochentwickelte Tanzkunst verfügten. Dagegen geht dem völkischen Zerfall immer der Niedergang der Tanzkunst voraus. Im ersten Fall herrschte eine natürliche leibbejahende Weltanschauung. Gymnastik und Tanz begleiteten die ganze Lebensform dieser Menschen, sei es nun als Erziehungsform, als Kultform oder als Wehrform. Im Gegensatz dazu zeigen die Zerfallsformen ein Auseinanderbrechen der Einheitlichkeit. Die Leibachtung wandelt sich in Leibächtung und Leibmißbrauch. Die Tanzkunst, ehedem von unten nach oben gewachsener Allgemeinbesitz des Volkes, wird jetzt zur Schau- und Leibdarstellung erniedrigt. Die Erziehung nimmt eine leibfeindliche Stellung ein und die Kirche wird zum Tanzfeind und entwurzelt ihn dadurch. Nicht mehr erziehungsgebunden, nicht mehr kultgebunden wird er zum Objekt effekthafter Darstellung. Der Tänzer verliert seine eigentliche Sinnhaftigkeit. So war ungefähr die Lage des Tänzertums in der Zeit nach dem Verfall der griechischen Blütezeit. 2000 Jahre währte die Auseinandersetzung und erst ganz langsam kam das Bewegungserlebnis wieder zum Bewußtsein des Menschen, und zwar da, von wo aus die vorchristlichen Kulturen ihre formende Kraft hernahmen: im Heimatraum des nordischen Menschen.

Doch die Wiederbesinnung ging sehr langsam, die Befreiung von allen Schlacken ging von Noverre über Duncan bis zu den zeitgenössischen Reformatoren ganz langsam vor sich. Bei dem Bauer hat sich wohl natürliches Tanzgut am längsten erhalten, doch alle anderen Stände fielen der Unnatürlichkeit anheim. Zuerst faßte die von Westen herkommende Überfremdung – Feuillet und Noverre waren die erfolgreichen Botschafter – bei den oberen Ständen Fuß. Das Bürgertum folgte langsam nach und war stets fleißig bemüht, westische Art in den gesellschaftlichen Kodex aufzunehmen. Die Erziehung fand unter dem Auftrieb der humanistischen Strömungen relativ bald wieder zum Bewegungserlebnis zurück; die deutschen Philanthropen begannen schon damit, die einheitliche Erziehung von Körper und Geist in die Tat umzusetzen. Das Tänzertum dagegen schien die Stimmen seiner Zeit nie gehört zu haben, es verlor die Bindung mit dem Volk gänzlich und war noch um die Jahrhundertwende eine wenig achtunggebietende Angelegenheit. Wie stark dies in das Bewußtsein des breiten Volkes eindrang, ersehen wir selbst noch daran, daß man sich im allgemeinen noch scheut, bei der Aufzählung der Künste die Tanzkunst zu nennen. Doch die Entwicklung nahm hier außerhalb der Stätte des Theaters ihren Fortgang, und es formte sich im deutschen Raum zu Beginn des 20. Jahrhunderts eine arteigene Tanzkunst, die ihre Wurzeln in der Jugendbewegung und zum Teil in der Gymnastik hat und die unterdessen eine natürliche, dem deutschen Menschen entsprechende Methodik der Bewegungsgestaltung geschaffen hat, die zu den kühnsten Hoffnungen berechtigen darf.

Der nationalsozialistische Staat hat aus seiner Weltanschauung heraus ganz zum Bewegungserlebnis zurückgefunden. Seine Weltanschauung fing aus ihrer natürlichen Kraft heraus die abwärtsgleitende Tendenz auf. Er schuf überall die Voraussetzungen, die es ermöglichten, heute nach bald 3 1/2 Jahren nationalsozialistischer Umbrechung, Ergebnisse festzustellen, die noch vor 1933 nicht zu erhoffen waren. So hat die Leibanerkennung die Erziehung in einem Maße durch-

drungen, wie dies in den letzten 2000 Jahren nicht noch einmal festzustellen ist. Die Gymnastik hat eine Entwicklung durchgemacht, die zu den größten Erwartungen berechtigt.
Die Tanzkunst hat da, wo sie sich frei entfalten konnte, auf dieselben natürlichen Quellen zurückgreifend, ihre Entwicklung fortgesetzt. Sie hat erkannt, daß der Anspruch der Volksverbundenheit letzten Endes an die Bewahrung des Natürlichen gebunden ist. Aber auch aus dem Theatertänzertum heraus wurden Kräfte rege und drängten heraus aus der völkischen Isolierung. So haben wir aus den verschiedenen geschichtlichen Voraussetzungen heraus und ganz besonders aus den verschiedenen geistigen Haltungen heraus in der Gegenwart noch zwei Tanzstrebungen. Beide machen aus sich heraus Entwicklung und Klärung durch, ohne daß es notwendig wäre, daraus einen Gegensatz zu konstruieren. Es sind zwei verschiedenartige Welten, die letzten Endes im Rassischen ihre Verwurzelung haben. Verschiedenartigkeit ist keine Wertung, aber Verschiedenartigkeit verlangt Reinheit. Die Jugend, die heute durch die Schule des Nationalsozialismus geht, wird dann schon entscheiden, in welcher Form sie ihre Gefühle zum Ausdruck bringen wird. Doch ein Grundsatz politischer Ordnung muß, um eine fruchtbare tänzerische Weiterentwicklung zu gewährleisten, nach und nach Bestandteil des tänzerischen Denkens werden: Weltanschauungen lassen sich nicht mischen!
Diesem Grundsatz verdankt der Nationalsozialismus als politische Bewegung seinen Sieg, und so wird er auch dem neuen deutschen, erst ein Vierteljahrhundert alten Tanzringen seine letzte Ausprägung ermöglichen und so wird auch das Ballett aus sich heraus die Wurzeln wieder in die Erde senken. Jede andere Lösung ist unnatürlich und verzögert das tänzerische Aufbauwerk. Wir wollen hier zugeben, daß das tänzerische Wollen am Theater besondere Schwierigkeiten zu überwinden hat, denn es muß z.B. sein Tempo der Umgestaltung, der Umgestaltung des Theaters schlechthin anpassen. Unterstützt von neuer Schulung wird heute konsequenter denn je an der Haltung der Tänzer gearbeitet, um den deutschen Tänzer in die erste Reihe der Kulturträger dieses Staates einrücken zu lassen, so wie in seine eigene Tanzgeschichte neue Männer eintreten, die ihm eine solche Blickrichtung entzogen hat.
So reiht sich Heinrich Pestalozzi in die Tanzgeschichte ein. Es ist kaum später trotz der Fülle von zeitlich bedingter Tanzliteratur Bedeutenderes geschrieben worden: "Der Mensch wird nur durch die Kunst Mensch; aber so weit sie auch geht, diese Führerin unserer selbst, die wird uns selber erschaffen, so muß sie sich in ihrem ganzen Tun dennoch fest an den einfachen Gang der Natur anketten." In seiner Schrift "Über Körperbildung" schafft er die ersten Anfänge einer Systematik. Er klagt dann über den Tänzer seiner Zeit, denn ein Tanzmeister meinte, die freie und allseitige körperliche Bewegung der Zöglinge sei dem Tänzerstand wesentlich nachteilig. Er war aber auch der erste, der die Frage aufwarf, was wird für die körperliche Bildung (zu seiner Zeit Tanzen und Fechten umfassend) des Volkes und der Armen im Volke getan. Heinrich v. Kleist bot dem Tänzer seiner Zeit in seinem Marionettentheater eine vollkommene Gestaltungslehre, eine Lehre, die in nichts übertroffen werden kann. Und Ernst Moritz Arndt, dem sich aus lebendigem Bauerntum das Mysterium des Leibes und der Gestalt erschloß, wird erst heute von dem Tänzer neu entdeckt, nachdem der Nationalsozialismus eine neue Blickrichtung aufgezeigt hat, die letzthin zu einer ganz neuen, anders werdenden Tanzgeschichte führt.
So wie alle Gebiete in arteigener Form über ihren Anteil an dem großen Neugestaltungswerk Adolf Hitlers Zeugnis ablegen, so hat bereits ein großer Teil der deutschen Tänzerschaft zurückgefunden zu einer natürlichen, dem Menschen entsprechenden tänzerischen Form. Und bald werden sich alle eingereiht haben in die große Front der politischen Gestalter und so auch dem Tanz diese Stellung verschaffen, die einzunehmen er seinem Wesen nach berufen ist.
Tänzer sein heißt dann ganz eindeutig von der Offenbarung des Lebens im menschlichen Körper zu erzählen. Deutscher Tänzer sein heißt von diesem deutschen Menschen zu künden. Ein anderes Tänzertum ist Mißbrauch des Leibes, Degradierung der menschlichen Gestalt. Und allgemein gepflegt ist es das sicherste Mittel, die menschliche Totalität zu zerstören. Natürliches Tänzertum ist organischen Gesetzen unterworfen, es ist sichtbare Form – und Gestaltarbeit der menschlichen Formkräfte in gemeinsamer Wirksamkeit. – Wahres Tänzertum verpflichtet und amüsiert nicht, ist und scheint nicht, leistet und stellt nicht etwas dar, was gar nicht ist.

Die Aufgabe des Tänzers der Gegenwart (1936)

von Fritz Böhme

Wir bauen heute als armes und besitzloses aber gesundes und junges Volk unsere völkische Kultur auf. Die Jahre des nationalsozialistischen Aufbaus haben den Erweis gebracht, daß wir ein Volk sind, daß wir uns nach einem Willen ausrichten können und daß der Einstrom fremden Blutes bei uns nicht zum Kernverfall geführt hat. Die Wesentlichkeit der Rassenfrage wird in steigendem Maße auch von den Volksgenossen erkannt oder in das Fühlen aufgenommen, die bisher das Vorhandensein dieser Frage kaum geahnt hatten. Die Notwendigkeit weltanschaulicher und charakterlicher Geschlossenheit und Ausrichtung wird gefühlt und eingesehen und die Bemächtigungsmethoden zur Zersetzung des völkischen Seins sind entlarvt, in deren Gefolge Chaos und Schlamm, Isolierung und Wurzelverdorren, Erstarrung und Krampf ihre vernichtende Wirkung ausüben und zum Völkertod führen.

Wenn man die Frage stellt, welche Aufgabe der Tänzer in diesem nationalsozialistischen Ringen und völkischen Erwachen hat, und diese Frage muß sich jeder Tänzer, ja, darüber hinaus auch jeder Tanzende stellen, so wird die Antwort ganz kurz lauten: er hat die Aufgabe, im nationalsozialistischen Sinne zu leben und zu wirken, er hat sich wie alle anderen Volksgenossen zu einem politischen Soldaten Adolf Hitlers zu erziehen. Der alte Sinn des Tanzens als Ausdruck der Lebensfreude erfährt eine Erneuerung: es ist ein gesundes Frauen- und Männer-Ideal, das schlichten Frohsinn und innere Sauberkeit und Ehrlichkeit atmet, das sich seiner Lebenskraft freut und sie in stark geformten Rhythmen ausströmen läßt. Ich möchte hier nicht zwischen einem Tanz im Leben und einem Tanz als Kunst Unterscheidungen machen. Gewiß, es liegt auf der Hand, daß beide nicht dasselbe sind, daß sie verschiedene Aufgaben im Volksleben haben. Sicherlich wird man von dem Künstler des Tanzes ein bestimmtes, vielseitiges und bereites Können verlangen. Aber neben dem Können steht auch bei ihm an erster Stelle das Sein, und das kann für uns nur heißen: deutscher Mensch sein im Sinne des Nationalsozialismus. Nur dann wird er auch von der Bühne her in seiner Bewegung völkisch vorbildlich wirken können. Der Totalanspruch des Nationalsozialismus erstreckt sich auf alle Deutschen, auch auf den Tänzer. Das Völkische kommt auch hier zuerst und bestimmt auch hier unsere Stellung zum Internationalen, von dem auf dem Tanzgebiet immer noch viel zuviel die Rede ist. Weshalb will der deutsche Tänzer fremden Tanz besser können und kennen als unseren eigenen? Und wenn er meint, daß das, was als deutscher Tanz noch in unserem Volke lebendig ist, minderwertig und schwächlich ist, dann hat er sich nicht dem fremden in die Arme zu werfen, sondern hat die Aufgabe, an der Gesundung und Auferbauung des deutschen Tanzes in erster Linie zu arbeiten, auch des Tanzes, wie er in unserem Volk getanzt wird; tut er das nicht, dann erweitert er die Kluft, die zwischen Volkstanz und Kunsttanz da ist, dann hindert er den natürlichen Zustrom, der dem Kunstgebiet aus dem Wurzelbereich des völkischen Seins, aus Blut und Boden kommt und die Kunst gesund erhält, sie zum Ausdruck völkischen Seins und Lebens durch formende Gestaltung macht.

Auch der Tänzer muß zuerst auferbaut sein als deutscher Mensch und eingebaut sein in die nationalsozialistische Bewegung. Nicht nur äußerlich, sondern als ganzer Mensch mit Wollen, Denken und Fühlen. Diese innere Bildung muß der Tänzer sich erringen, denn sie erst kann sein Tun und Schaffen, auch sein Schöpfertum ausrichten. Sonst wird er es merken, daß im neuen Deutschland Eigenbrötelei abstirbt. Wehrmacht, Partei, SA., SS., HJ., BDM., Landjahr, Arbeitsdienst – das ist unser Volk. Hier wird der klar und echt Empfindende, der deutsche Mensch im nationalsozialistischen Sinne erzogen. Es hat keinen Sinn, sich etwa innerlich heimlich dagegen aufzulehnen. Das marschiert auch ohne die Zustimmung derer, die sich etwa dagegen wehren wollen. Und es ist ein harter Tritt, der alles, was, vom Deutschen gesehen, Bewegungsgrimasse ist, über kurz oder lang zertritt. Die Ehrlichkeit und Verantwortlichkeit ist keine Sache, die man in der völkisch ausgerichteten Gemeinschaft tun oder lassen kann, sondern die vollzogene Entscheidung zu Mitwirken oder Beiseitegeschoben werden. Auch des Tänzers Stunde ist heute. Tanz war immer da und bleibt, auch Tanzkunst wird aus der deutschen nationalsozialistischen Erneuerung aufblühen. Aber die Entscheidung, ob der Tänzer der Gegenwart und wie weit er mitwirkt, wird davon abhängen, ob er ein lebendiges Glied der lebendigen Volksgemeinschaft ist. Es sind viele Fragen auf dem Tanzgebiet noch offen und harren einer Lösung. Jeder der heutigen Tänzer hat die Ehre und genießt das Vertrauen, an ihnen mitarbeiten zu dürfen. Wenn wir Tänzer der Gegenwart ihre Aufgabe recht sehen, dann wissen und fühlen sie, daß sie Grundlagen für das Künftige schaffen müssen. Aber ihre Schöpfungen und Meisterstücke sind nicht nur der Erweis für ein individuelles Können, das ist auf dem Gebiet der Kunst selbstverständliche Voraussetzung, sondern sie sind vielmehr der Erweis dafür, ob sie die Einordnung in den lebendigen nationalsozialistischen Aufbruch der Zeit gefunden haben. Aber sie stehen ja nicht allein in dieser aus mancherlei Gründen für den Tänzer schwierigen Aufgabe. Wir alle ringen ja unter der Führung Adolf Hitlers um diese Einordnung, um das immer fester und klarer werdende innere Einssein unseres Volkes, um den rechten Weg in die deutsche Zukunft.

Nur, wer bei sich selbst anfängt, wird den ersten Schritt in das neue deutsche Leben und Erleben finden. Er muß das Ringen und Kämpfen um die völkische, auf Rasse gegründete Einheit im Wollen und Empfinden erleben, er muß die Weltanschauung, wie sie uns der Führer in seinem Buch, dem Schicksalsbuch des deutschen Volkes, "Mein Kampf", gegeben hat in sich lebendig erfahren haben, er muß die Entscheidung zu Gesundheit, Kraft, Ehrlichkeit und Geschlossenheit in sich vollzogen haben und die Abkehr von Eitelkeit und Romantizismus, Kunst, auch Tanzkunst, ist Dienst am Volk und im Volk, Dienst am Aufbau. Man kann nicht dienen, wenn man außerhalb des Volkes steht, und im Volke sein und leben, heißt nicht nur auf demselben Erdstrich neben ihm existieren. Kunst, auch Tanzkunst, ist nicht nur schillerndes Ausströmen des Individuums, sie hat zur Voraussetzung volksverantwortliche Persönlichkeitskultur. Nur da kann das Heilsame und in der Formwahl Wirkenswerte aufströmen, wo der einzelne Glied im Ganzen ist, wo ihm sein Schaffen und schöpferisches Tun aus diesem Einssein mit dem Leben des Volksganzen heraus Ausdruck der Schicksalsverbundenheit und des gemeinsamen Kämpfens um die Zukunft ist. Dienen durch Wortschaffen, Tonschaffen, Bildschaffen, Tanzschaffen, nicht herrschen wollen, sich hingeben an den inneren, unendlichen Reichtum an Erleben und Fühlen im Volk, nicht sich durch intellektuelle Kaltschnäuzigkeit über die unmittelbare Lebenswärme und Vitalität hinwegsetzen, nicht sich unempfänglich machen für Vertiefung in das Lebendige und Gesunde, wo es da ist, und alles besser wissen wollen! Auch der Tänzer hat neben der systematischen Erwerbung von bewegungsmäßigen Können schauend zu erleben, darf sich nicht auffressen lassen von der Sucht nach Erringen nur äußerlicher technischer Fertigkeit, sondern muß eintauchen in das große Erleben der Stunde, muß sich die Zeit für das innere Aufatmen lassen, wenn er vorbildend und vorlebend die Schätze der Zeit in seinem bildnerisch-tänzerischem Schaffen emporheben will, wenn er nicht nur den Wirbel des Rauschs und die Gaukelei einer leeren Form in seinen Schöpfungen über seine Volksgenossen ausschütten will, sondern aus seiner Seele zur Seele des zuschauenden Volksgenossen sprechen will.

Auch die Tanzkunst ist nicht nur Verzierung und Arabeske, sie hat wie alle Kunst ethische Aufgaben. Aus völkisch erzogener Schaffenskraft kann sie, die von der Bühne beeinflussend wirkt, Bollwerk sein gegen chaotische Grimasse, gegen ekstatische Umnebelung, gegen schwächende Verfeinerung, gegen brutalisierende Gemeinheit. Sie wird das aber erst leisten können, wenn sie sich ihr Gebiet in systematischem Erobern und Aufbauen in den Möglichkeiten und für unser Volk notwendigen Formen als Ausdruckssprache geklärt hat. Das heißt nicht absoluter Neubau, aber es heißt klare Ausrichtung. Es ist in der Vergangenheit auf dem Gebiet der Tanzkunst viel Gutes geschaffen und gefunden worden. Die wirklichen Errungenschaften der Vergangenheit, sofern sie unserm Volkswesen und Volkscharakter und dem Gebot der augenblicklichen Stunde entsprechen, nicht verwenden oder aus bloßer Neuerungssucht verwerfen wollen, wäre Vergeudung. Aber ebenso verkehrt wäre eine willenlose Auslieferung an das Gestrige, bloß weil es einmal die Menschen fasziniert hat. Heute ist die Stunde, die den Grund legen soll für die Zukunft. Nichts Fremdes kann und darf uns mehr Ideal sein und unsere Wege bestimmen. Aus unserer Mitte muß es aufstrahlen. Das ist nicht gleichbedeutend mit einer unfreundlichen Abschließung gegen fremde Leistung; gerade wenn wir selbst etwas leisten und uns um die eigene Leistung aus unseren besonderen Bedingungen heraus bemühen, werden wir fremde Leistung erst recht achten, auch in ihrer Unantastbarkeit und Unnachahmbarkeit. An der Erschließung des Tanzgebiets müssen wir arbeiten, als ob wir nur allein da wären. Wir wollen uns unser Haus bauen, auch bis in die kleinsten Steine, und keinen internationalen Tanztempel. Wir sind ein geschlossenes Volk und auch in der Gebärde und im rhythmischen Bewegungsausdruck wird diese Einheit, wenn sie nur als Notwendigkeit gefühlt wird, emporwachsen. Und das Über-die-Grenzen-strömen und sich Über-den-weiten-Raum-ergießen wird auch noch kommen: die Sehnsucht in die Ferne war immer germanische Art. Aber sie muß sich aus Kraft, nicht aus Schwäche erfüllen.

Klar und stark muß dieser Bau der deutschen bewegungsmäßigen Gestaltungskunst sein, und klar und durchdacht und durchfühlt der Erziehungsweg dessen, der in dieser Kunst formen will. Der Tänzer ist ein Former und Gestalter. Da er mit dem eigenen Leibe gestaltet, muß dieser Leib erzogen sein, nicht nur abgerichtet und gedrillt, muß mehr noch dieser Mensch zu einer klaren Schau über seine Verpflichtung gegenüber dem Volksganzen und über die Verantwortlichkeit erzogen sein. Er darf nicht verliebt in jede Regung sein, er darf sich als Individuum nicht selbst überschätzen, sondern muß wissen, in welchem Gesamtwerk er steht, in welchen ersten und zweiten Aufgaben, und muß sich entscheiden können und wehren können gegen triebhafte Anstürme aus dem eigenen Inneren, die bei dieser ganz nach außen gehenden Kunst nie ausbleiben werden. Und er muß um die Auswirkungen seiner Kunst wissen. Er muß wissen, daß die zur Schau gestellte rhythmische Gebärdengestaltung eine starke, innerlich beeinflussende Wirkung auf den Beschauer ausübt, muß wissen, daß eine gemeine Bewegung die Phantasie von Hunderten Menschen in Verwirrungen und Kämpfe reißen kann, die sie von Lebensnotwendigkeiten abziehen, er muß wissen, daß die Gebärde nicht nur den Tänzer verwandelt, sondern auch den Zuschauer, daß ein Rest alten Magier- und Schamanentums in dieser Tanzkunst als Schauwerk ruht. Er muß also um das Zerstörende ebenso wie um das Aufbauende wissen, das die geschaute Tanzkunst (und das gilt noch viel mehr von der im Gebrauchstanz vollzogenen eigenen Bewegung) ausstrahlt und unmerklich weitergibt. Von hier aus muß das ganze Gebiet gesehen werden, der Laientanz mit seinen Chorwerken, der Bühnentanz, der Gruppentanz und der solistische Tanz des Konzertsaals, der Volkstanz, der Gesellschaftstanz, es ist nicht gleichgültig, was für Formen und Rhythmen gepflegt werden, das geht bis in die elementarsten Bewegungseinheiten, und besonders wichtig ist die Beachtung der Gebärde, die der Tanzende im Volks- oder Gesellschaftstanz selbst vollzieht, da hier, wenn nicht das unserem Volkscharakter Entsprechende herrscht, eine Verwandlung in einen fremden Charakter unerläßlich vollzogen wird und das Wesen des Menschen, wenn auch nur für kurze, aber durch die rhythmische Lockerung um so aufgeschlossenere Zeitspanne verfärbt. Ebenso muß das Solistische beim Konzerttanz genau beachtet werden, der Solist darf nie Chaos, Umnebelung, Zerstörung durch seine Schöpfung in die Zuschauenden einströmen lassen, da er nicht die Möglichkeit bewegungsmäßiger Aufhebung dieser Wirkung hat. Anders ist es mit dem theatralischen Bühnentanzwerk, wo die schließliche Harmonie aus dem Widerstreit der Gewalten möglich ist. Man soll nicht unnötig Verwirrungen und Unsicherheit, besonders in Zeiten des Ringens, in die Menschen hineinströmen lassen.

Die Aufgabe des Tänzers ist es nicht, hemmungslos seinen Eingebungen zu leben: auch von ihm wird, da er sich der Menge zeigt und mit Mitteln arbeitet, die stark in die Menschengemüter hineinwirken, ein klares Bewußtsein von den Grenzen und Begrenzungen seines Tuns zu verlangen sein, die ihm von ganz allein deutlich werden, wenn er sich zu dem völkischen Kulturgewissen hindurchgerungen hat. Der Weg dahin führt aber nur über die innere Einordnung in die nationalsozialistische Bewegung und die ehrliche und leidenschaftliche Hingabe an das Werk unseres Führers Adolf Hitler.

Edith Türckheim und Richard Schöffmann von der Berliner Staatsoper in einem "Bäuerlichen Tanz", um 1936.
Abb. Siegfried Enkelmann, P

"Individualität" war das Schlagwort der 20er Jahre gewesen. In der subjektiven Auseinandersetzung mit dem eigenen emotionalen Erleben, mit philosophischen, ästhetischen oder politischen Fragen hatten die Tänzerinnen und Tänzer dieser Epoche ihre Choreographien geschaffen. Von der Allgemeingültigkeit ihrer künstlerischen Ansichten überzeugt, hatten sie Schulen gegründet, um ihr Verständnis von Tanz und individuellem Körperausdruck weiterzugeben. Die künstlerische Formenkraft des Ausdruckstanzes entstand in der Freiheit der Individualität und der Vielfalt der Persönlichkeiten. Aber schon beim Tänzerkongreß in München war eine Ermüdung in der ausdruckstänzerischen Entwicklung spürbar geworden, die Pioniergeneration wiederholte sich in dem einmal gefundenen Ausdrucks- und Themenkanon, die Schüler folgten ihr darin. Tendenzen, die auf neue ästhetische Richtungen verwiesen hätten, waren nicht zu erkennen.

1933 schrieb Goebbels: "Das zusammengebrochene System stand auf dem einen Pfeiler des Individuums. Unter diesem Blickwinkel sah man alles. Der Einzelmensch entschied. Der Parlamentarismus war die politische Ausgeburt dieses schrankenlosen-liberalen Individualismus und dieser Individualismus hat auch das künstlerische Schaffen der vergangenen Jahrzehnte ausschließlich bestimmt."[1] In dieser Individualität, im demokratischen Recht des einzelnen sahen die Nationalsozialisten einen zu bekämpfenden Mißstand. Das Gegenbild, das sie entwarfen, war die "Volksgemeinschaft", in die jeder Deutsche sich einzugliedern hatte. Alle Künstler sollten am Aufbau der "Volksgemeinschaft" mitwirken und sich in ihrer Arbeit an den Maßstäben des "Volkes" ausrichten. 1933 verlangte Goebbels: "Die Kunst sah nicht mehr das Volk, nicht mehr die Gemeinschaft und empfand deshalb zu ihr auch keine innerliche Bindung mehr. [...] In dem Augenblick, wo statt des Einzelmenschen nun wieder die Gemeinschaft , das Volk in das Zentrum der Dinge, in das Zentrum der öffentlichen Betätigung hineingerückt ist, in diesem Augenblick war für die Kunst die Notwendigkeit gegeben, diese Verhältnissetzung für sich auch zu vollziehen, wenn die Kunst nicht die Gefahr riskieren wollte, überhaupt von der Zeit überlaufen und überflutet zu werden. [...] Das Wesentliche dieser revolutionären Entwicklung ist, daß der Individualismus zertrümmert wird, entthronisiert erscheint und daß an die Stelle des Einzelmenschen und seiner Vergottung nun das Volk und seine Vergottung tritt. Das Volk steht im Zentrum der Dinge."[2]
Mit dieser Ansicht traf Goebbels den Ausdruckstanz an seinem vitalen Punkt, nämlich an der freien Entfaltung und Selbstdarstellung der Künstlerpersönlichkeit.

Oben: Rolf Jahnke, Solotänzer der Berliner Staatsoper als "Pan", 1936. Abb. Siegfried Enkelmann, P
Unten: La Argentina, die den spanischen Tanz in Deutschland populär machte, starb 1936.
Foto: Robertson, DTK

Der Tanz bekam seine Aufgabe in der Propagierung des nationalsozialistischen Menschen- und Gesellschaftsbildes zugewiesen, ohne daß die Mehrheit der Tänzer dies bewußt zur Kenntnis nahm. Viele Begriffe, die die Nationalsozialisten verwendeten, waren den Tänzern vertraut und sie durchschauten nicht, daß deren Inhalte verändert wurden. Wenn die neuen Kulturfunktionäre vom "deutschem Tanz" sprachen, fühlten sich die Ausdruckstänzer angesprochen, denn sie hatten immer den nationalen Hintergrund ihrer Art des Tanzes betont und zitierten gern den im Ausland üblichen Titel "German Dance". Allerdings verstanden sie die Eigenschaft "deutsch" nicht unter "rassischen" Gesichtspunkten, sondern leiteten sie ganz umfassend aus der abendländischen Kulturgeschichte ab. Das "Deutsche" am Ausdruckstanz war für sie der Einfluß auf ihre Gestaltungsformen, den sie dem griechisch antiken Schönheitsideal ebenso zuschrieben wie der majestätischen Baukunst der Gotik, den Bildwerken Albrecht Dürers, der wehmütigen Sehnsucht der Romantik und vor allem dem fanatischen Streben nach Wahrheit und der Erkenntnis vom Sinn des Lebens wie es Goethe im "Faust" dargestellt und Nietzsche in seinen Werken als Antrieb der Kultur gesehen hatte. Diese Bestandteile der Kulturgeschichte griffen die Nationalsozialisten wieder auf und definierten sie biologisch als in der deutschen "Art" oder "Rasse" verankert. Obwohl Rudolf von Laban schon in den 20er Jahren völkische Wurzeln des Tanzes beschworen hatte, war es ihm keine Frage gewesen, Elemente asiatischer und orientalischer Philosophien in sein tänzerisches Weltbild zu integrieren. Jetzt hingegen griff er – wie die sich "unpolitisch" gebenden Künstlerinnen und Künstler – den nationalsozialistischen Sprachgebrauch auf und erklärte: "Wir müssen den Genius unserer Rasse, unseres Blutes, auch im Tanz und in der Art, wie wir zum Tanze stehen, erleben."[3] Und Mary Wigman äußerte: "Es ist nur natürlich und folgerichtig, wenn das bis zutiefst aufgerüttelte Deutschland die Frage nach dem wahrhaften Deutschtum auch an die Kunst richtet. [...] Der Anruf des Blutes, der an uns alle ergangen ist, greift tief und trifft das Wesenhafte."[4]

So wie die rassische Doktrin in den Tanz Eingang fand, so identifizierten die Ausdruckstänzer die "Volksgemeinschaft" schnell mit der "Gemeinschaft aller Tänzer" der früheren Jahre. Mary Wigman, die Meisterin des Einzeltanzes, die immer für das Vorrecht des Individuums vor der Gruppe plädiert hatte, unterstützte nun die Dominanz der Gemeinschaft: "Die Artzugehörigkeit schafft Gemeinsames, zwingt zur Gemeinschaft. Wer könnte sich daraus lösen? Hineingeboren in die

Oben: Ilse Meudtner, Solistin der Berliner Staatsoper, in ihrer Choreographie "Der Engel", 1936. Abb. Siegfried Enkelmann, P

Gemeinschaft der Art ist der Mensch, gemeinschaftsgebunden, gemeinschaftsverpflichtet."[5] An anderer Stelle schrieb sie: "Wir pflegen vom Mythos eines Volkes zu sprechen und meinen damit nicht irgendwelche legendären oder historischen Begegebenheiten, sondern eher das allen Menschen eines Volkes, einer Rasse, eines Stammes immerdar gegenwärtige Gemeinschicksal, das als großartiger Grundakkord auch noch unter dem künstlerisch gestalteten Einzelschicksal schwingt."[6]

Aus der völkischen Begründung des Tanzes leiteten die Nationalsozialisten die wichtigste ästhetische Forderung ab: der Tanz sollte "volkstümlich" sein. Das hieß, daß die Tänze für die große Masse des Publikums leicht verständlich zu sein hatten. Und da Musik als verständnisfördernd galt, wurden folglich musiklose Tänze, wie sie im "absoluten Tanz" der 20er Jahre üblich waren, als intellektuelle Dekadenz abgelehnt. Die Formensprache des einzelnen Körpers durfte nichts Abstraktes, Verzerrtes oder Groteskes mehr enthalten, sondern harmonische Bewegungsfolgen, die in kraftvoll zentrierter oder geradlinig nach außen strebender Gestik gebunden waren. Die propagierte "Volktümlichkeit" drang direkt in die Bewegungssprache ein, der Volkstanz wurde als das Vorbild gepriesen, aus dessen Bewegungsrepertoire der moderne wie der klassische Kunsttanz seine Impulse beziehen sollte.

Rolf Cunz schrieb: "Der klassische Tanz wird durch die Pflege der National- und Charaktertänze in unserer Zeit immer stärker auf seine eigentlichen Grundformen zurückgeführt. Er gleicht sich so dem modernen Kunsttanz an, der seine besten Kräfte aus der Selbstbesinnung auf den Volkstanz bezieht."[7]

Inhaltlich hatten die Tänze erzählerisch, bildhaft und einfach strukturiert zu sein. Nicht mehr die Auseinandersetzung mit verborgenen Aspekten der eigenen Persönlichkeit, nicht mehr das "Ringen mit dem Dämonischen", der Ausdruck subjektiver Befindlichkeit waren Motive der Tänze, sondern konkrete Handlungen und eindeutige Emotionen. Tänze hatten entweder heiter zu sein und der Entspannung und Ablenkung vom Alltag zu dienen oder "heroisch" und mit ernsten Inhalten zur "feierlichen Erhebung" des Publikums beizutragen. Ilse Meudtner, Startänzerin der Staatsoper und mit ihren Soloabenden eine der meistbeschäftigten und beliebtesten Tänzerinnen der 30er Jahre, schrieb: "Der reichsdeutsche Kunstwart liebte Abstraktes weder im Publikum noch auf der Bühne. Meine Tänze hießen auch nicht: Formel, Monotonie, Gestalt Nr. 1, und dergleichen, sondern Kassandra ...Heilige Johanna,.... An den Mond, An die Sonne und so weiter. Man

Oben: Die junge Dresdner Tänzerin Dore Hoyer in einem ihrer frühen Tänze "Sieben Gesichte", 1935. Foto, DTK

Unten: Rosalia Chladek aus der Schule Hellerau-Laxenburg, in den 30er Jahren. Foto: Jan Lukas, TS tanzte Bildliches und Vorstellbares, sonst hätte das Ganze nur einmal stattgefunden."[8]

Im nationalsozialistischen Menschenbild gab es keine inneren Widersprüche und Zerrissenheiten mehr, Eindeutigkeit war gefragt. Daher wurde die Androgynität, die im Ausdruckstanz Bewegungsfindungen und -inhalte möglich gemacht hatte, die über traditionelle Geschlechterrollen hinausgriffen, abgelehnt. Gemäß dem biologistischen, durch das Primat der "Rasse-Erhaltung" geprägten Menschenbild der Nationalsozialisten waren die Geschlechterrollen klar umgrenzt. Der männliche Tänzer hatte kraftvoll und heldenhaft zu sein, die Tänzerin anmutig und schön. So schrieb Tanzreferent Rolf Cunz: "Wer wird führen im deutschen Kunsttanz der kommenden Jahre, nachdem die verantwortliche Tanzbetreuung klar erkannt hat, daß die Zeit 'intellektueller Formspielerei' ohne nationale, volkhafte, rassische Bindung ein für allemal vorbei ist? Führen im deutschen Kunsttanz wird diejenige gottbegnadete, tänzerische Künstlerpersönlichkeit, die einen schönen und gesunden Körper mit natürlichem, unverbildetem Temperament und einer zwingenden, zündenden, urwüchsigen Gestaltungskraft vereint..."[9]. Urwüchsig, volksnah, gesund, schön, rassisch einwandfrei und anti-intellektuell, das war die tänzerische Idealfigur im "Dritten Reich".

Die ästhetische "Gleichschaltung" des Tanzes wurde genauso zügig durchgesetzt wie die organisatorische. Die Zwangsmitgliedschaft in der "Reichstheaterkammer" hatte die Voraussetzungen dafür geschaffen, denn so wurden diejenigen Kräfte ausgeschaltet, die mit dem neuen Konzept unvereinbar schienen. Valeska Gert und Hans Weidt, wie eine ganze Reihe anderer politisch engagierter Künstler, konnten nicht mehr auftreten. Oskar Schlemmer erhielt Berufsverbot und die formkünstlerischen Experimente des Bauhauses wurden als "undeutsch" abqualifiziert. Diejenigen Tänzerinnen und Tänzer, die weiterarbeiten wollten, glichen sich künstlerisch freiwillig oder notgedrungen dem offiziell Erwünschten an. Die Macht der Reichstheaterkammer aufgrund ihrer Entscheidungsgewalt über die Berufserlaubnis war unbegrenzt. Die Angst, bei unangepaßtem Verhalten als "unzuverlässig" eingestuft zu werden und die Existenz durch den Ausschluß aus der Reichstheaterkammer zu verlieren, funktionierte als wirkungsvolles Mittel der Selbstzensur.

Auch der Generationswechsel in der Tänzerschaft wirkte sich bei der einheitlichen Ausrichtung des Tanzes aus. Die jungen Tänzerinnen und Tänzer, die nach 1933 ihre Ausbildung abschlossen, kannten die künstlerischen Höhepunkte des Ausdruckstanzes nicht mehr aus eigener Anschauung. Sie

Die Kammertanzgruppe von Jutta Klamt in einer Szene aus "Tänze der Andacht", Mitte der 30er Jahre.
Abb. Siegfried Enkelmann, P

Rita Zabekow in einer Tanzpantomime. Abb., TS

Afrika Doering, Schülerin von Vera Skoronel, in einem Solotanz, 1937. Abb. Siegfried Enkelmann, P

waren hineingewachsen in die Zeit der Stagnation Anfang der 30er Jahre und erlebten nach der Machtübernahme der Nationalsozialisten die allgemeine Aufbruchstimmung, die die massive Förderung des Tanzes durch Regierung und Partei mit sich brachte. Ihnen wurden Berufschancen und Aufstiegsmöglichkeiten geboten, die sie in der Weimarer Republik nicht gehabt hätten und es fehlte ihnen an politischem Bewußtsein und Interesse, um die Maßnahmen der Nationalsozialisten kritisch zu hinterfragen. Die historische Distanz und das Wissen um den Verlauf der Geschichte macht es heute möglich, die Auswirkungen der systematischen Indoktrination der Tänzer auf ihr Verhalten und auf ihre Kunst in ganzer Tragweite zu erkennen. In der Gegenwart der 30er Jahre waren die Tänzerinnen und Tänzer allein auf sich und ihren Wunsch zu tanzen, konzentriert. Ilse Meudtner: "Ich taufte das 'Östliche Lied' von Levithan [ein Tanz, den sie vorher unter dem Titel 'Jüdischer Hochzeitstanz' gezeigt hatte] in 'Ostdeutsche Weise nach Volksmotiven' um. Ich war jetzt zwanzig, ich war jetzt dran!"[10] Die Tanzleidenschaft machte die junge Generation in ihrer jugendlichen Kritiklosigkeit und die ältere Generation in ihrer politischen Ignoranz zum leichten Opfer für die nationalsozialistische Einflußnahme.

Eine wichtige Rolle bei der Festlegung der Maßstäbe, mit denen tänzerische Arbeit gemessen und der Rahmen künstlerischer Freiheit abgesteckt wurde, spielte die Tanzkritik. Mit Ausnahme der beiden jüdischen Kritiker Artur Michel von der Vossischen Zeitung und Joseph Lewitan, dem Herausgeber von "Der Tanz", hatten fast alle einflußreichen Tanzkritiker nach 1933 ihre Tätigkeit fortgesetzt. Bekannte Tanzpublizisten wie Fritz Böhme, Werner Suhr, Siegfried Bergengruen, Johannes Günther, Hans Brandenburg, Alfred Jürgens übernahmen in ihren kritischen Wertungen von Tanzaufführungen nationalsozialistische Terminologie und Kriterien. Bildhaft Verständliches wurde gefördert, psychologisch Dramatisches zurückhaltend beurteilt oder abgelehnt. Auch nachdem Goebbels 1936 die Aufführungskritik generell verboten hatte, weil es in einem "gleichgeschalteten" Staat nichts mehr zu kritisieren, sondern nur noch würdigend darzustellen gäbe, behielt die Kritik, die jetzt "Kunstbericht" hieß, ihre Bedeutung. Sowohl in den Feuilletons der Tageszeitungen wie in den Fachzeitschriften wurden Tanzabende rezensiert. Die Artikel in "Der Tanz", in der Zeitschrift "Die Musik" der Reichsmusikkammer und in der 1936 als Organ der "Fachschaft Tanz" in der Reichstheaterkammer neu gegründeten "Deutschen Tanz-Zeitschrift" und in den zahlreichen, viel gelesenen Illustrierten reflektierten die offiziellen Standpunkte. Die Kritiker, die jetzt

Mitte: Robert Mayer, Solotänzer an der Dresdner Staatsoper. Foto: Seliger, TS

Unten: Manon Ehrfuhr, Solotänzerin der Berliner Staatsoper als "Clown", um 1936. Abb. Siegfried Enkelmann, P

"Kunstschriftleiter" hießen, hatten laut Goebbels "mit der Lauterkeit des Herzens und der Gesinnung des Nationalsozialisten" ihre Aufgabe zu erfüllen. Ästhetische Diskussionen wurden nur über die Ausführung von allgemein Verbindlichem geführt. So stand nicht die zur Norm gemachte "Volksverbundenheit" des Tanzes zur Debatte, sondern höchstens die Art und Weise, wie diese Bindung zu gestalten war. Kontrovers waren die Meinungen der Autoren in Bezug auf das klassische Ballett. Hier herrschte bei Funktionären wie bei den Tänzern Uneinigkeit darüber, ob der klassische Tanz eher als romanische und damit "fremdrassige" Erscheinung anzusehen sei oder als angemessener Ausdruck "germanischer" Formstrenge und Ordnungsliebe. Jutta Klamt schrieb: "Mit dem Ausdruck 'fremde Tanzform' bezeichne ich die unter dem Namen 'Ballett' bekannte Tanzart. Wir erkennen diese Tanzform vollkommen an, sie verkörpert in stärkster Weise westische Kultur. Aber von diesem Gesichtspunkte aus ist es mehr als begreiflich, daß diese Schulung uns nicht zur arteigenen Entfaltung verhelfen kann. [...] Diese fremde Tradition des Balletts kann innerhalb unseres tänzerischen Gebietes den Raum einnehmen, den Tänze anderer Nationen oder auch historische Tanzformen allgemein einzunehmen pflegen. In diesem Rahmen wollen wir ihm auch Anerkennung entgegenbringen. Doch keinesfalls darf diese Anerkennung so weit gehen, daß die mit dieser Tanzform verbundene Pädagogik als Erziehungsgrundlage den deutschen Tanzausbildungsstätten aufgezwungen wird. Dadurch wird nur das Werden arteigener Formen unterbunden und zersetzt."[11]

Zum modernen Tanz waren die Ansichten weitgehend übereinstimmend. Der Ausdruckstanz wurde als überlebte Erscheinung der Weimarer Republik abgetan, der "fremden Einflüssen" unterlegen sei. Dagegen verkörpere nur der Tanz des nationalsozialistischen Deutschlands, der "deutsche Tanz" in angemessener Weise das "deutsche Wesen". Bereits etablierte Tänzerinnen und Tänzer, die in den 20er Jahren den modernen Tanz entwickelt und ihm seine Anerkennung erkämpft hatten, fügten sich in das neue Wertesystem mehr oder minder reibungslos ein. Rudolf von Laban, Mary Wigman, Harald Kreutzberg, Gret Palucca, Yvonne Georgi, Max Terpis, Berthe Trümpy und viele andere, die noch selbst tanzten oder als Tanzgruppenleiter, Ballettmeister und Pädagogen arbeiteten, kooperierten mit den neuen Machthabern. Sie wollten die Initiativen der neuen Regierung unterstützen, die Mißstände im Schulwesen und die Arbeitslosigkeit zu beseitigen oder einfach nur weiterhin ungehindert den Beruf ausüben. Elemente ihrer Tanzkunst, die in der Ausdruckstanzzeit wichtig

Oben: Dore Hoyer in ihrer Choreographie "Fünfter namenloser Tanz", 1935. Foto, DTK
Unten: Das Tanzpaar Gladys Verdière und Hans von Kusserow in einem "Bolero", Mitte der 30er Jahre. Foto, TS

Oben: Ursula Deinert, Solistin des Deutschen Opernhauses Berlin. Foto: Weidenbaum, TS
Mitte: Liselotte Köster, "Meistertänzerin des Deutschen Opernhauses" Berlin in Rudolf Köllings Choreographie "Die Gaunerstreiche der Courasche", 1936. Abb. Siegfried Enkelmann, P
Unten: Mary Wigman in ihrem Solotanz "Windsbraut" aus dem Zyklus "Herbstliche Tänze", 1937. Foto: Charlotte Rudolph, MWG

gewesen waren, wie unkonventionelle Formensprache, androgyne Körperbilder, psychologische Intensität, thematische Vieldeutigkeit, entfielen in ihren Programmen. Dafür wurden diejenigen Momente ausgebaut, die in das neue Tanzverständnis hineinpaßten, nämlich pantomimisch erzählerische Ansätze, Heiteres, Schwungvolles, oder pathetisch Dramatisches.

Ohne Probleme konnte Harald Kreutzberg seinen tänzerischen Stil weiterverfolgen, allerdings trat an die Stelle der androgynen Qualität seiner Gestalten ein mystifizierendes Pathos, das Herrschaft und Gewaltigkeit symbolisierte. Wegen der allgemein verständlichen Bildhaftigkeit seiner Tänze sah Rolf Cunz in ihm den "Zukunftsweiser", der "zwischen Pantomimik, Kammertanz und volkstümlicher Schautanzkunst in kühnem Schwung die Einheitsbrücke schlug"[12]. 1938 plante Baldur von Schirach, der neue Reichsstatthalter in Wien, ihn mit der Leitung einer zu gründenden Wiener Tanzakademie zu beauftragen. Kreutzberg blieb bis Kriegsende einer der beliebtesten deutschen Tanzkünstler, dem seine Karriere in den 20er Jahren keinerlei Nachteile einbrachte.

Palucca wurde in den ersten Jahren des "Dritten Reichs" als die lebensbejahende Tänzerin gefeiert, die in ihren Tänzen keine besinnliche Selbsterkundung vermittelte, sondern dynamische Vitalität und ungehemmte Lebensfreude. 1933 beteiligte sie sich durch ihre Zusammenarbeit mit Bode und dem Propagandaministerium an der Neuorganisation des Tanzes, enthielt sich aber in der Öffentlichkeit jeder direkten kulturpolitischen Äußerung. Goebbels favorisierte sie und ihre Karriere stieg bis 1936 steil an. Letztlich aber war sie aufgrund ihres konsequenten Individualismus' für die völkischen Tanzideologen doch nicht tragbar. Wegen ihrer Freundschaft mit Bauhaus-Künstlern aus der Weimarer Zeit und wegen der jüdischen Tänzerinnen und Lehrkräfte in ihrer Schule galt sie den Wächtern der nationalsozialistischen Lehre als "vorbelastet". Nachdem man sie für die Olympiade noch als Aushängeschild gebraucht hatte, wurde sie später von KdF-Gastspielen ausgesperrt und mußte 1939 die Leitung ihrer Schule an ihre Mitarbeiter abgeben. Auf der Bühne aber blieb sie als Solotänzerin präsent und trat noch in den Kriegsjahren in zahlreichen Städten auf.

Eine ähnlich schwierige Situation stellte sich für Mary Wigman. Sie hatte sich 1933 ebenfalls durch Denkschriften, Entwürfe und Arbeitssitzungen mit Bode und Laban für die staatliche Unterstützung des Tanzes eingesetzt, war sogar Mitglied in der Dresdner Ortsgruppe des "Nationalsozialistischen Lehrerbundes" geworden. Aber so sehr sie sich bemühte, Einfluß auf die Gestaltung des Tanzlebens zu nehmen, so wenig hatte sie damit Erfolg. Nach den Festspielen 1935, als Rolf Cunz Tanzreferent bei Goebbels geworden war, erhielt sie keine finanziellen Zuwendungen mehr. Für das Olympische Festspiel wurde sie zwar noch einmal als berühmteste Mitwirkende gebraucht, aber danach blieb ihr jegliche offizielle Unterstützung verwehrt.

Mary Wigmans individualistischer Anspruch und ihre Überzeugung von der persönlichen Verantwortlichkeit des einzelnen, die sie trotz all ihrer Zugeständnisse an "Rasse" und "Volksgemeinschaft" aufrecht erhielt, war mit den Herrschaftsinteressen der Nationalsozialisten nicht vereinbar. Ihre starke Persönlichkeit ließ sich nicht auf das Durchschnittsniveau eines "volkstümlichen Tanzes" zurückschneiden. Für das breite Publikum symbolisierte sie den Ausdruckstanz der 20er Jahre, den die Nationalsozialisten zum feindlichen Gegenbild ihrer Auffassung von Tanz erklärt hatten. Für sie galt, was Alfred Rosenberg in einer Rede vor der "NS-Kulturgemeinde" sagte: "Wir sind auch der Anschauung, daß künstlerische Persönlichkeiten, die wir jederzeit zu fördern bereit sind, die aber doch die Lorbeeren der Novemberrepublik gepflückt haben, nicht so ohne weiteres das Recht besitzen, die Kunstpolitik der nationalsozialistischen Bewegung zu beeinflussen [...] und daß deshalb die Führer des Verfalls niemals und unter keinen Umständen die Bannerträger unserer Zeit sein dürfen. Denn entweder haben sie damals gelogen oder heute; in beiden Fällen sieht sich die nationalsozialistische Bewegung nicht in der Lage, sie als die Ihrigen anzuerkennen."[13]

Nur dank ihrer Bekanntheit war es Mary Wigman möglich, nach 1936 weiterhin ihre Schule zu leiten und Vorstellungen zu geben. Überzeugt von der Aufgabe, den modernen Tanz als Ausdruck des Individuums aufrecht erhalten zu müssen und aus der finanziellen Notwendigkeit heraus, mit den Einnahmen ihrer Aufführungen den Dresdner Schulbetrieb zu finanzieren, schuf Mary Wigman ab 1937 für sich neue Solotanzzyklen und ging jedes Jahr auf monatelange Tournee bis in die entlegensten Städte Deutschlands. Da sie aber nach 1936 immer stärker zu der Einsicht kam, daß der nationalsozialistische Staat die Kreativität der subjektiv schaffenden Künstlerpersönlichkeit zerstört und die "Gleichschaltung" die völlige Nivellierung zur Folge hatte, trugen viele ihrer Tänze nach 1937 einen nach innen weisenden, resignativen Grundton. 1942 beendete sie mit ihrem letzten Solotanz "Abschied und Dank" ihre Tänzerinnenlaufbahn und gab die Leitung ihrer Schule in Dresden auf.

Eine der ganz wenigen jungen Tänzerinnen, die als Solistin

Oben: Das Tanzpaar Alice Uhlen und Alexander von Swaine in "Prélude", um 1935.
Abb. Siegfried Enkelmann, P
Mitte: Das Geschwisterpaar Hedi und Margot Höpfner in einer böhmischen Polka aus Rudolf Köllings Ballett "Tanz um die Welt", Deutsches Opernhaus Berlin.
Foto, TS
Unten: Yvonne Georgi und Victor Gsovsky in "Goyescas", einem Ballett von Yvonne Georgi in Hannover, 1935.
Foto: Hilde Schlitter, MWG

selbständig neue Wege zu gehen suchte, war Dore Hoyer. Sie hatte ihre Ausbildung in der Palucca-Schule erhalten und war im März 1933 zum erstenmal mit einem Soloprogramm an die Öffentlichkeit getreten. Aber mit ihrer noch stark der ausdruckstänzerischen Gestik verpflichteten Bewegungssprache wurde sie von den Kritikern kaum beachtet. Unbekannt wie sie war, trat sie nur vor einem kleinen Publikum auf und konnte so von den Kulturfunktionären unbemerkt und dadurch weitgehend unbehelligt einen eigenen Tanzstil entwickeln. Mit nur seltenen Verpflichtungen bei Theaterkompanien und mit Gelegenheitsauftritten wie einem kurzzeitigen Engagement in Mary Wigmans Tanzgruppe 1935 sicherte sie sich notdürftig ihren Lebensunterhalt, um als Solotänzerin unabhängig bleiben zu können.

Abgesehen von den wenigen herausragenden Tänzerinnen und Tänzern, die ausschließlich solistisch arbeiteten, wurden die meisten Solotanzprogramme von Mitgliedern der Theaterkompanien gegeben. Ilse Meudtner, die Geschwister Höpfner, Daisy Spies, Alexander von Swaine, Alice Uhlen, Manon Ehrfuhr, Lisl Spalinger, Rolf Jahnke, Almut Dorowa, Rolf Arco, Liselotte Köster, Erika Lindner, Robert Mayer, Ursula Deinert, Bernhard Wosien, Gustav Blank und viele andere mehr traten gleichsam "nebenberuflich" in Podiumstanzabenden auf, während sie fest an Theatern engagiert waren. Besonders KdF-Veranstaltungen boten ihnen gute Gelegenheit zu eigenen Choreographien, wie sie im Theaterbetrieb nicht möglich war. So sah das Publikum weiterhin Solotanz auf handwerklich hohem Niveau. Aber mit ihren unverfänglichen Themen zwischen beschwingter Lebensfreude und pathetisch dargebotenem Ernst wurden die Tänze mühelos in die nationalsozialistische Propaganda eingefügt.

Gleiches gilt für die Tanzabende der Theaterkompanien, von denen besonders die der Berliner Staatsoper unter Leitung von Lizzie Maudrik und die des Deutschen Opernhauses – der früheren Städtischen Oper – unter Leitung von Rudolf Kölling in der Presse größte Beachtung fanden. Durch frühere Ausdruckstänzerinnen und -tänzer, die ihre Arbeit als Leiter von Theaterkompanien fortsetzten, wie Yvonne Georgi, Valeria Kratina, Günther Hess, Ludwig Egenlauf u.a. oder durch Ballettmeisterinnen und -meister, die dem Ausdruckstanz positiv gegenüberstanden wie Lizzie Maudrik oder Tatjana Gsovsky waren moderne Tanzformen auf den Theaterbühnen längst eine Selbstverständlichkeit, was der Bedeutung des klassischen Balletts im Training der Tänzer keinen Abbruch tat. Auf choreographischer Ebene suchte man nach einer Verbindungsform beider Arten. So sagte Lizzie Maudrik 1938 in

Oben: Rolf Arco (lks.) und Daisy Spies mit Rudolf Kölling in dessen Choreographie "Ajanta-Fresken" im Deutschen Opernhaus Berlin.
Foto: Joseph Schmidt, TS
Linke Seite: Mary Wigman in ihrem Solotanz "Der Ruf", 1938.
Foto: Siegfried Enkelmann, MWG

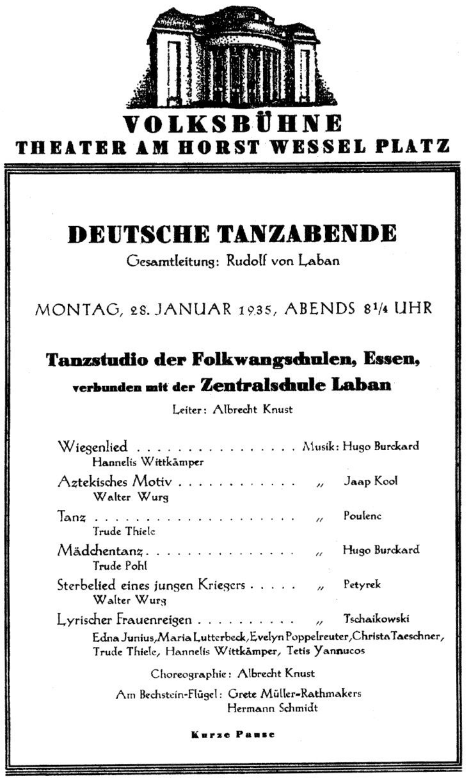

VOLKSBÜHNE
THEATER AM HORST WESSEL PLATZ

DEUTSCHE TANZABENDE
Gesamtleitung: Rudolf von Laban

MONTAG, 28. JANUAR 1935, ABENDS 8 1/4 UHR

Tanzstudio der Folkwangschulen, Essen,
verbunden mit der Zentralschule Laban
Leiter: Albrecht Knust

Wiegenlied . . . . Musik: Hugo Burckard
Hannelis Wittkämper
Aztekisches Motiv . . . . „ Jaap Kool
Walter Wurg
Tanz . . . . „ Poulenc
Trude Thiele
Mädchentanz . . . . „ Hugo Burckard
Trude Pohl
Sterbelied eines jungen Kriegers . . . . . „ Petyrek
Walter Wurg
Lyrischer Frauenreigen . . . . „ Tschaikowski
Edna Junius, Maria Lutterbeck, Evelyn Poppelreuter, Christa Taeschner, Trude Thiele, Hannelis Wittkämper, Tetis Yannucos

Choreographie: Albrecht Knust
Am Bechstein-Flügel: Grete Müller-Rathmakers
Hermann Schmidt

Kurze Pause

Links: Ballettmeister Willy Fränzl (rechts) bei der Probe im Ballettsaal der Wiener Staatsoper, 1939. Abb., TS

Mitte: "Deutsches Frühlingsspiel", ein Ballett von Jens Keith, Essen 1934. Foto: Dieckhäuer, TS
Unten links: "Die Rekrutierung", ein Ballett von Lizzie Maudrik an der Städtischen Oper Berlin, 1934. Foto: Scherl, TS

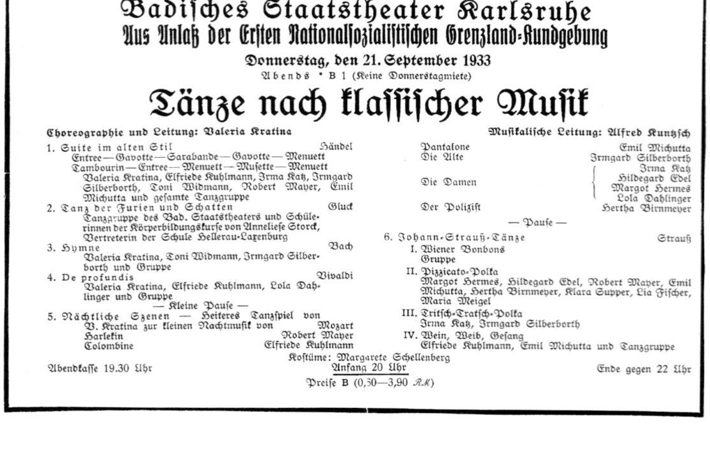

Badisches Staatstheater Karlsruhe
Aus Anlaß der Ersten Nationalsozialistischen Grenzland-Kundgebung
Donnerstag, den 21. September 1933
Abends * B 1 (Keine Donnerstagmiete)

Tänze nach klassischer Musik

Choreographie und Leitung: Valeria Kratina — Musikalische Leitung: Alfred Kuntzsch

1. Suite im alten Stil — Händel
Entree — Gavotte — Sarabande — Gavotte — Menuett
Tambourin — Entree — Menuett — Musette — Menuett
Valeria Kratina, Elfriede Kuhlmann, Irma Katz, Irmgard Silberborth, Toni Widmann, Robert Mayer, Emil Michutta und gesamte Tanzgruppe
2. Tanz der Furien und Schatten — Gluck
Tanzgruppe des Bad. Staatstheaters und Schülerinnen der Körperbildungskurse von Anneliese Storck, Vertreterin der Schule Hellerau-Laxenburg
3. Hymne — Bach
Valeria Kratina, Toni Widmann, Irmgard Silberborth und Gruppe
4. De profundis — Vivaldi
Valeria Kratina, Elfriede Kuhlmann, Lola Dahlinger und Gruppe
— Kleine Pause —
5. Nächtliche Szenen — Heiteres Tanzspiel von V. Kratina zur kleinen Nachtmusik von — Mozart
Harlekin — Robert Mayer
Colombine — Elfriede Kuhlmann
Pantalone — Emil Michutta
Die Alte — Irmgard Silberborth
Die Damen — Irma Katz, Hildegard Edel, Margot Hermes, Lola Dahlinger
Der Polizist — Hertha Birnmeyer
— Pause —
6. Johann-Strauß-Tänze — Strauß
I. Wiener Bonbons
Gruppe
II. Pizzicato-Polka
Margot Hermes, Hildegard Edel, Robert Mayer, Emil Michutta, Hertha Birnmeyer, Klara Supper, Lia Fischer, Maria Meigel
III. Tritsch-Tratsch-Polka
Irma Katz, Irmgard Silberborth
IV. Wein, Weib, Gesang
Elfriede Kuhlmann, Emil Michutta und Tanzgruppe

Kostüme: Margarete Schellenberg
Abendkasse 19.30 Uhr — Anfang 20 Uhr — Ende gegen 22 Uhr
Preise B (0,30—3,90 RM)

einem Interview: "...'Ballette' – Das ist ein Ausdruck, den ich mehr und mehr meide, denn er ist heute, in Deutschland wenigstens, zumeist fehl am Platz, weil er einen künstlerischen Entwicklungszustand der Tanzkunst festhält, den wir längst überwunden haben. Für uns moderne Tänzer, vor allem für uns deutsche Tänzer, ist das klassische 'Ballett' lediglich eine wertvolle Ausbildungsgrundlage, keineswegs aber mehr die Tanzkunst an sich –, und deshalb sprechen wir heute ganz bewußt z.B. von 'Tanz'-Einlagen in einer Oper, nicht aber von 'Ballett'-Einlagen."[14]

Inhaltlich blieb der Theatertanz dem traditionellen Handlungsballett verpflichtet. Ein offen propagandistisches Tanzwerk wie "Die letzte Fahne", in dem der frühere Jooss-Tänzer Wilmo Kamrath den Sieg des Nationalsozialismus feierte, waren dabei die seltene und wenig erfolgreiche Ausnahme. Stattdessen wurden bekannte Stoffe gewählt, wie "Der Dreispitz", "Der zerbrochene Krug", "Scheherazade", "Die Kirmes von Delft", "Orpheus", "Kuß der Fee" und unzählige Male "Romanze", "Bauernszenen", "Ungarische Tänze", "Mazurka", "Chopiniana" usw. oder historische Vorlagen zu neuen Balletten gestaltet, wie Tatjana Gsovskys "Joan von Zarissa" oder Lizzie Maudriks "Die Barberina", die mit viel Kostümaufwand opulent gestaltete Geschichte der italienischen Tänzerin am Hof Friedrichs des Großen.

Da die Musik einen hohen Stellenwert besaß, prägten die Werke bekannter Komponisten, darunter auch zeitgenössische deutsche Künstler wie Gottfried von Einem, Rudolf Wagner-Régeny, Carl Orff und Werner Egk, das Tanzrepertoire in erheblichem Maße. Obwohl Strawinsky 1938 auf der Ausstellung "Entartete Musik" als "Kulturbolschewist" angeprangert worden war, tat dies seiner Beliebtheit beim Publikum und den Choreographen keinen Abbruch. Allein zwischen 1935 und dem Jahr 1940, in dem seine Musik in Deutschland verboten wurde, weil er französischer und damit feindlicher Staatsangehöriger war, wurde "Der Feuervogel" in achtzehn Inszenierungen geboten.[15]

Die Ballettkompanien des Deutschen Opernhauses und der Staatsoper in Berlin hatten neben tänzerischen häufig auch repräsentative Aufgaben zu erfüllen. Ballettmitglieder traten z.B. bei Festsitzungen der Reichskulturkammer auf, beim Empfang der Reichsregierung zum 550jährigen Jubiläum der Universität Heidelberg, bei einem Empfang Görings im "Haus der Flieger" oder beim Pressefest der Stadt Kiel. Beim Empfang des Berliner Oberbürgermeisters im Berliner Stadtschloß anläßlich der 700-Jahr-Feier der Stadt 1937 führte Lisl Spalinger einen "Reitermarsch" und einen "Matrosentanz" vor,

Rechts: Rolf und Gertrude Hiller entwerfen mit Spielfiguren die Choreographie für ihre Revuegruppe, die "Hiller-Girls". Abb., TS

Unten: Das Hiller-Ballett, die deutsche Antwort auf die amerikanischen Tiller-Girls, 1939. Abb., TS

Die Hiller-Girls in der Revue "Sonne für Dich" im Deutschen Theater München, 1941. Abb., TS

Liselotte Köster einen "Spanischen Tanz" und einen "Mauretanischen Tanz" und die Geschwister Höpfner präsentierten sich in ihrem Erfolgduett, dem "Kaiserwalzer". Nach dem Auftritt waren die Tänzerinnen als Tischdamen zur Unterhaltung der Gäste beim Bankett eingeteilt. Das Begleitprogramm zu seinen Empfängen anläßlich der Olympischen Spiele stellte Hitler sogar selbst zusammen. Dazu ließ er sich bei einer Ballettprobe Kostproben vorführen und wählte die ihn ansprechenden Tänze aus. Goebbels sorgte durch direkte Anweisung dafür, daß Ballettmeister Kölling Tänze im Repertoire bereithielt, die speziell für die Aufführung in Festsälen bei repräsentativen Anlässen choreographiert waren und jederzeit eingesetzt werden konnten.

Die Verbindungen zum Ausland rissen für die Tänzer auch nach 1933 nicht abrupt ab. Zwar mußten Auslandsgastspiele von der Reichstheaterkammer genehmigt werden und die strengen Devisenbestimmungen erschwerten die Reisebedingungen, aber dennoch gingen deutsche Künstler regelmäßig auf Tournee ins europäische Ausland und sogar nach Übersee. Für offizielle Gastspiele wählte Rolf Cunz die Tänzer persönlich aus und setzte damit Zeichen: 1937 sandte er als Vertreter der deutschen Tanzkunst zur Weltausstellung nach Paris Harald Kreutzberg, die Günther-Gruppe und das Ballett des Deutschen Opernhauses Berlin. Tänzer und Gruppen benachbarter Länder kamen in den Jahren bis 1939 noch regelmäßig als Gäste, z.B. 1936 und 1938 das Russische Ballett des Colonel de Basil, 1938 das Polnische Ballett unter Leitung von Bronislawa Nijinska oder im selben Jahr das Ballett des Königlichen Theaters in Kopenhagen unter Leitung von Harald Lander. Über Tanzereignisse im Ausland wurde in den Fachzeitschriften von den Auslandskorrespondenten berichtet. Dabei fand sogar die Arbeit von deutschen Emigranten und von Künstlern jüdischer Abstammung Erwähnung, so daß der Eindruck künstlerischer Freizügigkeit und Internationalität für die Tänzer in Deutschland bis Kriegsbeginn bestehen blieb.

Die deutschen Tanzzeitschriften berichteten nicht nur über den Bühnentanz, sondern auch über neue Revuen und Tanzeinlagen in Spielfilmen. Sowohl Operetten- und Revuetheater wie der Film boten Tänzerinnen und Tänzern wichtige Arbeitsmöglichkeiten. Die Weltwirtschaftskrise hatte 1929 das Ende der großen Ausstattungsrevuen der 20er Jahre eingeleitet, die

Produktionskosten waren sprunghaft angestiegen, während gleichzeitig der neu eingeführte Tonfilm das schaulustige Publikum in die preiswerteren Kinos lockte. Drei Theater boten 1930 in Berlin noch Varieté-Shows mit wechselndem Programm an, "Wintergarten", "Scala" und "Plaza".[16] Die früheren fünf großen Revuetheater hatten sich inzwischen auf Operetteninszenierungen spezialisiert, in denen die aus den Revuen übernommenen tänzerischen Elemente weiterhin große Bedeutung behielten. 1933 emigrierte die Mehrzahl der früheren Revueproduzenten. Operette und Varieté wurden auf den Unterhaltungsanspruch des NS-Staates abgestimmt: "Das Dritte Reich hat einen anderen Lebensrhythmus als alle Zeitalter, die vorausgingen. Wer nicht schnell und exakt denkt, wer nicht mit innerem Schwung an die Aufgabe herangeht, die ihm gestellt ist, wird überflügelt. [...] Darüber kann bei unserer nationalsozialistischen Lebensauffassung, die eine optimistische Grundhaltung voraussetzt und das Glück nicht als Vorrecht einer Klasse betrachtet, kein Zweifel sein. Als Mittelpunkt des flukturierenden gesellschaftlichen Lebens und Vorposten am Rande der künstlerischen Ereignisse, deren Wellenschlag in der Hauptstadt der Kunst für das gesamte kulturelle Leben Deutschlands maßgebend ist, kann gerade von einem Theater der Unterhaltung, der leichtesten aller Künste, der Varietékunst, eine große, Freude verströmende Wirkung in das Volk hineinstrahlen."[17] Wie die Tänzerinnen und Tänzer des Kunsttanzes wurden die Girls und Solisten der Varietés in Berufsorganisationen erfaßt und den gleichen Kontrollinstanzen unterworfen wie die Bühnenkünstler. Der "Tillerei" und "sittlichen Haltlosigkeit" der "Verfallszeit" sollte ein Ende gemacht und die deutsche Revuekunst etabliert werden. An die Stelle der amerikanischen Tiller-Girls trat das deutsche "Hiller-Ballett". Dennoch herrschte auf den Varietébühnen bis Kriegsbeginn eine internationale Stimmung. Bekannte Artisten gastierten in den großstädtischen Theatern und deutsche Künstler fanden Engagements im Ausland. Auch renommierte Bühnentänzer und -choreographen wie z.B. Jens Keith oder Karl Bergeest arbeiteten bei großen Varieté- und Operettenproduktionen am propagierten Ziel mit, dem deutschen "Volksgenossen" Unterhaltung und Entspannung zu bieten. In dieser Aufgabe fanden sich Revue-, Podiums- und Theatertanz vereint. *H.M.*

Anmerkungen:

1) Joseph Goebbels, "Du holde Kunst, ich danke Dir", in: Theater-Tageblatt, Festnummer, Berlin 10. Juni 1933, S. 50

2) ebd.

3) Rudolf von Laban, "Meister und Werk in der Tanzkunst", in: Deutsche Tanz-Zeitschrift, Berlin Mai 1936, 1. Jg. H. 2, S. 1

4) Mary Wigman, Deutsche Tanzkunst, Dresden 1935, S. 11f.

5) Mary Wigman, "Das Tanzerlebnis", in: Die Musik, Berlin August 1933, 25. Jg. H. 11, S. 801

6) Wigman, Deutsche Tanzkunst, a.a.O., S. 63

7) Rolf Cunz, "Einfluß der volkstümlichen Kunst auf den Tanz", in: Der Tanz, Berlin Juli 1937, 10. Jg. H. 7 , S. 18

8) Ilse Meudtner, "...tanzen konnte man immer noch", Berlin 1990, S. 85

9) Rolf Cunz, zit. n. Meudner, a.a.O., S. 156

10) Meudtner, a.a.O, S. 52f.

11) Jutta Klamt, "Vom Erleben zum Gestalten. Die Entfaltung schöpferischer Kräfte im Deutschen Menschen", Ulm o.J. [1937], S. 57f.

12) Rolf Cunz,"Ein Wille – ein Weg", in: Jahrbuch Deutscher Tanz, hg. v. Rolf Cunz/Gustav Fischer-Klamt, Berlin 1937, S. 9

13) "Rede Alfred Rosenbergs auf der Reichstagung der NS-Kulturgemeinde in Düsseldorf am 7. Juni 1935", in: Essener Theaterzeitung, Spielzeit 1934/35, S. 153

14) "Besuch bei der Tanzgruppe der Staatsoper Berlin. Wiedergabe eines Rundfunkgespräches (Berlin Sender) von Frau Bergwitz-Berkheyde mit Lizzie Maudrik, der Ballettmeisterin der Berliner Staatsoper", in: "Deutsche Tanz-Zeitschrift", Berlin März 1938, 3. Jg. H. 3, S.66

15) Fred K. Prieberg, Musik im NS-Staat, Frankfurt/M. 1982, S. 54

16) zur Revuegeschichte der 20er bis 40er Jahre vgl. Franz-Peter Kothes, Die theatralische Revue in Berlin und Wien 1900-1940 unter besonderer Berücksichtigung der Ausstattungsrevue. Strukturen und Funktionen. Phil. Diss. Wien 1972

17) Andreas Königsbauer, "Erinnerungen", in: Programmheft des Deutschen Theaters München, Juli 1939, S. 18

Programmheft der Revue "Sonne für Dich", 1941. Das Deutsche Theater in München war in Kriegsjahren eine der führenden Varieté- und Revuebühnen in Deutschland. TS

Oben und rechte Seite:
Szenen aus dem Festspiel "Berlin in sieben Jahrhunderten deutscher Geschichte", 1937 im Berliner Olympiastadion.
Fotos, TS

"Wir stehen im Zeichen der sinnvollen Eingliederung, des Dienstes der Persönlichkeit am Ganzen. Deshalb sind wir auch überzeugt, daß der neue Staat die chorische Kunst als wesentlichen Bestandteil in seinem Kulturleben braucht, und viele Ansätze mancherlei Gründungen beweisen, daß diese Entwicklung auch von unseren Führern gewünscht wird. Der Kampfbund für deutsche Kultur hat seine Fachgruppe 'Körperkultur', die Organisation 'Kraft durch Freude' ist durch ihren Namen schon vorgezeichnet als Tummelplatz der chorischen Spiele, die geplanten Thingplätze, die großzügige Abhaltung der völkischen wie auch der Jahreszeitenfeste lassen hoffen, daß die chorische Bewegung sich jetzt bald voll entfalten kann."[1] Als Albrecht Knust diese Worte im Rahmen seines Vortrages vor dem "Kampfbund für Deutsche Kultur" im März 1934 in Hamburg formulierte, stand für ihn fest, daß sich die chorische Idee nahtlos in die künstlerischen Zielsetzungen des nationalsozialistischen Staates integrieren läßt. Knust, der in den Geestländer Volkstanzkreisen (Hamburg) seine ersten Erfahrungen gesammelt hatte und in den "Hamburger Bewegungschören Rudolf von Laban" seine Vorstellungen von Laientanz verwirklicht fand, sah eine direkte Linie vom Volkstanz über die bewegungschorische Arbeit zu der nationalsozialistischen "Volk und Bühne" vereinenden Festspielidee. Bereits im Mai 1933 hatte Goebbels in seiner Rede an die deutschen Theaterleiter ein Theaterkonzept angekündigt, das auch "den letzten Volksgenossen in den Bann der dramatischen Kunst" zieht und ihn für die "großen Gegenstände" des "völkischen Lebens" begeistert.[2] Unter dem Namen Thingspiel wurde es bis 1937 von offizieller Seite propagiert und Knust wurde zu einem Ausbilder der sogenannten "Spielpfleger", die als Regisseure in diesem Bereich tätig werden sollten. Das Thingsspiel stellte den einzig selbständigen Beitrag des Hitler-Regimes zum Theater dar. Darüberhinaus brachten die Nationalsozialisten weder einen eigenen künstlerischen Stil noch eine eigene Formsprache hervor, sondern griffen auf Existierendes zurück und formulierten es im Sinne ihrer "Blut- und Boden"-Ideologie um. Sie machten aus diesem Tatbestand keinen Hehl und erkannten in der Neuinterpretation von Bestehendem eine ihrer eigentlichen Aufgaben: "Gibt es auch nur einen Stoff der Geschichte, welcher in das Licht unseres echten und gerechten Mythos von Blut und Ehre gerückt, nicht ein völlig neues Gesicht enthüllte? Gibt es einen Problemkreis, der sich nicht von Grund auf wandelte, sobald er zum nordischen Gedanken in Beziehung gesetzt wird? In der Tat, wir glaubten stofflich am Ende angekommen zu sein und die Summe aller Vorwürfe

erschöpft zu haben, und nun ist uns durch die nationale Revolution die ganze Welt abermals, zum zweiten Male geschenkt."[3] Auch das Thingspiel bediente sich bestehender formaler Elemente und strebte das große Gemeinschaftserlebnis in Gestalt eines chorischen und kultischen Theaters an. Als Freilichtspiel unter Mitwirkung von Laien sollte es auf eigens dafür erbauten Plätzen durch seine Volkstümlichkeit die breite Masse ansprechen. Hanns Niedecken-Gebhard, der in den zwanziger Jahren als Regisseur und Intendant den Ausdruckstanz an den Theatern förderte, vielfach mit Tänzern zusammenarbeitete und in seinen Händel-Inszenierungen an den tänzerisch-chorischen Stil anknüpfte, war an der Konzeption der Thingspiele wesentlich beteiligt. Seine Äußerungen belegen, wie vor allem Labans Utopie einer Tänzergemeinschaft und Festgestaltung in die Überlegungen einflossen und einen wesentlichen Bestandteil des gesamten Thingsspielentwurfes ausmachten. "Was unsere tiefste Sehnsucht war: daß das Volk im festlichen Schauspiel sich selbst darstellt und sich selbst findet, das wird nun in weitem Grundriß geplant und ermöglicht. Sogleich heben sich die Grundlinien der Durchführung ab: Es handelt sich immer um das Zusammenarbeiten von Einzelspielern, Spielchören, Bewegung und Musik, Raumbild und Zuschauerschaft; aus dem Ineinandergreifen der Kräfte, aus dem Kreislauf der Wirkungen nur erwachsen die wahren Erschütterungen, die reinigend und stählend über die Gemeinschaft der Spieler und Hörer hingehen. [...] Von je war es eine nationale Festgestaltung, die der einzige Gegenstand solcher Arbeit sein konnte. Und auch jetzt liegen die Aufgaben in ihrer ganzen Breite auf dieser Basis."[4]

Während Laban noch eine Tanz-Gemeinschaft aller Menschen vorschwebte, fern von ideologisch verbrämtem Rassedenken, zielte das Thingspiel auf die Masse als Symbol einer rassisch begründeten deutschen "Volksgemeinschaft". Es reichte formal von Chordichtungen bis zum SA-Laienspiel, von sprechchorischen Aktionen bis zum Freilichtspiel mit dramatischer Handlung, vom Bauernstück bis zum expressionistischen Mysterienspiel und Stadionspiel der Zehntausend.[5] Seit der Begriff 1933 aktuell wurde, gaben sich zahlreiche Stücke als Thingspiel aus, wodurch sich die Behörden zu Restriktionen veranlaßt sahen. Der Präsident der Reichs-

Eine Formation des Reichsarbeitsdienstes bei der Probe des Festspiels zur 700-Jahr-Feier der Stadt Berlin im Olympiastadion, 1937. Foto, TS

Harald Kreutzberg als "Pan" bei einer Probe zum "Sommernachtsspuk" in der Choreographie von Helge Peters-Pawlinin für das Festspiel "Triumph des Lebens", 1939 in München. Foto, TS

theaterkammer Otto Laubinger legte 1934 in groben Zügen fest, was als Thingspiel zu bezeichnen war. Ob ein Stück akzeptiert wurde, entschied letztlich die Reichstheaterkammer. Im NS-Apparat selbst gab es zwischen den Anhängern Goebbels, die das Thingsspiel als das neue "revolutionäre" Theater förderten und den stärker germanisch-völkisch orientierten Mitstreitern Rosenbergs permanent kontroverse Diskussionen.

Auf dem Gebiet des Tanzes entstanden eine Reihe chorischer Werke, die zwar nicht als Thingspiele ausgewiesen waren, jedoch in ihrer inhaltlichen und formalen Ausrichtung der Konzeption und Dramaturgie der propagierten Volksschauspiele nahe kamen. Der Reichsdramaturg Rainer Schlösser, der zur Konkretisierung der neuen Theateridee beigetragen hatte, forderte ein kultisch-chorisches Schauspiel, das sich durch Szenen und Auftritte zu einer Fabel fügt. "Oratorium", d.h. "ein Programm aus Chören und Einzelsprüchen", "Pantomime" wie "Allegorie, lebende Bilder, Fahnenweihe, Festakte", "Aufzug" in Form von "Paraden, Festzügen, Versammlungen" und "Tanz" als "Ballett, Ausdruckstanz, Gymnastik" sollten durch Musik, Handlung und die Weltanschauung verbunden werden.[6] Entsprechend diesen Kriterien war das nationale Festspiel "Deutsche Mythe" aufgebaut, das die Choreographin und Tänzerin Heide Woog 1934 am Duisburger Stadttheater uraufführte. Ihrem dreiteiligen "chorischen Werk für Bewegungschöre und Sprechchöre" lag das Bekenntnis zu "Führertum und Heldenhaftigkeit" zugrunde. Zur Musik von Bernhard Zelter und zu Texten von Richard Euringer, einem der prominentesten Thingspielautoren, zeichnete sie die Entstehung des nationalsozialistischen Staates nach. Zu Beginn der Inszenierung schleppen sich leidende Menschen ohne Ziel und führungslos dahin bis "Der Eine", durch das Licht des Scheinwerfers herausgehoben, mit "schlafwandlerischer Sicherheit" durch die im "Dunkeln versunkenen nichts ahnenden Massen" schreitet. Die "Ersten" schließen sich diesem Führer an und stellen "in Strahlen die Verbindung zu allen außenstehenden Einzelnen" dar, als Symbol der geschaffenen Gemeinschaft. Der Sprechchor deklamiert "das Glaubensbekenntnis der neuen Zeit", das mit den Worten endet: "Nie ward wie dieses ein Geschlecht, so hirtenlos, zum Volk geschart. Uns erstand der Führer! Volk, brich an! Führer, führ! Zum Führer! Folg mir, Volk". In Form von reigenhaften Aufzügen, fahnenschwingenden Gruppen, Wett- und Kampfspielen, weiheartigen Sprüchen und der Darstellung des rollenden Hakenkreuzes wird im Schlußbild der Nationalsozialismus gefeiert.[7] Mit dieser Verherrlichung der "Führer"-Figur,

die die Menschen aus ihrer Lethargie erweckt und zu ihrer wahren Bestimmung führt, verwirklichte Heide Woog das nationalsozialistische Theaterideal eines Volksschauspiels.
Auch Lola Rogges 1935 im Hamburger Schauspielhaus herausgebrachtes Tanzschauspiel "Die Amazonen" paßte in das Thingspielkonzept. Rogge war Labanschülerin und hatte 1934, als Albrecht Knust zum Leiter der Tanzabteilung an die Folkwangschule berufen wurde, die "Hamburger Bewegungschöre Rudolf von Laban" übernommen und sich dem chorischen Gedanken verpflichtet. Als Vorlage für die "Amazonen" wählte sie die "Penthesilea" von Heinrich von Kleist, wich aber in entscheidenden Punkten von dieser ab. Während in Kleists Trauerspiel Achill von Penthesilea getötet wird und diese daraufhin Selbstmord begeht, überläßt die "Amazonenkönigin" in der Version der Hamburger Choreographin dem "König der Griechen" die Herrschaft des Staates, da dieser ihr zum "eigentlichen Herrscher geboren" scheint. Auch das Hitlerregime propagierte die Staatsführung als männliche Domäne und die klare Unterscheidung von männlicher und weiblicher Aufgabe wurde zu einem unanfechtbaren Grundsatz ihrer Politik: "... die Welt des Mannes ist der Staat ... Wir empfinden es nicht als richtig, wenn das Weib in die Welt des Mannes eindringt, sondern wir empfinden es als natürlich, wenn diese beiden Welten geschieden bleiben."[8] Darüberhinaus wiesen sich die Protagonisten des Tanzschauspiels nicht als Menschen mit individuellen charakterlichen Merkmalen aus, sondern als Repräsentanten einer Gemeinschaft, worauf bereits ihre allgemein gehaltenen Namensbezeichnungen "Amazonenkönigin" und "König der Griechen" hindeuteten. Damit folgte Lola Rogge der nationalsozialistischen Ideologie, die die Gemeinschaft höher bewertete als das Individuum und die "Individualtragik" von der "Gemeinschaftstragik" dadurch unterschieden wissen wollten, daß letztere "den Helden in die Basis des Handelns des ganzen Volkes stellt."[9] Neben derartigen dramaturgischen Varianten hatte sich in den "Amazonen" der chorische Ausdruck gewandelt. An die Stelle einer aus der Improvisation gewachsenen und nicht im Detail festgelegten Bewegung trat die klar geformte, auf Einheitlichkeit und Linie bedachte Geste, der in Reih und Glied geordnete Aufmarsch der Gruppen. Dieser strenge Formalismus mit seiner choreographischen Präzision erinnerte mitunter an die reglementierte Bewegungssprache der Auf- und Abzüge bei den Selbstinszenierungen der Partei.
Das Tanzschauspiel "Die Mädcheninsel" von Lola Rogge, kurz vor Ausbruch des Zweiten Weltkrieges 1939 in Hamburg uraufgeführt, erzählt die Vorgeschichte zu den "Amazonen".

Lola Rogge als Achill in ihrem Tanzschauspiel "Die Mädcheninsel", Hamburg 1939.
Foto: Wietz, P

Emmy Köhler, Solistin der Tanzgruppe Jutta Klamt, in einem "Kampflied".
Abb. Rondophot, TS

Der junge Achill wird von seiner Mutter Thetis, die ihn vor der Erfüllung des Orakelspruchs zu schützen sucht, in Mädchenkleider gesteckt und mit Altersgenossinnen auf eine Insel geschickt. Dort soll er von der "Welt der Männer und des Kampfes" ferngehalten werden. Doch griechische Krieger gelangen auf die Insel und Achill, der ihre Kampfspiele beobachtet, fühlt sich herausgefordert. Er mißt sich mit dem stärksten der Männer und gewinnt. Aus dem "Jüngling" wird der "Held", den das Volk feiert und der als Führer der Griechen siegesgewiß zum Kampf nach Troja aufbricht. Mit dieser kriegsverherrlichenden Aussage entsprach das Tanzschauspiel den nationalsozialistischen Forderungen nach Soldatentum, Heldentum, Taperkeit und Opferbereitschaft bis zum Tod. Durch chorische und pantomimische Aktionen, Aufzüge und Tanz auf der Grundlage von verschiedenen Musikwerken Georg Friedrich Händels wies es wie die vorausgegangenen "Amazonen" Züge des Thingspiels auf.

Lotte Wernickes 1935 inszeniertes Tanzchorwerk "Geburt der Arbeit" zeigte in sechs Bildern das "Erwachen" des Menschen, seinen Weg zu den verschiedenen Arten der Arbeit und ein abschließendes "Dank – Fest". Mit seinen chorischen Bewegungen, den sinnbildlichen Gebärden des Pflügens, Säens, Schneidens, Dreschens, die Ulrich Keßler mit einer schlichten Musik unterlegte, und der Verherrlichung von Arbeit und Fest paßte es in das Konzept der propagierten Volksschauspiele.

Der chorische Tanz ließ sich von den neuen Machthabern mühelos für ihre nationalsozialistische Ästhetik vereinnahmen. Zwischen dem auf das Gemeinschafterlebnis zielenden Chortanz und dem Chortanz als Ausdruck der rassebedingten Volksgemeinschaft bestand nur ein gradueller Unterschied, den Fritz Böhme genau erfaßte: "Die Vergangenheit kannte die Verpflichtung gegenüber der Rasse und Nation als übergeordneten Regulativen nicht in der Auffassung und Weite, wie es heute der Fall ist. Ja, sie hatte den Übermut, aus der Luft eines unbodenständigen, nicht bluthaften, absoluten Intellektualismus und Rationalismus das Aufbaugerüst des Werdens selbst konstruieren zu wollen. Ihr Urteil über das, was bleiben oder vergehen sollte, richtete sich nicht nach dem Gefühl für rassische Reinheit und Erhaltung, sondern sie wollte vielmehr Gemeinschaft vermittelst gedanklich gesunder, zielsetzender Möglichkeiten ohne Berücksichtigung natürlicher, blutgegebener Schicksalsgemeinschaft konstruktiv erzeugen."[10] Seit November 1933 war Böhme Leiter der Fachschaft für Volks- und Laientanzpflege innerhalb des "Reichsbundes Volkstum und Heimat", der einzigen parteiamtlich anerkannten Organisation auf dem Gebiet der "Volkstumsarbeit". Wie Rolf Cunz gehörte er zu denjenigen, die den künstlerischen Tanz auf der Grundlage des Volkstanzes zu erneuern suchten, um ihm die gemeinschaftsbildende und "volkserziehende" Kraft zurückzugeben. Dabei sollten nicht die ursprünglichen Formen der Volkstänze übernommen werden, Ziel war vielmehr die Ausschaltung eines "internationalen Formalismus" und die Rückkehr zu einem "regionalen bzw. nationalen Form- und Ausdrucksempfinden."[11] Vom Volkstanzgut der "germanischen und nordischen Stämme" ausgehend, wollte man einen auf die "deutsche Blutsgemeinschaft" und "Rasse" bezogenen "deutschen" Tanz schaffen, der dem Erleben und dem gemeinsamen Bewegungsimpuls des deutschen Volkes Gestalt gab.[12] Aber umgekehrt sollte auch der Volkstanz eine Erweiterung im künstlerischen Sinne erfahren. Dafür setzte sich Fritz Böhme ein: "[Der Volkstanz] kann nicht nur mehr den bäuerlichen Tanz der Vergangenheit bezeichnen ..., sondern umfaßt den gesamten deutschen Tanz, insofern er als Ausdruck und Zierde, als Form und Brauch geselligen und gesellschaftlichen, feierlichen und festlichen Beisammenseins vom deutschen Volk selbst getanzt wird. Er ist der deutsche Tanz, der der Sache nach die Aufgabe hat, den deutschen Menschen selbst in den Schwung und Rhythmus zu tauchen, der ihm das Gleichgewicht zum Erlebnis der Gemeinschaft und Verbundenheit aller Glieder des Volkes vermittelt und deshalb seiner Form nach eng mit dem Wesen des Deutschen und seinem Schönheits-, Harmonie- und Ausdrucksempfinden verknüpft und aus der erbüberkommenen Natur des Deutschen auferbaut sein muß."[13] Es ging darum, alle Tänzer und Choreographen auf einen "Gemeinschaftsweg" festzulegen, weil ein Volk nur einen Gedanken und in jeder Hinsicht nur eine Richtung verfolgen könne. Zudem beabsichtigte man, den mit Jazz- und Swingrhythmen durchsetzten Gesellschaftstanz zu bekämpfen, weil er nach Auffassung der Tanzideologen die Körper in groteske, dem "deutschen Wesen" widersprechende Verrenkungen und Verbiegungen versetzte und die Tanzpartner voneinander isolierte. An seine Stelle sollte ein neuer "geselliger" Tanz treten, der der "neuerwachenden" Volksgemeinschaft und dem "Deutschen" entsprach: "Kopf und Blick aufrecht und frei. So eingestellt soll der deutsche Mensch zum Tanze antreten. Grundformen der Bewegung sind Gehen und Laufen. Wie äußert sich in ihnen der Ausdruck des nordischen Menschen? 'Zielstrebigkeit nach oben' äußert sich in einem aufrechten Gange. Nicht umsonst sind unsere Tänze vornehmlich Gehtänze."[14] Eine "wirkliche" deutsche Tanzbewegung kam unter den Nationalsozialisten aber nicht zustande, weil ihnen die eigentliche Bewegungsidee für ihren proklamierten deutschstämmigen Tanz fehlte. Bei den Gesellschaftstänzen veränderte man vielfach nur die Etiketten: aus dem "One-Step" wurde der "Marsch", aus dem "Tango" der "Wechselschrittler", aus dem "Foxtrott" der "Zweitakter".[15] Das ursprüngliche Bewegungsvokabular wurde geglättet und in einen anstandsgemäßen, züchtigen Formverlauf gebracht.

Laban hatte den Tanz als Grundlage der Kultur und Kunst erklärt, die nationalsozialistischen Tanzideologen sahen in der Körperbildung und Tanzerziehung eine gute Möglichkeit zur Förderung ihrer Weltanschauung. Gustav Fischer-Klamt wollte den "deutschen Menschen" im Tanz formen und erklärte den Tänzer zum "Priester" und "Hüter" der "gestaltenden Kräfte".[16] Abgesehen davon, daß man den Tanz von individualistischen Richtungen und "fremden" Elementen wie jüdischen Einflüssen "befreite", wurden die verschiedenen Bewegungssysteme "gleichgeschaltet" und auf einen allgemeingültigen Bewegungskanon festgelegt, den die "Anordnung Nr. 48" der Reichstheaterkammer vorschrieb. Aus dem Gang entwickelte Bewegungsarten wie Trippeln, Schreiten, Hüpfen, Laufen, Springen oder die Schwungbewegung in allen Variationen bestimmten neben der klassischen Tanztechnik den angeordneten Lehrstoff. Ein besonderes Gewicht erhielt die theoretische Ausbildung in Form von Fächern wie "Allgemeine Staatskunde", "Rassekunde" oder "Der ständische Aufbau der Reichstheaterkammer". Jeder angehende Tänzer und jede Tänzerin mußte über den Aufbau des nationalsozialistischen Staates und seine Berufsorganisationen genau Bescheid wissen. Zu den anerkannten, nationalsozialistisch geprägten Ausbildungsstätten für Tanz zählten die Schule von Jutta Klamt, die sie zusammen mit ihrem Mann Gustav Fischer-Klamt führte, und die von Dorothee Günther, die sie mit dem Musiker und Komponisten Carl Orff in München gegründet hatte. Sowohl Klamt als auch Günther leiteten Tanzgruppen, die im Dritten Reich zu den gefragtesten Ensembles gehörten und regelmäßig Aufführungen im Rahmen von Veranstaltungen der Parteiorganisationen wie "Kraft durch Freude" oder der "NS-Frauenschaft" gaben. Beide schlossen sich in ihrem Engagement für die Tanzerziehung und künstlerische Gruppenarbeit der nationalsozialistischen Propaganda an. Jutta Klamt schrieb: "Sowie der Sinn des Volkstanzes das Gemeinschafterlebnis im Tanze ist [...] so muß der künstlerische Tanz mit seinen Werken diese Volksseele widerspiegeln und dieses Volk muß sich in diesen Werken des Tanzes wiederfinden. [...] Seht, das ist der deutsche Mensch, müssen

Proben zum Festspiel im Rahmen der 700-Jahr-Feier der Stadt Berlin, 1937. Foto, TS

Der Regisseur Hanns Niedecken-Gebhard (lks.) im Gespräch mit Propagandaminister Joseph Goebbels und dem Berliner Oberbürgermeister während der Proben zum Festspiel "Berlin in sieben Jahrhunderten deutscher Geschichte", 1937. Foto: Scherl, TS

diese Werke jubeln, seht, so künden unsere Künstler von unserem Fühlen und Sein."[17] Und Dorothee Günther, die durch ihre Arbeit mit großen Laiengruppen bei tänzerischen Massenveranstaltungen, wie bei dem Festspiel "Olympische Jugend" 1936 in Berlin, hervortrat, äußerte in ähnlicher Weise: "Das organisch erfolgte Zusammenwachsen unseres Volkes unter eine führende Idee, aber auch das Zusammenfassen aller Arten von Leibesübungen und ihre Ausrichtung auf dieses gemeinsame Ziel und – nicht zuletzt – unsere durch vorbildliche Disziplin und Ordnung von Massenaufmärschen verwöhnten Augen fordern heute bei Massenfesten für das Volk, durch das Volk eine neue tänzerische Gestaltung. Denn wenn das Volk Feste feiert, soll es nicht nur eine kleine Gruppe von tänzerisch durchgebildeten Künstlern tanzen sehen, sondern es soll selbst tanzen und Schaugestaltungen des Tanzes durch sich selbst vornehmen."[18]

Das chorische Element kam als Ausdruck der "Volksgemeinschaft" zum Tragen. Mit ihren Aufmärschen, Fackelzügen und Paraden, ausgeführt von Organisationen wie SA, SS, HJ oder BDM, demonstrierten die Selbstinszenierungen der Partei eine Choreographie der Massen, die die der Chorspiele noch überbot. Die Sprache der Kunst ähnelte der Sprache der Politik, was sich nicht zuletzt am Prinzip von Führer und Geführten zeigte: "Auch das Führerprinzip wird seine sinnmäßige Anwendung im deutschen Theaterleben finden müssen. Es schließt innerhalb der Spielgemeinschaft Disziplin, Corpsgeist, Kameradschaft, aber auch ständige innere und äußere Verbindung der Führer mit den Geführten in sich."[19] In der bewegungschorischen Arbeit galt es von Anfang an als oberste Spielregel, daß die Gruppe dem Bewegungsanführer spontan zu folgen hatte. Die organisierte Masse hingegen wurde durch einen von außen auferlegten Rhythmus, den vorgeschriebenen Marsch-Schritt oder die genau festgelegte Aktion geregelt. In ihren grandiosen und strengen Abläufen äußerte sich militärische Präzision und an die Stelle eines lebendigen chorischen Organismus trat das Ornament der Masse. Gerade darin realisierte sich für viele ein universaler Rhythmus. Hermann Grauerholz schrieb in "Der Tanz": "Welche Zeit sah denn eine ähnliche freiwillige Massendisziplin, einen solchen mitreißenden Rhythmus wie unsere Tage? [...] Gespürt haben wir es alle schon, das mitreißend Neubewegte, wir alle, auch der Deutsche, der vor seinem Fenster stand, wenn eine SA-Kolonne im rhythmischen Stiefelschlag durch die Straßen singend zog."[20]

Freilichtaufführungen mit Festspielcharakter unter Beteiligung von Laien waren keine Errungenschaft des NS-Staates, sondern wurden seit Beginn des Jahrhunderts als eine neue Theaterform propagiert und praktiziert. Mit den in ein Stadion verlegten Festspielen, wie beispielsweise jenem von Martin Gleisner oder auch Rudolf von Laban 1929, verwirklichte sich die Vision von tänzerischen Massenaufführungen, die dem sozialdemokratisch engagierten John Schikowski schon 1925 vorgeschwebt hatten: "Wenn diese rhythmischen Laienchöre weiter vergrößert werden, wenn statt der Dutzende, die jetzt daran teilnehmen, Hunderte mitwirken, wenn die Vorführungen aus den Hallen ins Freie dringen, wenn die Massen Wiesen, Hügelgelände überfluten, in Stadien sich entfalten, dann wäre der erste Schritt zu dem Ziel getan, dem die ganze Entwicklung des modernen Tanzes zustrebt: zu der radikalen Umwandlung der alten Schaubühne und zum Aufbau einer wirklich wahrhaftigen volkstümlichen neuen szenischen Kunst."[21]

Als Niedecken-Gebhard 1936 sein erstes Stadionspiel, die Eröffnungsfeier der Olympischen Spiele inszenierte, konnte er auf eine Reihe von Vorbildern zurückgreifen, nicht zuletzt auf seine eigenen Regie-Erfahrungen mit Bewegungschören im Rahmen der Händel- und Thingspielaufführungen in den zwanziger und dreißiger Jahren. Mit seinen, unter dem Einsatz riesiger Teilnehmerscharen, auf monumentale Wirkungen zielenden Produktionen gehörte er im Dritten Reich bald in die Reihe der ersten Regisseure. Seine Vorstellungen vom Massentheater kamen den nationalsozialistischen Machthabern entgegen. Auf dem Frankfurter "Kongreß für Singen und Sprechen" 1938 nahm Niedecken zu dem Thema noch einmal Stellung: "Die Aufgaben und Probleme monumentaler Festgestaltung zu erkennen und an ihrer Verwirklichung mitzuarbeiten, erscheint mir heute als eine der größten und schönsten Verpflichtungen für alle, die an der Durchführung unserer kulturpolitischen Ziele mitarbeiten dürfen. [...] Denn wo erhärtet sich klarer die These, daß der Nationalsozialismus vom Volke her zur Kunst vorstößt und von der Kunst her wieder zum Volke zurückfindet, als gerade bei den Monumentalaufführungen, in denen das Theater sich an Hunderttausende wendet."[22] Ein Jahr zuvor, 1937, hatte Niedecken mit großem Erfolg ein propagandistisches Festspiel zum 700-jährigen Stadtjubiläum Berlins konzipiert und inszeniert. Unter dem Titel "Berlin in sieben Jahrhunderten deutscher Geschichte" kam es im Olympiastadion zu zehn Aufführungen. Mit historischer Detailtreue wurde die Entwicklung der Stadt in neun Bildern nachgezeichnet unter Beteiligung von 5000 Schulkindern, 7000 Mitgliedern aus Wehrmacht, Schutzpolizei, Reichsarbeitsdienst, SS, NS-Frauenschaft, dem Deutschen Frauenwerk, der Marine-HJ und der Leibstandarte Adolf Hit-

lers sowie 100 Tänzerinnen und Tänzern und 260 tänzerisch begabten Schülerinnen. Um ein Reitturnier darzustellen, wurde sogar die "Deutsche Reitschule" einbezogen. Effektvolle Wirkungen hinterließen die genau aufeinander abgestimmten und zeitlich schwierig zu koordinierenden Auf- und Abgänge der Massen und die Regie des Scheinwerferlichts, das das Stadion ins Dunkel tauchte, um den schnellen Wechsel der Gruppen zu ermöglichen oder das neue Bild voll ausgeleuchtet wieder einblendete. Die reigenartigen Tanzeinlagen entsprachen ganz der proklamierten Volkstümlichkeit und orientierten sich an dem Erscheinungsbild deutscher Volkstänze wie es die einzelnen historischen Bilder des Festspiels verlangten: Ein Schwertertanz, Erntetanz und Soldatentänze choreographiert von Erich Janietz, dem Sachbearbeiter für Volkstanz im Reichsverband deutscher Turn-, Sport- und Gymnastiklehrer, ein dem Mittelalter nachempfundener Totentanz und Biedermeiertänze von Marta Welsen und ihrer Assistentin Marianne Vogelsang, sowie Zunfttänze von Berthe Trümpy und ihrem choreographischen Mitarbeiter Henn Haas. Alle diese Choreographien waren mit den einfachen, nach klaren symmetri-

Maja Lex (3.v.lks.) mit den Tänzerinnen der Günther-Schule im Festspiel "Triumph des Lebens", inszeniert von Hanns Niedecken-Gebhard aus Anlaß des "Tages der Deutschen Kunst" 1939 im Dante-Stadion München. Foto, TS

"Arbeitsmaiden" des Reichsarbeitsdienstes bei der Ausgleichsgymnastik, 1939. Abb. Pfennig, P

Oben: Titelblatt der Zeitschrift "Deutsche Leibeszucht", gegründet 1933 als "Zeitschrift für Rassenpflege" unter dem Titel "Deutsche Freikörperkultur". P
Mitte: Ein bayerischer Bauerntanz demonstriert die gesunde Lebenskraft der neuen "Volksgemeinschaft". Abb., TS

schen Mustern sich vollziehenden Abläufen auf die Dimensionen des Stadions zugeschnitten, die jede einzelne, nicht durch die Gruppe vervielfältigte Geste oder einen einzelnen Solotänzer unscheinbar gelassen hätten. Das war auch der Grund, weshalb Harald Kreutzberg seine Mitwirkung als Solotänzer in der Inszenierung absagte und an Niedecken-Gebhard schrieb: "Ich finde, nachdem man einmal festgestellt hat, daß man als 'kleiner Kammertänzer' dort verloren ist, soll man es nicht mehr versuchen. [...] Wie wunderbar war alles, was Du bei der Olympiade mit dem Quirlkopf von 1.000 Leuten anstelltest, und ich möchte wirklich nicht der 'solistische Störenfried' sein, der Dir die Sache wieder vermasselt. Es ist halt eben nicht Raum für das 'Individuum' dort, und ich glaube, der ganze Eindruck wird 1.000mal besser, wenn Du Dich mit den Heerscharen austobst und nicht durch (einen) kleinen roten Fleck auf weißer Leinwand gehandicapt bist."[23] Auf sich bezogen hatte Kreutzberg erfaßt, daß sich im Stadionspiel das Individuum verlor und nur noch als Teil der Masse einen Platz einnahm. Der Ausdruckstanz, der auf die Individualität der einzelnen Tänzerpersönlichkeit setzte, büßte seine Daseinsberechtigung ein, denn er paßte nicht mehr in die auf Chor und Masse zielende Festspiel-Ästhetik, in der sich der "Wille der Nation" als künstlerisch gestaltete Feier großen Ausmaßes manifestieren sollte. Daß theatralische und politische Wirklichkeit dabei ineinandergriffen, zeigte sich im Finale des Festspiels, das eher einer Parteitagsinszenierung denn einer Theateraufführung glich. Unter Leuchtfeuer, Hymnen und Glockengeläut wurde das letzte Bild "Neues Deutschland" mit einem Aufmarsch der Gliederungen der Partei, des Reichsarbeitsdienstes und der Wehrmacht in Szene gesetzt. Als Apotheose bildeten tausende von weiß gekleideten Schulkindern das "Hoheitszeichen", den Reichsadler mit Hakenkreuz über dem sich ein "Lichtdom" erhob.

Niedecken-Gebhards folgende Stadioninszenierungen gingen von einem vergleichbaren dramaturgischen Muster aus. "Volk in Leibesübungen", 1938 als Festspiel für das Deutsche Turn- und Sportfest in Breslau konzipiert, stellte in einer Bilderfolge die Geschichte der deutschen Leibesübungen dar. Unverändert wurden die Biedermeiertänze und der Lichtdom des Berliner Festspiels übernommen. Die choreographische Leitung hatten Marta Welsen, Berte Trümpy, Günther Heß und Dorothee Günther. Letztere war für das Bild "Das Volk spielt und tanzt" verantwortlich, das sie zur Musik des "Olympischen Reigens" von Carl Orff als eine bunte Volksszene anlegte, in der ein Maibaum im Zentrum des tänzerischen Reigens stand. Im Schlußbild folgte auf die Szene "Deutschlands Not", in der

Signet des "Reichsbundes der deutschen Freilicht- und Volksschauspiele e.V."

müde Frauen, verwahrloste Kinder und Arbeitslose mutlos umherziehen, "Deutschlands Erhebung" als sinnbildliche Darstellung der Befreiung durch den NS-Staat. Junge, "gesunde" Menschen, Turner, die sich körperlich "ertüchtigen" und von der Müdigkeit unberührt sind, reißen das "Volk" aus seiner Mutlosigkeit heraus und übernehmen die Rolle des heilbringenden "Führers". Das Ganze kulminierte in einem Fackelzug der SA durch das Stadion, einer Vorführung von Freiübungen, einem Fahneneinmarsch, dem Einmarsch der Wehrmacht, Nationalhymnen und dem Lichtdom.

Von der Organisation "Kraft durch Freude", die in den Jahren zuvor für die hohen Besucherzahlen der Niedecken-Gebhard-Inszenierungen gesorgt hatte, wurde ein Festspiel angeregt, das unter dem Titel "Glückliches Volk" 1938 im Berliner Olympia-Stadion zur Aufführung gelangte. Es vermittelte eine idyllische heile Welt mit unbeschwerter biedermeierlicher Atmosphäre durch Reigen tanzende Mädchen, spielende Kinder, herumwirbelnde Schusterjungen und beschwor im fünften Bild, "Wehrhaftes Volk", die militärische Größe des NS-Staates in Form einer Truppenschau durch die Jahrhunderte herauf. Statt des mystisch wirkenden Lichtdoms im Schlußbild tanzten diesmal 300 Mädchen in farbenfrohen Kostümen Walzer durch das Stadion. In gesteigerter Form, aber nach demselben Muster ausgeführt, kam dieser volkstümliche, auf Heiterleit angelegte Charakter in dem Festpiel "Triumph des Lebens" zum Tragen, das Niedecken-Gebhard 1939 im Münchener Dante-Stadion zum Tag der deutschen Kunst herausbrachte. Maja Lex und Harald Kreutzberg, trotz vorheriger Bedenken, wurden als Solisten gewonnen, Berthe Trümpy, Dorothee Günther und Helge Pawlinin als Choreographen. "Lebensfreude", "Erntesegen", "Sommernachtsspuk", "Spiel im Wind", "Spiel männlicher Kraft" oder "Schwingende Reihen" hießen die zum Teil romantisch anmutenden Bilder, die unter Beteiligung von BDM, NS-Frauenschaft, HJ und Reicharbeitsdienst, der Duncan- und Günther-Schule als Sinnbilder "männlicher Kraft" und "weiblicher Grazie" fungierten. Niedecken-Gebhard, dem die Gesamtregie unterlag, sah die Aufgabe dieses Festspiels darin, "am Tag der deutschen Kunst in München Schönheit und Freude in künstlerischer Form darzubieten und im tieferen Sinne ein wahrhaftes Volksfest zu werden."[24] Zum Abschluß des Finale, von 1000 Mädchen des BDM in weißen Turnanzügen ausgeführt, arrangierte er noch einmal den Reichsadler mit Hakenkreuz als hymnischen Ausklang. In demselben monumentalen Gestus und unter einem vergleichbaren Aufgebot an Parteiorganisationen, mitarbeitenden Tänzern und Choreographen sowie Gesangschören und Orchestern erfolgten Niedecken-Gebhards Operninszenierungen "Herakles" von Händel, im Rahmen der Olympiade 1936, und "Orpheus und Eurydike" von Gluck, 1938 auf der Dietrich-Eckart-Bühne in Berlin.

Niedecken-Gebhard hatte seinen Theaterstil im Sinne der nationalsozialistischen Ideologie ausgerichtet. Seine Beteiligung an der Thingspielkonzeption, seine zahlreichen Äußerungen zur Festspielidee, sowie seine an der völkischen Idee orientierten Regiearbeiten in der Zeit des Dritten Reiches zeigen, wie er sich in den Dienst der NSDAP stellte. Vor diesem Hintergrund und angesichts seines Renommees als Regisseur ist es schwer nachvollziehbar, daß er sich nach dem Krieg als unpolitischer Künstler verstand, und was er 1947 schrieb, mutet beinahe zynisch an: "Im März 1933 kam ich von meiner Tätigkeit als Oberregisseur an der Metropolitanoper in New York nach Deutschland zurück und erfuhr hier zuerst vom Nationalsozialismus. Allen Bestürmungen mir bekannter Künstler, ich müsse sofort die leitende Stellung im Kunstleben des nationalsozialistischen Staates übernehmen, verhielt ich mich schroff ablehnend gegenüber. [...] Im Jahre 1936 machte ich die Ausarbeitung für das zur Eröffnung der Olympischen Spiele bestimmte Festspiel 'Olympische Jugend', das Dr. Goebbels verbot, weil die darin entwickelten Ideen nicht nationalsozialistisch waren. Trotz des Einspruchs vom Propagandaministerium inszenierte ich das Festspiel, das Excellenz Lewald für einen internationalen Auftrag erklärte. [...] Seit dieser Zeit lebte ich in ständiger Spannung mit dem Prop Min. [Propagandaministerium]. Alle meine Inszenierungen für das Olympia-Stadion und die Freilichtbühne Berlin ... stießen auf die größten Schwierigkeiten beim Prop. Min. [...]."[25] Diese Ausführungen überschrieb Niedecken-Gebhard mit dem Titel "Bericht über meine antifaschistische Betätigung auf kulturpolitischem Gebiet". *P.St.*

Anmerkungen:

1) Albrecht Knust, Die Entwicklung der chorischen Idee in Hamburg, Vortrag gehalten am 3.März 1934 im Kampfbund für Deutsche Kultur, Hamburg und beim Abschiedsabend am 24. März 1934, Typoskript Deutsches Tanzarchiv Köln.

2) Goebbels in einer Rede an die deutschen Theaterleiter vom 8.Mai 1933, zit. nach Rainer Stommer, Die inszenierte Volksgemeinschaft. Die Thing-Bewegung im Dritten Reich, Marburg 1985, S.31.

3) Rainer Schlösser, Das Volk und seine Bühne. Bemerkungen zum Aufbau des deutschen Theaters, Berlin 1935.

4) Hanns Niedecken-Gebhard, Spielgemeinschaft und Regisseur, zit. nach Bernhard Helmich, Händel-Fest und "Spiel der 10.000". Der Regisseur Hanns Niedecken-Gebhard, Diss., Frankfurt a.M., S. 159.

5) Vgl. Henning Eichberg, "'Thing-, Fest- und Weihespiel' in Nationalsozialismus, Arbeiterkultur und Olympismus", in: H. Eichberg/ M. Dultz/G. Gadberry/G. Rühle, Massenspiele. NS-Thingspiel, Arbeiterweihespiel und olympisches Zeremoniell, Stuttgart-Bad Cannstatt 1977, S. 26.

6) Rainer Schlösser, a.a.O., S. 53.

7) Die Ausführungen zu "Deutsche Mythe" von Heide Woog berufen sich auf die "Skizze des Gesamtentwurfs" (Heide Woog), Theaterwissenschaftliche Sammlung, Universität zu Köln.

8) Adolf Hitler am 8.9.1934, zit. nach Regina Landschoof und Karin Hüls, Frauensport im Faschismus, Hamburg 1985, S. 38.

9) W. Anders Hermann, "Die Verwandlung der Tragik", in: Bausteine zum deutschen Nationaltheater, September 1935, zit. nach Joseph Wulf, Theater und Film im Dritten Reich, Frankfurt a.M./Berlin 1983, S. 173 f.

10) Fritz Böhme, "Von der Überlieferung", in: Körperrhythmus und Tanz, Vierteljahresblätter der Jutta Klamt-Gemeinschaft E.V., Mai 1935, S.4f.

11) Fritz Böhme, "Entwicklung und Aufgaben der Deutschen", in: Die Musik, August 1933, 25. Jg., S. 827.

12) Deutsche Bühnenkorrespondenz. Nachrichten der Nationalsozialistischen Kulturgemeinde, hg. von Walter Stang, München/Berlin Juli 1935, 4.Jg. Ausgabe A.

13) Fritz Böhme, "Deutscher Tanz und Volkstanz", in: Deutsche Tanzfestspiele 1934, hg. von der Deutschen Tanzbühne, Leitung Rudolf von Laban, Dresden 1934, S. 38.

14) Zit. nach Astrid Eichstedt/ Bernd Polster, Wie die Wilden. Tänze auf der Höhe ihrer Zeit, Berlin 1985, S.75.

15) Vgl. ebd. S. 73 f.

16) Gustav Fischer-Klamt, "Rassegebundene Tanzerziehung", in: Deutsche Tanz-Zeitschrift, Berlin Oktober 1936, 1.Jg. H.7, S. 141.

17) Jutta Klamt, Vom Erleben zum Gestalten. Die Entfaltung schöpferischer Kräfte im Deutschen Menschen, Ulm o.J., S. 51 f.

18) Dorothee Günther, "Aus meiner Regiepraxis mit großen Laiengruppen", in: Deutsche Tanzzeitschrift, Dezember 1938, 3. Jg. H. 12, S.13.

19) Wilhelm Schramm, "Nationalsozialismus und neuer deutscher Theaterstil", in: Deutsche Bühnenkorrespondenz, Berlin Juli 1933, 2. Jg. Folge 12, S. 2.

20) Hermann Grauerholz, "Der Nationalsozialismus als gestaltende Kraft für den Bewegungschor", in: Der Tanz, Berlin September 1933, 6. Jg. H. 9

21) John Schikowski, "Der neue Tanz und seine neue Körperkultur", in: Olympiade Februar-März 1925, 1.Jg. Nr. 8.

22) Hanns Niedecken-Gebhard, Referat, gehalten auf dem Frankfurter "Kongreß für Singen und Sprechen" 1938, zit. nach Bernhard Helmich, a.a.O., S. 197.

23) Undatierter Brief von Harald Kreutzberg an Niedecken-Gebhard, Theaterwissenschaftliche Sammlung Universität zu Köln.

24) zit. nach Bernhard Helmich, a.a.O., S. 225.

25) Prof. Dr. Hanns Niedecken-Gebhard, Bericht über meine antifaschistische Betätigung auf kulturpolitischem Gebiet, Göttingen 25.1.1947, Carl-Diem-Institut Köln.

Deutsche Tanzfestspiele 1934 und 1935

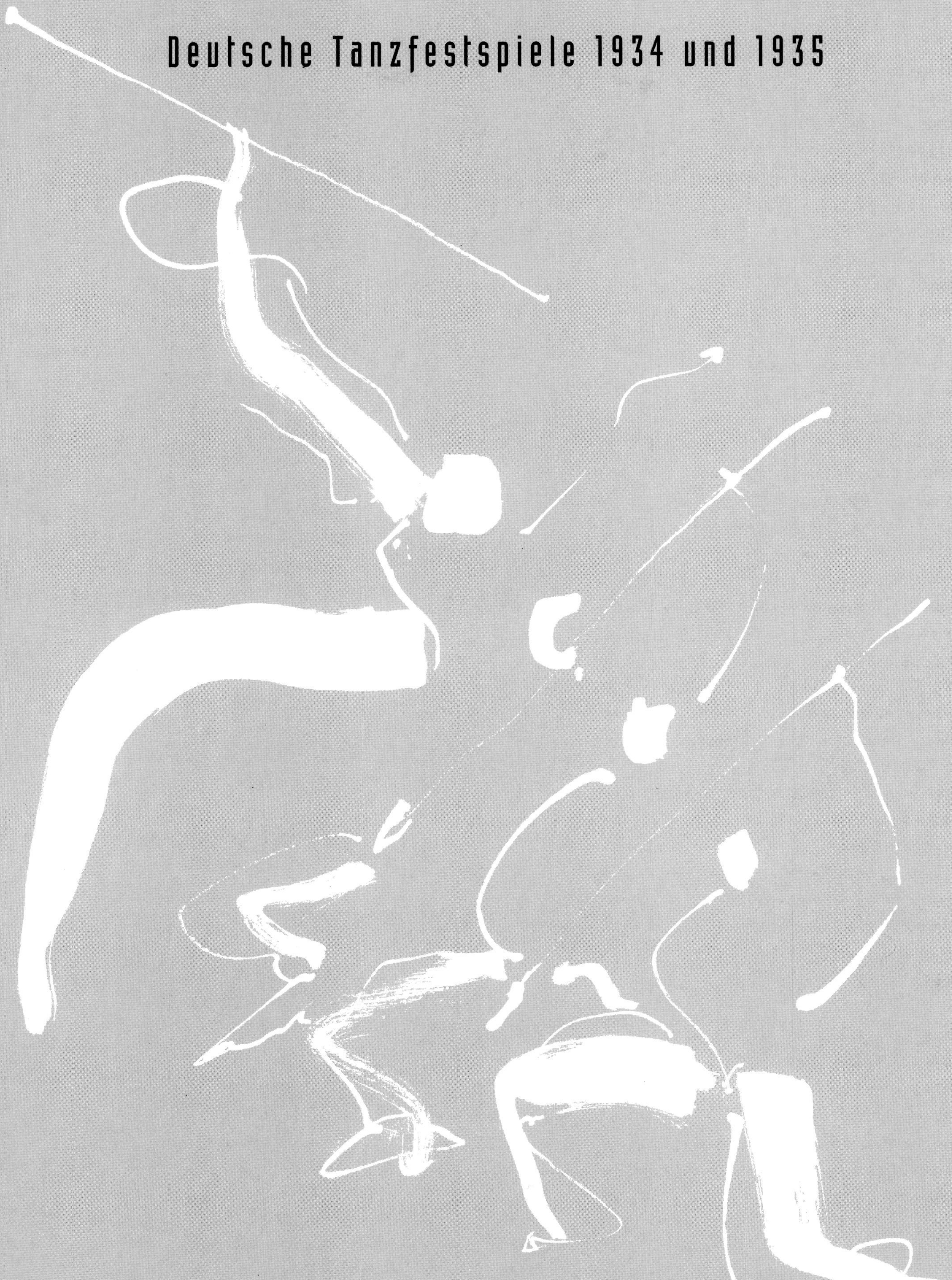

Tanzfestspiele

Nach dem politischen Umbruch in Deutschland kümmerten sich die nationalsozialistischen Machthaber, die ein gutes Gespür für soziale Schwachpunkte und gewünschte Veränderungen aufwiesen, auch um die Belange der Tänzerschaft. Die wirtschaftliche Krise, unter der vor allem die frei arbeitenden Tänzer und Tanzgruppen zu leiden hatten, war eine ideale Ausgangsbasis, Wohlwollen und Interesse dem Tanz gegenüber zu bekunden und als Wohltäter der Tänzer in Erscheinung zu treten. Als im September 1934 die "Deutsche Tanzbühne" im Auftrag der Reichskulturkammer gegründet wurde, um die "Deutschen Tanzfestspiele" zu organisieren, wurde dieser Schritt als "wirksame Maßnahme zur Stützung des deutschen Tanzes" gewertet.[1] Daß damit eine weitere Kontrollinstanz geschaffen war, um einen entsprechend den ideologischen Gedanken geformten Tanz heranzuzüchten und möglichst schnell "fremdrassige Elemente" auszuschalten, wurde den Tänzern, die sich von staatlicher Seite erstmals ernst genommen fühlten, kaum bewußt. Im Gegenteil, sie sahen die "gütige Hand" der Reichskulturkammer als Omen für eine bessere, sichere Zukunft.[2] Über die inzwischen veröffentlichten Richtlinien, "Die geistigen Grundlagen für Tanz im Nationalsozialistischen Staat" (siehe Dokumente Kap. III) oder vergleichbare ideologische Appelle hatte man entweder hinweggelesen, sie nicht zur Kenntnis genommen oder sie als konsequente und begrüßenswerte Fortführung der Tanzideologie der späten zwanziger Jahre gedeutet.

Hinzu kam, daß sich rein äußerlich insofern wenig geändert hatte, als Rudolf von Laban weiterhin die Zügel in der Hand behielt. Ihm war die Leitung der "Deutschen Tanzbühne" und die Organisation der Festspiele anvertraut worden. Allerdings hatte sich die Programmatik gewandelt. Denn im Gegensatz zu den Tänzerkongressen, deren primäres Anliegen der gedankliche Austausch in Form von Vorträgen, inhaltlichen und ästhetischen Auseinandersetzungen gewesen war, konzentrierten sich die "Deutschen Tanzfestspiele" sowohl 1934 als auch 1935 auf ein reines Tanzprogramm und vermieden offizielle Diskussionsrunden. Worüber hätte man auch diskutieren sollen? Die ästhetische Richtung bestimmte seit 1933 die Partei. Sie legte fest, was tänzerisch, choreographisch, pädagogisch stattzufinden hatte und forderte dies auch ein. Dabei standen keine künstlerischen Kriterien mehr im Vordergrund, sondern ideologische Inhalte. Die Tänzerschaft folgte und sah sich zu keinem Widerspruch veranlaßt. Die "Deutschen Tanzfestspiele", die vom 9. bis 16. Dezember 1934 im Theater am Horst-Wessel-Platz in Berlin stattfanden, schienen die Kontinuität in Sachen Tanz zu belegen. Sie galten vielen als konsequente Fortsetzung der Tänzerkongresse. Fritz Böhme konnte, als Auftakt zu den Festspielen, nur mit Befriedigung feststellen: "Die deutsche Tanzkunst erlebt seit dem Einsetzen ihres Ringens um künstlerische Anerkennung ihren bedeutendsten, weil entscheidenden Moment: Die Reichskulturkammer nimmt sich ihrer an und bahnt ihr den Weg zu dem eigenen Volk und in die weite Welt."[3]

Als eine Art Ersatz für die fehlenden Vorträge erschien eine Broschüre mit Aufsätzen unter dem Titel "Deutsche Tanzfestspiele 1934", herausgegeben von der Deutschen Tanzbühne unter der Leitung von Rudolf von Laban.[4] Die darin behandelten Themen erstreckten sich von "Gedanken und Erfahrungen" (Palucca), autobiographischen Zeugnissen (Kreutzberg) über "Anmerkungen zum Theatertanz" (Yvonne Georgi) und eine Darstellung zum "Wesen des neuen künstlerischen Tanzes" (Wigman) bis zu Auseinandersetzungen mit Themen wie Tanz und Musik (Hanns Hasting, Adolf Havlik) und der deutschen Tanzkunst (Dorothee Günther, Fritz Böhme, Hans Brandenburg). Die in dem Band versammelten Autoren waren auf keine programmatische Linie festgelegt. Wigman, Georgi und Palucca nahmen zum Tanz als Kunst Stellung, setzten sich mit ästhetischen und theaterpraktischen Fragen auseinander und reflektierten damit ihr eigenes Medium. Rudolf von Laban beschrieb in seinem Vorwort zu dem Buch noch einmal die Entwicklung der von ihm in den frühen zwanziger Jahren ins Leben gerufenen Tanzbühne. Hingegen nahmen Autoren wie Dorothee Günther oder Fritz Böhme die Gelegenheit zum Anlaß, das Wesen der deutschen Tanzkunst entsprechend der nationalsozialistischen Auffassung zu definieren. Aus ihrer Verachtung gegenüber allem, was sie als fremd und nicht deutsch einstuften, machten sie keinen Hehl und um ihre nationalsozialistische Tanzauffassung zu begründen, bedienten sie sich oft abstruser Herleitungen. Auf eine deutsche Zukunft im Tanz bauend, erklärte Dorothee Günther: "Ein Wille zur Echtheit, Aufrichtigkeit und Wahrheit, der Gegenwart und Vergangenheit auch im Kulturleben prüft, will heute die großen 'Eroberer' von den großen 'Abenteurern' der Kunst scheiden. Scheinland soll zugunsten der Durchkultivierung echten Besitzes verlassen werden, hoffend, daß aus diesem 'Mutterboden' wurzelechtes Gefühl für die kommende Generation entspringe und so auch von dieser Seite aus helfe, den drohenden Fluch heimatloser Internationalität von unserer deutschen Zukunft abzuwenden."[5] Und Fritz Böhme sah die grundsätzliche Bedingung für das Schaffen eines echten deutschen Tanzes darin, "daß der Tänzer in seiner Seele und seiner innerlich menschlichen Haltung sich als Deutscher

Jens Keith und Walter Junk in den "Polowetzer Tänzen", 1930 von Laban choreographiert und 1934 wiederaufgenommen. Abb., TS bewußt fühlt, sich aufrichtig zum deutschen Volke rechnet, im nationalsozialistischen Sinne Volk ist."[6] Trotz derartiger Äußerungen fehlte in der Broschüre die nationalsozialistische weltanschauliche Ausrichtung aller Autoren. Das Buch spielgelte vielmehr das noch uneinheitliche, von individuellen Ansätzen geprägte Bild der ersten Tanzfestspiele wider.

Die Festspiele selbst boten einen Überblick über das deutsche Tanzschaffen. Vertreten waren die bewährtesten Solisten, wie Palucca und Kreutzberg, die bekanntesten freien Tanzgruppen, wie das neue Ensemble von Mary Wigman und die Münchner Gruppe von Dorothee Günther, der Theatertanz repräsentiert durch Rudolf von Laban, Lizzie Maudrik, Jens Keith, Yvonne Georgi, Valeria Kratina und schließlich die jungen mehr oder weniger noch namenlosen Nachwuchstänzer. Daß in der Zwischenzeit eine Reihe politisch oder aus rassischen Gründen verfolgter Tänzer Deutschland verlassen hatte, oder ihnen die Arbeitserlaubnis entzogen worden war, schien den Programmablauf nicht weiter zu beeinflussen. Mit ihren sozialkritischen Inhalten und unkonventionellen Standpunkten paßten Perönlichkeiten wie Valeska Gert und Hans Weidt schon vor 1933 nicht in den Rahmen eher metaphysisch orientierter Tanzkonzepte oder eines auf die Bedürfnisse des Theaters ausgerichteten Tanzes. Doch Kritiker mit nationalsozialistisch gefärbtem Blick sahen in dem Angebot der "Deutschen Tanzfestspiele" 1934 den Anspruch eines repräsentativen deutschen Tanzes noch keineswegs erfüllt: "Die kritische Bilanz der 'Deutschen Tanzfestspiele', die im Theater am Horst-Wessel-Platz zu Berlin ein Massenaufgebot bekannter und unbekannter Tänzer vorführten, fordert zunächst die grundsätzliche Feststellung, daß wir heute einen deutschen Tanz als Ausdruck unseres nationalen Wesens noch nicht besitzen. Daß deutsche Künstler sich tanzenderweise betätigen, ist kein Kriterium für die Deutschheit ihres Tuns. Und es bleibt als gefährlicher Irrtum ein Satz anzuführen, der auf der Titelseite des Festprogramms steht. Dort wird nämlich behauptet, daß auch Tänze, die in fremden Volksrhythmen, der Buntheit des Orients oder anderen Stilen zu wurzeln scheinen, immer deutsche Kunst bleiben. Nein, der völkische deutsche Tanz schöpft seine Motive und seine Kraft aus dem Boden der Heimat und nicht aus der Treibhauspflanze wurzelloser Ästheten."[7] Auch Mary Wigman, die vom Propagandaministerium eine Förderung erhielt, um eine neue Gruppe zusammenzustellen, wurde aufgrund ihrer Uraufführung der "Frauentänze" von der Presse zurechtgewiesen und das, obwohl sie mit dieser Choreographie durch die einfache Linienführung in der symmetrischen Gliederung der Gruppen die gewünschte Schlichtheit erreichte und einen bar jeder intellektuellen Abgehobenheit gelösten Eindruck hinterließ.

Nach Abschluß der "Deutschen Tanzfestspiele 1934" wurden der "Deutschen Tanzbühne" neue Aufgabenbereiche zugewiesen. Zunächst sollte sie sich um die Erfassung und Betreuung arbeitsloser und notleidender Tänzer kümmern. Ganz im Sinne der generell erfolgten Arbeitsbeschaffungsmaßnahmen wurden Übungs- und Trainingsräume gemietet, um den engagementlosen Tänzern Trainingmöglichkeiten unter der Anleitung qualifizierter Lehrkräfte zu bieten und sie auf diesem Wege wieder in den Arbeitsprozeß einzugliedern. Unter dem Namen "Junge Tanzbühne" fanden sich eine Reihe von Tänzern und Tänzerinnen zusammen, choreographierten Solo- und Gruppentänze, die sie im Rahmen verschiedener, zum Teil von der "Deutschen Tanzbühne" arrangierter Veranstaltungen aufführten. Gleichermaßen setzte sich die "Deutsche Tanzbühne" für die Weiterbildung der Tänzer ein. Im August 1935, zwei Monate vor den zweiten "Deutschen Tanzfestspielen", wurde in Rangsdorf bei Berlin ein Tänzerlager eingerichtet. Ziel war, die neue "Prüfungsordnung für deutsche Tänzer", die kurz vor Beginn des Lagers erschien, zu erklären und zu demonstrieren. Sie wurde als "erlösendes Gesetz" empfunden, weil "endlich" und zwar amtlich festgesetzt war, "was ein ordentlicher Tänzer alles zu können und zu wissen hatte".[8] Insgesamt reisten 150 Tänzer und Tänzerinnen zu vierzehntägigen oder vierwöchigen Kursen aus ganz Deutschland an, um sich praktisch und theoretisch über die Prüfungsordnung zu informieren. Die Kurse waren so strukturiert, daß sich jeder, auch in der Kürze der Zeit, einen Überblick über den Inhalt der Prüfungsordnung verschaffen konnte. Was nach außen hin als sinnvolle Fortbildung und zugleich als ungezwungenes Tänzertreffen ausgeschrieben war, galt in Wirklichkeit der Ausrichtung auf einen allgemein verpflichtenden Lehrplan und damit auf ein einheitlichtes, weil gesetzlich verordnetes Bewegungsvokabular. Damit war auch eine Möglichkeit geschaffen, die verfemten individualistischen Tanzstile auszugrenzen. Eine "geistige" Schulung im Sinne nationalsozialistischer Weltanschauung wurde unterschwellig mitgeliefert.

Kurz darauf fanden vom 3. bis 10. November 1935 die von der "Deutschen Tanzbühne" unter der künstlerischen Leitung von Rudolf von Laban organisierten und von der Reichskulturkammer geförderten "Deutschen Tanzfestspiele" zum zweiten Mal im Theater am Horst-Wessel-Platz in Berlin statt. Sie waren in diesem Jahr nicht als Überblick über das gesamte Tanzschaffen geplant, sondern als werbewirksame Schau konzipiert. Das Programm wurde nach Tanzgattungen zusammengestellt, mit Solo- und Gruppenwerken, Theatertanz- und Laienchorvorführungen. Man hatte die Stücke genau ausgewählt – von den geplanten Uraufführungen so profilierter Choreographinnen wie Mary Wigman und Dorothee Günther abgesehen –, um mangeldes Niveau auszuschließen. So sollte im großen Rahmen demonstriert werden, daß der deutsche Tanz Träger deutscher Kultur ist. Zum einen wollte man die Vielfalt, zum anderen die künstlerische Qualität des deutschen Tanzschaffens unter Beweis stellen. Außerdem waren die Tanzfestspiele als eine Vorauswahl für den tänzerischen Wettkampf der Nationen im Rahmen der Olympiade 1936 gedacht. Vertreten waren wieder die Protagonisten der modernen Tanzkunst, eine Reihe mittlerweile anerkannter junger Nachwuchstänzer wie Ilse-Lore Wöbke, Ilse Meudtner, Marianne Vogelsang, Rolf Arco und mit Helga Swedlund oder Lizzie Maudrik auch die klassisch orientierte Tanzrichtung. Zum Abschluß der Festspiele standen zwei Gruppenwerke auf dem Programm: Mary Wigmans "Tanzgesänge" und Lola Rogges bewegungschorisches Tanzschauspiel "Die Amazonen". Während man Wigman die fehlende Weiterentwicklung, die mangelnde "Bindung an die Zeit, an das Volk" und zu wenig "Volkstümlichkeit" vorwarf, sah man in Rogges "Amazonen" das proklamierte chorische Volksschauspiel verwirklicht.[9] Damit war die Richtung vorgegeben, in der der Tanz weiterzugehen hatte. Für das Jahr 1936 standen zwar keine Tanzfestspiele auf dem Plan, dafür aber die Olympiade, die den Tanz in ihre Eröffnungsfeierlichkeiten und ihr Rahmenprogramm einbezog. *P.St.*

Anmerkungen:

1) Gertrud Snell, "Die deutsche Tanzbühne", in: Die Musik, November 1935, 28. Jg., S. 87.

2) Ebd. S. 88.

3) Fritz Böhme, "Die deutsche Tanzkunst wirbt. Deutsche Tanzfestspiele 1934", in: Berlin – Gastspiele im Ausland, ohne Datum, Quelle: Tanzarchiv Leipzig, Nachlaß Fritz Böhme.

4) Deutsche Tanzfestspiele 1934, hg. von der Deutschen Tanzbühne. Leitung: Rudolf von Laban, Dresden 1934.

5) Ebd. S. 14

6) Ebd. S. 38.

7) Friedrich W. Herzog, "Gibt es einen 'deutschen' Tanz?", in: Die Musik, Januar 1935, 28. Jg., S. 272.

8) Gertrud Snell, "Die deutsche Tanzbühne", in: Die Musik, November 1935, 28. Jg. – Informationen zur Deutschen Tanzbühne und dem Tänzerlager Rangsdorf sind diesem Text entnommen sowie Gertrud Snell, "Die deutsche Tanzbühne, eine gemeinnützige Veranstaltung", in: Deutsche Tanzzeitschrift, April 1936, 1.Jg. , H. 1.

9) H.E.F., Ausklang der Tanzfestspiele. Mary Wigman und Lola Rogge, Berliner Lokalanzeiger vom 11.11.1935.

Rudolf von Laban, der Leiter und Organisator der Deutschen Tanzfestspiele, in seinem Büro. Abb., TS

Deutsche Tanzfestspiele 1934

Berlin – 9. - 16. Dezember

Das Programm der Festspiele

Unter der weitgehenden Förderung der Reichskulturkammer findet in Berlin eine Festwoche statt, "Die Deutschen Tanzfestspiele 1934".
Sie sollen in großem Rahmen zeigen, daß der deutsche Tanz Träger deutscher Kultur ist und den Geist des neuen Deutschen Erlebens in sich birgt.
"Die Deutschen Tanzfestspiele 1934", die vom 9. - 16. Dezember in Berlin im Theater am Horst-Wessel-Platz und in der Staatsoper Unter den Linden stattfinden, vereinen die bedeutendsten Tanzschöpfer und Tanzdarsteller Deutschlands in ihren Gruppenwerken und Tänzen. Eine Anzahl aufstrebender Begabungen zeigt den Weg der Jugend zum neuen Deutschen künstlerischen Tanz.

Die Tanzgruppe von Dorothee Günther in "Klänge und Gesichte". Abb. Siegfried Enkelmann, P

Sonntag, 9. Dezember

***11 1/2 Uhr vorm.* bringt die Tanzgruppe der Städt. Bühnen Hannover unter Leitung ihrer Ballettmeisterin Yvonne Georgi "Partita" nach Musik von Joh. Seb. Bach. Harald Kreutzberg zeigt vier Tänze. Dann folgen "Erinnerung" nach Musik von**

Tänzerische Tagesfragen

Ein Bericht

Die Deutschen Tanzfestspiele 1934 sind vorüber. An anderer Stelle werden die einzelnen Leistungen besprochen, hier sei es gestattet, ein wenig auf die Bedeutung dieser Veranstaltung im allgemeinen einzugehen. Als Rudolf von Laban, der offizielle Leiter der Festspiele, vor einiger Zeit sich öffentlich zum Thema "Deutscher Tanz" äußerte, mußte er seine Ausführungen mit der Feststellung beginnen, daß es "erstaunlich" sei, "wie unsicher das Urteil darüber ist, was man eigentlich als deutsche Tanzkunst anzusprechen hat". Der Eindruck ist, daß man eher immer noch auf der Suche dessen ist, was wirklich als deutsche Tanzkunst bezeichnet zu werden verdient und daß auch die Festspiele ein nach dieser Richtung hin gehendes Experiment darstellten. Ein Experiment, das teilweise geglückt ist, zum anderen Teil aber die Klärung der grundsätzlichen Probleme um den deutschen Tanz offen läßt.

Einfach wäre die Sache, wenn man vom Volkstanz ausginge. Dann wären die Deutschen Tanzfestspiele folkloristisch begründet, wir würden Schuhplattler und Schäfflertänze, Ländler und Walzer erleben, die, künstlerisch sublimiert und bühnenmäßig stilisiert, in ihrem Wesen ganz deutsch wären. Doch diesen Weg ist man nicht gegangen, da man die Grenzen bedeutend weiter ziehen wollte. Und da tat man eine kleine gedankliche Unterschiebung und zog ein Gleichheitszeichen zwischen den Begriffen deutscher Tanz und neuer Tanz. So erhielten die Deutschen Tanzfestspiele – abgesehen von einigen Theaterwerken – das Gepräge einer Inventuraufnahme der Wigman- und Labanrichtung im Tanz, die – was nicht abgestritten werden soll – ihren Teil zur Entwicklung des sogen. "neuen" Tanzes beigetragen haben. Doch braucht deswegen nicht alles, was "neu" ist, "deutsche" und nicht alles, was "deutsch" ist, "neu" zu sein. Wir kennen, beispielsweise, den Schöpfungen der Wigman sehr ähnliche, ebenfalls "neue" Bestrebungen der Amerikaner (Martha Graham), die durchaus unabhängig und autonom entstanden sind und sich mit demselben Recht "amerikanisch" bezeichnen dürfen; wir kennen Werke der Wigman ("Feier"), der Maja Lex u. a. m., die Anlehnungen an Exotik sind, sowohl im Klanglichen als im Figuralen, wenn sie auch von deutschen Künstlern geschaffen wurden. Wir kennen andererseits zweifellos deutsche Kunstwerke, wie etwa die der Elssler, aus deutscher Romantik geborene, oder aus dem Geist der Renaissance, wie sie vom herrlichen deutschen Barock abgeleitet wurden, die im Rahmen der Festspiele ebensowenig Platz fanden, wie etwa die

deutscheste unter allen deutschen Tänzerinnen der Gegenwart: Niddy Impekoven.
Die Deutschen Tanzfestspiele 1934 beschränkten sich bewußt nur auf einen Teil des Gebietes. Ihr Zweck schien es zu sein, die Vitalität und die Daseinsberechtigung der vorhin etwas ins Hintertreffen geratenen Wigman- und Labantendenzen unter Beweis zu stellen, und um diese Lebensfähigkeit zu bekräftigen hat man nicht allein die Spitzenleistungen der Arrivierten der Öffentlichkeit präsentiert, sondern – mit Absicht – auch zum Teil unfertige und unreife, um den künstlerischen Ausdruck ringende Versuche des tänzerischen Nachwuchses.
Diese Schau der Prominenten und der Nachwuchstänzer hat sicherlich zur Klärung der grundsätzlichen Fragen beigetragen und orientierend gewirkt. Die bei den Tanzfestspielen dominierenden Richtungen waren, das muß man im Auge behalten, in den Nachkriegsjahren typische Erscheinungen der expressionistischen Zeit, deren überbetonter Individualismus die Person des Tänzers in den Vordergrund rückte und seine Darstellungsmittel jeglichen Zwanges, jeglicher Disziplin entblößte. Im Mittelpunkt der Schulungsmethoden standen damals nicht konstruktive, sondern eher destruktive Tendenzen: Auflockerung, Entspannung, Improvisation, Drauf-los-tanzen, wie es jedem individuell bequem war usw. Die Losgelöstheit von der tänzerischen Überlieferung paarte sich oft mit einer dilettantenhaften Selbstgefälligkeit und Selbstsicherheit, und eine ganze Generation von Tänzern geriet in eine Sackgasse. Die Resonanz der neuen Richtung aber war dank der aller Bindungen baren Entfesselung des Tanztriebs in jenen Jahren der Dekadenz besonders groß.
Es ist seit damals so manches revidiert worden, und auch bei den Führern des neuen Tanzes wurde der Wunsch zur Selbstdisziplinierung, zur Konsolidierung und fachlichen Untermauerung der Tanzkunst unverkennbar. Doch auch heute noch

Harald Kreutzberg in "Gesang der Nacht".
Foto: Siegfried Enkelmann, DTK

Die Tanzgruppe des Badischen Staatstheaters Karlsruhe unter Leitung von Valeria Kratina. Abb. Bauer, P

Turina, getanzt von der Tanzgruppe der Städt. Bühnen Hannover, und vier Tänze von Palucca.

Dienstag, 11. Dezember

***8 1/4 Uhr abends* werden altdeutsche und andere Tänze von der Festspielgruppe junger Tänzer vorgeführt. Ferner der dreiteilige Reigen "Klänge und Gesichte" von der Tanzgruppe Günther-München – Tanz: Maja Lex, Musik: Gunhild Keetmann – und das neue Gruppenwerk von Mary Wigman "Frauentänze", zu dem Hanns Hasting die Musik geschrieben hat.**

Mittwoch, 12. Dezember

***8 1/4 Uhr abends* wird das Programm von Sonntag, den 9. Dezember, wiederholt.**

Donnerstag, 13. Dezember

***8 1/4 Uhr abends* werden Soli, Duos, Trios und größere Gruppenwerke d. Festspielgruppe junger Tänzer und ein Gruppenwerk von der Tanzgruppe des Landestheaters Karlsruhe unter Leitung von Valeria Kratina gezeigt. Außerdem gelangen die "Polovzer Tänze" in der Einstudierung von Rudolf von Laban – Musik von Borodin – zur Aufführung.**

Freitag, 14. Dezember

***8 1/4 Uhr abends* führt die Festspielgruppe junger Tänzer Soli, Duos, Trios und kleine Gruppenwerke auf.**

Sonnabend, 15. Dezember

***8 1/4 Uhr abends* wird das gleiche Programm wie Dienstag, den 11. Dezember, gegeben.**

Sonntag, 16. Dezember

***11 1/2 Uhr vorm.* zeigt die Festspielgruppe junger Tänzer kleine und größere Gruppenwerke.**

Sonntag, 16. Dezember

***3 Uhr nachm.* findet in der Staatsoper Unter den Linden die Uraufführung von "Dornröschen", einem Tanzmärchenspiel von Rudolf von Laban nach Musik von Johann Strauß und "Puppenfee" in der Einstudierung von Lizzie Maudrik – Musik von Beyer – statt. Dieser Nachmittag ist dem deutschen Kinde gewidmet; die beiden großen Tanzwerke gelangen als Weihnachtsfestspiele zur Vorführung.**

Gret Palucca, Mitte der 30er Jahre.
Abb. Siegfried Enkelmann, P

sind nicht wenig Überbleibsel jener – nicht mehr tragbaren – geistigen Verfassung spürbar, und dem aufmerksamen Beobachter werden derlei Schlacken beim Anblick der Festspielprogramme hie und da aufgefallen sein. Daraus erklären sich manche Äußerungen des Unwillens in der seriösen Tanzkritik der Berliner Tagespresse. Der "Völkische Beobachter" sieht die Erwartungen "nur zum Teil erfüllt", bedauert, daß nicht eine "sorgfältige Auswahl" getroffen worden sei, daß "Unfertiges an Können" noch "mannigfaltig zutage trat" und daß die "Entwicklung noch viel mehr, als bisher geschehen ist, in die Bahnen einer *echten* volkstümlichen Kunst" hineingeleitet werden müßte. Man würde "dann nicht mehr nötig haben, den deutschen Charakter der Tänze im Programm und in den Überschriften zu betonen", sondern er würde "auch im Tanz selber zum Beschauer sprechen". Bei der Darbietung von Jens Keith rühmt derselbe Kritiker die *"alte, gute"* Ballettkunst, d. h. gerade das, was die Leitung der Festspiele in Verkennung des Sachverhalts als quasi-undeutsch nicht dulden wollte. Der Referent der "Deutschen Zeitung" sieht ebenfalls mit voller Klarheit, daß vieles vom gezeigten geistiges Gut einer vergangenen Epoche darstellt. Über die Wigman schreibt er, daß "ein Mensch kein Gott" sei und "einmal jeder Quell zu Ende" rinne. "So erleben wir den großen Abklang einer bedeutenden Persönlichkeit." Der Hexentanz sei ein "entfesseltes Rasen alles-dessen" gewesen, "was man nicht auf die Bühne stellen sollte". Gret Palucca sei "ein Beispiel dafür, welche Wege von Mary Wigman auf totes Gleis führten".

Diese Zitate genügen, um schlaglichtartig die Problematik um den Deutschen Tanz und die Festspiele aufzuzeigen. Es wird der weiteren Selbstkritik, der weiteren unermüdlichen Sorgfalt und des weiteren guten Willens bedürfen, die Tanzentwicklung auf fruchtbare, freie Bahnen hinauszuführen und ihren weiteren Aufstieg möglich zu machen. Die großzügige Förderung der staatlichen Instanzen, die in so dankenswerter Weise dort einsprangen, wo sich sonst keine Mäzene bereit fanden, bleibt auch künftighin unentbehrlich. Verbindet sie sich mit einer tanzfachlichen Leitung, die frei von persönlichen Interessen, wirklich objektiv, ohne voreingenommene Bevorzugung bestimmter einzelner Richtungen und Schulen ihres Amtes waltet, dann wird der Erfolg über früh oder spät nicht ausbleiben, und die Zukunft der deutschen Tanzkunst wird sich dann ihrer glorreichen Vergangenheit würdig erweisen.

Die Verwaltung der Staatl. Museen hat aus Anlaß der Festspiele im Kronprinzessinnenpalais eine Ausstellung "Der Tanz" eröffnet. Aus dem Besitz der staatlichen Sammlungen sind zahlreiche Gemälde, Plastiken und sonstige Kunstgegenstände zusammengetragen worden. Und wenn wir uns eine Tanzausstellung noch reichhaltiger, noch umfassender, noch gründlicher vorbereitet wünschen, freuen wir uns über die Anerkennung unserer Kunst und die Aufmerksamkeit der Behörden und des Publikums. Schade, daß von Anna Pawlowa ein wenig gelungenes Gemälde von Slevogt ausgestellt ist, das die verstorbene Künstlerin selbst äußert abfällig beurteilte. Interessant ein alt-ägyptisches Relief, einige Tanagra-Figürchen, ein paar alt-griechische Tanzreliefs, einige Moriska-Tanzplastiken von Erasmus Grasser und der im Märzheft 1934 unserer Zeitschrift reproduzierte Spinettdeckel des 17. Jahrhunderts mit einer reizvollen Menuettszene.

Die moderne Kunst und die zeitgenössischen Künstler sind, leider, nur sehr wenig berücksichtigt worden, und wenn wir auch die schöne Plastik von Kolbe finden, suchen wir vergebens nach Zeichnungen etwa von Grunenberg, Scheurich und so manchen anderen.

Deutsche Tanzfestspiele 1935 – ein erfreuliches künstlerisches Ergebnis

Den mannigfachen Bemühungen, den deutschen künstlerischen Tanz aus dem Wirrwarr der Richtungen und Schulen und aus dem geistigen und weltanschaulichen Leerlauf der letzten Jahre herauszuheben und eine gesunde Entwicklung anzubahnen, ist der Staat durch die Veranstaltung der "Deutschen Tanzfestspiele" zu Hilfe gekommen. Nun schon zum zweiten Male fanden sie, wieder unter stärkster Beteiligung namentlich auch aller tänzerisch interessierten Kreise, in der Volksbühne am Horst-Wessel-Platz statt.

Eine fortschreitende Entwicklung unseres Tanzwesens ist unverkennbar. Der Sichtung der Begabungen, die im vorigen Jahre ein Hauptzweck der Tanzfestspiele war, folgte jetzt eine Überschau über die verschiedenen Formen und Stile des Tanzes. Die Werke standen also im Vordergrund. Das schloß jedoch die große künstlerische Einzelleistung nicht aus, da ja vor allem auch der Nachwuchs von diesen Festspielen Anregung und Ansporn empfangen soll. An zwei Abenden zeigten die Palucca und Harald Kreutzberg ihre große Kunst. Die Palucca als Verkörperung des naturhaft Ursprünglichen, einer tänzerisch gelösten, aus der Tanzfreude und einem harmonisch ausgeglichenen Lebensgefühl entstandenen Tanzkunst, Kreutzberg, dem wir mit in erster Linie die Anerkennung des deutschen Tanzes im Ausland zu danken haben, als Vertreter eines Stiles, der mit der höchsten Kraft bewußter Gestaltung und auf der Grundlage einer vollendeten Technik auch die dekorativen Elemente des Theaters, Kostüm, Licht und Farbe, zu ungemein charakteristischer Ausdrucksgebung zusammenzwingt.

Stark berücksichtigt war diesmal auch der chorische Laientanz, eine Tanzkunst der Gemeinschaft, die in den Darbietungen der Berliner und Hamburger Bewegungschöre neue Entwicklungsmöglichkeiten einer volksnahen tänzerischen Gestaltung erkennen ließ. "Die Geburt der Arbeit" von Lotte Wernicke zeigt in sechs Bildern das Erwachen des Menschen und ihren Weg zu den verschiedenen Arten der Arbeit, der Grundlage der menschlichen Gemeinschaft. Die einfache, aber die große Idee klar herausarbeitende Handlung, die von Ulrich Keßler musikalisch wirkungsvoll untermalt wurde, fand eine ebenso eindrucksvolle wie eigenartige tänzerische Lösung, die nicht über die Grenzen des Laientanzes hinaus will, aber gerade dadurch die Geschlossenheit eines eigenen künstlerischen Stiles erhielt. Die gleichen Grundsätze wurden auch in dem chorischen Tanzschauspiel "Die Amazonen" von Lola Rogge-Hamburg mit Glück verwirklicht. Die anspruchs-

Oben: "Der kämpferische Tag" mit der Tanzgruppe von Dorothee Günther.
Abb. Siegfried Enkelmann, P
Mitte: Ilse Meudtner als die Rokoko-Tänzerin Barberina und Joachim Herrmann als König Friedrich II. in dem Ballett "Die Barberina" von Lizzi Maudrik, 1935. Foto: Scherl, TS

Staats- Oper
Sonntag, 20. Oktober Anfang 20 Uhr
Uraufführung
Die Barberina
Ein Tanzspiel aus der Rokokozeit von Lizzie Maudrik
Musik (nach Meistern des 18. Jahrhunderts) von Herbert Trantow
Bäuerische Tanzszenen
nach Kompositionen von Franz Liszt
Die gesamte Tanzgruppe der Staatsoper
Inszenierung und Choreographie: Lizzie Maudrik
Musik. Ltg.: Herbert Trantow / Gesamtausstattung: Rochus Gliese

Unten: Lola Rogge (lks.) und Lotte Lobenstein in dem Tanzschauspiel "Die Amazonen" von Lola Rogge, 1935. Foto: A. Niemitz, P

Die Hamburger Choreographin Helga Swedlund (lks.) mit Almut Winckelmann in "Pavane auf den Tod einer Infantin". Foto, P

Unten: Mary Wigman (links stehend) und Dore Hoyer (hinten stehend) in der Szene "Bittgang" aus dem Zyklus "Tanzgesänge" von Mary Wigman, 1935. Foto: Charlotte Rudolph, MWG

vollere Handlung schöpft aus der klassischen Sagenwelt. Händels Musik, die in ihrer heroischen Haltung dem germanischen Empfinden besonders entspricht und auch im tänzerischen Sinne stärkste Energien ausstrahlt, gab dem Inhalt des Werkes, das von der Ablösung des Amazonenstaates durch die naturgegebene, vom Manne bestimmte politische Ordnung handelt, die innere Überzeugungskraft. Bis auf leicht zu beseitigende, ermüdende Längen war die Bewegungsführung vorbildlich.

Von deutschen Tanzgruppen traten die Günther-Schule, München, und Mary Wigman besonders in Erscheinung. Die von Maja Lex gestalteten "Tänze zu Ehren von Tag und Nacht" waren in ihrem lyrischen Stimmungsgehalt, in der reigenmäßigen, aus einer ursprünglichen Freude am Tanz empfundenen und mit starker Formkraft durchgeführten Wiedergabe besonders ansprechend. Dagegen zeigten die Uraufführung der Wigmanschen "Tanzgesänge", mehr aber noch die Tänze der Wigman-Schülerinnen, die ganze Problematik dieser letztlich aus einer uns rassefremden Vorstellungswelt entstammenden Kunst. So gekonnt diese Tanzkunst ist, so stark namentlich der tänzerische Impuls der Wigman in der bildmäßigen Gestaltung zum Ausdruck kommt, so liegen doch in dieser mit orientalischen Stileinflüssen durchsetzten, kaum je in eine innerlich freie Empfindungswelt vorstoßenden Kunst nicht die Keime für die Weiterentwicklung des deutschen, volkhaften Tanzes.

Der Theatertanz, eines der wichtigsten Gebiete unserer Tanzkunst, wurde außer der abschließenden Aufführung der "Barberina" und der "Rhapsodischen Tanzszenen" in der Staats-

Szenen aus Lotte Wernickes chorischem Tanzspiel "Geburt der Arbeit", 1935.
Abb. G. Riebicke, TS

oper in Darbietungen der Kölner und Hamburger Bühnen herausgestellt. "Die heilige Fackel", eine Tanzlegende von Ernst von Dohnanni, gab Inge Herting-Köln Gelegenheit, das Können ihrer Tanzgruppe in einer dramatisch bewegten, aus der ungarischen Volkslegende gut geschöpften Handlung zu zeigen. Helga Swedlund-Hamburg schuf mit der Darstellung des "Marienlebens" eine Tanzkomposition, die in Anlehnung an alte Meister und durch eine verinnerlichte, stilvoll zurückhaltende Bewegungsführung überzeugte.
Fast jeder Abend brachte außer den Tanzwerken eine Fülle von Einzeltänzen, die starke Unterschiede der Auffassung und des Könnens zeigten, im ganzen aber bewiesen, daß wir viele und starke Begabungen gerade unter dem Nachwuchs haben. Daß diese jungen Tänzer, nachdem der Staat auch für die Tanzkunst den Weg geebnet hat, die angebahnte Entwicklung weiterführen werden, darf man nach dem erfreulichen künstlerischen Ergebnis der diesjährigen Tanzfestspiele hoffen.

Herbert Freund in seinem Solo "Tanz der Arbeit" bei den Deutschen Tanzfestspielen 1935.
Abb. Estorff-Volkmann, TS

Deutsche Tanzfestspiele 1935 Berlin 3. - 10. November

Unter der weitgehenden Förderung der Reichskulturkammer findet in Berlin eine Festwoche statt
"Die Deutschen Tanzfestspiele 1935"
Sie sollen in großem Rahmen zeigen, daß der deutsche Tanz Träger deutscher Kultur ist und den Geist des neuen deutschen Erlebens in sich birgt.
Die Tanzfestspiele des vorigen Jahres brachten bedeutende Tanzschöpfer und Tanzdarsteller Deutschlands in ihren Gruppenwerken und Tänzen sowie eine Anzahl aufstrebender Begabungen der tänzerischen Jugend. Die "Deutsche Tanzbühne" zeigt jetzt in den Deutschen Tanzfestspielen 1935 in der Volksbühne im Theater am Horst-Wessel-Platz vom 3. - 10. November 1935 eine Anzahl besonderer Formen des deutschen Tanzschaffens.
Den Reigen der Festaufführungen eröffnet am Sonntag, den 3. November, abends 8.15 Uhr, ein Tanzabend von Palucca mit neuen Tänzen (Erstaufführung im Einvernehmen mit der Konzertdirektion Adler).
Ein weiterer Einzeltanzabend bringt Harald Kreutzberg mit neuen Tänzen am Dienstag, den 5. November, abends 8.15 Uhr.
Die Einreihung junger Tanzregisseure, die große Bewegungschöre zeigen, bildet eine Erweiterung des vorjährigen Programms. Am Montag, den 4. November, abends 8.15 Uhr, wird nach einem Vorprogramm

junger Tänzer das Werk für Bewegungschor "Die Geburt der Arbeit" von Lotte Wernicke – Berlin aufgeführt.
Am Sonntag, den 10. November, vorm. 11.30 Uhr, gelangt das Tanzwerk für großen Chor mit Orchester und Gesang "Die Amazonen" von Lola Rogge-Hamburg zur Darstellung.
Dorothee Günther-München und Mary Wigman-Dresden haben für die Tanzfestspiele neue Gruppenwerke gestaltet, die als Uraufführungen gezeigt werden, und zwar am Mittwoch, den 6. November, abends 8.15 Uhr. Tanzgruppe Günther-München mit Maja Lex als Solistin, und am Sonnabend, den 9. November, abends 8.15 Uhr, Mary Wigman mit ihrer Gruppe. Diese beiden Abende bringen auch Werke junger Tänzer, Einzeltänze, Zweitänze, kleine Gruppen, Ur- oder Erstaufführungen, die den großen Werken ihrer Meisterinnen vorangehen.
Tanzmeister an großen Theatern Deutschlands zeigen am Donnerstag, den 7. November, abends 8.15 Uhr, "Die heilige Fackel" (eine bäurische Tanzlegende), Choreographie Inge Herting (Opernhaus Köln), Musik von Dohnany, mit den Solisten Herting, Schneider, Wurg (Erstaufführung für Berlin), und am Freitag, den 8. November, abends 8.15 Uhr, die "Pavane auf den Tod einer Infantin", Musik von Ravel, und "Marienleben", Musik von Bach, beides in der Choreographie von Helga Svedlund (Staatsoper Hamburg) mit den Solistinnen Svedlund, Winkelmann.
Am 7. und 8. November werden auch außer den erwähnten Tanzgruppen besonders begabte junge Tänzer aus dem Reich auftreten.
Am Sonntag, den 10. November, abends 8.15 Uhr, gelangt in der Staatsoper Unter den Linden "Die Barberina", ein Tanzspiel aus der Rokokozeit von Lizzie Maudrik (Musik nach Meistern des 18. Jahrhunderts von Herbert Trantow) und "Rhapsodische Tanzszenen" (nach Kompositionen von Franz Liszt) zur Aufführung.
Mitwirkende:
die gesamte Tanzgruppe der Staatsoper mit den Damen: Meudtner, Lindner, Ehrfur; den Herren: Lackens, Jahnke in solistischen Rollen.

Die Palucca-Schülerin Marianne Vogelsang in einer Tanzstudie. Abb. Siegfried Enkelmann, P

Veranstaltungsfolge

Sonntag, den 3. November,
8.15 Uhr: Palucca
Montag, den 4. November,
8.15 Uhr: Junge Tänzer
"Geburt der Arbeit", Lotte Wernicke (Bewegungschor)
Dienstag, den 5. November,
8.15 Uhr: Harald Kreutzberg
Mittwoch, den 6. November,
8.15 Uhr: Junge Tänzer
Tanzgruppe Günther-München
Donnerstag, den 7. November,
8.15 Uhr: Junge Tänzer
"Die heilige Fackel", Opernhaus Köln, Inge Herting
Freitag, den 8. November,
8.15 Uhr: Junge Tänzer
"Pavane auf den Tod einer Infantin", "Marienleben", Staatsoper Hamburg, Helga Svedlund
Sonnabend, den 9. November,
8.15 Uhr: Junge Tänzer
Tanzgruppe Wigman-Dresden
Sonntag, den 10. November,
vorm. 11.30 Uhr:
"Die Amazonen", Lola Rogge (Bewegungschor)
Sonntag, den 10. November,
abends, Staatsoper:
"Rhapsodische Tanzszenen", "Die Barberina", Lizzie Maudrik

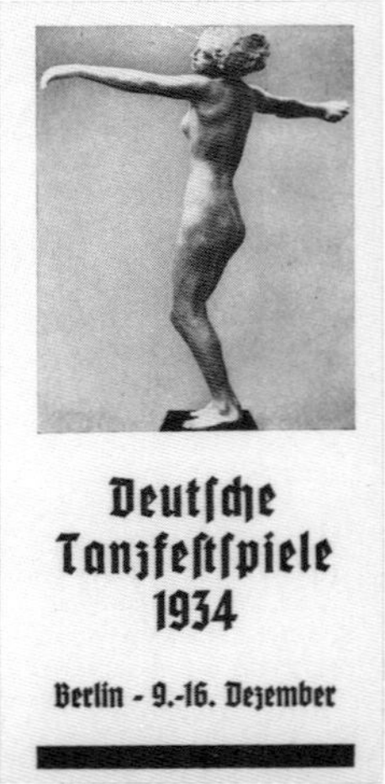

Olympisches Festspiel 1936

Gemeinschaftstanzwoche und Internationale Tanzwettspiele

Internationale Tanzwettspiele
1936 Berlin / 15. - 31. Juli
Im künstlerischen Rahmenprogramm der XI. Olympischen Spiele Berlin 1936 werden Internationale Tanzwettspiele veranstaltet, bei denen sich alle Tanzarten, vom Volks- und Gemeinschaftstanz über den frei gestalteten Tanz bis zum Theatertanz und klassischen Ballett gegenüberstehen. – In vierzehn Festaufführungen, die der Öffentlichkeit zugänglich sind, wird ein internationales Schiedsgericht die Bewertung der einzelnen Darbietungen vornehmen. – Die Aufführungen finden in der Volksbühne im Theater am Horst-Wessel-Platz statt, mit Ausnahme zweier Abende, die dem Theatertanz gewidmet sind, und die im Deutschen Opernhaus und in der Staatsoper Unter den Linden vorgesehen sind.
Donnerstag, den 16. Juli,
um 20.15 Uhr, in der Volksbühne
Volkstanzgruppen
***Tanzgruppe Boris Zonew* – Sofia, begleitet durch Volksmusikanten. Gruppen- und Solotänze, neben einem männlichen "Schopsko" Mädchenreigen und gemischte Reigen nach Volksmusiken**
***Deutsche Volkstanzgruppe* mit Original-Volksmusik**
Freitag, den 17. Juli,
um 20.15 Uhr, in der Volksbühne
Einzeltänze
***Palucca* in ihren schönsten Tänzen**
***Britta Schellander* – Italien, Konzerttänze, Musik von Socoleanu, Débussy, Stular u. a.**

Als Rudolf von Laban am 1. Mai 1936 die Leitung der neu eingerichteten "Deutschen Meisterwerkstätten für Tanz" übernahm, standen für ihn drei Pläne im Vordergrund: die Durchführung der Chortanzwoche des "Reichsbundes für Gemeinschaftstanz", die Organisation der Internationalen Tanzwettspiele im Rahmen der Olympiade und die Einweihung der Dietrich-Eckart-Bühne auf dem Olympia-Gelände in der Nacht vor der Eröffnung der Olympischen Spiele.
Der "Reichsbund für Gemeinschaftstanz e.V." war im Sommer 1935 während des Tänzerlagers in Rangsdorf gegründet und der Reichstheaterkammer unterstellt worden. Diese wollte durch den "Reichsbund" alle tänzerisch tätigen Laien, Chorleiter, Tanzkreisleiter und Lehrer für Laientanz erfassen und "durch Pflege ... tänzerischer Körperbildung innerhalb von Übungsgemeinschaften das Gefühl und Verständnis für tänzerisches Erlebnis und tänzerische Kultur in weiten Volkskreisen ... schaffen."[1] Zudem hoffte man, tanzbegabten Nachwuchs für die Theaterbühnen und die Tanzpädagogik aus den vereinten Bewegungs- und Tanzchören zu gewinnen sowie ein immer tanzverständigeres und größeres Publikum zu erreichen. Die inhaltliche Orientierung erfolgte an den Bewegungschorprinzipien Labans. Dabei bildete die Gemeinschaftsidee seiner Tanzphilosophie die Grundlage der Vereinnahmung für nationalsozialistische Ziele. Marie Luise Lieschke, Anhängerin Labans und Leiterin des "Reichsbundes", sorgte selbst dafür, die Programmatik des Verbandes unmißverständlich auf die NS-Propaganda zuzuschneiden: "Wir sind aus der Ich- und der Du-Zeit in die Wir-Zeit gewachsen – nicht so, daß wir nur 'Masse' wären: wir sind Volksgemeinschaft, vom Führer geführt, und unser Laientanz ist Erziehung in diesem Sinne: Zum Führen und Geführtwerden."[2]

Diese und rechte Seite:
Szenen aus dem Reigenwerk "Vom Tauwind und der neuen Freude" von Rudolf von Laban. Das "Chorische Weihespiel" wurde auf der neu gebauten Dietrich-Eckart-Bühne im Rahmen einer Gemeinschaftstanzwoche im Vorfeld der Olympischen Spiele aufgeführt. Fotos, TS

Die erste große Aufgabe, die der neuen Organisation gestellt wurde, war die Durchführung des von Laban konzipierten Weihespiels "Vom Tauwind und der neuen Freude" zur Einweihung der Dietrich-Eckart-Bühne im Rahmen der Olympiade. Ein Jahr lang bereiteten Chöre mit insgesamt über 1000 Laien aus ca. 30 Städten Deutschlands das Werk vor. Während der "Gemeinschaftstanzwoche" vom 13. bis zum 20. Juni 1936 in Berlin fügten sie die einzelnen Teile zusammen und probten erstmals gemeinsam mit allen Beteiligten. Die Behörden widmeten dieser Veranstaltung durch die zeitweilige Präsenz von Vertretern des Propagandaministeriums besondere Aufmerksamkeit und Beachtung. Von dem Ministerialreferenten des Reichsministeriums für Volksaufklärung und Propaganda Rolf Cunz wurde die Tagung eröffnet. Der Geschäftsführer der Reichstheaterkammer, Gauleiter Alfred Eduard Frauenfeld, besuchte das Tänzerlager, um über die Kunst des nationalsozialistischen Staates zu referieren und darzulegen, daß das Dritte Reich den "Gemeinschaftsgeist auch als Kunstäußerung" sehe. Zu Proben erschien der Reichsdramaturg Rainer Schlösser und zollte dem Ganzen seine Anerkennung.[3]
Dem Weihespiel waren Sprüche aus "Zarathustra" von Nietzsche vorangestellt, denen vier chorische Reigen folgten, die keine Illustration der Texte darstellten, sondern die durch die Überschriften vermittelten Stimmungen der einzelnen Teile wiedergaben: "Kampf", unter der Regie von Harry Pierenkämper mit Gruppen aus Mannheim, Heidelberg, Frankfurt a.M., "Besinnung", unter Leitung von Lotte Wernicke mit allen Mitwirkenden, "Freude", arrangiert von Albrecht Knust und Lotte Müller mit Chören aus Kiel, Bremerhaven, Stuttgart, Erlangen, Nürnberg, Berlin, Brandenburg, Hannover, Braunschweig, und "Weihe", unter der Führung von Heide Woog

Erika Dressnandt **– Rumänien, u. a. "Rumänische Weihnachtslieder" von Bartok.**
Sonnabend, den 18. Juli,
um 20.15 Uhr, in der Volksbühne
Einzeltänze
Angelo Grimani**, Ballettmeister des königlichen Theaters, Athen, in verschiedenen Rollen aus großen Balletten**
Harald Kreutzberg**, der große deutsche Tänzer**
Leon Wójcikowski **– Polen, Leiter des "Ballette Russe", klassische und Nationaltänze**
Sonntag, den 19. Juli,
um 20.15 Uhr, in der Volksbühne
Einzeltänze und Gruppentanzwerke
Maria Engelbrecht **– Wien, Einzeltänze, Musik von Brahms, Strauß u.a.**
Tanzgruppe Günther **– München, eigenes Orchester, Tänze aus "Klänge und Gesichte" und "Tänze zu Ehren von Tag und Nacht", Musik von Gunild Keetmann, aus den Deutschen Tanzfestspielen 1934/35**
Dienstag, den 21. Juli,
um 20.15 Uhr, in der Volksbühne
Einzeltänze
Solisten der Gruppe
Boris Volkoff**-Kanada, Musik: französisch – kanadische Volkslieder und Eskimomelodien**
Mia Corak-Slawenska-Zagreb, u. a. Tänze nach Musiken von Konjovic-Stancic, Zvjerkov-Grgosevi und Safranek-Kavic
Lili Green **– Holland, Orchesterleitung: Henriette van Lennep-Den Haag**

Mittwoch, den 22. Juli,
um 20.15 Uhr, in der Volksbühne
Einzel- und kleine Gruppentänze
Menaka, Ramnarayan, Shankar, Vimala, Malati – Kalkutta, in Solo- und Duotänzen
Mascha Arseniew vom Nationaltheater Belgrad mit Svetislav Ignatjev und Josefine Wiljak, u. a. bosnisch-serbische Tänze nach Originalmelodien und Liedern
Tanzgruppe Gertha Heppner – Wien mit Herta Martin, Lotte Lehrbaum, Nani Fuchs, Herta Haböck, kl. Gruppen. Musik von Tschaikowsky, Jensen, Strauß u. a.

Donnerstag, den 23. Juli,
um 20.15 Uhr, in der Volksbühne
Tanzwerke für kleine u. große Gruppe
Menaka mit ihrer Tanzgruppe und dem indischen Orchester: "Deva Vijaya Nrtitya" Ballett nach einem Hindu-Mythos
Mary Wigman und ihre Gruppe, Musik von Hanns Hasting, aus "Frauentänze" und "Tanzgesänge", aus den Deutschen Tanzfestspielen 1934/35

Freitag, den 24. Juli,
um 20.15 Uhr, in der Volksbühne
Tanzwerke für große Gruppe
Theater-Ballettgruppe Parnell – Warschau, Dirigent Zygmund Wiehler, stilisierte Nationaltänze, "Kujawiak", "Goralentanz" u. a.
Tanzstudio Boris Volkoff – Toronto, "Mon-Ka-Ta", nach einer indianischen Legende u. a.

Sonnabend, den 25. Juli,
um 20.15 Uhr, in der Volksbühne
Einzeltänze
Ola Slawska – Warschau, Tänze im klassischen Stil, Musik von Scharwenka, Szymanowski u. a.
Herta Bamert – Zürich, Tänze nach Corelli, Débussy und Schumann.
Ziuta Buczynska – Warschau, stilisierte Nationaltänze, Krakowiak nach Paderewski u. a.

Sonntag, den 26. Juli,
um 20.15 Uhr, in der Volksbühne
Volkstanzgruppen
Rumänische Freie Tanzgruppe, Nationaltänze, "Der kleine Hirte", "Vor dem Zelte" u. a., mit Originalmusik und Gesangschor.
"Matica" Verband der kroatischen freiwilligen Theateramateure (Dirigent Prof. Matz), kroatische Nationaltänze aus der Posavina und den Karstgegenden, Musiken von Zlatic, Lisinski und Matz.

Montag, den 27. Juli,
um 20.00 Uhr, in der Staatsoper Unter den Linden
Theater-Tanzwerke
Tanzgruppe der preussischen Staatstheater, Leitung Lizzie Maudrik, "Die Barberina", ein Tanzspiel aus der Rokokozeit von Lizzie Maudrik, Musik nach Meistern des 18. Jahrhunderts von Herbert Trantow, Dirigent Herbert Trantow.
Ballettgruppe des National-Theaters Zagreb, Leitung Ballettmeisterin Margita Froman, "Kolo" aus dem Ballett "Das Lebzeltherz" von Baranovic.

mit Gruppen aus Mühlheim/Ruhr, Essen, Ibbenbüren, Köln, Düsseldorf. Zu einer Musik von Carl Orff leitete Dorothee Günther das Festspiel mit einem Prolog, dem Aufmarsch aller Beteiligten, ein. Fritz Holl unterlag die Gesamtregie des Werkes, zu dem Hans Klaus Langer die Musik geschrieben hatte, die das Große Berliner Rundfunkorchester spielte.

Am 20. Juni endete die Gemeinschaftstanzwoche mit einer nichtöffentlichen Aufführung des "Weihespiels" und einer sich daran anschließenden gekürzten Fassung der "Amazonen" von Lola Rogge, die mit ihrem Tanzschauspiel auch im Rahmen der Olympiade eingeladen war. Schon im Winter 1935 hatte Lola Rogge einen Brief von Laban erhalten, in dem er sie fragte, ob sie mit ihren Bewegungschören einen Satz aus der 7. Sinfonie von Beethoven für das Weihespiel "Vom Tauwind und der neuen Freude" einstudieren würde. Lola Rogge sagte ab, denn eine Musik von Beethoven glaubte sie nicht in Tanz umsetzen zu können. Stattdessen erhielt sie den Auftrag, eine komprimierte "Amazonen"-Version zu zeigen, während Laban sich umorientierte und als musikalische Grundlage für sein Reigenwerk die Musik von Langer wählte. Als eine Art Generalprobe, veranstaltet vom Organisations-Komitee für die XI. Olympiade Berlin 1936 und dem "Reichsbund für Gemeinschaftstanz", kamen beide Stücke vor 20000 geladenen Gästen auf der Dietrich-Eckart-Bühne zur Aufführung, die damit zum ersten Mal bespielt wurde. Im Publikum saß auch Goebbels. In seinem Tagebucheintrag vom 21. Juni findet sich folgende Notiz: "Tanzfestspiele Probe: frei nach Nietzsche, eine schlechte, gemachte und erkünstelte Sache. Ich inhibiere vieles. Das ist alles so intellektuell. Ich mag das nicht. Geht in unserem Gewande daher und hat garnichts mit uns zu tun."[4] Goebbels hatte sehr genau durchschaut, daß

Labans Tanzphilosophie mit der nationalsozialistischen Weltanschauung nicht in Einklang zu bringen war, obwohl es verbindende Aspekte wie den Gemeinschaftsgedanken gab. Der metaphysische und sozial-religiöse Anspruch Labans, sein Verständnis vom Tanz als Abbild kosmischer Eurythmie und einer alle Menschen umfassenden Tänzergemeinschaft widersprachen aber letztlich der "Blut- und Boden"-Ideologie der Nationalsozialisten. Das Weihespiel wurde verboten und vom Spielplan für die Rahmenveranstaltungen der Olympischen Spiele gestrichen, ebenso die "Amazonen", obwohl Goebbels die Vorstellung frühzeitig verließ und sie nicht gesehen hatte. Lola Rogge erinnert sich: "Schlösser überlegte noch, ob man die 'Amazonen' und den Prolog zum 'Weihespiel', den Dorothee Günther ... choreographiert hatte, im Programm lassen sollte. Aber aus Solidarität mit Laban verzichteten wir beide."[5] Für Laban begann sich nach diesem Vorfall die Lage drastisch zu verschlechtern. Weshalb er nicht mehr erwünscht war, bleibt unklar. Albrecht Knust, der die Einstudierung des dritten Reigens in Labans "Weihespiel" übernommen hatte, stellte bloße Vermutungen an, als er im Mai 1944 in einem Brief an den Tänzer Kurt Peters noch einmal resümierte: "Es ging alles wundervoll, der Leiter der Reichstheaterkammer [Rainer Schlösser] war begeistert, die Tausende von Zuschauern einer öffentlichen Probe waren auch offensichtlich ergriffen. Nur schien leider Dr. Goebbels nicht sonderlich interessiert, er sah sich nicht ... die ganze Sache von der Führerloge aus an, sondern erschien nur einen Augenblick am Rand des Zuschauerraumes. Zunächst hieß es, das Spiel solle aufgeführt werden, dann, es müsse geändert werden und schließlich wurde es abgeblasen. Wer das Spiel zu Fall gebracht hat, ist nur zu vermuten. Vielleicht war

Linke Seite: Proben auf der Dietrich-Eckart-Bühne für das Weihespiel "Vom Tauwind und der neuen Freude", v.lks. Intendant Fritz Holl, Choreographin Charlotte Wernicke und Rudolf von Laban. Foto, TS

Oben: Für die Festaufführungen im August 1936 im Deutschen Opernhaus Berlin choreographierte Rudolf Kölling ein Olympia-Ballett. Abb., TS

Unten: Die bevorstehende Olympiade war Anregung für die Operette "Lauf ins Glück" von Fred Raymond, uraufgeführt im Metropoltheater Berlin, 1934. Foto, TS

Dienstag, den 28. Juli,
um 20.15 Uhr, in der Volksbühne
Einzeltänze, Gruppentanzwerke
***Mercedes Goritz-Pavelic* – Zagreb, Tänze nach Musik von Baranovic und Gotovac u. a.**
***Tanzgruppe Jia Ruskaja* – Mailand, klassische Tänze.**

Mittwoch, den 29. Juli,
um 20.15 Uhr, in der Volksbühne
Einzeltänze
***Nevenka Perko*, Mitarbeiterin der Gruppe "Matica", Musik nach Nationalmotiven von Prof. Pozaic, Prof. Matz, Prof. Grgosevic**
***Juliette Sandovici* – Bukarest, Tänze nach orientalischen und historischen Themen**
***Giuliana Penzi*, Mailand**

Donnerstag, den 30. Juli,
um 19.30 Uhr, im Deutschen Opernhaus
Tanzwerke für großes Ballett
***Ballett der königl. vlämischen Oper* – Antwerpen, Leitung Sonja Korty, Dirigent Hendrik Diels, "Quattuor Canzone" nach einer Musik von J. Gabrieli und "Instrumentenzauber" nach Musik von Jean Françaís (Deutsche Uraufführung)**
***Ballettgruppe des deutschen Opernhauses*, Leitung Rudolf Kölling, Dirigent Leo Spieß, "Der Strahlauer Fischzug", Musik von Leo Spieß (Uraufführung)**

Am Abend des 31. Juli findet die Verkündung der Entscheidungen des Preisgerichts statt.
Änderungen vorbehalten!

damals schon der Entschluß gefaßt, Laban im Herbst auszuschalten. Eins ist gewiß: Die Gymnastiker [zusammengeschlossen im 'Kampfbund für Deutsche Kultur' unter Rudolf Bode, einem Rivalen Labans] waren bei dem anderen Festspiel in der Arena des Olympiastadions beteiligt und fürchteten einen Erfolg des Laientanzes. Einige Jahre später hat sich ein führender Gymnastiker einer Kollegin gegenüber ziemlich offen geäußert: Ja, sie hätten damals gegen uns gearbeitet, sie hätten den ganzen Stand der Laientanzlehrer zugrunde richten wollen und zwar weil wir sonst angeblich die ganze Gymnastik zugrunde gerichtet hätten."[6] Bode versuchte seit Gründung der Reichskulturkammer das Referat der Abteilung Tanz zu erhalten und die Zuständigkeit für alle Tanzangelegenheiten seiner Organisation "Körperbildung und Tanz" im "Kampfbund für Deutsche Kultur" zu übertragen. Auch den Laientanz und die Bewegungschöre wollte er als Teil der Leibeserziehung im "Kampfbund" etablieren. Doch Goebbels lehnte das ab. Dagegen setzte sich Bodes Rivale Laban durch, der den Laienchor als künstlerische Ausdrucksform erklärte und ihn der Reichstheaterkammer zuweisen konnte.

Wie geplant führte Laban noch die Organisation der Tanzwettspiele durch, die schon seit 1935 auf Hochtouren lief.

Zu den Veranstaltern des Wettbewerbs gehörte die "Deutsche Tanzbühne", die 1936 den "Deutschen Meisterwerkstätten für Tanz" angegliedert worden war, der Reichspropagandaminister und der Präsident des Olympischen Komitees. Eine paritätisch besetzte internationale Jury wurde bestimmt und sollte die zugelassenen Tanzwerke nach ihrem "künstlerischen Wert" und nach der "kulturellen Bedeutung" bewerten. Dabei galt es, "neben dem allgemeinen Eindruck den tänzerischen Aufbau, die erwiesene Technik, die Wahl der Musikunterlage, des Kostüms wie der dekorativen Form überhaupt und schließlich den geistigen Inhalt, seiner pantomimischen, folkloristischen oder choreographischen Bedeutung nach, anerkennend, ablehnend oder indifferent zu beurteilen."[7]

Zudem hatte die Jury festzulegen, ob es sich bei den Darbietungen um klassischen oder modernen Kunsttanz, National- oder Fantasie-Tanz handelt, um ein ernstes dramatisches Werk oder beispielsweise eine Tanzhumoreske. Die Bewerber waren auf keine spezielle Tanzgattung festgelegt, nur die Gruppen durften aus nicht weniger als zehn Mitgliedern bestehen.

Einladungen zu dem Wettbewerb gingen an die Nationen, die an den Olympischen Spielen teilnahmen. Man bat die zuständigen Vertreter der Länder, ihnen geeignet erscheinende Tanzgruppen und Tänzer für die Berliner Veranstaltung zu interessieren und zu entsenden. Als eine Art künstlerisches Vorolympia sollte der Wettbewerb die besten Tanz-Repräsentanten aus dem In- und Ausland vom 15. bis zum 31. Juli 1936 im Theater am Horst-Wessel-Platz versammeln. Das nationalsozialistische Deutschland wollte damit noch einmal seine Weltoffenheit und Loyalität zur Schau stellen. Zu den für die Wettspiele von deutscher Seite aus propagierten ausländischen Tänzerinnen zählte die Protagonistin des amerikanischen Modern Dance Martha Graham. Sie erhielt eine Einladung, die ihr Goebbels per Kurzwellensender selbst übermittelte, noch bevor die offizielle Einladung Ende 1935 bei ihr eintraf. Graham erinnert sich in ihrer Autobiographie: "Er [Goebbels] sagte, wenn die Grenzen Europas erst einmal gefallen seien, werde es ein weiteres großes Festival geben, aber schon jetzt seien die größten Künstler der Welt geladen, sich in Deutschland zusammenzufinden; mein Name wurde auch vorgelesen. ... Es kam mir niemals auch nur eine Sekunde in den Sinn, der Einladung zu folgen. Wie hätte ich in Nazi-Deutschland auftreten können?"[8] Martha Graham sagte ab und schrieb: "Es ist mir nicht möglich zum gegenwärtigen Zeitpunkt in Deutschland zu tanzen. So viele Künstler, die ich respektiere und bewundere, sind verfolgt worden, sind aus nichtigem und nicht gerechtfertigtem Grund mit Arbeitsverbot belegt worden, so daß ich nicht in der Lage bin, mich durch Annahme der Einladung mit einem Regime zu identifizieren, das derlei Dinge ermöglicht. Hinzu kommt, daß einige meiner Ensemblemitglieder in Deutschland nicht willkommen sind. Sie sind Juden."[9] Die Wettbewerbsveranstalter gaben sich mit dieser Absage nicht zufrieden und insistierten, indem sie Graham versicherten, daß ihre jüdischen Tänzerinnen und Tänzer vollkommene Immunität erhielten. Doch Graham blieb hart. Bei einem erneuten Versuch, sie zu überreden, wollte man sie in ihrer Eitelkeit treffen und drohte damit, ein un-

Die indische Tänzerin Menaka nahm mit ihrer Tanzgruppe an den Internationalen Tanzwettspielen teil. Foto: Schmitz, TS

bedeutenderes amerikanisches Tanzensemble einzuladen. Aber weder Graham noch eine andere amerikanische Tanzgruppe reiste nach Berlin.
Die erhoffte internationale Wirkung der Tanzwettspiele blieb aus. Schon der unterschiedliche Standard der Gruppen und Solisten, der sich zum Teil auf Laienniveau bewegte und nicht immer die künstlerischen Ansprüche erfüllte, erschwerte den Vergleich und die Bewertung. Ein besonderes Gewicht fiel dem Volkstanz zu, der von zahlreichen gemeldeten Ensembles geboten wurde. Aus Deutschland, wo diese Gattung seit der nationalsozialistischen Regierung eine Aufwertung erfuhr, nahmen der märkische Tanzkreis unter Erich Janietz und die von Sepp Leitner geführte Penzburger Volkstanzgruppe teil. "Jäger-Neuner", "Bunter Achter", Figurentänze wie "Sprungtanz", "Schwerttanz" oder ein "Kronentanz" und "Schuhplattler" demonstrierten die neue deutsche Volkstümlichkeit. Dem Volkstänzerischen verbunden waren auch die Gruppe aus Bulgarien mit ihren Bauerntänzen, die Tanz- und Chorgruppe aus Rumänien, die "sogar das Horst-Wessel-Lied in deutscher Sprache" vortrug, wie Rolf Cunz anerkennend bemerkte, ebenso die ungarische Studentengruppe der Budapester Hochschule für Leibesübungen mit Männertänzen, einem Soldatentanz und einem Reigenspiel, das kanadische Ensemble mit der Darstellung einer indianischen Legende oder die kroatischen Tanzamateure der Gruppe "Matica" mit ihrem slowenischen "Kolo" oder dem istrischen "Balun". In modernisierter Form stützte sich die indische Tanzgruppe unter Menaka in ihrem Tanzschauspiel nach einem Hindu-Mythos auf die klassischen Tanztraditionen ihres Landes. Einen eigenen Platz räumten die Tanzwettspiele den Ballettaufführungen ein, die an zwei Abenden im Deutschen Opernhaus und in der Staatoper auf dem Programm standen. Die uraufgeführte Tanzburleske "Stralauer Fischzug" nach altmärkischen Volksmotiven von Rudolf Kölling, dem Choreographen der Deutschen Oper, trug stark pantomimische Züge und zeigte mit Rolf Arco und Liselotte Köster als Solisten die lustigen Abenteuer einer Familie beim Ausflug in einen Berliner Vorort. Das Ganze betonte mit seiner unverfänglichen Handlung und seinem heiteren erzählerischen Charakter die proklamierte "deutsche" Tanzkunst. Am selben Abend bot die Königlich flämische Oper aus Antwerpen die beiden lebhaften Ballettpantomimen "Quattuor Canzone" und "Instrumentenzauber". Die Beiträge "Bäuerische Szenen" und "Die Barberina" von der Leiterin des Balletts der Berliner Staatsoper Lizzie Maudrik befanden sich schon seit längerer Zeit im Repertoire, ihnen gegenüber stand eine Suite mit künstlerisch stilisierten na-

Oben: Festakt am Pergamon-Altar für die Mitglieder des Internationalen Olympischen Komitees, für das diplomatische Korps und führende Persönlichkeiten des NS-Staates. Lizzie Maudrik choreographierte eine "Tanzsuite" zur Musik von Händel mit dem Staatsopernballett.
Abb. Atlantic, TS

Unten: Die Jury der Internationalen Tanzwettspiele mit Valeria Kratina, Rudolf von Laban und Hedy Pfundmeyer (erste Reihe, 2., 3. und 4. v. lks.),
dem Geschäftsführer der Reichstheaterkammer A.E. Frauenfeld und dem Referenten für Tanz im Propagandaministerium Rolf Cunz (zweite Reihe, 3. und 4. v. lks.) und Max Terpis (dritte Reihe, 2. v. lks.).
Foto: Hoffmann, TS

tionalen Tänzen der Ballettgruppe des Nationaltheaters in Zagreb. Neben dem Volkstanz und dem Ballett gebührte dem modernen künstlerischen Tanz, zu dessen deutschen Repräsentanten Gret Palucca, Harald Kreutzberg, Mary Wigman mit ihrer Tanzgruppe, die Tanzgruppe Dorothee Günther und der Tanzchor Lotte Wernicke gehörten, Aufmerksamkeit. Alle traten mit bereits bekannten, zum Teil nur in Ausschnitten gezeigten Werken an, wie zum Beispiel Mary Wigman mit Teilen aus den "Tanzgesängen", den "Frauentänzen" und dem Drehtanz aus ihrem Zyklus "Feier".

Bei der abschließenden feierlichen Preisverleihung erläuterte Laban, der Vorsitzende der Jury, daß man künstlerische Leistungen nicht wie den Sport mit Stopuhr und Metermaß messen könne, zumal sich so verschiedene Gattungen wie der Volkstanz und das Ballett nicht vergleichen ließen. Er plädierte dafür, allen Wettspielteilnehmern "Anerkennung für gemeinsames Streben im Dienste der Tanzkunst" auszusprechen.[10] Vor dem versammelten internationalen Publikum wurden die Mitwirkenden dann mit Ehrenpreisen, Medaillen und Erinnerungsurkunden bedacht, wobei nur die Reihenfolge der Verleihungen Rückschluß auf den Rang der Bewertung hätte geben können. Dadurch erhielt die als Wettspiel ausgeschriebene Veranstaltung eher den Charakter von Internationalen Tanzfestspielen.

Wie Rolf Cunz in seinem später erscheinenden Bericht über die Tanzwettspiele dann doch vermerkte, gehörten zu den mit dem "höchsten Diplom" und mit "besonderen Ehrenpreisen" ausgezeichneten Tänzerinnen und Tänzern: Dorothee Günther, Rudolf Kölling, Harald Kreutzberg, Lizzie Maudrik, Gret Palucca, Mary Wigman und von den ausländischen Gästen die Solotänzerinnen Ziuta Buczynska aus Polen, Almut Dorowa aus Spanien, Mia Corak-Slawenska aus Jugoslawien, die polnische Ballettgruppe Parnell und die der Menaka-Gruppe angehörenden Tänzer Ramnarayan und Gauri Shankar.[11]

Nach den Tanzwettspielen verließ Laban zusammen mit seinen Mitarbeiterinnen Susanne Ivers und Gertrud Snell Berlin, um sich von den anstrengenden Wochen zu erholen. Doch die Behörden ließen ihm keine Ruhe. Er wurde verhört und mußte seine "arische" Herkunft nachweisen, die durch Dokumente belegt werden konnte. Seine Mitgliedschaft als Freimaurer im "Ordo Templi Orientis" (OTO) von 1917 bis 1918 und seine Erklärung, daß er nicht der NSDAP beigetreten war, brachten ihn und seine Mitarbeiter noch stärker in Bedrängnis. Knust, der sich mit der Tanzschrift Labans auseinandersetzte, Choreographien notierte und seine sogenannte "Tanzschreibstube" 1935 als Unterabteilung der "Deutschen Tanzbühne" nach Berlin verlegt hatte, bekam die Repressalien als einer der ersten zu spüren. Sein Büro wurde geschlossen und er kehrte arbeitslos nach Hamburg zurück. Auch Labans Aufgabenbereich als Leiter der "Meisterwerkstätten" wurde immer weiter beschnitten und sein Gehalt auf ein Minimum reduziert. Als sein Vertrag am 31. März 1937 ablief, hatte er keine Möglichkeit, eine neue Stelle zu finden. Die Behörden wiesen ihm eine Wohnung im Kloster Banz, in der Nähe von Bayreuth zu, wo er in einer Art Internierung lebte. Schüler, die versuchten, ihm Sommerkurse in Frankfurt und Hamburg zu vermitteln, wurden daraufhin verhört und verwarnt, daß sie ihre Erlaubnis für Veranstaltungen im Rahmen von "Kraft durch Freude" verlieren würden, wenn sie Laban weiterhin unterstützten. Im November 1937 gelang es ihm, schwer krank, Deutschland zu verlassen und nach Paris zu emigrieren. Von dort holte ihn Kurt Jooss Anfang 1938 nach Dartington Hall in England, wo Jooss zusammen mit Sigurd Leeder eine Schule leitete und mit seinem Ensemble arbeitete.[12] *P.St.*

Anmerkungen:

1) Norbert Fitzthum, „Der berufsständische Aufbau des Tanzwesens im Deutschen Reich", in: Jahrbuch deutscher Tanz, hg. von Rolf Cunz und Gustv Fischer-Klamt, Berlin 1937, S. 148.

2) Marie Luise Lieschke, „Vom Sinn des Gemeinschaftstanzes", in: Wir tanzen, hg. vom Reichsbund für Gemeinschaftstanz in der Reichstheaterkammer, Berlin 1936, S.7.

3) Marie Luise Lieschke, „Der Reichsbund für Gemeinschaftstanz", in: Wir tanzen, a.a.O., S. 18.

4) Zit. nach Valerie Preston-Dunlop, „Rudolf von Laban und das Dritte Reich", in: tanzdrama, Köln 1988, H. 5, S. 12.

5) Das Gespräch mit Lola Rogge führte P.St. im Frühjahr 1987.

6) Albrecht Knust an Kurt Peters am 19.5.1944, Deutsches Tanzarchiv Köln.

7) Rolf Cunz, Ein Wille – Ein Weg. Rückblick und Ausschau, Jahrbuch deutscher Tanz, hg. von Rolf Cunz und Gustav Fischer-Klamt, Berlin 1937, S. 15. f.

8) Martha Graham, Der Tanz – Mein Leben, München 1992 (dt. Ausgabe), S. 150.

9) Martha Graham, a.a.O., S. 151 f.

10) Erwin Kroll, „Internationale Tanzfestspiele 1936", in: Der Tanz, Berlin August 1936, S. 9.

11) Vgl. Rolf Cunz, a.a.O., S.18.

12) Die Angaben zu Rudolf von Laban stützen sich auf die Ausführungen von Valerie Preston-Dunlop, a.a.O.

Das Festspiel "Olympische Jugend"

"Der in den olympischen Spielen ruhende Gedanke friedlicher Vereinigung der Völker der Welt und ewiger Dauer der Jugendkraft und des jugendlichen Idealismus soll faßbar dargestellt werden: Eigenschaften der Jugend, als da sind, Kraft, Mut, Übermut, Heiterkeit, Zartsinn, Lust an Scherz und Spiel bei beiden Geschlechtern; gegenseitige Anziehung; Kampf mit den Gegenkräften der Zwietracht, des Materialismus, des Intellektualismus usw."[1] Von dieser Idee ging Carl Diem, der Generalsekretär des Organisationskomitees der Olympiade 1936, aus, als er das Festspiel "Olympische Jugend" verfaßte. Es sollte zur Eröffnung der Olympiade im Berliner Olympia-Stadion aufgeführt werden und als groß angelegtes Massenspiel die mit dem olympischen Gedanken verbundenen ethischen Werte vermitteln. Diem, obwohl auf den Sport konzentriert, war mit den tänzerischen und musikalischen Bestrebungen der Günther-Schule, zu deren wegweisenden Mitarbeitern Carl Orff, Gunild Keetmann und Maja Lex zählten, eng verbunden und wollte den künstlerischen Aspekt auch in seine Inszenierung einbezogen wissen. Als Regisseur schien ihm dafür niemand mehr geeignet als Hanns Niedecken-Gebhard, den er mit der Gesamtleitung des Festspiels betraute. Nach einem ersten Gedankenaustausch schrieb er an ihn im Januar 1935: "... ich komme nunmehr auf unsere Besprechung zurück. Es scheint so, als ob das Propagandaministerium mit der Durchführung des geplanten Festspiels einverstanden ist und mir darin freie Hand lassen will. Ich möchte gern mich einmal mit Ihnen darüber aussprechen und glaube, auf Ihre Bereitwilligkeit rechnen zu dürfen, die Regie dieses Festspiels zu übernehmen. – Über die turnerischen Truppen, wenn ich so sagen darf, bin ich mir ziemlich klar, will aber mit niemandem verhandeln, bevor wir uns nicht über die Gestalt des Festspiels, dessen Entwurf ich beifüge, voll geeinigt haben. – Ebenso habe ich einen Musiker, der mir geeignet erscheint (Orff-München). Die Musik zum Festspiel soll aus Beethoven'schen Melodien bestritten werden. Orff – München soll lediglich die Arbeitsmusik machen, die rhythmische Begleitung körperlicher Übungen. [...]."[2] Schon 1912 äußerte Baron Pierre de Coubertin, der Begründer der neuzeitlichen Olympiade, gegenüber Carl Diem die Bitte, die Eröffnungsfeier für die 1916 in Berlin geplanten olympischen Spiele mit der 9. Symphonie von Beethoven zu verbinden. Infolge des Ersten Weltkrieges fiel die Olympiade aus. Zwanzig Jahre später nahm Diem die Idee Coubertins wieder auf. Doch konzentrierte er sich auf den Schlußsatz der Symphonie, der im letzten Bild unter Beteiligung aller Mitwirkenden erklingen sollte. Diem begründete seine konzeptionelle Ent-

Mädchen der im Festspiel "Olympische Jugend" von Carl Diem mitwirkenden Schülergruppen vor dem Marathontor des Olympiastadions. Foto, TS

Blick auf das Olympiastadion, 1936. Foto, TS

scheidung: "Der Gedanke, die IX. Sinfonie als Konzert zu bringen, würde zwar dem Worte nach den Wunsch Coubertins erfüllen, aber die gestellte Aufgabe nicht lösen. Es wäre nichts anderes als ein Konzert im Rahmenprogramm der Olympischen Spiele.[...] Nur wenn das Festspiel gewissermaßen den sinfonischen Auftakt für den Schluß der IX. Sinfonie bildet, diesmal ein sinfonischer Auftakt geistiger Art, der sich an das Auge wendet, nur dann wird dieser Höhepunkt erreicht [...]."[3] In der Endfassung wichen die "Beethoven'schen Melodien" einer von Werner Egk komponierten orchestralen Musik für das dritte und vierte Bild sowie der von Orff verfaßten stärker ryhthmisch geprägten musikalischen Begleitung für die Reigenspiele des ersten und zweiten Bildes, von Dorothee Günther choreographiert. Daß Egk den Kompositionsauftrag erhielt, war dem Rückzug Richard Strauss' zuzuschreiben, von dem eine "Olympische Hymne" im Rahmen des Festspiels eingeplant war. Noch im Januar 1935 teilte Diem unter dem Siegel der Verschwiegenheit Niedecken-Gebhard mit: "Gestern war ich zu Richard Strauss zum Tee geladen. Er spielte, was ich vertraulich zu behandeln bitte, uns die Olympische Hymne vor, prachtvoll, gewaltig und mitreissend. Es war eine seltene, mich tief bewegende Stunde."[4] Doch als Strauss den Entwurf des Festspiels las, war er entsetzt, daß man die Musik Beethovens auf einem "Turnplatz", wie er das Olympia-Stadion bezeichnete, "vertanzen" wolle. Mit abweisender Geste bezeichnete er das gesamte Unternehmen als "Dilettanten-Orgie".[5] Der Präsident des deutschen Nationalen Olympischen Komitees, Dr. Theodor Lewald, versuchte ihn versöhnlich zu stimmen, indem er den Zusammenhang zwischen der Beethoven-Symphonie und dem olympischen Gedanken erklärte: "Und darf ich mir noch gestatten darauf hinzuweisen, daß gerade in diesem Schluß sich die wunderbaren Verse Schillers finden: Froh wie seine Sonnen fliegen / Durch des Himmel prächtgen Plan / Laufet Brüder Eure Bahn / Freudig wie ein Held zum Siegen. – Diese Verse können als der innerlichste und tiefste Ausdruck des Athletismus gelten. Was tun unsere jungen Athleten anders, als freudig zu laufen mit dem Wunsche, als Held zu siegen? Sie werden wissen, daß es in dem Schillerschen Text heißt: *Wandelt* Brüder Eure Bahn, und daß Beethoven dies geändert hat in *'Laufet'* Brüder Eure Bahn, da die Komposition hierzu gerade herausfordert; so besteht zwischen den athletischen Kämpfen, der IX. Sinfonie und Schillers Dichtung eine Verbindung."[6] Und um Strauss von der Wichtigkeit der "Olympischen Hymne" zu überzeugen, schrieb Lewald an anderer Stelle seines Briefes: "Die Einfügung Ihrer Hymne ist aus dem Gedanken heraus entstanden, daß von jetzt ab kein der olympischen Idee geweihter Festakt vor sich gehen soll, ohne daß in ihm Ihre

Olympische Hymne erklingt." Doch Strauss' Musik mußte ersetzt werden, was Niedecken-Gebhard letztlich sogar begrüßte, weil durch die Kompositionen von Egk und Orff, zwei jungen, vielversprechenden Musikern, die stilistische Einheit eher gewahrt werde.[7]

Die Bearbeitung des Festspiel-Entwurfs hatte Niedecken-Gebhard übernommen. Er kürzte und veränderte, so daß Diem ihm Ende Januar 1935 für die "ausgezeichnete Niederschrift des Scenariums" danken konnte.[8] Niedecken-Gebhard verlegte das Gewicht vom "Sportlichen" auf das Tänzerische und wählte von ihm hoch angesehehe Tänzerinnen und Tänzer aus: Mary Wigman, Gret Palucca, Harald Kreutzberg und Maja Lex. Durch die Mitwirkung dieser Protagonisten des deutschen Ausdruckstanzes sollte das Festspiel "eine repräsentative deutsche Äusserung vor der gesamten Welt werden".[9] Auch Kurt Jooss, der 1933 mit seinem Ensemble nach England emigriert war, wurde von Niedecken-Gebhard gebeten, als Choreograph mitzuwirken. In seinem Antwortbrief erklärte Jooss freudig, aber skeptisch: "Selbstverständlich hätte ich die größte Lust, anläßlich der Oylmpiade in Berlin zu tanzen, wenn das möglich ist. Allerdings könnte es sich nur um ein geschlossenes Auftreten meiner Bühne handeln, da ich mich zunächst nicht von meinen eigenen Leuten trennen will. Ich weiß nicht, ob bei einer internationalen Veranstaltung die sonst in Berlin augenblicklich gegen ein Auftreten meiner Gruppe vorhandenen Hemmungen auch maßgeblich wären. [...] Ich würde mich freuen, wenn bei der Olympiade irgend etwas für uns zu machen wäre."[10] Für den Einsatz der gesamten Jooss-Gruppe im Rahmen des Festspiels sah Niedecken-Gebhard allerdings keine Möglichkeit und für die Masse wollte Jooss nicht choreographieren. Er verzichtete auf das Angebot: "Leider muß ich Dir eine Absage schicken. Ich darf es mir in den nächsten Jahren nicht erlauben, auch nur den geringsten Teil meiner Arbeitskraft sozusagen nach auswärts zu konzentrieren, da die hiesige Arbeit und die Führung meiner Gruppe mich vollkommen in Anspruch nehmen, so sehr sogar, daß ich es kaum schaffen kann. Auch bin ich im Augenblick sehr viel weniger an großen Massen-Inszenierungen interessiert als vielmehr an ganz ins Detail gehender Regie von solistischem Ensemble, am liebsten nicht über 20 Personen. [...] Ich hätte mich unendlich gefreut, bei irgendeiner Gelegenheit mit meiner Gruppe unsere Arbeit in Deutschland zu zeigen und warte noch immer geduldig darauf. [...]."[11]

Das für tausende von Mitwirkenden, vor allem für Scharen von Kindern und Jugendlichen, konzipierte Festspiel bedurfte einer genauen Organisation und Planung. Um die Einstudierung der Massenszenen zu koordinieren, für deren Entwurf Dorothee Günther, Maja Lex, Hinrich Medau und Irmela Doebner verantwortlich waren, wurden Übungsleiter hinzugezogen. Zu diesen zählten Turnlehrerinnen jener Schulen, deren Schülerinnen im ersten Bild des Festspiels beteiligt waren. Sie wurden in Einführungskursen mit der Musik und dem Tanz vertraut gemacht, um ihn in Eigenregie mit den Kindern zu erarbeiten. Entsprechende Anweisungen erhielten die "Sportwarterinnen" des BDM, der unter anderem für den Reigen der Mädchen im zweiten Bild unter Leitung von Hinrich Medau eingesetzt werden sollte, aber seine Mitwirkung dann doch zurückzog. Erleichtert wurde die Einstudierungsphase, weil die Musik auf Schallplatten und in Klavierauszügen vorlag und so von vornherein mit der Originalmusik gearbeitet werden konnte. Seit Januar 1936 probten alle Beteiligten in Gruppen, im Juni begannen die Gesamtproben. Die größten Probleme bereiteten allen beteiligten Choreographen und Choreographinnen die riesigen Ausmaße des Stadions. Um die Kinder im richtigen Abstand voneinander zu halten, bekamen sie Halbreifen in die Hände, so daß sich ein Bogen von Kind zu Kind spannte. Bei den Mädchen im zweiten Bild waren es Bänder. Mit den Schwierigkeiten des unbegrenzten Raumes des Olympia-Stadions hatten auch so erfahrene Künstlerinnen wie Gret Palucca oder Mary Wigman zu kämpfen. Palucca, die einen Walzer inmitten des von Kindern umrahmten Stadion-Platzes tanzen sollte, berichtete über ihre Erfahrungen und Probleme: "Die Proben im Freien begannen. In meinem Übungssaal habe ich es gar nicht erst versucht ... Da stand ich nun, die Musik setzte ein, die Bewegung kam ebenso selbstverständlich, wie der Ausdruck wegblieb. Und über allem lag der Raum, der nach allen Richtungen ausstrahlende Raum. In diesem Augenblick begriff ich, daß ein in weitestem Sinne tänzerischer Ausdruck nur entstehen könnte aus großer Bewegung, einfachstem Bewegungsausdruck und weithin sichtbarem Raumweg. [...] Erst als ich erfahren hatte, daß der Kreis das einzige Mittel war, mich auszuwirken, konnte ich tänzerisch weiterarbeiten. [...] Was aber blieb an tänzerischer Bewegung übrig? Auch wieder nur das Einfachste, Laufen, Drehen, große Schwünge. Als meine Mitarbeiter bestätigten, daß auch auf große Entfernungen Tanz entstehe, fiel ein Alp von mir, und ich begann mit der Ausarbeitung."[12] Auch für Mary Wigman stellte das Stadion als Bühne eine besondere Herausforderung dar: "Meine Arbeit an der 'Totenklage', die einen Teil des olympischen Eröffnungsspieles bilden wird, ist ein regelrechtes Ringen um die Eroberung des herrlichen Raumes, den es tänzerisch zu bewältigen gibt. [...] Der Chor

Der Regisseur des Olympischen Festspiels, Hanns Niedecken-Gebhard, bei den Proben im Olympiastadion zum 4. Bild "Heldenkampf und Totenklage" mit Harald Kreutzberg (lks.) und Werner Stammer (r.) und mit Dorothee Günther bei der Besprechung zum 2. Bild "Anmut der Mädchen". Fotos, TS.

gemeinsam sich bewegender Menschen, die unter ein gemeinsames Thema gestellt sind, ist tänzerisch das einzige, was dieser Weite gewachsen ist."[13]
Am 1. August 1936 gelangte das Festspiel um 21 Uhr nach Abschluß der Eröffnungsfeier der Olympiade erstmals zur Aufführung, zwei Tage später fand eine Wiederholung statt. Das erste Bild "Kindliches Spiel" wird mit dem Läuten der Olympia-Glocke und dem "Festlichen Willkommensruf" von Werner Egk eingeleitet. Danach strömen 2500 Mädchen in weißen Kleidern zwischen 10 und 12 Jahren die Stufen der Marathontreppe hinunter, und 900 Jungen, in Trainingsanzügen mit den Olympia-Farben, stürmen aus dem "Marathon-Tunnel" in die Arena hinein. Zu der Musik von Carl Orff tanzen sie ihre Reigen und formen zum Schluß zu dem Glockenspiel der Potsdamer Garnisonskirche die Olympische Fahne: die Jungen, in Kreisen laufend, den blauen, gelben, schwarzen, grünen und roten Ring, die Mädchen das weiße Fahnentuch. Während die Kinder über den Westeingang des Stadions abziehen, schreiten unter Scheinwerferlicht über die Osttreppe 2300 junge Frauen im Alter von 14 bis 18 Jahren zum zweiten Bild "Anmut der Mädchen" auf die Rasenfläche. Die einen tragen naturfarbene Nesselkleider mit rostrotem Kragen, Gürtel und Saum, die anderen orangene Seidenkittel. Ein Tanzreigen, der "Mädchensinn für Ordnung und Anmut" darstellen soll, endet mit einem Niedersitzen um einen Innenkreis, aus dem Palucca "wie bei den Festen der Hera im alten Olympia" als "die Schönste, die Siegerin" heraustritt und einen Walzer von Joseph Lanner tanzt.[14] Mit der Musik Egks hatte sie bei den Proben Schwierigkeiten gehabt und sich eine mehr ihrem Geschmack von Walzer entsprechende Komposition gewünscht. Außerdem fühlte sich Palucca von den Autoritäten des NS-Regimes herausgefordert, weil diese einen "schönen Tanz" von ihr verlangten und diesen Anspruch glaubte sie mit der "modernen" Komposition von Egk nicht einlösen zu können. Deshalb schrieb sie an Niedecken-Gebhard: "Das wechselnde Orchester zerstört jede Linie, ich kann überhaupt kein Thema durchführen, Melodie ist gar nicht da, es ist eben kein Walzer, was ich unter Walzer verstehe. [...] Ich muß Dir auch noch ganz privat sagen, daß ich die Musik absolut als 'modern' empfinde und nicht ganz geeignet, für mich sehr schwer, da man mir seinerzeit in der Reichskanzlei auch sagte, ich solle einen sehr schönen Tanz machen, ob ich auch wüßte, welche Verantwortung ich trage. Bitte überlege Dir alles."[15] Das Bild endet mit Ball-, Reifen- und Keulenspielen, die in ein lebhaftes Laufspiel geometrischer Figuren münden. Die Mädchen ziehen sich daraufhin an den Rand der Arena

zurück und überlassen 2500 Jungen, die von der Ost- und Westtreppe in das Stadion stürmen, den Raum. Das dritte Bild "Jünglinge in Spiel und Ernst" ist damit eröffnet. Große Rundzelte werden im Nu aufgebaut, Lagerfeuer angezündet um die sich Finnen, Italiener, Inder, Jugoslawen, Griechen, Deutsche scharen und in ihren jeweiligen Landestrachten Lieder ihrer Heimat singen. Von den Deutschen erklingt zur Gitarre "Wenn wir schreiten Seit an Seit" von Hermann Claudius. Nach dieser ins Dunkel getauchten Szene wird das Stadion wieder erleuchtet und blendet die lustig-fröhlichen "Knabenspiele" ein. Darauf folgt ein Fahneneinmarsch an dem tausend 18jährige Jungen beteiligt sind, die feierlich die Stufen auf beiden Seiten des Stadions hinabsteigen, das Oval der Aschenbahn umschreiten, bis sie sich begegnen und mit den Fahnen ihrer Nationen begrüßen. Währenddessen wirbelt in der Mitte des Feldes ein Schweizer Fahnenschwinger die olympische Flagge. Zu der Hymne von Werner Egk und den Worten der "Feuerhymne", die ein Sprecher rezitiert, verlassen die Jugendlichen das Stadion. Carl Diem erklärte dieses Bild zum "geistigen Höhepunkt des Spiels", weil sich hier "die Jugend dem Olympischen Gedanken weiht" und die "Olympische Flamme" mit der "Seele der Jugend" verglichen werde.[16]
Der Sinn des Festspiels aber drückte sich für ihn im vierten Bild "Heldenkampf und Totenklage" aus, das mit den Worten eröffnet wird: "Allen Spiels/ heil'ger Sinn/ Vaterlandes/ Hochgewinn./ Vaterlandes höchst Gebot/ in der Not:/ Opfertod."
Es stellt den tänzerischsten Teil der gesamten Aufführung dar, für den Harald Kreutzberg einen "Waffentanz" und Mary Wigman ihre "Totenklage", die sie zwei Jahre zuvor im Rahmen ihres Zyklus "Frauentänze" für die Bühne entworfen hatte, neu konzipierte. Im Gegensatz zu den vorangegangenen Bildern konzentrieren sich beide Choreographien, mit ihren 60 bzw. 80 Tänzern und Tänzerinnen, auf eine verhältnismäßig kleine Anzahl von Mitwirkenden und legen das Gewicht auf die künstlerische Gestaltung. Kreutzbergs "Waffentanz" demonstriert eine Kampfszene, in der sich zwei Phalangen tänzerischer Krieger von der Mitte der beiden Längsseiten des Stadions aufeinander zu bewegen. Aus ihren Reihen treten die beiden Anführer, getanzt von Harald Kreutzberg und dem ehemaligen Jooss-Tänzer Werner Stammer, und beginnen einen Zweikampf, in dem der eine fällt. Der andere triumphiert in einem Siegestanz und sinkt dann ebenfalls tot zu Boden. Die "Helden" werden in feierlichem Zug hinausgetragen, während die klagenden Frauen, mit Mary Wigman an der Spitze, einziehen und in langen Reihen und großen Kreisen sich mit schlichtester Gestik bewegen, bis sie auf dem Boden hingestreckt verharren. Wie die Tragik dieser Szene mit dem Thema "Jugend" des Festspiels in Zusammenhang zu bringen ist, beantwortet Wigman selbst: "Nun, diese Totenklage ist nicht gedacht als ein trauerndes Sich-Versenken in lebensverneinende Gefühle. Sie ist vielmehr aufzufassen als eine feierliche Totenehrung, ein Gedanke, der unserer Jugend durchaus nicht fremd ist, dem sie vielmehr in erzieherisch bewußter Ehrfurcht durch nationale Gedenktage, durch Mahn- und Ehrenmale zugeführt wird."[17]
Ein zum Schlußbild überleitendes Rezitativ fordert auf, nun "angenehmere" und "freudenvollere" Töne anzustimmen, worauf der letzte Satz der 9. Symphonie von Beethoven unter der Leitung von Fritz Stein erklingt. Wigman und ihre Tänzerinnen erheben sich und spiegeln mit ihren einfachen Schreitbewegungen die Stimmung der Chorkantate wieder. Alle Mitwirkenden, insgesamt über 10000, strömen in das Stadion und breiten zu "Seid umschlungen, Millionen" die Arme aus. Auf das Stichwort "Freude schöner Götterfunken" laufen die Fahnenträger auf dem obersten Rund des Stadions entlang, während hinter ihnen das Olympische Feuer lodert und ein Lichtdom aus Flakscheinwerfern, Höhepunkt auch der späteren Stadionspiele Niedecken-Gebhards, sich über dem Stadion erhebt. Unter festlichem Glockengeläut ziehen die Mitwirkenden aus der Arena und erst danach verlassen auch die Zuschauer ihre Plätze.
Mit dem Olympischen Festspiel schien Deutschland die Weltöffentlichkeit von dem Gegenteil seiner faschistischen Propaganda überzeugt zu haben und Hitlers außenpolitisches Ziel, durch die Olympiade dem international in Verruf geratenen Regime wieder zu Ansehen zu verhelfen, blieb nicht ohne Wirkung. Doch der Schein trog. Die Indizien antijüdischer Hetze wurden nur für den Zeitraum der Olympischen Spiele aus dem Straßenbild verbannt und die Werke verfemter Schriftsteller und die ausländische Presse waren in die Buchläden und Kioske gelegt worden, um den internationalen Sportlern und Gästen ein liberal und demokratisch gesonnenes Deutschland vorzutäuschen. Goebbels wußte, worauf es ankam, als er die "Volksgenossen" dazu aufrief: "In den nächsten Wochen müssen wir charmanter sein als die Pariser, gemütlicher als die Wiener, liebenswürdiger als die Römer, weltmännischer als die Londoner und praktischer als die New Yorker."[18]
Inhaltlich entsprach das Festspiel nicht einer auf das National-Völkische zugeschnittenen Freilichtaufführung, wie es die Nationalsozialisten mit ihrem Thingspiel propagierten, sondern trug der olympischen Idee im Sinne Coubertins Rechnung. So sehr es aber in der Absicht Diems lag, dem

olympischen Gedanken Ausdruck zu geben, so sehr muß sein Festspiel doch in Zusammenhang mit der alltäglichen Propaganda nationalsozialistischer Werte gesehen werden, denn es folgte in einzelnen Aspekten dem Tenor der Zeit. Schon der auf die Jugend ausgerichtete Charakter entsprach dem nationalsozialistischen "Fortschrittsgedanken", das Alte, Schwache, Widernatürliche durch das Junge, Starke, Gesunde zu ersetzen. Die für das NS-Regime bezeichnende geschlechtsspezifische Zuweisung von weiblicher "Anmut" und "Ordnung" sowie männlicher "Tatkraft" und "Willensstärke" fanden im zweiten und dritten Bild eine idealtypische Umsetzung. Und das vierte Bild, "Heldenkampf und Totenklage", in dem für Diem der Sinn des Festspiels lag, verherrlichte den "Opfertod", so wie ihn die Nationalsozialisten im Dienste der "Volksgemeinschaft" forderten. Die von Wigman konzipierte "Totenklage" zeigte nicht mehr die persönliche Emotion auf den Tod der beiden "Helden", die für das "Vaterland" gestorben sind, sondern ein Ritual, wie es der Hitlerstaat zur Feier von Heldenverehrungen im kultischen Gestus vollführte.

Seine Spannung bezog das Festspiel aus der kontrastreichen Abfolge der Bilder und der geschickten Lichtdramaturgie, die das Ende einer Szene durch Dunkel markierte und durch das Aufblenden aller Lichtquellen die Aufmerksamkeit der Zuschauer auf das neue Geschehen lenkte. Entscheidend für den Aufbau und die Atmosphäre der einzelnen Bilder war zudem der Einsatz der Musik, die die starke Wirkung der Organisiertheit der Massenbewegung unterstützte. Klare, einfache Kreis- oder Reihenformen bestimmten den choreographischen Ablauf der Szenen und trugen zusammen mit den farblich abgestimmten Kostümen jeder Gruppe zum einheitlichen Gesamteindruck bei.

Der Wunsch Diems, "daß der Olympische Gedanke der Neuzeit, die Vereinigung der Nationen im Dienste eines hohen Gedankens fleischgeworden vor Augen führt", schien sich nicht nur durch das Festspiel, sondern auch durch das Zusammentreffen verschiedener Nationen im Berliner Stadion zu verwirklichen.[19] Daß das nationalsozialistische Deutschland mit der Ausrichtung der Olympischen Spiele ein letztes Mal Toleranz walten lassen und internationales Publikum begrüßen sollte, während insgeheim bereits die Kriegsvorbereitungen anliefen, ahnte Diem nicht, als er die euphorischen Zeilen des Festspiels, zum Fahneneinmarsch der Nationen, mit den Worten beendete: "Laßt die Freundeshand uns reichen!/ Alle Völker sind gerufen,/ in der Kampfbahn weiten Stufen/ sind sie freuderfüllt versammelt./ Weltenfriede, Jugendglück!". *P.St.*

Anmerkungen:

1) Carl Diem, "Entstehung und Inhalt", in: Programmheft zum Festspiel "Olympische Jugend" vom 1.8.1936 im Berliner Olympiastadion, S. 36.

2) Brief von Carl Diem an Niedecken-Gebhard vom 5. Januar 1935, Theaterwissenschaftliche Sammlung, Universität zu Köln.

3) Brief von Carl Diem an Theodor Lewald vom 11. Juni 1936, Carl- und Liselott-Diem-Archiv, Carl-Diem-Institut e.V. an der Deutschen Sporthochschule Köln.

4) Brief von Carl Diem an Niedecken-Gebhard vom 30. Januar 1935, Theaterwissenschaftliche Sammlung, Universität zu Köln

5) Vgl. Abschrift des Briefes von Theodor Lewald an Richard Strauss, Theaterwissenschaftliche Sammlung, Universität zu Köln.

6) Dr. Theodor Lewald an Richard Strauss, a.a.O.

7) Brief von Niedecken-Gebhard an Carl Diem vom 13. Mai 1935, Theaterwissenschaftliche Sammlung, Universität zu Köln.

8) Brief von Carl Diem an Niedecken-Gebhard vom 30. Januar 1935, a.a.O.

9) Hanns Niedecken-Gebhard in einem Brief an Harald Kreutzberg vom 13. März 1935, Theaterwissenschaftliche Sammlung, Universität zu Köln

10) Brief von Kurt Jooss an Niedecken-Gebhard vom 11. Februar 1935, Theaterwissenschaftliche Sammlung, Universität zu Köln.

11) Brief von Kurt Jooss an Niedecken-Gebhard vom 2. April 1935, Theaterwissenschaftliche Sammlung, Universität zu Köln.

12) Gret Palucca, "Eine Tänzerin trainiert für das Olympia-Festspiel", Berliner Tageblatt vom 15.7.1936

13) Mary Wigman, "Meine Olympia-Tänze", Zeitungsartikel, ohne weitere Quellenangabe.

14) Carl Diem, a.a.O., S. 29.

15) Brief von Gret Palucca an Niedecken-Gebhard vom 16.12.1935, Theaterwissenschaftliche Sammlung, Universität zu Köln.

16) Carl Diem, a.a.O., S. 29.

17) Mary Wigman, "'Totenklage' im Festspiel 'Olympische Jugend'", in: Carl Diem, a.a.O., S. 41.

18) Zit. nach Der Spiegel, 28. Januar 1980, 34. Jg. Nr. 5, S. 126.

19) Carl Diem, a.a.O., S. 27.

Eröffnungsfeier im Olympia-Stadion
Opening ceremony / Cérémonie d'Ouverture

15.00 bis 15.30 Uhr
Festliches Vorspiel
Solemn prelude / Prélude sotenel
ausgeführt vom Olympischen Sinfonie-Orchester (Berliner Philharmonisches und Landesorchester mit Verstärkungen).
Leitung: Prof. Dr. h. c. Gustav Havemann.
1. Vorspiel zu der Oper "Die Meistersinger" von Richard Wagner.
2. Les Préludes, sinf. Dichtung von Franz Liszt.

15.00 Uhr
Start des Fackelläufers
Start on the relay reunner / Départ du coureur de relais
vom Lustgarten zum Olympia-Stadion.
Wegstrecke: Unter den Linden, Charlottenburger Chaussee, Kaiserdamm, Adolf-Hitler-Platz, Stadion.
Abfahrt des Internationalen Olympischen Komitees vom Reichspräsidentenpalais.

Abfahrt des Führers
Departure of the Führer / Départ du Führer
Der Führer begibt sich vom Reichspräsidentenpalais zum Stadion.
Wegstrecke: Wilhelmstraße, Unter den Linden, Charlottenburger Chaussee, Knie, Kaiserdamm, Heerstraße, Glockenturmstraße.

15.48 Uhr
Eintreffen des Führers am Glockenturm
Arrival of the Führer at the Bell Tower / Arrivée du Führer au Bellroi de la cloche
Die Ehrenformationen der Wehrmacht (Heer, Marine, Luftwaffe) haben am Glockenturm Aufstellung genommen.
Das Internationale Olympische Komitee und das Deutsche Olympische Komitee erwarten den Führer zur Begrüßung auf dem Maifeld. – Auf dem Maifeld sind die Teilnehmer der Olympischen Spiele, die Internationalen Jugendmannschaften und Sportstudenten aller Völker aufmarschiert und bilden Spalier.
Fanfaren auf den Türmen des Marathon-Tores melden die Ankunft des Führers, ausgeführt von Fanfarengruppen des Reichsheeres unter Leitung von Heeresmusikinspizient Prof. Hermann Schmidt.
Komponist: Major Paul Winter.

16.00 Uhr
Der Führer betritt das Stadion
The Führer enters the Stadium / Entrée du Führer au Stade
Der Führer wird vom Präsidenten des Internationalen Olympischen Komitees und dem Präsidenten des Organisations-Komitees der XI. Olympischen Spiele über die Freitreppe des West-Tores ins Olympia-Stadion geleitet und nimmt mit seinem Gefolge in der Regierungs-Loge Platz.
Heroldsfanfare von Heeresmusikinspizient Prof. Herm. Schmidt.

Huldigungsmarsch von Richard Wagner.
Deutschland- und Horst-Wessel-Lied (je eine Strophe).
Vorspiel; Komponist: Herbert Windt.

16.12 Uhr: Auf das Kommando "Heiß Flagge!" werden von einer Abteilung der Kriegsmarine auf sämtlichen Masten des Stadions die Flaggen der an der Olympiade beteiligten Nationen geheißt.
Die Olympia-Glocke läutet.
16.14 Uhr: Nach Ausklingen der Olympia-Glocke Einmarsch der Mannschaften, Griechenland an erster, Deutschland an letzter Stelle. Dazu Militärmärsche.
17.00 Uhr: Worte Coubertins über den Lautsprecher.

Der "Führer" am Eröffnungstag der Olympiade auf dem Weg zum "Reichssportfeld" und sein Einzug ins Olympiastadion. Abb., P

Zuschauerränge des Olympiastadions. Abb., P

Ansprache des Präsidenten des OK, Exzeilenz Lewald.
17.14 Uhr: Der Führer erklärt die Eröffnung der Spiele mit folgendem Wortlaut:
"Ich verkünde die Eröffnung der Spiele von Berlin zur Feier der XI. Olympiade neuer Zeitrechnung."
17.14 Uhr: Die Olympische Flagge wird gehißt.
Die Artillerie-Abteilung schießt Salut.
Aufsteigen der Brieftauben.
17.16 Uhr: Olympische Hymne von Richard Strauß.
17.20 Uhr: Eintreffen des Fackelläufers am Osttor, Lauf über die südliche Aschenbahn zum Westtor, Entzünden des Feuers.
17.25 Uhr: Dem Führer wird von dem Sieger im Marathon-Lauf 1896, Louis, der Ölzweig von Olympia überreicht.
17.28 Uhr: Das IOK und OK begeben sich zur Rednerkanzel. Die Fahnen der Nationen werden im Halbkreis zusammengezogen.
Der Vertreter der deutschen Mannschaft betritt die Kanzel.
17.29 Uhr: Der Vertreter der deutschen Mannschaft leistet den Olympischen Eid.
17.30 Uhr: Musik spielt das Halleluja von Händel.
17.36 Uhr: Zurücktreten des IOK und OK und der Fahnenträger.
17.40 Uhr: Ausmarsch der Teilnehmer zum Maifeld durch Tunnel.
18.16 Uhr: Der Führer verläßt das Stadion. – Fanfaren.

VIII. Festspiel

18.45 bis 20.00 Uhr: Eintreffen von etwa 7000 Mitwirkenden (Mädel, Knaben, Sänger, Sängerinnen, Musiker) mit Sonderzügen und fahrplanmäßigen Zügen auf dem Bahnhof Pichelsberge.
Weg zum Olympia-Stadion über Schirwindter Allee, Reitertor zu den im einzelnen bestimmten Umkleideräumen.
19.30 Uhr: Die Karten-Kontrollstellen sind in voller Stärke besetzt, ferner alle Absperr- und Aufsichtsposten der Polizei, die Sanitätsstelle und Sanitätsposten sowie die Brandwachen der Feuerwehr. Desgleichen ist der Reichspostbetrieb voll einsatzbereit. Ausweis-Kontrollstellen waren ununterbrochen besetzt.
Schankstätten und Läden bleiben auch während des Festspiels geschlossen, es darf, wie bei der Eröffnungsfeier, kein fliegender Handel stattfinden (ausgenommen Programme und amtliche Führer).
19.45 Uhr: Einlaßbeginn.
20 bis 20.30 Uhr: Eintreffen von 2600 Mädel und 900 Jungen in etwa 110 Omnibussen über Heerstraße, Friedrich-Friesen-Allee. Aussteigen Reitertor.
Die entleerten Omnibusse fahren über Friedrich-Friesen-Allee in nördlicher Richtung ab, wenden Adlerplatz und stellen sich zur Abfahrt bereit in der Friedrich-Friesen-Allee, Spitze am Platz am Glockenturm.
Die 2600 Mädel marschieren über Weg am Reitertor, Süddamm, Schwabentor, Marchtunnel zum Marathon-Tunneltor.
20.40 Uhr: Zugänge Südtor und Olympisches Tor werden geschlossen.
Zuschauer zum Einnehmen der Plätze auffordern.
20.50 Uhr: Die Zuschauer haben die Plätze eingenommen.
Licht in den Gängen wird ausgeschaltet. Räume mit zum Innern des Stadions führenden Fenstern sind zu verdunkeln.
Rauchverbot innerhalb der Zuschauerplätze und der inneren Umgänge.
21.00 Uhr: Beginn des Festspiels.
gegen 23.00 Uhr: Ende des Festspiels.

Für die Richtigkeit:
gez. Titel
Hauptmann der Schutzpolizei

gez. Dr. Diem
Generalsekretär

Links: Programmheft zum Olympischen Festspiel. P
Rechts: Proben zum ersten Bild "Kindliches Spiel" in der Choreographie von Dorothee Günther und Maja Lex. Foto, TS

Olympische Jugend
Festspiel zur Aufführung im Olympia-Stadion am Eröffnungstage der XI. Olympischen Spiele in Berlin am Sonnabend, 1. August 1936, 21 Uhr
Wiederholung:
Montag, 3. August 1936, 21 Uhr

Olympische Jugend
Festspiel von Carl Diem
***Musik:* Werner Egk, Carl Orff**
Gesamtgestaltung:
Hanns Niedecken-Gebhard

Erstes Bild
Kindliches Spiel
***Die Olympia-Glocke läutet*:**
"Ich rufe die Jugend der Welt"
Festlicher Willkommruf:
Werner Egk
***Einströmen der Kinder in die Kampfbahn:* Carl Orff**
Sprecher:
O Wunder der Schöpfung! Du legst in die Jugend die Triebe zum Spielen. Da bildet sich Leben, da üben sich Kräfte, da reifen Gedanken, da binden sich Seelen, da wächst eine Welt. Sie wisse noch nicht vom Walten des Schicksals, sie wisse noch nicht vom Ernst dieses Lebens. Es leuchtet die Sonne ins kindliche Herz.
***Kinderreigen*: Carl Orff**
***Bildung der Olympischen Fahne (Glockenspiel der Potsdamer Garnisonkirche):* Carl Orff**

Aufführung des "Kinderreigens" aus dem ersten Bild. Foto, TS

Oben und Unten:
Palucca bei den Proben zu ihrem Walzer im zweiten Bild "Anmut der Mädchen". Fotos, TS

Zweites Bild

Anmut der Mädchen

Hereintanzen der Mädchen: **Carl Orff**

Sprecher: **Nun sehet die Scharen, mit Bändern geschmücket, frohlockende Herzen in fröhlichen Scherzen sich selbst noch genügend, sich selbst noch beglückend in heiterem Tanz.**

Tanzreigen: **Carl Orff**

Walzer: **Getanzt von Palucca**

Lebendiger Rasen: **Carl Orff**

I. Teil: **Ball-, Reifen-, Keulenspiele**

II. Teil: **Lebhaftes Laufspiel**

Drittes Bild

Jünglinge in Spiel und Ernst

Einzug der Jünglinge: **Werner Egk**

Volkslieder der Nationen: **Finnen, Inder, Italiener, Jugoslawen, Deutsche**

Sprecher: **Knabenspiele ungezügelt, ungebändigt. Keim der Zukunft, Most, dann Wein. Laßt sie toben, laßt sie tollen! Knabenträume, Knabenspiele: Männerwille, Männertaten wachsen auf.**

Lustige Knabenspiele

Fahneneinmarsch: **Werner Egk**

Sprecher: **(dazu ein Schweizer Vorschwinger) Rausche, Fahne, in den Winden wehe, ringgeschmückt Olympsche Fahne, rangerhöht, des Spieles Zeichen, flieg der Feier hoch voran! Flattre weithin, segenheischend. Laßt die Freundeshand uns reichen!**
Alle Völker sind gerufen, in der Kampfbahn weiten Stufen sind sie freuderfüllt versammelt. Weltenfriede, Jugendglück!

Hymne: **Werner Egk**
Kampf der Kräfte, Kampf der Künste, Kampf um Ehre, Vaterland, Friede, Freude, Fest der Jugend, Fest der Völker, Fest der Tugend, Ewiges Olympia. Deine Flamme lohe weiter, Junger Seelen Feuerbrand, Durch die Zeiten, Glauben zündend Und die Zwietracht überwindend, Ewiges Olympia!

Feuerhymne
Lohe, Olympische Flamme, himmelauf flackernd zum Freudenfest!
Heiliger Atem der Reinheit, der Schönheit, des feurigen Geistes erhabenes Sinnbild.
Du gleichest der Seele der Jugend, ewig verglühend, ewig sich zündend, sich immer erneuend.
Lohe auf Jahre, bis wieder beim Feste mit reinen Händen Jugend dich trägt zum Flammenaltare.

Der Sprecher des dritten Bildes "Jünglinge in Spiel und Ernst" vor den versammelten Fahnenträgern. Foto: Horst G. Lehmann, TS.
Rechte Seite: Lagerfeuer der Jungen, umrahmt von Mädchenreihen, im dritten Bild. Foto: Scherl, TS

Proben zum vierten Bild "Heldenkampf und Totenklage" mit den von Harald Kreutzberg und Werner Stammer angeführten Tänzern *(oben)* und den Tänzerinnen unter Leitung von Mary Wigman *(unten)*. Fotos, TS.

Viertes Bild

Heldenkampf und Totenklage

Eine Tanzfolge

***Musik:* Werner Egk**

***Sprecher:* Allen Spiels heil'ger Sinn: Vaterlandes Hochgewinn. Vaterlandes höchst Gebot in der Not: Opfertod!**

***Waffentanz (mit Schwerttod endend):* Harald Kreutzberg**

***Sprecher:* Denkt der Toten, dankt den Toten, die vollendet ihren Kreis. Ihnen aller Ehren allerhöchstens Siegespreis.**

***Totenklage:* Mary Wigman**

Schlussbild

Olympischer Hymnus

Schlußsatz der IX. Symphonie von Beethoven mit Schillers "Lied an die Freude"

Rezitativ:

O Freunde, nicht diese Töne! sondern laßt uns angenehmere anstimmen und freudenvollere.

Chor: Freude, schöner Götter funken, Tochter aus Elysium, wir betreten feuertrunken, Himmlische, dein Heiligtum. Deine Zauber binden wieder, was die Mode streng geteilt; alle Menschen werden Brüder, wo dein sanfter Flügel weilt. Wem der große Wurf gelungen, eines Freundes Freund zu sein, Wer ein holdes Weib errungen, mische seinen Jubel ein! Ja, wer auch nur eine Seele sein nennt auf dem Erdenrund! Und wer's nie gekonnt, der stehle weinend sich aus diesem Bund. Freude trinken alle Wesen an den Brüsten der Natur; Alle Guten, alle Bösen folgen ihrer Rosenspur: Küsse gab sie uns und Reben, einen Freund, geprüft im Tod; Wollust ward dem Wurm gegeben, und der Cherub steht vor Gott. Froh, wie seine Sonnen fliegen durch des Himmels prächt'gen Plan, freudig, wie ein Held zum Siegen, laufet, Brüder, eure Bahn. Freude, schöner Götterfunken, Tochter aus Elysium, wir betreten feuertrunken, Himmlische, dein Heiligtum. Deine Zauber binden wieder, was die Mode streng geteilt; alle Menschen werden Brüder, wo dein sanfter Flügel weilt. Seid umschlungen, Millionen! Diesen Kuß der ganzen Welt! Brüder – überm Sternenzelt muß ein lieber Vater wohnen. Ihr stürzt nieder, Millionen? Ahnest Du den Schöpfer, Welt? Such ihn überm Sternenzelt! Über Sternen muß er wohnen. Freude, schöner Götterfunken! Tochter aus Elysium. Freude, schöner Götterfunken! Götterfunken!

Auszug aller Mitwirkenden unter festlichem Glockengeläute

(Die Zuschauer verlassen danach erst ihre Plätze)

Ende

Oben: Lichtdom aus Flakscheinwerfern über dem Olympiastadion als Schlußbild des Festspiels "Olympische Jugend". Foto, CLDA

Teilnehmerplan des Festes

Gesamtleitung:
Dr. Hanns Niedecken-Gebhard
Sprecher: Joachim Eisenschmidt

Erstes Bild
Kindliches Spiel
Künstlerische Leitung:
Dorothee Günther
Organisatorische Leitung:
Hauptschulverwaltung der Stadt Berlin, Oberturnrat Rabenhorst.
900 Knaben, 2500 Mädchen, 11 bis 12 Jahre alt, von den Volks- und höheren Schulen Charlottenburg, Wilmersdorf, Schöneberg, Steglitz, Spandau und Tiergarten
Entwurf und Einstudierung des Kinderreigens:
Dorothee Günther und Maja Lex
Assistenz: Rose Daiber
Entwurf und Einstudierung des Bewegungsbildes "Olympische Fahne": Dorothee Günther
Führung der Knaben:
Turnlehrer Garth

Zweites Bild
Anmut der Mädchen
Künstlerische Leitung:
Dorothee Günther.
2300 Mädchen, 14 bis 18 Jahre alt aus Volks- und höheren Schulen, aus den Schulen Günther und Medau
Entwurf und Einstudierung des Laufreigens:
Dorothee Günther und Maja Lex
Assistenz: Lola Irmer, Ursel Scharf
Einzeltanz: Palucca
Lebendiger Rasen
1. Teil: Ball-, Reifen-, Keulenspiele
Leitung: Hinrich Medau
(500 Mädchen höherer Schulen und Medauschule)
Entwurf und Einstudierung:
Hinrich Medau und Irmela Doebner
2. Teil: Lebhaftes Laufspiel
Entwurf und Einstudierung:
Dorothee Günther
(2300 Mädchen)

Drittes Bild
Jünglinge in Spiel und Ernst
Organisatorische Leitung:
Oberturnrat Rabenhorst.
2500 Jünglinge, 500 Zeltgruppe
Leitung: Oberschullehrer Obitz, Spandau dazu Jugendliche verschiedener Nationen,
800 Spielgruppe
Leitung: Oberschullehrer Preugschat, Schöneberg.
1000 Fahnenträger, 18 Jahre alt
Leitung: Oberschullehrer Blasig
Schweizer Fahnenschwinger:
Franz Hug, Luzern

Viertes Bild
Heldenkampf und Totenklage
Tanzgestaltung:
Waffentanz: Harald Kreutzberg
Totenklage: Mary Wigman
Anführer der Krieger:
Harald Kreutzberg und Werner Stammer
dazu 60 Tänzer
Einzelgestalt in der Totenklage:
Mary Wigman
dazu 80 Tänzerinnen
Choreographische Assistenz:
Marta Welsen, Volksoper Berlin

Schlussbild
Olympischer Hymnus
Schlußsatz aus der IX. Symphonie von Beethoven mit Schillers "Lied an die Freude"
Dirigent:
Professor Dr. Fritz Stein
Solisten:
Sopran: Ria Ginster,
Alt: Emmi Leisner,
Tenor: G. A. Walter,
Baß: Rudolf Watzke,
Mary Wigmann, Palucca, Harald Kreutzberg, Werner Stammer, alle Tänzerinnen und Tänzer, Mädchen und Jünglinge

Feuermeer längs des oberen Stadionrandes aufflammend

Die Zuschauer werden gebeten ihre Plätze erst nach dem Verklingen des Glockengeläutes zu verlassen

Musikalische Ausführung
Jugendorchester der Günther-schule München-Berlin
Leitung: Gunild Keetman
Landes-Orchester Gau Berlin und die vereinigten Hochschul-Orchester
Dirigent des Paluccawalzers:
Viktor Schwinghammer
Dirigent im dritten Bild:
Werner Egk
Chöre der Hymne und der IX. Symphonie: Bruno Kittelscher Chor, Hochschulchor, Erkscher gemischter Chor, NS-Kampf-bundchor, Berliner Volkschor, Oratorienverein Johannes Stehmann, Gemischter Chor Steglitz 1890, Spandauer Singvereinigung von 1866, Deutsche Singgemeinschaft, Berliner Lehrergesangverein, Berliner Liedertafel
Musikalische Assistenz:
Fritz Müller, Lübeck,
Herbert Köckritz
Entwurf der Kostüme für Waffentanz, Totenklage:
Lotte Brill
Leitung der Mikrofon- und Lautsprecher-Übertragung:
Leo Bialk, Oberingenieur der Telefunken G. m. b. H., Berlin
Oberbeleuchter: Hans Richter, Staatsoper Berlin
Assistent der Spielleitung:
Joachim Eisenschmidt
Spielwarte: Géza Gurnik, Herwart Grosse, Curt Tilgner, Franz Klooss
Verbindungsoffizier der Wehrmacht: Major Feuchtinger
Organisation: Erich Bender
Anfertigung der Kostüme:
Theaterkunst, Berlin
Pyrotechnische Aufgaben:
Deutsche Pyrotechnische Fabriken *Leitung:*
Dir. A. Schönewald

Insgesamt über 10000 Mitwirkende
Spieldauer 1 1/2 Stunden

Tanz im Krieg (1939-1945)

Heimat-Front

Die Atmosphäre von Weltoffenheit und Freiheit, die während der Olympischen Spiele geherrscht hatte, verflog nach 1936 schnell. Die nationalsozialistische Herrschaft war fest etabliert. Die NS-Regierung wurde vom Ausland als legale Staatsführung anerkannt. Zwar lösten ihre Aktionen gelegentlichen diplomatischen Protest aus, aber um den kümmerten sich die Nationalsozialisten wenig. Zielstrebig betrieben sie ihre Expansionspolitik ohne Behinderung durch das Ausland.

Im März 1936 hatte das Deutsche Reich den Vertrag von Locarno gekündigt, durch den es 1925 seine Westgrenzen anerkannt hatte, und die Wehrmacht besetzte das entmilitarisierte Rheinland. 1937 griff die deutsche Luftwaffe auf Seiten der Faschisten in den spanischen Bürgerkrieg ein. Im April 1938 erschien in der "Deutschen Tanz-Zeitschrift" der "Gruß an Österreichs Tänzer", in dem die "Heimkehr des deutschen Menschen der südlichen Ostmark" und der "Einstrom deutscher Formungskraft" gefeiert wurde.

Innenpolitisch herrschte im "Großdeutschen Reich" Hochstimmung. Der wirtschaftliche Aufschwung war überall spürbar, ob bei der "Ehestandsförderung", beim Bau des Eigenheims oder dem Kauf eines preiswerten Autos, des "KdF-Wagens" aus Wolfsburg. Die Beseitigung der Arbeitslosigkeit und das wachsende Konsumangebot stärkte den Rückhalt der Nationalsozialisten in der Bevölkerung. Gegen die radikale Durchsetzung ihrer rassistischen Ideologie und die kriegsvorbereitende Aufrüstung erhob sich kein öffentlicher Widerstand.

Ein Netz von Kontroll- und Beobachtungsorganen sorgte dafür, daß jeder oppositionelle Ansatz im Keim erstickt wurde. Die unablässige Propaganda in allen Bereichen des täglichen Lebens, in Schulen und Betrieben genauso wie in Freizeit, Kunst und Kultur machte den "Volksgenossen" klar, was sie zu denken und zu tun und vor allen Dingen, was sie zu lassen hatten. Anordnungen in Frage zu stellen, galt als Verrat an der "Volksgemeinschaft" und wurde rücksichtslos verfolgt. Das gewährleistete besonders das sogenannte "Heimtücke"-Gesetz von 1934, nach dem kritische Äußerungen als "heimtückischer Landesverrat" ausgelegt werden konnten. Die von den Machthabern unverhohlen präsentierten Instrumente des Terrors machten die Angst zum wirkungsvollsten Mittel der Herrschaft. An die Stelle selbständigen, moralisch eigenverantwortlichen Handelns trat die angeblich "pflichtgemäße" Ausführung von Gesetzen, Anordnungen und Befehlen, über deren Inhalte nicht diskutiert wurde. Die hierarchische Gliederung der Gesellschaft bedeutete, daß selbständige Entscheidungen nicht zu treffen waren und jede Verantwortung "nach oben" abgeschoben werden konnte.

Das "Münchner Abkommen" vom September 1938 zwang die Tschechoslowakei, das Sudetenland abzutreten und im März 1939 besetzten deutsche Truppen Böhmen und Mähren und errichteten das "Protektorat". Mit dem deutschen Überfall auf Polen begann am 1. September der Zweite Weltkrieg. Während der ersten drei Kriegsjahre bis zum Herbst 1942 eroberte die deutsche Wehrmacht fast ganz West- und weite Teile Osteuropas. Goebbels verkündete "Im Krieg schweigen die Musen nicht" und setzte den gesamten Propagandaapparat seines Ministeriums zur Unterstützung der Kriegsführung ein. Es galt, den Kampfgeist der Truppen durch "Fronttheater" zu stärken und der Bevölkerung im "Großdeutschen Reich", an der "Heimatfront", ablenkende Unterhaltung zu bieten.

Robert Ley beanspruchte für die "NS-Gemeinschaft Kraft durch Freude" das alleinige Recht, neben den üblichen KdF-Veranstaltungen für die Zivilbevölkerung auch die Truppenbetreuung zu organisieren. Goebbels hingegen beharrte darauf, daß das "Fronttheater" in die Zuständigkeit der Reichstheaterkammer falle. Neben dem persönlichen Machtkampf zwischen Goebbels und Ley spielte bei diesem Konflikt das Niveau von KdF-Aktivitäten eine große Rolle. Goebbels fürchtete, daß die Programme von KdF allein aus der üblichen Freizeitunterhaltung mit Variéte, Kleinkunst, Volksmusik u.ä. bestünden und keine Theater- oder Konzertgastspiele größeren Ausmaßes darin berücksichtigt würden. Trotz der ungelösten Kompetenzfrage begannen beide Organisationen sofort ab Kriegsbeginn, Fronttheater-Gastspiele zu organisieren und machten sich gegenseitig Konkurrenz. Erst 1941 kam es zur Klärung der Verhältnisse. "Kraft durch Freude" sollte fortan die "allgemeine durchschnittliche Truppenbetreuung" durchführen, das Propagandaministerium zusätzliche Betreuung in besonderen Fällen, bei denen es auf "höchste Qualität der Darbietungen ankommt", denn das seien "Erfordernisse, denen nur das Propagandaministerium dank seiner besonderen Erfahrungen genügen kann."[1] Goebbels gelang es, einen festen Etat in Höhe von 1,2 Millionen Reichsmark monatlich für seine Aktivitäten zu sichern.[2] Damit finanzierte er vor allem Schauspiele, Opern und Konzerte, während der Tanz weitgehend KdF, das von seinen Funktionären gerne mit "Kameraden der Front" übersetzt wurde, überlassen blieb. Dennoch schickte auch Goebbels bei Bedarf Mitglieder der Ballettkompanien zum Einsatz.

Für die Truppenbetreuung wurden nach 1939 eine ganze Reihe neuer Kammertanzgruppen aus den Schülerinnen und Schülern privater Tanzschulen zusammengestellt. Diese Gruppen, wie die von Jutta Klamt und Lola Rogge oder das von

Links: Die Tanzgruppe des Folkwang-Studios unter Leitung von Trude Pohl (vorne rechts) auf der Überfahrt nach Norwegen zu einer Wehrmachtstournee, 1940. Abb., DTK

Rechts: Getanzte Bilder nach Gemälden alter Meister choreographierte Helge Peters-Pawlinin für seine Kompanie "Das Romantische Ballett", 1940. Abb., TS

Links: Lola Rogge (lks.) mit ihrer Tanzgruppe in einer Walzerfolge aus dem "Rosenkavalier", 1940. Foto, P

Rechts: Die Tänzerin Marianne Simson (lks.) vom Ballett des Deutschen Opernhauses Berlin in ihrer Freizeit beim Dienst in der BDM-Organisation "Glaube und Schönheit". Abb., TS

Das Ballett der Staatsoper Berlin tanzt Choreographien von Lizzie Maudrik vor dem "Führer" im Nymphenburger Schloßpark, München 1939. Abb., TS

19.4.42

Tänzerinnen schreiben an Soldaten

Viermal: Dank für Grüße nach Gastspielen an der Front

Schon als Backfisch wollte ich gern ein Junge sein, aber noch mehr habe ich während des Krieges darunter gelitten, daß ich kein Mann bin, daß ich mich nicht so wie Ihr mit dem äußersten Einsatz, dem Leben, dem Vaterland verpflichten kann. So hat mich von all meinen Erfolgen die Tatsache am glücklichsten gemacht, daß ich so vielen Soldaten froh bewegte und Ausgleich vermittelnde Stunden schenken durfte. Eure

Ursula Deinert

Auf meiner nächsten Gastspielreise will ich wieder vor deutschen Soldaten tanzen und — mit ihnen tanzen. Was dann den Soldaten und mir besser gefällt, kann ich nicht im voraus sagen. Denn die Kunst muß mit dem Leben gehen! Es grüßt Euch Eure

Liselotte Köster

Auch von mir die herzlichsten Grüße! Ich selbst bekomme täglich meinen Feldpostbrief. Von wem — das ist mein Geheimnis.

Daisy Spiess

Diese herzlichen Grüße an Euch schreibe ich mit besonderer Dankbarkeit, denn neben mir steht — eine Tasse Bohnenkaffee. Als ich kürzlich in Nordfrankreich vor Verwundeten tanzte, drückten sie mir zum Abschied ein kleines Tütchen in die Hand . . . Wie unwichtig fühlt man sich als Künstlerin neben Euch, wie froh macht es uns, Euch wenigstens etwas Freude bereitet zu haben! All unsere Gedanken sind ja stets bei Euch!

Manon Erfuhr

In einer so schicksalhaften Zeit wie unserer treten die ewigen Fragen der Menschheit stärker an uns heran. Wer aber die Gesetze der Natur und des Lebens zu ergründen, wer das Tragische darzustellen sucht, der findet auch zwangsläufig den Weg zum Lachen, zum Humor. So kommt es, daß ich gerade während des Krieges neben den großen Bühnentänzen auch den getanzten Humor pflege. Eure Anerkennung sagt mir, daß ich auf dem richtigen Wege bin.

Ilse Meudtner

Aufnahmen:
Barbara Lüdecke-Sendler (3),
Ewald Gnilka

Helge Peters-Pawlinin gegründete "Romantische Ballett", gastierten neben Ensembles städtischer Bühnen, z.B. des Deutschen Opernhauses Berlin oder der Wiener Volksoper, in den Theatern der besetzten Städte. Als Publikum waren entweder ausschließlich deutsche Soldaten oder zusätzlich die einheimischen Bewohner zugelassen. Die Front-Tourneen führten außerdem nahezu alle bekannten Solotänzerinnen und -tänzer durch Europa. So reisten in den Jahren bis 1944 z.B. Ilse Meudtner, Manon Ehrfuhr, Rolf Jahnke oder die Höpfners unter anderem durch Holland, Belgien, Frankreich, Griechenland, die Balkan-Staaten, die skandinavischen Länder, Italien, das Sudetenland, das "Protektorat", das "Generalgouvernement" im ehemaligen Polen und das Baltikum. La Jana, die beliebte Revuefilmtänzerin, stärkte vor allem die "Heimatfront". Sie wurde gewissermaßen ein Opfer der Truppenbetreuung, denn bei ihren leicht bekleideten Vorstellungen zog sie sich eine Lungenentzündung zu und starb 1940.
Engagements beim Fronttheater waren bei den Künstlern beliebt. Sie boten die Chance, zu guten Gagen ins Ausland reisen zu dürfen, was sonst nur nach umständlichen Anträgen auf Reisegenehmigung und Devisenzuweisung möglich war. Weil Soldaten sich als äußerst dankbares Publikum erwiesen, wurden die Künstler mit Beifall und Erfolg verwöhnt und manchmal auch mit kleinen Geschenken, denn in den besetzten Ländern gab es häufig noch Dinge, die in Deutschland aus den Geschäften verschwunden waren. So dankte Manon Ehrfuhr 1942 Soldaten in einer Zeitschrift: "Diese herzlichen Grüße an Euch schreibe ich mit besonderer Dankbarkeit, denn neben mir steht – eine Tasse Bohnenkaffee. Als ich kürzlich in Nordfrankreich vor Verwundeten tanzte, drückten sie mir zum Abschied ein kleines Tütchen in die Hand...."[3]
Nicht alle Tanzdarbietungen an der Front zeichneten sich durch die künstlerische Qualität aus, die die bekannten Stars zu bieten vermochten. Besonders bei den Tänzerinnen, die nicht in den Theatern auftraten, sondern bis hinter die vordersten Kampflinien reisen mußten, zählte ihr hübsches Aussehen oft mehr als tänzerisches Können. Unter dem Titel "Terpsichore an der Westfront" beschrieb ein Soldat die Darbietung einer Tänzerin: "Vor dem Vorhang steht der Ansager. Er hat sich sogar einen Frack angezogen. Wir sollen eben nichts vermissen. '...und bitte um Aufmerksamkeit für unsere kleine liebreizende Tänzerin Erika. Sie tanzt für Sie einen Walzer.' Erika tanzt so gut sie es eben versteht. Vielleicht hindert sie auch die Zwergbühne, kaum einen Dutzend Quadratmeter groß, am Entfalten ihrer bestimmt gut angelegten Schritte. Doch wir haben nicht darüber zu richten, ob die Choreogra-

Oben: Die Solistin der Staatsoper Ilse Meudtner bei der Truppenbetreuung, 1940. Abb. TS
Unten: Truppenbetreuung an der Ostfront, um 1943/44. Foto, TS
Linke Seite: Eine Seite aus der Zeitschrift "Die Koralle", 1942. Abb., TS

Oben: Das KdF-Ballett unter Leitung von Derra de Moroda in dem historischen Tanz "Laura Suave", um 1942. Abb., TS

Unten links: Truppenbetreuung an der Ostfront, um 1943/44. Foto, TS

Unten rechts: Die Tanzkapelle der "Frontbühne vom Divisionsstab 72" an der Ostfront, 1944. Foto, TS

phie schwierig, einfach, gut oder schlecht gewesen ist. Hat Erika nicht reizend gelächelt, hat ihr nicht das zartgrüne Kleidchen gut zu Gesicht gestanden? Wir haben geklatscht und mit den Füßen Beifall getrampelt..."[4] Für die meisten Soldaten waren die nackten Beine der Tänzerinnen sicherlich interessanter als hehre Kunsterlebnisse.

Daß Sex eine wesentliche Rolle in der propagierten "kriegswichtigen" Unterhaltung spielte, belegt ein Bericht, den Beobachter einer Fronttheaterreise nach Norwegen der Reichstheaterkammer ablieferten. Sie legten nahe, daß man bei der Programmgestaltung für die vordere Front von Ballettaufführungen absehen solle, denn sie würden den einfachen Soldaten falsche Versprechungen machen, "da nach allgemeiner Anregung allenfalls die Offiziere zum Liebesgenuß kommen."[5]

Auch für die Aufführungen an der "Heimatfront" wurde über Erotik nachgedacht. Im Protokoll einer Ministerbesprechung bei Goebbels hieß es: "Grundsatz muß sein, daß man wohl großzügig bei der Entblößung des weiblichen Körpers vorgehen könne...", daß aber Nackttänzerinnen "nicht auf dem Land, in der Kleinstadt und vor Soldaten auftreten" sollten.[6]

Tanzgruppen zogen mit den KdF-Bussen bis an die Hauptkampflinien und gaben in den Gefechtspausen ihr Können zum Besten. Sogar in Konzentrationslagern, z.B. 1942 in Auschwitz, gastierten kleinere, aus Tänzerinnen städtischer Ensembles gebildete Gruppen in den Lagercasinos und amüsierten die Wachmannschaften mit Walzern, Polkas und Ländlern. An diesen Auftritten offenbart sich am deutlichsten die Schizophrenie der Truppenbetreuung. Lebensfreude und Heiterkeit zu verbreiten, war das Programm, es wurde getanzt, gelacht und gesungen, während das gewaltsame Sterben allgegenwärtig war. Das Motto "Kraft durch Freude" gewann einen makabren Beiklang. An der Front sollten die Tänzerinnen den Männern in einer kurzen Pause Todesängste, Einsamkeit, Heimweh und die Sorgen um die Familien zu Hause zu vertreiben. In den Lazaretten gaben sie durch ihre frische Fröhlichkeit Menschen Kraft, die von Schmerzen gequält und durch Verletzungen gezeichnet waren, aber es war eine Kraft, die nur den Zweck hatte, das Töten und Sterben zu ertragen.

In Deutschland ging das tänzerische Leben nach Kriegsbeginn seinen halbwegs gewohnten Gang, nur mit dem Unterschied, daß viele männlichen Tänzer eingezogen waren. Wie in den besetzten Ländern fanden auch hier Tanzgastspiele in großer Zahl statt. Kreutzberg war bis zum August 1944 ständig unterwegs, Mary Wigman unternahm bis 1942 zweimal im Jahr ausgedehnte Gastspielreisen, Palucca war noch bis 1944 zu sehen und die Vielzahl qualifizierter Tänzerinnen und

Truppenbetreuung an der Ostfront, um 1943/44.
Fotos und Programmheft, TS

Tänzer der jungen Generation, wie Marianne Vogelsang, Ilse Meudtner, Almut Dorowa, Rita Zabekow traten vornehmlich bei KdF-Abenden auf. Dore Hoyer zeigte in selbst organisierten Vorstellungen ihre Tänze, von denen aber nur die heiteren, wie "Brotbacken", "Feierabend" oder "Weite des Landes", in der Presse positive Anmerkungen erhielten. Die Inhalte von "Enge der Großstadt" oder die psychologische Zerrissenheit von "Ophelia" hingegen wurden als "fragwürdig quälerische Themen" abgelehnt.[7]

In den ersten beiden Kriegsjahren, als die Wehrmacht noch einen Sieg nach dem anderen verbuchte, wurden auf der Tanzbühne neben den üblichen heiteren Stücken Werke gezeigt, die 'erhabene Größe' und 'heroische Dramatik' widerspiegelten. Heldenmut und Opferwille wurden tänzerisch mystifiziert. Doch Goebbels vermeinte in der Ausführung dieser Themen Anklänge an den philosophisch-metaphysischen Ausdruckstanz zu entdecken und ließ den Reichsdramaturgen Rainer Schlösser im Februar 1942 folgendes Schreiben an alle Theaterbühnen senden: "In letzter Zeit sind von einigen Theatern hinsichtlich des Bühnentanzes Wege eingeschlagen worden, die nicht gebilligt werden können. Unter der Bezeichnung 'Tanzdramen' machen sich Bestrebungen bemerkbar, künstlerische Fehlentwicklungen der Zeit nach dem Weltkriege wieder aufzugreifen. Diese Darbietungen weisen einen ausgesprochenen intellektuellen Einschlag auf, der sich mit dem Wesen des Balletts im engeren und des Tanzes im weiteren Sinne nicht verträgt. Die Pflege des Bühnentanzes durch die Theater schließt keineswegs die Verpflichtung in sich ein, ihm mit einer 'Philosophie des Tanzbeins' 'geistigen Hintergrund' zu geben. [...] Das Publikum hat berechtigten Anspruch, daß die Tanzabende eingängig im Sinne der gediegenen Ballett-Tradition, die für die deutschen Bühnen bezeichnend bleiben soll, gestaltet werden. [...] Das gekennzeichnete Vorbeigehen an dem Grundelement alles Tänzerischen, welches die sinnenfroheste und lebensfreudigste der im Theater gepflegten Gattungen sein sollte, ist unstatthaft. Zukünftig sind derartige Experimente grundsätzlich untersagt."[8] Im gleichen Tenor verbot Goebbels die für Matineen gern benutzte Bezeichnung "Morgenfeier", um diesen Begriff allein den nationalsozialistischen, kultischen Veranstaltungen vorzubehalten. Zu seinem Unmut über "Tanzdramen" hatte sicherlich das Programm der 1940 gegründeten "Deutschen Tanzbühne" der "Deutschen Meister-Stätten" beigetragen.

Im Herbst 1939 hatte Hanns Niedecken-Gebhard die Leitung der "Deutschen Meister-Stätten" übernommen, die jetzt direkt als Dienststelle dem Propagandaministerium unterstanden

Oben: Gret Palucca in "Sprünge und Schwünge", 1940. Foto, TS
Unten: Dore Hoyer in ihrer 1942 entstandenen Choreographie "Potiphars Weib".
Foto: Siegfried Enkelmann, DTK
Linke Seite: Dore Hoyer in ihrem 1944 aufgeführten Solotanz "Ophelia".
Foto: Siegfried Enkelmann, DTK

und in einer Villa der aus Berlin vertriebenen jüdischen Kaufhausfamilie Wertheim ein luxuriöses Domizil erhielten. Dieser Ausbildungsstätte wurde 1940 die "Deutsche Tanzbühne" als selbständige Kompanie angeschlossen. Rosalia Chladek, Tatjana Gsovsky, Valeria Kratina und Grete Wiesenthal wurden als Choreographinnen verpflichtet. Zu den Tänzerinnen und Tänzern zählten u.a. Almut Dorowa, Alice Uhlen, Dore Hoyer, Emmy Köhler, Gundel Eplinius, Vera Wichura, Georg Groke, Robert Mayer, Johannes Richter, Kurt Paudler, Karl Bergeest, und Harald Kreutzberg kam als Gast hinzu. Das Programm war anspruchsvoll und setzte einen klaren Akzent gegen die offiziell gewünschte Belanglosigkeit der Tanzspielpläne.

Niedecken-Gebhard kündigte an, daß der dramatische Tanz im Mittelpunkt stehe und daß er "die Augen der deutschen Öffentlichkeit wieder einmal auf die Tatsachen lenken will, daß neben dem rein unterhaltenden Tanz auch eine Tanzkunst das Recht auf Dasein besitzt, die als der Oper und dem Schauspiel gleichwertiger Faktor der Bühne in Freude und Ernst Menschenschicksal im Tanz darstellerisch zu gestalten bestrebt ist."[9] Aber bereits nach einem halben Jahr mußte Niedecken-Gebhard die Leitung der "Meister-Stätten" wieder abgegeben und die "Deutsche Tanzbühne" wurde aufgelöst. Goebbels hatte sich etwas anderes vorgestellt und übertrug 1942 die Schule und die Umstrukturierung der Kompanie an Rudolf Kölling, den Ballettmeister des Deutschen Opernhauses, unter dessen Führung die "Deutsche Tanzbühne" als klassisch ausgerichtetes Ensemble repräsentative Aufgaben erfüllte. In der neuen Form eignete sie sich auch bestens als Konkurrenzunternehmen zum "KdF-Ballett", das Robert Ley 1941 aus der Taufe gehoben hatte. Diese Kompanie, der auch eine Schule angegliedert wurde, war 1941 gegründet worden, um den von Goebbels immer wieder vorgebrachten Klagen über das schlechte Niveau der Frontprogramme entgegenzuwirken und eine bessere Ausbildung der KdF-Tänzerinnen zu gewährleisten. Die Leitung der Truppe lag in Händen der international erfahrenen Ballettmeisterin Friderica Derra de Moroda, die als Choreographin u.a. für das Sadler's Wells Ballet in London gearbeitet hatte. Sie schuf das Repertoire des "KdF-Balletts" fast ausschließlich aus eigenen dekorativen Balletten im traditionellen klassischen Stil. Der Erfolg bei den Heimat-Gastspielen war so groß, daß die Gruppe zeitweise trotz Bombenkrieg in Berlin zweimal in der Woche Vorstellungen geben konnte.

Nach den verlustreichen Kämpfen um Stalingrad und der Kapitulation der 6. Armee im Februar 1943 rief Goebbels im März im Berliner Sportpalast den "totalen Krieg" aus und

Deutsche Tanzbühne

Leitung: Professor Dr. Hanns Niedecken-Gebhard

ERÖFFNUNGSVORSTELLUNG

Donnerstag, 10. Oktober, 18.30 bis gegen 21 Uhr

Volksbühne / Theater am Horst-Wessel-Platz

SPIELFOLGE:

„Höfische Suite" Musik von G. Fr. Händel

„Apollon und die Amazone" Musik von Fried Walter

„Goyescas" Musik von Granados

„Till Eulenspiegels lustige Streiche" Musik von Richard Strauß

SOLISTEN:

Almut Dorowa · Dore Hoyer

Rosalia Chladek · Harald Kreutzberg

Georg Groke, Karl Bergeest, Robert Mayer, Ludwig Egenlauf
und die gesamte Tanzgruppe

Choreographie: Rosalia Chladek, Tatjana Gsovsky, Valeria Kratina

Dirigent: Leo Spies · Am Flügel: Victor Schwinghammer

Das Städtische Orchester Berlin

Wiederholung: Dienstag, den 15. Oktober 1940, 18.30 Uhr

KARTEN RM 1.05 BIS RM 6.05 RUF 41 32 03

Linke Seite: Dore Hoyer in ihrem 1941 entworfenen Solotanz "Jeanne d'Arc". Foto: Siegfried Enkelmann, DTK

Unten: Die Mitglieder der "Deutschen Tanzbühne" im Garten ihres Domizils der "Deutschen Meister-Stätten" in Berlin, lks. Gundel Eplinius und Dore Hoyer, in der Mitte Georg Groke, rechts Rosalia Chladek und Hanns Niedecken-Gebhard. Foto: Carl von Gerlach, TS

die Existenz der privaten Tanzschulen, um "für die Tanzlehrerschaft die Möglichkeit, sich schon jetzt für den Arbeitseinsatz zur Verfügung zu stellen", zu schaffen.[12] In zahlreichen Stadttheatern gab es überhaupt keine männlichen Tänzer mehr und ihre Rollen wurden en travestie von Tänzerinnen dargestellt. "Es kommt heute in erster Linie darauf an, daß überhaupt gespielt wird; nicht aber kann im Vordergrund stehen, was der einzelne spielt!" schrieb der Generalsekretär der Reichstheaterkammer, Hans-Erich Schrade, ins Bühnenjahrbuch 1944. Bei der Alltagsbewältigung war höchste Improvisationsfähigkeit erforderlich. Material für Dekorationen oder Kostüme fehlte, alte Fundusbestände wurden umgearbeitet und per Kleinanzeige in den Fachblättern Spitzenschuhe gegen Steptanzschuhe oder Folklorestiefel zum Tausch angeboten.

Die Truppenbetreuung besaß nach wie vor großes Gewicht und Künstler aus den Theatern konnten dazu dienstverpflichtet werden. Was vormals noch mit finanziellen Anreizen verbunden gewesen war, wurde jetzt bei kleiner Gage befohlen. Selbst als die Wehrmacht bereits an allen Fronten auf dem Rückzug war, reisten Künstlergruppen trotz größter Schwierigkeiten zu den kämpfenden Einheiten. 1944 schrieb der Leiter des "Amtes Truppenbetreuung" von KdF:

"Nun weiß jedermann, daß sämliche staatlichen und städtischen Kunstinstitute der Heimat in vollem Umfang weiterspielen, da sie nach dem Willen des Führers die Widerstandskraft des deutschen Volkes fördern sollen. Ja, die künstlerischen Darbietungen in der Heimat haben gegenüber den Friedensjahren im Kriege an Umfang noch zugenommen, nicht zuletzt dadurch, daß die zahlreichen Heimatlazarette, Flakstellungen, Fliegerhorste und Marinestützpunkte einer besonderen Betreuung bedürfen. Und trotzdem muß die NS-Gemeinschaft 'Kraft durch Freude', um die deutschen Soldaten in ganz Europa kulturell zu betreuen, rund 600 verschiedenartige Ensembles allein in die besetzten Gebiete gleichzeitig hinaussenden, die genau 25 verschiedenen Veranstaltungsarten angehören, vom Alleinunterhalter bis zum 40 Personen starken Kammerorchester."[13]

Im Sommer 1944 wurden die letzten noch an den Theatern arbeitenden Männer für die Wehrmacht und die Frauen für die Rüstungsproduktion beansprucht. Am 11. August 1944, anläßlich der letzten Tanzpremiere des Leipziger Opernballetts, hatte ein Kritiker seine Rezension noch überschrieben: "Getanzte Lebensfreude". Nun mußte nicht einmal dieser Schein noch gewahrt werden, dem NS-Regime ging es nurmehr darum, die unabwendbare Niederlage hinauszuzögern. Goebbels verordnete am 20. August 1944 das Ende aller

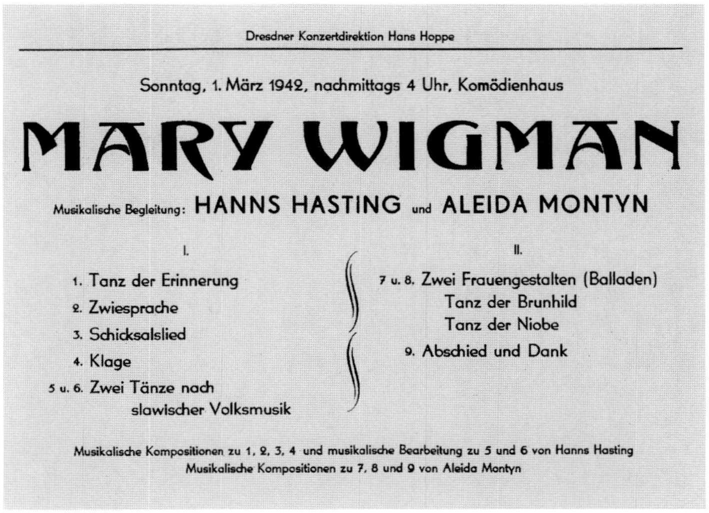
Dresdner Konzertdirektion Hans Hoppe

Sonntag, 1. März 1942, nachmittags 4 Uhr, Komödienhaus

MARY WIGMAN

Musikalische Begleitung: HANNS HASTING und ALEIDA MONTYN

I.

1. Tanz der Erinnerung
2. Zwiesprache
3. Schicksalslied
4. Klage
5 u. 6. Zwei Tänze nach slawischer Volksmusik

II.

7 u. 8. Zwei Frauengestalten (Balladen) Tanz der Brunhild Tanz der Niobe
9. Abschied und Dank

Musikalische Kompositionen zu 1, 2, 3, 4 und musikalische Bearbeitung zu 5 und 6 von Hanns Hasting
Musikalische Kompositionen zu 7, 8 und 9 von Aleida Montyn

Linke Seite: Mary Wigman in ihrem letzten Solotanz "Abschied und Dank", 1942.
Foto: Charlotte Rudolph, MWG.

künstlerischen Veranstaltungen: "Sämtliche Theater, Varietés, Kabaretts und Schauspielschulen sind zum 1. September zu schließen. Die entsprechenden Fachschaften und Fachgruppen sowie der private Schauspiel-, Gesang- und Tanzunterricht werden eingestellt."[14] Mehr als 45000 Angehörige des künstlerischen Personals wurden dadurch für Wehrmacht und Industrie verfügbar. Auch die freiberuflichen Tänzerinnen und die Schülerinnen der Musikhochschulen und Konservatorien wurden zur Arbeit in den Fabriken dienstverpflichtet. So erließ der Generalintendant des Leipziger Opernhauses am 11. Oktober 1944 die Anweisung: "1. Die Ballettmitglieder erhalten vom Theater im Hause Bismarckstr. 21 jeden Dienstag nachmittag und Donnerstag vormittag ein Pflichttraining, das als Dienst gilt und an dem alle teilzunehmen haben.
2. Dienstags und Donnerstags haben die Ballettmitglieder bei der Straßenbahn nur 6 Stunden Dienst und zwar Dienstags nicht länger als bis 12 Uhr, Donnerstags nicht vor 13 Uhr.
3. An den übrigen Tagen ist bei der Straßenbahn der planmäßige Volldienst bis zu 9 Stunden 18 Minuten abzuleisten, jeder 8. Tag ist dienstfrei. 4. Zur Abhaltung des Pflichttrainings hat sich Frau Mary Wigman freundlichst bereiterklärt."[15]
Ort und Art der Rüstungseinsätze wurden mitunter als Zwangsmaßnahme für unliebsam auffällige Künstler benutzt. Zum Beispiel gab im Juli 1944 die "Kammertanzgruppe Hannover" einen Tanzabend, den auch der Gauleiter von Hannover besuchte. Die Gruppe junger Tänzerinnen unter Leitung der früheren Palucca-Schülerin Marianne Vogelsang war aus der bombengefährdeten Großstadt nach Einbeck evakuiert worden, wo Marianne Vogelsang die Tanzabteilung der Landesmusikschule leitete. Auf dem Programm des Tanzabends standen "Slawische Tänze und Gesänge", was den Gauleiter veranlaßte, von "Kulturbolschewismus" und aufgrund einer betenden Gebärde in einem der Tänze von "Zugeständnissen an die katholische Kirche" zu sprechen.[16] Dies war der Anlaß, warum die gesamte Gruppe im August 1944 nicht wie üblich in eine Fabrik, sondern in einen Bergwerksstollen zum Rüstungseinsatz abkommandiert wurde. Gemeinsam mit Zwangsarbeiterinnen aus Polen und Rußland füllten sie in einer Munitionsanlage unter Tage Sprengladungen in Kartuschen, 4000 mal täglich die gleiche Bewegung, unter ständiger Lebensgefahr und ohne das Tageslicht zu sehen. Nach drei Monaten gelang es dem Intendanten Gustav Rudolf Sellner, der Marianne Vogelsang bis 1943 in Göttingen als Ballettmeisterin engagiert hatte, die Entlassung und die Versetzung der Frauen auf eine weniger gesundheitszerstörende Arbeitsstelle in einem Betrieb zu erwirken. Sofort begannen die Tänzerinnen wieder mit Proben und traten bereits im Januar mit einem "Bunten Abend" für Soldaten auf die Bühne. Der Beruf erschien als Orientierung in einer im Chaos versinkenden Welt. Überall, wo die Tänzerinnen zum Arbeitsdienst eingesetzt waren, wurde nach Feierabend oder frühmorgens vor Dienstantritt trainiert, um den Körper in Form zu halten. Und als 1944 die Zeitschrift "Der Tanz" eingestellt wurde, gab der Verlag "Trainingsblätter für Tanz" heraus, in deren Januar/Februar-Heft 1945 Rudolf Kölling und Daisy Spies Fernunterricht gaben, nämlich: "Klassische Übungsstunde. Eine Stunde mit besonderer Berücksichtigung des pas jeté in allen Formen."
Zu diesem Zeitpunkt lagen fast alle deutschen Theater in Trümmern. Im Februar 1945 versank Dresden, die Stadt, die 1920 Mary Wigman zum Zentrum des Ausdruckstanzes gemacht hatte, im Feuersturm alliierter Bombenangriffe. Am 8. Mai 1945 war der Krieg in Deutschland zu Ende. *H.M.*

Anmerkungen:
1) zit. n. Geerte Murmann, Komödianten für den Krieg. Deutsches und alliiertes Fronttheater. Düsseldorf 1992, S. 114
2) ebd.
3) in: Die Koralle, Berlin 19.4.1942, Ausschnitt Theaterwissenschaftliche Sammlung, Universität zu Köln
4) Rudolf Alt, "Terpsichore an der Westfront", in: Deutsche Tanz-Zeitschrift, Berlin Februar 1940, 5. Jg. H.2, S. 3
5) Murmann, S. 118
6) ebd., S. 112
7) in: Deutsche Tanz-Zeitschrift, Berlin Dezember 1938, 3. Jg. H. 12, S. 16
8) "Betr. Bühnentanz", gez. Schlösser, Nachlaß Niedecken-Gebhard, Theaterwissenschaftliche Sammlung, Universität zu Köln
9) zit. n. "Die Deutsche Tänzbühne", in: Der Tanz/Deutsche Tanz-Zeitschrift, Berlin Sept. 1943, 13. Jg. H. 9, S. 135
10) Goebbels, zit. in: Der Tanz/Deutsche Tanz-Zeitschrift, Berlin März 1943, 16. Jg. H. 3, S. 3
11) Hinkel, ebd.
12) Amtliche Mitteilung der Reichstheaterkammer, in: Der Tanz/Deutsche Tanz-Zeitschrift, Berlin April/Mai 1943, 16. Jg. H. 4/5, S. 26
13) P. Stemmer, "KdF-Truppenbetreuung", in: Der Tanz/Deutsche Tanz-Zeitschrift, Berlin Jan./Febr. 1944, 17. Jg. H. 1/2, S. 4
14) zit. in: Boguslaw Drewniak, Das Theater im NS-Staat. Szenarium deutscher Zeitgeschichte 1933-1945, Düsseldorf 1983, S. 351f.
15) "An alle Ballettmitglieder", gez. Schüler, 11.10.1944, Nachlaß Niedecken-Gebhard, Theaterwissenschaftliche Sammlung, Universität zu Köln
16) Aufzeichnungen Maria Mater, Mary Wigman-Gesellschaft

Corry Michel, Solistin des “Deutschen Film-Balletts”, 1943. Foto: Borchmann, TS

Die andere Seite

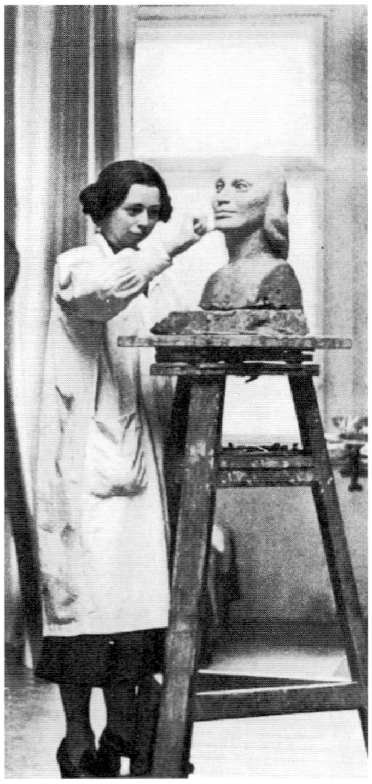

Die Tänzerin und Bildhauerin Oda Schottmüller in ihrem Atelier. Abb., TS

Im Oktober 1943 erschien in "Der Tanz" die Notiz: "Die Tänzerin Oda Schottmüller ist am 5. August 1943 verstorben." Ohne weiteren Kommentar erfuhr die Tanzwelt so vom Tod einer der bekanntesten Berliner Tänzerinnen. Daß Oda Schottmüller unter dem Fallbeil im Zuchthaus Plötzensee gestorben war, verschwieg die Pressemeldung. Die 38jährige Tänzerin starb als Mitglied der von der Gestapo "Die Rote Kapelle" genannten Widerstandsorganisation um Harro Schulze-Boysen und Arvid Harnack.[1] Oda Schottmüller war keine überzeugte Kommunistin, sondern sie verstand ihre Mitarbeit in der Gruppe als eine ethische Angelegenheit, sie wollte nicht durch ihr Schweigen mitschuldig werden am Morden des NS-Regimes. Die humanistische Einstellung und die Verantwortung jedes einzelnen vor der Menschlichkeit prägte ihre Kindheit und Jugend in einem liberalen Elternhaus. In Danzig aufgewachsen, verbrachte sie die letzten Jahre ihrer Schulzeit in der aus der Reformpädagogik hervorgegangenen Odenwaldschule bei Heppenheim an der Bergstraße, wo ihr Mitschüler Klaus Mann zu ihrem engeren Freundeskreis gehörte. In der Odenwaldschule bekam sie Kontakt zur Volkstanzbewegung von Anna Helms und Julius Blasche. Durch Anregung ihrer Tante, der Professorin Frida Schottmüller, Kustodin am Berliner Kaiser-Friedrich-Museum, unternahm sie erste Versuche in der Bildhauerei und studierte drei Jahre lang an der Hochschule für bildende Kunst in Berlin. Die Vielfalt des tänzerischen Lebens Ende der 20er Jahre machte sie neugierig auf den künstlerischen Tanz. So wurde sie Laienmitglied in der "Gruppe junger Tänzerinnen" der Berliner Volksbühne und nahm Unterricht in der Tanzschule von Gertrud Wienecke. Dort verdiente sie sich gleichzeitig einen Teil ihres Lebensunterhalts

Unten: Oda Schottmüller in ihrem Maskentanz "Nachtstück", 1940. Abb. Madeline Winkler, TS

als Lehrerin für Volkstanz. Für Schulaufführungen choreographierte sie ihre ersten Tänze und trat am 11. März 1934 im Kurfürsten-Theater Berlin zum erstenmal auf die Bühne.
Besonders ihre Tänze mit selbstgefertigten Masken, die ungewöhnliche Titel trugen wie "Rève", "Der Gehenkte", "Romanze", "Seltsame Stunde" und "Hexe", ließen die Presse aufmerken. Fritz Böhme förderte sie und er war es, der nach ihrer Hinrichtung ihren künstlerischen Nachlaß verwahrte. Wie sehr sie als vielversprechendes Talent eingeschätzt wurde, zeigt sich daran, daß man sie für einen Auftritt im Rahmenprogramm der Olympischen Spiele 1936 und für die "Stunde des Tanzes" im März 1938 auswählte. Der Komponist Kurt Schwaen, der wegen seiner kommunistischen Einstellung in Gestapo-Haft gewesen war, wurde ihr musikalischer Begleiter und komponierte ab 1938 die Musik zu einer Vielzahl ihrer Tänze. Er lernte Oda Schottmüller kennen, als er im Studio Wienecke als Repetitor arbeitete. Über eine Begegnung nach dem Pogrom vom 9. November 1938, der "Reichskristallnacht", schrieb er: "Im Studio konnte man sich politisch ziemlich offen äußern. Dem Terrorsystem standen alle mehr oder weniger heftig ablehnend gegenüber. Meine politische Vergangenheit war bekannt. Freilich war bei den meisten Emotion, aber kein politisches Bewußtsein vorhanden. [...] Oda äußerte voller Verachtung und auf ihre drastische Art, daß man auf der 'kochenden Volksseele', die sich, den Zeitungen nach, gegen die Juden gerichtet haben sollte, 'keinen Tee hätte brühen können'. Ihre politische Haltung war gefühlsbetont, ungeschult, sie reagierte spontan."[2]
Über einen Lehrer an der Kunsthochschule hatte Oda Schottmüller 1933 den jungen Luftwaffenoffizier Harro Schulze-Boysen kennengelernt, den seine humanistische Einstellung zum Widerstand führte und der ab 1938/39 zusammen mit dem Regierungsrat Arvid Harnack verschiedene antifaschistische Gruppen zu gemeinsamen Aktionen vereinte. Ab 1936/37 galt Oda Schottmüller als aktives Mitglied seiner Gruppe. Während sie nach außen hin ihrem Beruf als Tänzerin und Bildhauerin nachging und sich jeder politischen Äußerung enthielt, beteiligte sie sich insgeheim an Treffen und Flugblattaktionen und stellte gelegentlich ihr Bildhauerstudio für den illegalen Funkverkehr mit Moskau zur Verfügung.
Ab 1940 wurde Oda Schottmüller in der Truppenbetreuung eingesetzt und reiste u.a. nach Italien, in die ehemalige Tschechoslowakei, nach Österreich und an die Ostfront. 1942, während Oda Schottmüller sich auf einer Wehrmachttournee in Ostpreußen befand, gelang es der Geheimpolizei, die Funksprüche der "Roten Kapelle" zu entschlüsseln und

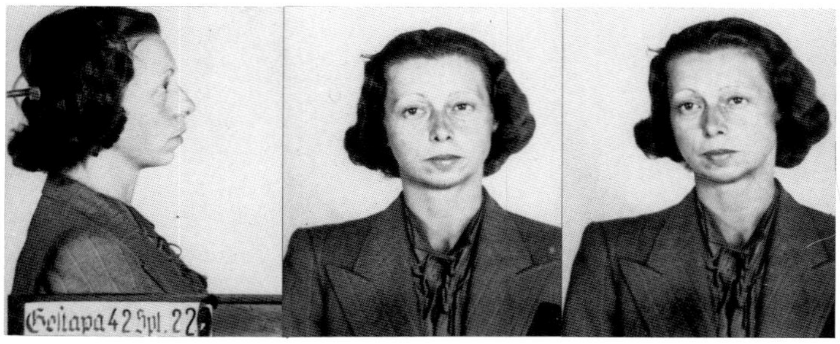

Oben: Polizeiaufnahmen von Oda Schottmüller nach ihrer Verhaftung durch die Gestapo, 1942.
Foto, Gedenkstätte Deutscher Widerstand, Berlin.

Unten: Jo Mihàly in ihrem Solotanz "Vision eines Krieges".
Die Tänzerin war mit ihren sozialkritischen Tänzen in den 20er Jahren bekannt geworden und emigrierte 1933 in die Schweiz.
Foto, DTK

die Widerstandsgruppe zu enttarnen. Als Oda Schottmüller am 16. September 1942 zurückkehrte, wartete in ihrer Wohnung die Gestapo. 117 Widerstandskämpfer der Gruppe Schulze-Boysen/Harnack wurden verhaftet, sechzehn zum Tode verurteilt. Am 5. August 1943 wurde Oda Schottmüller enthauptet. Ihre Ankläger und Richter waren Beamte, die "ihre Pflicht taten", wie sie nach Kriegsende betonten, denn unter rein juristischen Gesichtspunkten hatten sie ordnungsgemäß die Gesetze erfüllt. Auch der Hauptankläger im Verfahren gegen Oda Schottmüller berief sich auf seine "Dienstpflicht" und arbeitete nach dem Krieg unbescholten als Anwalt in der Bundesrepublik.[3]

Oda Schottmüller hatte sich verantwortlich gefühlt, für das, was im Namen des von den Nationalsozialisten so hochgepriesenen deutschen "Volkes" und damit in ihrem Namen geschah. Nicht viele Tänzerinnen und Tänzer besaßen die Kraft, sich direkt gegen Anweisungen zu stellen und unmenschliche Gesetze bewußt zu übertreten. Die Mehrheit war gewohnt, Befehle zu empfangen und fraglos zu akzeptieren, was die "Herren da oben" diktierten. Von ihrem ersten Tag an hatte die NS-Regierung eine Flut von neuen Gesetzen erlassen und alte aufgehoben oder geändert. Es geschah nichts, das nicht durch juristische Maßnahmen abgesichert war. So konnten die einfachen Bürger wie die Funktionäre sich jederzeit darauf berufen, daß es, ganz gleich bei welcher Maßnahme, immer nur galt, existierendes "Recht" zu erfüllen. Falls zur Durchführung einzelner Pläne der Nationalsozialisten noch kein Gesetz vorhanden war, propagierten sie ihre Aktionen als spontane Ausbrüche des "Volkszorns" und lieferten die entsprechenden Gesetze nach. Wo bei der Bevölkerung trotzdem Zweifel an der Richtigkeit des Verordneten aufkam, erfüllten die Terrorinstrumente der Nationalsozialisten ihre Wirkung, die Angst um die eigene Existenz ließ die Menschen wegsehen. Eine umfassende Solidarität, mit der sie der Willkür hätten entgegentreten können, kam nicht zustande, selbst wenn das Unrecht direkt vor den eigenen Augen, im Kollegenkreis der Ballettkompanien, geschah.

Dennoch gab es eine ganze Reihe von Tänzerinnen und Tänzern, die in alltäglichen Begebenheiten Zivilcourage bewiesen und so Menschen physisch und psychisch überleben halfen. 1942 choreographierte Tatjana Gsovsky ihr Ballett "Turandot" zur Musik von Gottfried von Einem, das an der Dresdner Staatsoper Premiere haben sollte. Weil ihr für die Proben ein Pianist fehlte, schickte ihr der Komponist einen jungen Musiker, der bei ihm um Arbeit nachgesucht hatte. Er besaß keine Ausweispapiere und sie hätte ihn deshalb nicht beschäftigen

Oben: Lisa Czobel in ihrem Solotanz "Kriegssonate". Foto: Siegfried Enkelmann, P
Rechte Seite: "Rausch", eine Choreographie von Lotte Goslar in der Prager Emigration, 1934/35. Foto: Stehlik, P

Die "Ballets Jooss" im englischen Exil in Dartington (oben) und in dem Ballett "Pandora" von Kurt Jooss.
Fotos, Folkwang Tanzarchiv Essen und DTK

dürfen. Aber sie stellte keine Fragen, sondern ließ den jungen Mann korepetieren, damit er sich Geld verdienen konnte. Durch Hilfe dieser Art gelang es dem jüdischen Organisten Konrad Latte, der vor der Deportation hatte flüchten können, sich illegal in Berlin durchzuschlagen und bis zum Kriegsende unentdeckt zu bleiben.[4] Lola Rogge erlaubte der wegen ihrer "halbjüdischen" Herkunft offiziell von einer Ausbildung an ihrer Schule ausgeschlossenen Ursula Bosselmann trotzdem am Unterricht teilzunehmen und gab ihr damit psychischen Halt.[5] Niedecken-Gebhard genehmigte, nach Mary Wigmans Fürsprache, einer Schülerin trotz ihres nicht ganz makellosen "Arier-Nachweises", in die Leipziger Hochschule einzutreten und meinte: "Ich will ja nicht Deine Großmutter zur Tänzerin machen."

Durch das "Gesetz zur Wiederherstellung des Berufsbeamtentums" vom April 1933 verloren außer den jüdischen Tänzerinnen und Tänzern alle, die als politisch "unzuverlässig" galten, ihre Arbeitsstellen in den Theatern und öffentlichen Schulen. Von dieser Maßnahme waren hunderte Tänzerinnen und Tänzer betroffen. Vor allem auch in Österreich, als dort nach dem "Anschluß" die entsprechenden Gesetze in Kraft traten. Hinter den nüchternen juristischen Aktionen standen individuelle Schicksale von Menschen, die von einem auf den anderen Tag aus ihrem gesamten Kultur-, Lebens- und Berufszusammenhang herausgerissen und Verfolgung und Lebensgefahr ausgesetzt wurden.

Aufgrund des "Berufsbeamtengesetzes" wurde zum Beispiel Olga Brandt-Knack, SPD-Mitglied seit 1918 und gewerkschaftlich für die sozialen Belange der Tänzer engagiert, 1933 als Ballettmeisterin der Hamburger Oper entlassen und wegen ihrer politischen Vergangenheit verhaftet. Erst 1934 kam sie aus dem Gefängnis frei, stand aber weiter unter Gestapo-Aufsicht und konnte nicht mehr in ihrem Beruf arbeiten. Bis zur Zerstörung Hamburgs 1942 schlug sie sich als Sprechstundenhilfe durch und kam danach bei Verwandten auf dem Land unter.

Auch Oskar Schlemmer, Mitglied des von den Nationalsozialisten verfemten Bauhauses, erhielt 1933 die Kündigung. Ausschlaggebend waren nicht politische, sondern "künstlerische" Gründe, denn er repräsentierte die von den NS-Kulturwächtern als "entartet" gebrandmarkte, abstrakte Kunst. Nationalsozialistische Körper sollten nicht kubisch, sondern muskulös sein. Weil er nicht in die Reichstheaterkammer aufgenommen wurde, konnte er auch nicht wie vormals als Bühnenbildner arbeiten und hatte damit keine Berufschancen mehr. Seine Hoffnungen, er könne sich durch Verkauf seiner

Bilder finanzieren, erwiesen sich als falsch. Obwohl sich 1938 im Zuge der großen New Yorker Bauhaus-Ausstellung die Gelegenheit für eine Tätigkeit im Ausland bot, wollte sich Schlemmer nicht zur Emigration entschließen, zumal ihm die Reichstheaterkammer gerade zu diesem Zeitpunkt wieder die Bühnenzulassung gewähren wollte.[6] Er bat einen früheren Sammler um Hilfe bei der Stellensuche: "Der Not gehorchend, suche ich heute wieder Anschluß bei der Bühne und bewerbe mich um die Stellung eines Bühnenbildners. Sollte Ihnen in Ihrem Bereich einmal dergleichen zu Ohren kommen, daß wo wer gesucht wird, so wäre ich Ihnen für einen Hinweis sehr dankbar. [...] Ich würde übrigens einen Decknamen gebrauchen bzw. anwenden, sodaß mein Name und die Vorstellungen, die sich damit verbinden, ausgeschaltet wären."[7] Dennoch tat sich keine künstlerische Verdienstmöglichkeit auf und Schlemmer arbeitete ab 1938 in einer Stuttgarter Dekorationsmalerei. 1940 erhielt er eine Anstellung im Labor der Wuppertaler Lackfabrik von Kurt Herberts, der in seinem Forschungsinstitut für neue Lacke verbotenen Künstlern wie Georg Muche und Willi Baumeister eine Existenzgrundlage bot.[8]

Für viele politisch engagierte und jüdische Tänzerinnen und Tänzer war der Rückzug in die "innere Emigration" nicht möglich. Ihnen blieb nach der Machtübergabe an Hitler nur die Flucht ins Ausland. Daß der Ausdruckstanz durch die Emigranten in die ganze Welt getragen wurde und dort in die jeweiligen Tanzformen einfließen konnte, während er in Deutschland seine Grundlage endgültig verlor, ist eine bittere Ironie der Geschichte.

Mehrere Zentren der Emigration bildeten sich in den Jahren ab 1933 heraus. Bis Kriegsbeginn waren es vor allem die europäischen Städte Paris, Wien, Prag, Warschau, Amsterdam und vereinzelt die Hauptstädte in Skandinavien. Auch Rom, wo trotz der faschistischen Regierung keine systematische Judenverfolgung stattfand, zählte dazu, ebenso Palästina. Dorthin war als erste Prominente die Wiener Tänzerin und Pädagogin Gertrud Kraus 1934 nach dem nationalsozialistischen Putschversuch in Österreich übergesiedelt.

Mit dem Anschluß Österreichs und der Zerschlagung der früheren Tschechoslowakei begann erneut die Fluchtwelle der Emigranten, die sich nach Kriegsbeginn vor den vorrückenden deutschen Truppen zum zweitenmal in Sicherheit zu bringen versuchten. Wer Glück hatte, fand Zuflucht in Südamerika, den USA oder Großbritannien, die so zu Zentren des ausdruckstänzerische Erbes wurden. Aber auch nach Kuba gelangten Ausdruckstänzer, wie der Wiener Tanzsolist

Oben: Die "Balletts Jooss" bei der Überfahrt zur ersten USA-Tournee im November 1933, v.lks. stehend Heinz Rosen, Frida Holst, Rudi Pescht, v. lks. sitzend Ernst Uthoff, Karl Bergeest, Lisa Czobel, Lola Botka, Mascha Lidolt, Sigurd Leeder (im Hintergrund). Foto, DTK.

Unten: "Großstadt" von Kurt Jooss, das unter dem Titel "The Big City" zum Repertoire der "Ballets Jooss" im Exil gehörte. Foto: Anthony, DTK.

Oben: Sigurd Leeder, Mitarbeiter von Kurt Jooss und Ko-Direktor der Jooss-Leeder Schule in Dartington in seinem Tanz "Der gläubige Landmann", 1933. Foto, P

Unten: Kurt Jooss bei den Proben zu seinem Ballett "Der grüne Tisch". Foto, Folkwang Tanzarchiv Essen

Fritz Berger, oder nach Indien wie die Bodenwieser-Schülerin Hilde Holger.[9] Mit offenen Armen wurden sie nirgends aufgenommen. In der Regel war neben dem schmerzhaften Verlust der Heimat und oft der Angehörigen, der Existenzkampf in den Gastländern das schwerste. Dennoch war die Ausgangslage für Tänzer besser als für Literaten oder Schauspieler, denn sie konnten ohne Sprachbarrieren versuchen, sich ein Publikum zu erobern. Besonders in den USA war der Ausdruckstanz, der "German Dance" anerkannt und wer die Behördenschranken überwinden konnte, hatte relativ gute Chancen ein Auskommen zu finden.

Solange die aus politischen Gründen emigrierten Tänzer im Ausland nicht gegen die deutsche Regierung aktiv wurden und offiziell nicht ausgebürgert waren, so lange war es möglich, sie gar nicht als Emigranten anzusehen. Sie hatten "nur" ihren Wohnsitz verlegt. Unter diesem Gesichtspunkt wurde bis Kriegsbeginn Kurt Jooss und sein Ensemble behandelt. Aufgrund des "Berufsbeamtengesetzes" konnte Kurt Jooss ab 1933 mit seiner Kompanie nicht mehr bei den Städtischen Bühnen Essen auftreten, weil er sich weigerte, die jüdischen Mitglieder seiner Tanzgruppe, u.a. den Komponisten Fritz A. Cohen, zu entlassen. Das kränkte die Eitelkeit der Essener NS-Kulturfunktionäre und Jooss geriet in ernsthafte Gefahr. Daher wurde eine bevorstehende Tournee nach Holland im September 1933 vorverlegt und das gesamte Ensemble reiste legal aus Deutschland aus. Jooss folgte seiner Truppe einen Tag vor seiner geplanten Verhaftung nach.[10] Sein langjähriger Mitarbeiter in der Folkwang-Schule, Sigurd Leeder, führte die Tanzabteilung bis zum Ende des Schuljahres 1934 weiter. Als Jooss durch die großzügige Förderung der Familie Elmhirst im englischen Dartington ein Domizil für sich und die Gruppe gefunden hatte, verließen Leeder und die gesamte Ausbildungsklasse der Folkwang-Schule Deutschland, um in Dartington weiterzuarbeiten. Die Tänzerinnen und Tänzer, die nach der Tournee 1933/34 nach Deutschland zurückkehren wollten, Lola Botka, Mascha Lidolt, der Pianist Hans Müller-Kray, Wilmo Kamrath fanden wieder eine Stellung im Theater. Andere Mitglieder der Gruppe entschieden sich aus politischen Gründen gegen eine Rückkehr und reisten in den folgenden Jahren mit den "Ballets Jooss" durch die Welt. Die Tänzerin Lisa Czobel z.B. arbeitete mit der Tanzgruppe von Trudi Schoop in der Schweiz weiter oder Hans Züllig, Solist der "Ballets Jooss", blieb im Exil und gehörte bis 1945 zum engsten Mitarbeiterkreis von Kurt Jooss und Sigurd Leeder.

Wegen ihrer Mitgliedschaft in der der kommunistischen "Roten Zelle" und wegen ihrer jüdischen Abstammung wurde die

Solistin Ruth Abramowitsch aus dem Ensemble der Städtischen Oper Berlin 1933 entlassen. Ebenso ihre Kollegin Julia Markus und der Solotänzer Georg Groke, denen "Unzuverlässigkeit in der politischen Gesinnung" attestiert wurde.
Als Tanzpaar waren die Absolventen der Dresdner Wigman-Schule Ruth Abramowitsch, die sich jetzt unverfänglicher Ruth Sorel nannte, und Georg Groke auch mit eigenen Abenden aufgetreten. Ihr sozialkämpferisch gefärbtes Programm "Durchbruch – Skizzen aus dem Tagebuch eines Arbeiters" mit den Einzeltänzen "Abgeschnitten", "Gefängnis", "Aufmarsch" und "Durchbruch" hatte den beiden Solotänzern zwar gute Kritiken eingebracht, aber sie waren damit auch als "verdächtige" Künstler eingestuft. Die Wigman-Schülerin Julia Markus war außerhalb ihres Engagements an der Städtischen Oper in Werner Fincks Kabarett "Die Katakombe" mit parodistischen Tänzen aufgetreten und hatte "Gandhi und der britische Löwe" oder den "Friedensengel Aristide Briand" persifliert. Weil sie bei KPD-Veranstaltungen politisch Stellung bezog und in ihrem "Walzer 1933" die Handtasche zur Gasmaske umfunktionierte, mußte sie im April 1933 aus Deutschland emigrieren. Mit ihren Kolleginnen aus der "Katakombe", den Kabarettistinnen Dora Gerson und Chaja Goldstein, begab sie sich auf Gastspielreise nach Holland, wo sie u.a. im berühmten Amsterdamer Kabarett "Ping-Pong" auftraten. Im Juni reiste Julia Markus nach Warschau weiter, während Chaja Goldstein in Amsterdam blieb und später ins KZ Westerbork deportiert wurde. Dort tanzte und sang sie als Mitglied des Lager-Kabaretts für ihre Mithäftlinge und die SS. Dora Gerson wurde in Auschwitz ermordet.
In Warschau fand im Juni 1933 die Fortsetzung des ein Jahr zuvor von Rolf de Maré in Paris ins Leben gerufenen Choreographenwettbewerbs statt, den 1932 Kurt Jooss mit dem "Grünen Tisch" gewonnen hatte. Diesmal war die Veranstaltung ausgeschrieben als "Internationaler Wettbewerb für künstlerischen Solotanz", zu dem Ruth Abramowitsch und Georg Groke legal aus Deutschland ausreisen konnten. In Warschau trafen nun die Emigranten wieder mit Künstlerinnen und Künstlern aus Deutschland zusammen. Den Sieg errang Ruth Abramowitsch mit ihrem "Tanz der sieben Schleier" aus der Oper "Salome" von Richard Strauss, vor Rosalia Chladek, die wie in Paris den zweiten Platz belegte. Während die anderen deutschen Teilnehmer, wie Rolf Arco, Alexander von Swaine und Afrika Doering, nach Deutschland zurückkehrten, blieben Ruth Abramowitsch und Georg Groke in Warschau. Mit Hilfe der Tänzerin Ziuta Buczynska richteten sie sich eine Schule ein und gaben in verschiedenen Städten Polens

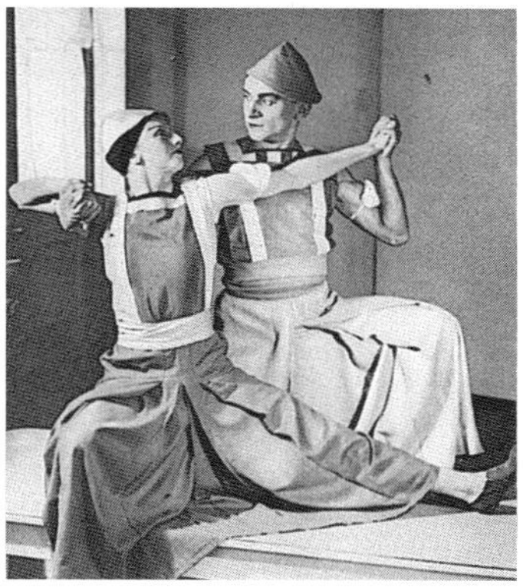

Ruth Abramowitsch und Georg Groke in einem Tanzduett, um 1930. Abb. Jacobi, MWG

Mit ihrem Tanz "Salome" gewann Ruth Abramowitsch in der Emigration den Ersten Preis beim Internationalen Choreographie-Wettbewerb in Warschau 1933. Abb., TS

Oben: Die Jury und die Preisträger des Internationalen Choreographie-Wettbewerbs in Warschau 1933, stehend v. lks. Olga Slawska, Ziuta Buczynska, ?, ?, Rosalia Chladek, Afrika Doering, Ruth Abramowitsch, Pola Nirenska, Georg Groke, Julia Markus, Alexander von Swaine, Rolf Arco, Simone Binois und Raden Mas Jodjana.
Foto: Forbert, DTK

Mitte und unten: Julia Markus, frühere Tänzerin der Städtischen Oper Berlin in ihrem Maskentanz als Aristide Briand und mit einer heiteren Tanzstudie, um 1932.
Abb., TS

Tanzabende. Tourneen führte sie u.a. nach Palästina, Schweden und 1935 in die USA. Als Groke im August 1939 seinen todkranken Vater in Königsberg besuchte, wurde er vom Ausbruch des Zweiten Weltkriegs überrascht. Die Rückkehr nach Warschau war versperrt. Niedecken-Gebhard nahm sich seiner prekären Lage an und erreichte, daß Groke in die Reichstheaterkammer aufgenommen und Solotänzer in der "Deutschen Tanzbühne" werden konnte. Nach deren Auflösung mußte Groke zur Wehrmacht und geriet an der Ostfront in sowjetische Gefangenschaft. Ruth Abramowitsch flüchtete mit ihrem Mann, dem polnischen Schriftsteller Koromanski, durch die Staaten Osteuropas nach Rom und gelangte von dort nach Argentinien und über verschiedene Stationen in Südamerika schließlich 1944 nach Kanada. Dort eröffnete sie wieder eine Schule und trat mit einer eigenen Tanzgruppe auf. In Paris, wo sich eine ganze Reihe emigrierter Ausdruckstänzerinnen und -tänzer eingefunden hatte, entstand bis Kriegsbeginn eine vielseitige Tanzszene. Dussia Bereska, Choreographin und Tänzerin in Labans Kammertanzbühne, führte eine Schule, Isadora Duncans Adoptivtochter Lisa lebte hier, und Duncans Bruder Raymond, der noch immer in griechische Gewänder gehüllt durch die Straßen ging, unterhielt eine "Künstler-Akademie", die preiswerte Auftrittsmöglichkeiten bot. Julia Markus, die sich nach gemeinschaftlichen Gastspielen mit Ruth Abramowitsch und Georg Groke in Polen im

Herbst 1933 in Paris niederließ, schrieb: "Zur Akademie gehörte auch ein kleines Theater, das ich zusammen mit der ebenfalls emigrierten Valeska Gert mietete, um Tanzabende zu geben. [...] Das Theater war in einem sehr vernachlässigten Zustand. Während wir tanzten konnte es geschehen, daß Mäuse über die Szene huschten, oder auch eine von der Straße verirrte Katze. Flöhe auf dem abgenutzten Teppich waren auch nicht selten und die Vorhänge ein einziger Staubfänger."[11] Die Arbeitsbedingungen für die aus Deutschland und Österreich emigrierten Tänzerinnen und Tänzer waren zwar generell schwierig, zumal die meisten ohne offizielle Arbeitsgenehmigung ihre Vorstellungen organisierten und immer auf der Hut vor der Polizei sein mußten, aber es war immerhin möglich, Tanzabende zu geben und selbst in der Presse Beachtung zu finden. Hans Weidt, der Leiter der Tanzgruppe "Die Roten Tänzer" aus Berlin, war zunächst legal aus Deutschland ausgereist, um in Moskau an der "Arbeiterolympiade" teilzunehmen. Von dort kehrte er nach dem Reichstagsbrand nicht nach Deutschland zurück, sondern fuhr nach Paris. 1935 wurde er aus Frankreich wegen seiner kommunistischen Tätigkeit ausgewiesen, ging wiederum nach Moskau und gelangte 1936 von dort nach Prag, wo er illegal mit Tanzabenden auftrat. 1937 durfte er wieder nach Paris einreisen. Mit seiner Kompanie "Les Ballets 1938" gab Weidt, der sich jetzt Jean Weidt nannte, Vorstellungen seiner zum Teil schon in Berlin erarbeiteten sozialkritischen Tanzwerke. In Paris hatten auch Mila Ciryl, die baltische Tänzerin und Solistin in Margarete Wallmanns "Tänzergruppe 1930", Leila Bederkhan aus der Ellen-Tels-Gruppe und Tatjana Barbakoff Zuflucht gefunden. Die in Deutschland während der 20er Jahre mit ihren dekorativen Tanzdarstellungen erfolgreiche Tatjana Barbakoff wurde bei Kriegsbeginn als "feindliche Ausländerin" von den französischen Behörden im berüchtigten Lager Gurs interniert.[12] Nach der französischen Niederlage konnte sie aus dem Lager flüchten, wurde aber im Dezember 1943 in Nizza verhaftet und nach Paris deportiert. Von dort kam sie am 3. Februar 1944 mit 1213 anderen Flüchtlingen in Viehwaggons nach Auschwitz und wurde drei Tage später, direkt nach der Ankunft am 6. Februar 1944, in der Gaskammer ermordet. Jüdische Tänzer, die nach Hitlers Regierungsantritt in Deutschland arbeiten wollten, fanden kaum Existenzmöglichkeiten. Das Tanzpersonal jüdischer Abstammung wurde 1933 aus den Theaterkompanien und öffentlichen Ausbildungsstätten entlassen. Jüdische Künstler konnten nicht Mitglied der Reichstheaterkammer werden, so daß sie auch nicht freiberuflich auftreten konnten. Tanzschulen mußten schließen, nicht nur,

Oben: Die Tänzerin Tatjana Barbakoff. Abb. Maywald, MWG
Unten: Der kommunistische Tänzer Hans Weidt auf dem Weg zur Arbeiterolympiade nach Moskau, 1933. Foto, P

Die Wiener Tänzerin und Pädagogin Gertrud Bodenwieser emigrierte mit ihrer Tanzgruppe 1938. Abb. Feldscharek, TS

Grete Wiesenthal mit Toni Birkmeyer, der 1940 wegen "Abhörens feindlicher Sender" zu eineinhalb Jahren Zuchthaus verurteilt wurde. Foto: Setzer, P

Die nach Paris emigrierte Tänzerin Mila Ciryl in "Tango". Foto: Kolliner, TS

Rechte Seite: Margarete Wallmanns Tanzschauspiel "Das jüngste Gericht", 1932 in Salzburg uraufgeführt. Foto, TS

weil die nicht-jüdischen Schüler wegblieben, sondern auch, weil die Lehrberechtigung an die Mitgliedschaft in der Reichstheaterkammer gebunden war und die verordnete 1934, daß alle Bühnenlehrer ihre "arische" Abstammung nachweisen mußten. Ruth Loeser, Mitarbeiterin von Laban und Tänzerin seiner Kammertanzgruppe, verlor 1933 ihren Ballettmeisterposten in Düsseldorf und emigrierte nach Paris, die Wigman-Schülerin Else Dublon wurde als Ballettleiterin in Kottbus entlassen, Steffi Nossen gab ihre Palucca-Zweigschule in Berlin auf und ging in die USA, Eugenie Eduardowa verkaufte ihre Schule und folgte ihrem Mann Joseph Lewitan, dem früheren Herausgeber von "Der Tanz", außer Landes. Aus Wien gelangte Margarete Wallmann, die ehemalige Leiterin der Berliner Wigman-Schule, die 1934 das Wiener Staatsopernballett übernommen hatte, über Rom nach Argentinien und übernahm die Ballettkompanie am Teatro Colón in Buenos Aires. Die Tanzgruppenleiterin Gertrud Bodenwieser verlor ihre Stellung als Professorin an der Staatsakademie für Musik und darstellende Kunst und flüchtete mit ihren Tänzerinnen aus Wien zunächst nach Paris und von dort 1938 nach Südamerika, wo sie eine Vielzahl von Vorstellungen in verschiedenen Ländern gab, ehe sie über Neuseeland nach Australien einwandern konnte.[13]

In der Zeitschrift "Der Tanz" wurde bis Kriegsbeginn über die Arbeit vieler der nicht mehr in Deutschland lebenden Tänzerinnen und Tänzer durch die Auslandskorrespondenten berichtet. So fanden die internationalen Gastspielreisen, der "Ballets Jooss", wie die Gruppe sich im Ausland nannte, ebenso Erwähnung, wie die Schularbeit in Dartington. Bis 1938 erschienen Inserate der "Tanzschule Kurt Jooss-Sigurd Leeder" in "Der Tanz", um Sommerkurse und neue Ausbildungsklassen anzukündigen. Aber auch über jüdische Künstler finden sich Notizen in den Zeitschriften, z.B. über Ruth Abramowitsch in Polen, über eine Tournee der Gertrud Kraus-Schüler Fritz Berger und Trudy Goth in Italien oder über Margarete Wallmann in Wien. Zu ihren Premieren an der Staatsoper erschienen längere Besprechungen, die auch mit Fotos illustriert waren. Selbst über Hans Weidt in Paris und seine "Ballets 1938" erscheint noch eine Premierenkritik. Diese Widersprüchlichkeit zwischen offizieller nationalsozialistischer Politik und der Praxis der Tanzpresse machte es den in Deutschland gebliebenen Künstlern leichter, die ganze Tragweite einer Emigration im Einzelfall zu ignorieren. Man konnte sich der schönen Illusion hingeben, Deutschland sei noch immer ein Teil der internationalen Welt des Tanzes.

Worüber nicht mehr geschrieben wurde, war die Arbeit der

Oben: Die Hamburger Tänzerin Erika Milee in ihrer Tanzstudie "Klage", 1943. Foto, DTK
Mitte: Ruth Anselm, die frühere Solistin des Städtischen Opernballetts Berlin, als Tänzerin im Jüdischen Kulturbund, 1936. Foto, AdK
Unten: Ballettprobe "Wenn ich König wär" im Jüdischen Kulturbund. Foto: Abraham Pisarek, AdK
Rechte Seite: Die Tanzgruppe des Jüdischen Kulturbundes mit Erika Milee (3.v.lks.) in der Operette "Gräfin Mariza", der letzten großen Musiktheaterinszenierung des Kulturbundes, 1939. Foto: Abraham Pisarek, Bildarchiv Pisarek

jüdischen Kolleginnen und Kollegen, die in Deutschland geblieben waren. Trotz wachsender Rechtlosigkeit und kontinuierlicher Demütigung wollten sich viele Juden nicht entschließen, ihre Heimat zu verlassen. Sie konnten sich nicht vorstellen, daß die Nationalsozialisten aus ihren Parolen tatsächlich blutigen Ernst machen und die jüdische Bevölkerung systematisch ermorden würde. Zudem besaßen viele Juden keine Kontakte zum Ausland und wußten nicht, wie sie außerhalb Deutschlands existieren sollten. Die Liebe zur Heimat veranlaßte auch Valeska Gert, bis 1938 immer wieder nach Deutschland zu fahren. Sie hatte 1933 Berlin verlassen, wo sie in Hetzartikeln der NS-Presse namentlich angegriffen worden war. In London und Paris gab sie Vorstellungen und wäre auch gern weiter in Deutschland aufgetreten. Dazu war nur noch im "Jüdischen Kulturbund" Gelegenheit, an dessen Leiter sie aus London schrieb, sie wäre "vollkommen unglücklich", wenn sie "etwa nach Deutschland nicht mehr zurück könnte."[14] Aufgrund ihrer Ehe mit einem Engländer wurde Valeska Gert britische Staatsbürgerin und fühlte sich damit einigermaßen geschützt, um besuchsweise nach Berlin zu reisen. Erst nach dem November-Pogrom 1938 wanderte sie in die USA aus.

Der "Kulturbund Deutscher Juden", der seinen Namen 1935 in "Jüdischer Kulturbund" ändern mußte, war im Juli 1933 in Berlin gegründet worden, um als Selbsthilfeorganisation den aus den Theatern entlassenen jüdischen Künstlerinnen und Künstlern Auftritts- und Verdienstmöglichkeiten zu schaffen.[15] Unter der Leitung von Kurt Singer entfaltete der Kulturbund mit seinen angeschlossenen Regionalvereinen eine umfangreiche Arbeit. Alle Aktivitäten unterstanden der Kontrolle durch Hans Hinkel, den Goebbels zum "Sonderbeauftragten für die Überwachung der kulturell tätigen Juden im Deutschen Reichsgebiet" gemacht hatte. Je mehr die Juden aus dem öffentlichen Leben ausgegrenzt wurden, desto bedeutungsvoller wurde der Kulturbund als einziges Arbeitsfeld für Künstler und als einzige Freizeiteinrichtung für die jüdische Bevölkerung. Ab 30. Oktober 1935 durften jüdische Künstler keine Künstlernamen mehr führen, um zu verhindern, daß sie illegal noch Vorstellungen gaben. 1935 wurden die letzten bestehenden Ausnahme- und Sondergenehmigungen für jüdische Künstler von Goebbels ausgesetzt und er verkündete im November: "Die Reichskulturkammer ist heute judenrein. Es ist im Kulturleben unseres Volkes kein Jude mehr tätig."[16] Ab 12. November 1938 war Juden der Zutritt zu kulturellen Veranstaltungen, "inbesonderheit zu Theatern, Lichtspielunternehmen, Konzerten, Vorträgen, artistischen Unternehmungen

(Varietés, Kabaretts, Zirkusvorstellungen usw.), Tanzvorführungen und Ausstellungen kultureller Art" verboten.[17]

Ab 1. Januar 1939 hatten Juden ihren bestehenden Vornamen die zusätzlichen Namen Israel bzw. Sara anzufügen, ab 1941 war das Tragen des "Judensterns" Pflicht, am 20. Januar 1942 wurde auf der Wannseekonferenz die "Endlösung" beschlossen.

Bis zu seiner Schließung 1941 und der Deportation seiner Mitglieder ins KZ Theresienstadt hielt der "Jüdische Kulturbund" seinen Spielbetrieb aufrecht. Jüdische Tänzerinnen wie Erika Milee, Irena Pumanova und Dela Lipinskaja gaben Solotanzvorstellungen. Festangestellte Tänzerinnen traten solistisch oder in Opern- und Operetteninszenierungen auf, darunter Ruth Anselm, Nelly Hirth und Ilse Laredo, alle drei frühere Mitglieder der Berliner Städtischen Oper. Besonderen Erfolg hatte die Ballettgruppe in der letzten großen Musikproduktion "Gräfin Mariza", 1939. Die Tänzerinnen des "Jüdischen Kulturbundes" tanzten dieselben Walzer, Polkas und Mazurken für ihr jüdisches Publikum wie es die "arischen" Tänzerinnen in den Theatern der "Heimatfront" oder auf den "Frontbühnen" taten. Aber sie lebten im Ghetto mitten unter den früheren Kolleginnen und Kollegen, die nicht zur Kenntnis nehmen wollten, was vor sich ging und sich darauf beriefen, daß der Tanz die "unpolitischste aller Künste" sei.

Daß Schweigen und Wegsehen unter den Bedingungen der Zeit Zustimmung bedeutete, wollte – auch nach Kriegsende – kaum jemand wahrhaben. *H.M.*

Anmerkungen:

1) Norbert Molkenbur/Klaus Hörhold, Oda Schottmüller. Tänzerin, Bildhauerin, Antifaschistin. Eine Dokumentation. Berlin 1983

2) ebd., S. 60f.

3) ebd. S. 79

4) Eike Geisel/Henryk M. Broder, Premiere und Pogrom. Der Jüdische Kulturbund 1933-1941, Berlin: Siedler, 1992, S. 279

5) Patricia Stöckemann, Lola Rogge. Pädagogin und Choreographin des Freien Tanzes, Wilhelmshaven 1991, S. 116

6) Dirk Scheper, Oskar Schlemmer. Das Triadische Ballett und die Bauhausbühne. Berlin 1988, S.237f

7) Oskar Schlemmer an Carl Niessen, 4. April 1938, Theater-

wissenschaftliche Sammlung, Universität zu Köln, Au 14588
8) Scheper, S. 238
9) Judith Brin Ingber, Victory Dances. The Story of Fred Berk, a Modern Day Jewish Dancing Master, Tel Aviv 1985 und Denny Hirschbach/Rick Takvorian (Hrsg.),Die Kraft des Tanzes. Hilde Holger. Bremen 1990
10) Anna und Hermann Markard: Jooss. Dokumentation, Köln 1985
11) Julia Tardy-Marcus, unveröff. Memoiren
12) Der Lebensweg von Tatjana Barbakoff ist dokumentiert durch: Günter Goebbels, Tatjana Barbakoff, Ausstellungskatalog, Stadtmuseum Düsseldorf 1991
13) Shona Dunlop Mac Tavish, Gertrud Bodenwieser, hg. v. Denny Hirschbach, Bremen 1992
14) Geschlossene Vorstellung. Der Jüdische Kultubund in Deutschland 1933-1941, Katalog zur Ausstellung, hg. v. d. Akademie der Künste, Berlin 1992, S. 104
15) vgl. Geschlossene Vorstellung, a.a.O.
16) Goebbels, zit. in: Geschlossene Vorstellung, S. 37
17) Amtliche Mitteilungen der Reichstheaterkammer: Anordnung über die Teilnahme von Juden an Darbietungen der deutschen Kultur vom 12. November 1938

Rechts: Valeska Gert in ihrem kabarettistischen Tanz "Berlin Underworld" in London 1934. Foto: William Davis, TS

Der Vorhang fällt (1944)

von Harry Fest-Thomas

Wenn die Waffen sprechen, schweigen die Musen.

Fünf lange Kriegsjahre hindurch haben das deutsche Theater und die deutsche Kunst dem schaffenden Menschen in der Heimat seelischen Ausgleich und geistige Erbauung gespendet. Feindliche Bomber haben so manche Bühne in einen Schutthaufen verwandelt, aber immer wieder erstand, gleich einem Phönix aus der Asche, in einem oftmals nur primitiv hergerichteten Saale eine neue Wirkungsstätte deutscher Kunst und Kultur, gleichsam wie ein überflüssiges Beweisstück, daß man wohl die Formstätte, niemals aber die Kultur und den Geist mißhandeln, zerschlagen oder verbrennen könne.

So mancher Mime, manche Tänzerin haben mit wehem Herzen, doch in edler Leidenschaft und selbstloser Opfertreue auf dem Podium gestanden, während in der Nacht zuvor ihr Hab und Gut in Flammen aufgegangen war und die Ungewißheit über das Schicksal ihrer Nächsten noch in ihren Herzen brannte. Denn auch Kunst war Kriegseinsatz.

Und gläubig und andächtig nahm die schaffende Heimat in ihren spärlich gewordenen Mußestunden das unsterbliche Wort unserer großen Dichter in sich auf, lauschte hingebungsvoll den unvergänglichen Tönen eines Beethoven, Wagner, Mozart, Bach; verstand die Tänze und Figuren eines Harald Kreutzberg auszudeuten, verband mit dem Besuche einer Matinee von Liselotte Köster ihre Spende für das WHW, schöpfte aus dem Können der Geschwister Höpfner, der Geschwister Spalinger, eines Günther Heß, eines Rolf Arco oder Bernhard Wosien, einer Manon Erfuhr oder hunderter anderer begabtester Tänzer und Tänzerinnen neue Arbeitsfreude für den nächsten Tag.

Der Pracht der Dekorationen oftmals entkleidet, bei zerbrochenen Lüstern mußten Wort und Ton, Pose und Gebärde, Schritt und Folge für sich selber zeugen und den Wert der wahren Kunst damit nur noch erhärten.

Denn der Mensch lebt nicht von Brot allein ...

Die Überfüllung der deutschen Theater, der Hunger nach Karten, die ehrliche von Herzen kommende Begeisterung, der langanhaltende Beifall, sie waren Beweise dafür.

Es war, wie Staatssekretär Gutterer es in den Spalten dieser Zeitschrift so treffend auszudrücken verstand:

"Unser Volk steht mitten im Kriege. Man könnte glauben, daß Kunst in diesem Falle zweitrangig wäre. Es ist das Große und ein Zeichen der Stärke, daß uns die Kunst im Kriege doppelt wertvoll geworden ist, weil sie uns die höchsten Lebenswerte

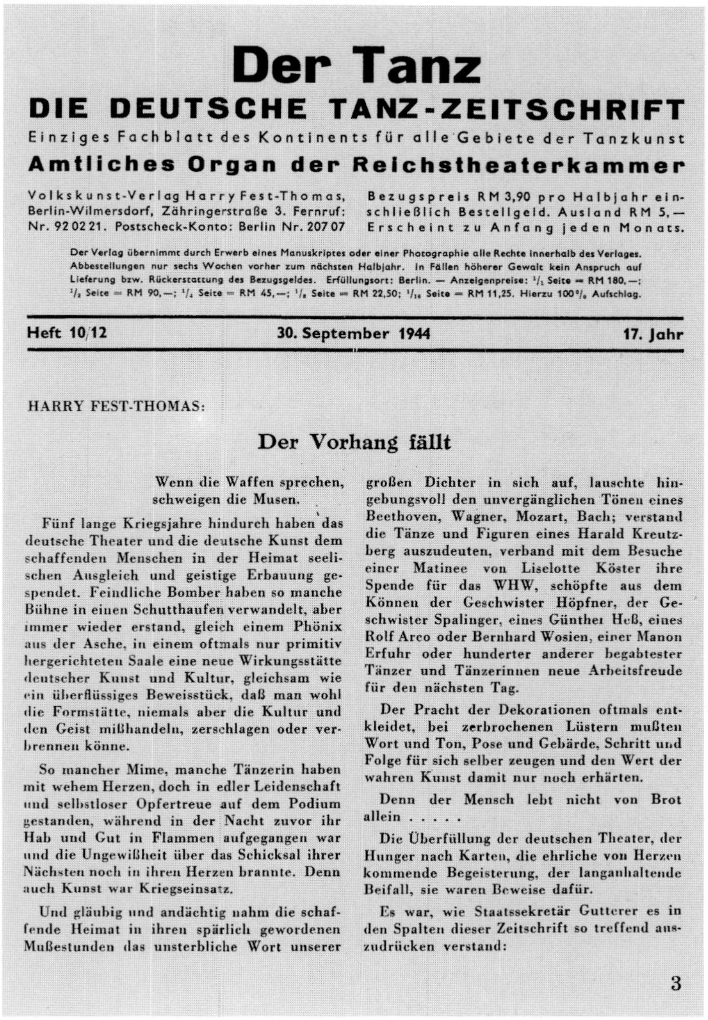

Der Tanz

DIE DEUTSCHE TANZ-ZEITSCHRIFT

Einziges Fachblatt des Kontinents für alle Gebiete der Tanzkunst

Amtliches Organ der Reichstheaterkammer

Volkskunst-Verlag Harry Fest-Thomas, Berlin-Wilmersdorf, Zähringerstraße 3. Fernruf: Nr. 92 02 21. Postscheck-Konto: Berlin Nr. 207 07

Bezugspreis RM 3,90 pro Halbjahr einschließlich Bestellgeld. Ausland RM 5,— Erscheint zu Anfang jeden Monats.

Der Verlag übernimmt durch Erwerb eines Manuskriptes oder einer Photographie alle Rechte innerhalb des Verlages. Abbestellungen nur sechs Wochen vorher zum nächsten Halbjahr. In Fällen höherer Gewalt kein Anspruch auf Lieferung bzw. Rückerstattung des Bezugsgeldes. Erfüllungsort: Berlin. — Anzeigenpreise: 1/1 Seite = RM 180,—; 1/2 Seite = RM 90,—; 1/4 Seite = RM 45,—; 1/8 Seite = RM 22,50; 1/16 Seite = RM 11,25. Hierzu 100% Aufschlag.

Heft 10/12 — 30. September 1944 — 17. Jahr

HARRY FEST-THOMAS:

Der Vorhang fällt

Wenn die Waffen sprechen,
schweigen die Musen.

Fünf lange Kriegsjahre hindurch haben das deutsche Theater und die deutsche Kunst dem schaffenden Menschen in der Heimat seelischen Ausgleich und geistige Erbauung gespendet. Feindliche Bomber haben so manche Bühne in einen Schutthaufen verwandelt, aber immer wieder erstand, gleich einem Phönix aus der Asche, in einem oftmals nur primitiv hergerichteten Saale eine neue Wirkungsstätte deutscher Kunst und Kultur, gleichsam wie ein überflüssiges Beweisstück, daß man wohl die Formstätte, niemals aber die Kultur und den Geist mißhandeln, zerschlagen oder verbrennen könne.

So mancher Mime, manche Tänzerin haben mit wehem Herzen, doch in edler Leidenschaft und selbstloser Opfertreue auf dem Podium gestanden, während in der Nacht zuvor ihr Hab und Gut in Flammen aufgegangen war und die Ungewißheit über das Schicksal ihrer Nächsten noch in ihren Herzen brannte. Denn auch Kunst war Kriegseinsatz.

Und gläubig und andächtig nahm die schaffende Heimat in ihren spärlich gewordenen Mußestunden das unsterbliche Wort unserer großen Dichter in sich auf, lauschte hingebungsvoll den unvergänglichen Tönen eines Beethoven, Wagner, Mozart, Bach; verstand die Tänze und Figuren eines Harald Kreutzberg auszudeuten, verband mit dem Besuche einer Matinee von Liselotte Köster ihre Spende für das WHW, schöpfte aus dem Können der Geschwister Höpfner, der Geschwister Spalinger, eines Günther Heß, eines Rolf Arco oder Bernhard Wosien, einer Manon Erfuhr oder hunderter anderer begabtester Tänzer und Tänzerinnen neue Arbeitsfreude für den nächsten Tag.

Der Pracht der Dekorationen oftmals entkleidet, bei zerbrochenen Lüstern mußten Wort und Ton, Pose und Gebärde, Schritt und Folge für sich selber zeugen und den Wert der wahren Kunst damit nur noch erhärten.

Denn der Mensch lebt nicht von Brot allein . . . . .

Die Überfüllung der deutschen Theater, der Hunger nach Karten, die ehrliche von Herzen kommende Begeisterung, der langanhaltende Beifall, sie waren Beweise dafür.

Es war, wie Staatssekretär Gutterer es in den Spalten dieser Zeitschrift so treffend auszudrücken verstand:

3

offenbart und weil sie seelische und geistige Widerstandskraft von Volk und Führung stärkt und vertieft."

Nun aber steht das Schiff mitten im Sturm und der Kapitän, in dem Willen, es sicher durch die tosenden Wogen in den friedlichen Hafen zu steuern, hat alle Mann auf Deck befohlen. Die Instrumente der Schiffskapelle müssen zeitweilig verstummen, denn in der Stunde der Gefahr ist keine Zeit mehr für die Bordmusik, für Unterhaltung und Spiel, auf jede Hand kommt es an.

Am 30. August 1944 ist in 389 deutschen Theatern der Vorhang gefallen, um 45 000 künstlerische Mitglieder für den totalen Kriegseinsatz freizumachen.

Eine Pause tritt ein. Die Theater schließen, die Instrumente verstummen, das Klappern der Kastagnetten, der Tamburins wechselt über in das Stampfen der Maschinen, den Rhythmus der Automaten, das Surren der Spulen.

Denn wenn die Waffen sprechen, müssen die Musen schweigen.

Ist es nicht ein Zeichen unserer Stärke, daß sie so lange noch, fünf volle Jahre hindurch, beredte Sprache führen konnten?

Es ist immer bitter, Abschied zu nehmen, sei es auch für hoffentlich nicht allzulange Zeit. Doppelt schwer, nicht für den Zuschauer und Kunstbegeisterten, als für den Künstler selbst, der nicht nur von einem Beruf, sondern von einer Berufung, wenn auch nur zeitweilige Trennung eingehen muß.

Unter den Bühnenkräften sind auch 2428 Tänzer und Tänzerinnen, dazu noch Hunderte von Ausbildungsschulen mit wiederum tausenden begabter Eleven freigestellt, die nun, lange nach den Schulen für Gesellschaftstanz und ihren Lehrkräften, in den totalen Kriegseinsatz übergeführt werden.

Ihnen gilt unser ernstes Wort:

Niemand, unter allen die sich Künstler nennen und sich aus dem Gottesgeschenk einer natürlichen Begabung und aus innerer Berufung heraus der Kunst verschrieben haben, ist so, wie Tänzer und Tänzerin, auf immerwährendes, hartes, fleißigstes, ernstes Training angewiesen. Früh schon, allzufrüh, muß man sich diesem Berufe verschreiben; Jahre, lange Jahre hindurch immer wieder üben und üben. Wer außer den Jüngern Terpsichores kennt die anstrengende, in ihrer sich ständig wiederholenden Monotonie auch ermüdendste Ausbildung, die es überhaupt gibt!

Der Maler mag seinen Pinsel beiseitelegen, er wird im Leben der Front und Maschinen an innerem Erleben nur reicher und eine Fülle neuer Motive in seine neue Schaffensphase mitsichbringen; der Schauspieler gestärkt an Menschenerfahrung und Schicksalen auf die Bretter wiederkehren, ja selbst der Musiker wird seine alte Fingerfertigkeit irgendwann wiedererlangen – der Tänzer aber, der Tänzer allein ist abhängig von steter Gelenkigkeit, die ein immerwährendes, mühsames Training voraussetzt. Wohin Ihr auch kommt, wofür Ihr Eure Hände immer auch regt, vergeßt es nie, auch nach dem arbeitsreichsten Tage nicht: das kurze oder längere Training, pliées, battements, jetés, und jene anderen Übungen. Nutzet jede, auch die kleinste Arbeitspause, jede einzige freie Minute: bleibt gelenkig! Bleibt Tänzer!

Ihr seid es Eurer langjährigen Ausbildung, Eurer künstlerischen Berufung, uns allen, denen Kunst Erbauung ist, schuldig. Ihr wißt, daß Euer schöner Beruf seit Jahren ein Mangelberuf ist, Ihr wißt, daß an den deutschen Bühnen seit Jahren schon fast 2000 Tänzer und Tänzerinnen fehlen, Ihr wißt wie lange Eure Ausbildung dauert und Ihr wißt auch, daß ohne Euch, daß ohne ein Ballett fast keine Oper aufführungsfähig ist.

Der Vorhang ist gefallen.

Übt weiterhin fleißig und unermüdlich hinter dem eisernen Vorhang, wie Ihr es immer getan habt. Damit, wenn er sich eines Tages wieder erhebt, Ihr bestehen könnt vor den kritischen Blicken eines kunstbegeisterten und kunsthungrigen Publikums: mit klassischen Entrechats; mit dem schwersten und schönen Tanz auf der Spitze!

Bleibt, wohin Ihr auch kommt, bleibt immer, was Ihr seid:

Bleibt Tänzer!!!

Aus einem Brief von Oda Schottmüller an eine Freundin, geschrieben in der Haftanstalt Plötzensee am 1. Februar 1943, drei Tage nachdem das Todesurteil gegen sie und andere Mitglieder der Widerstandsorganisation "Die Rote Kapelle" ausgesprochen worden war:

"Ich habe gestern doch noch ein Gnadengesuch aus mir rausgequetscht und dazu einen Schrieb ans Reichskriegsgericht, weil ich Anwalt sprechen will. Möchte ihn wegen Testament fragen – hab was aufgesetzt, weiß aber nicht, ob das so rechtskräftig ist und will außerdem verlangen, daß er versucht, daß meine Mutter die Mitteilung nicht per Post zugestellt bekommt, sondern daß er es kriegt + an eine Freundin von mir weiterleitet, die ich schon verständigt habe. Ich will das als letzte Bitte äußern. Es wäre sehr unmenschlich, wenn man es ablehnte. –

Zwar verrückt – aber ich werde mir heut noch mal die Haare mit eigenen Locken wickeln, etsch. Dann werde ich genießen, eine große – aber entsetzlich große Schachtel Pralinen auffressen. [...] Jetzt bin ich nur noch auf Trauminsel und möchte nicht mehr gestört werden – außer von Dir. Todesfurcht oder so ähnlich habe ich garnicht, nur ein bißchen Mitleid mit meiner Neugier – hätte doch so gerne gewußt, wie das alles weitergeht. Die Todeszuckungen unserer Herren werden sicher nicht unflott ausfallen. ich habe Dir ja gesagt, daß ich nicht im Sinne wie Coppi Kommunist bin, aber mich reut nichts – was ich getan habe – ich machte es gerade so noch einmal, wenn ich zu wählen hätte. Ich sterbe mit gutem Gewissen, ob das unsere Herren Richter von sich auch einmal sagen können?"

Abkürzungen:

Abb. = Reproduktionen aus Zeitschriften, Programmheften usw., ggf. mit Angabe des Fotografen der Originalvorlage

AdK = Akademie der Künste, Berlin

CLDA = Carl und Liselott Diem-Archiv, Olympische Forschungsstätte, Deutsche Sporthochschule Köln

DTK = Deutsches Tanzarchiv Köln

MWG = Mary Wigman-Gesellschaft, Köln (mit Slg. Ernst Hallama)

P = Privatbesitz

TS = Theaterwissenschaftliche Sammlung, Universität zu Köln

Die Textbeiträge von Hedwig Müller sind mit *H.M.*, die von Patricia Stöckemann mit *P.St.* gekennzeichnet.

Quellennachweis der Dokumente:

"Der Erste Internationale Tänzerkongreß in Magdeburg", in: Die Vierte Wand, H. 18, Juli 1927

Alfred Schlee, "Tänzerkongress-Erinnerung", in: Schrifttanz, 3. Jg. H. 2, Juni 1930

Ausstellungsverzeichnis der "Bühnenkünstlerischen Abteilung" der Deuschen Theaterausstellung Magdeburg 1927

Kurt Jooss, "Tanztheater und Theatertanz", in: Singchor und Tanz, 45. Jg. H. 12, 15. Juni 1928

Mary Wigman, "Der neue künstlerische Tanz und das Theater", in: Die Tanz-Gemeinschaft, 1. Jg. H. 1, Januar 1929

Hans Brandenburg, "Solotanz und Gruppentanz", in: Singchor und Tanz, 45. Jg. H. 12, 15. Juni 1928

Rudolf von Laban, "Das chorische Kunstwerk", in: Singchor und Tanz, 45. Jg. H. 12, 15. Juni 1928

Resolutionen des Tänzerkongresses in Essen, in: Schrifttanz, 1. Jg. H.2, Oktober 1928

Rudolf von Laban, "Der Laientanz in kultureller und pädagogischer Bedeutung", in: Der Tanz, 3. Jg. H. 8, August 1930

Martin Gleisner, "Der Laientanz in der Arbeiterbewegung", in: Der Tanz, 3. Jg. H. 8, August 1930

Fritz Böhme, "Die soziale Aufgabe und Lage der Tänzer", in: Der Tanz, 3. Jg. H. 8, August 1930

Felix Emmel, "Tanz und Schauspiel", in: Der Tanz, 3. Jg. H. 8, August 1930

Resolutionen, in: Der Tanz, 3. Jg. H. 8, August 1930

"Tanz-Hochschule. Entwurf der Verbände", in: Die Tanz-Gemeinschaft, 2. Jg. H. 3, 1930

"Die geistigen Grundlagen für Körperbildung und Tanz im Nationalsozialismus", hg. v. Kampfbund für Deutsche Kultur und dem Reichsverband Deutscher Turn-, Sport- und Gymnastiklehrer im NS-Lehrerbund, Sonderdruck der Deutschen Kultur-Wacht, 1933

Gustav Fischer-Klamt, "Weltanschaulicher Appell an das deutsche Tänzertum", in: Die Musik, 28. Jg. H. 8, Mai 1936

Fritz Böhme, "Die Aufgabe des Tänzers der Gegenwart", in: Deutsche Tanz-Zeitschrift, 1. Jg. H. 3, Juni 1936

"Tänzerische Tagesfragen", in: Der Tanz, 8. Jg. H. 1, Januar 1935

"Deutsche Tanzfestspiele 1935 – ein erfreuliches künstlerisches Ergebnis", in: Deutsche Bühnenkorrespondenz, 4. Jg. Folge 90, 13. November 1935

Harry Fest-Thomas, "Der Vorhang fällt", in: Der Tanz/Die Deutsche Tanz-Zeitschrift, 17. Jg. H. 10/12, 30. September 1944

Abschiedsbrief von Oda Schottmüller, in: Norbert Molkenbur/Klaus Hörhold, Oda Schottmüller. Tänzerin, Bildhauerin, Antifaschistin. Berlin 1983

Personenregister